ACCESO GRATIS *a la Lectura en la Nube*

Para visualizar el libro electrónico en la nube de lectura envíe junto a su nombre y apellidos una fotografía del código de barras situado en la contraportada del libro y otra del ticket de compra a la dirección:

ebooktirant@tirant.com

En un máximo de 72 horas laborales le enviaremos el código de acceso con sus instrucciones.

La visualización del libro en **NUBE DE LECTURA** excluye los usos bibliotecarios y públicos que puedan poner el archivo electrónico a disposición de una comunidad de lectores. Se permite tan solo un uso individual y privado

El impacto de la normativa Covid19 en los derechos fundamentales, una mirada restrospectiva

El impacto de la normativa Covid19 en los derechos fundamentales, una mirada restrospectiva

FERNANDO BALLESTER LAGUNA
Coordinador

FERNANDO BALLESTER LAGUNA
JOSÉ ANGEL CAMISÓN YAGÜE
ANTONIO CANTARO
LETIZIA COPPO
ADRIÁN GARCÍA ORTIZ
LUIS ALFONSO MARTÍNEZ GINER
JOSEP OCHOA MONZÓ
MANUEL ORTIZ FERNÁNDEZ
ÁNGELES RÓDENAS

tirant lo blanch
Valencia, 2025

La presente obra ha sido sometida a la revisión de pares ciegos según el protocolo de publicación de la editorial a efectos de ofrecer el rigor y calidad correspondiente tanto en su contenido como en su forma, aplicándose los criterios específicos aprobados por la Comisión Nacional E 016 (BOE num. 286, de 26 de noviembre de 2016).

Proyecto: PID2020-113472RB-100

EDITA: TIRANT LO BLANCH
C/ Artes Gráficas, 14 - 46010 - Valencia
TELFS.: 96/361 00 48 - 50
FAX: 96/369 41 51
Email: tlb@tirant.com
www.tirant.com
Librería virtual: www.tirant.es
DEPÓSITO LEGAL: V-628-2025
ISBN: 978-84-1095-765-7
MAQUETA: Innovatext

Si tiene alguna queja o sugerencia, envíenos un mail a: *atencioncliente@tirant.com*. En caso de no ser atendida su sugerencia, por favor, lea en *www.tirant.net/index.php/empresa/politicas-de-empresa* nuestro Procedimiento de quejas.

Responsabilidad Social Corporativa: *http://www.tirant.net/Docs/RSCTirant.pdf*

Índice

Capítulo 3

EL RECONOCIMIENTO DE LA NATURALEZA COMO SUJETO DE DERECHOS: CONTRIBUCIÓN A PREVENIR NUEVAS PANDEMIAS

José Angel Camisón Yagüe

Capítulo 4

LOS DEBERES EN LA POSTPANDEMIA

Antonio Cantaro

Capítulo 5

PANDEMIA Y LIBERTAD DE INICIATIVA ECONÓMICA DESDE LA PERSPECTIVA DEL DERECHO PRIVADO ITALIANO

Letizia Coppo

Capítulo 6

ESTADO AUTONÓMICO Y CORONAVIRUS: ANÁLISIS DE LA RESPUESTA CONSTITUCIONAL A LA PANDEMIA DEL COVID19 EN CLAVE TERRITORIAL

Adrián García Ortiz

Capítulo 7

LA REDEFINICIÓN DE LOS PRINCIPIOS DEL ORDENAMIENTO JURÍDICO-FINANCIERO POR LA CRISIS DEL COVID19: LA ESTABILIDAD PRESUPUESTARIA Y LA TRIBUTACIÓN SEGÚN LA CAPACIDAD ECONÓMICA

Luis Alfonso Martínez Giner

Capítulo 8

LA INEFICACIA DEL SISTEMA ESPAÑOL DE GESTIÓN DE EMERGENCIAS SANITARIAS DURANTE EL COVID19

Josep Ochoa Monzó

Capítulo 9

LAS PERSONAS CON DISCAPACIDAD EN EL ÁMBITO SANITARIO: ESPECIAL REFERENCIA A LA VACUNACIÓN DURANTE LA PANDEMIA DE LA COVID19 Y A LA STC 38/2023, DE 20 DE ABRIL

Manuel Ortiz Fernández

Capítulo 1

EL AÑO QUE VIVIMOS PELIGROSAMENTE. UNA PANORÁMICA DEL IMPACTO DE LA NORMATIVA DE LA PANDEMIA EN LOS DERECHOS FUNDAMENTALES

Chapter 1. *The Year of Living Dangerously. An Overview of the Impact of Pandemic Regulations on Fundamental Rights*

Ángeles Ródenas
Catedrática de Filosofía del Derecho
Universidad de Alicante
angeles.rodenas@ua.es / *ORCID ID 0000-0002-1983-0691*

RESUMEN: En este trabajo se examina, en primer lugar, cómo la normativa aprobada por los Estados para enfrentar la pandemia alteró significativamente el equilibrio de los valores jurídico-políticos asociados a la democracia liberal, incrementando, de forma sin precedentes, el peso de valores como la salud individual y colectiva, en detrimento de derechos fundamentales, tales como la libertad de circulación, el derecho a la intimidad y a la vida familiar, o la libertad de empresa. En segundo lugar, se reflexiona sobre cómo el modelo de legitimidad de las autoridades políticas fue sometido a un exhaustivo escrutinio. Este contexto de crisis exacerbó dos corrientes de pensamiento filosófico-político, a las que se denomina el *localismo estatal-nacional* y el *constitucionalismo global*, que cobraron protagonismo durante la pandemia. Finalmente, se ofrece una visión general de los logros, los errores y las oportunidades desaprovechadas en la normativa adoptada para combatir la pandemia, a partir de las reflexiones desarrolladas en los distintos capítulos de este libro.

Palabras clave: pandemia, Covid19, constitucionalismo global, John Grey, Luigi Ferrajoli

ABSTRACT: This paper examines, first of all, how regulations adopted by states to deal with the pandemic significantly altered the balance of legal-political values traditionally associated with liberal democracy, increasing entirely the weight of values such as individual and collective health, over other fundamental rights, such as freedom of movement, the right to privacy and family life, or freedom of enterprise. Secondly, it analyses how the ideal model of political authorities came under intense examination. This crisis context exacerbated two strands of philosophical-political thought, labelled *national-state localism* and *global constitutionalism*, which gained prominence during the pandemic. Finally, it provides an overview of the achievements, mistakes and missed opportunities in the regulations adopted to combat the pandemic, based on the reflections developed in the different chapters of this book.

Keywords: pandemic, Covid19, global constitutionalism, John Grey, Luigi Ferrajoli

Fue todo tan terrible que preferimos no acordarnos.
Y aquí seguimos como si no hubiera pasado nada. Aún mueren personas
y ya no nos importa. Preferimos no mirar, pero deberíamos mirar,
una y otra vez para recordar hasta qué punto somos mansos,
hasta qué punto somos frágiles, hasta qué punto somos capaces
de olvidar lo inolvidable[1].

Enric González

1. EL REDIMENSIONAMIENTO DE LA PROTECCIÓN DEL DERECHO INDIVIDUAL A LA SALUD Y LA DEFENSA DE LA SALUD PÚBLICA

Parece que haya pasado más tiempo, pero hace sólo cuatro años. En el 2020 asistíamos con estupor al crecimiento desbocado de la cifra diaria de muertos ocasionada por la pandemia. La ONU estima que las muertes producidas por Covid19 entre 2020 y 2021 ascendieron a 15 millones de personas. Amigos, familiares, vecinos, compañeros de trabajo, imposible no haber sufrido una pérdida en nuestro entorno social más próximo. En aquel fatídico 2020, mientras nos asediaba la

1 Cfr. E. González, https://cadenaser.com/nacional/2024/05/04/hace-cuatro-anos-cadena-ser/.

incertidumbre respecto de nuestra propia supervivencia y la de las personas de nuestro entorno, la expresión "doblegar la curva" se convirtió a lo largo y ancho del mundo civilizado en la piedra angular de la política de todos los gobiernos[2].

Los Estados hicieron frente a esta crisis sanitaria activando la herramienta más potente de control social de las que están a su disposición: el Derecho. Podríamos decir que, fuera de períodos revolucionarios, nunca antes el Derecho había sido sometido a una transformación tan profunda en un plazo de tiempo tan breve. La normativa aprobada por los Estados para hacer frente a la pandemia redimensionó como nunca antes se había visto el peso de valores como salud individual y colectiva en menoscabo de derechos fundamentales asociados a la democracia liberal.

Como es de sobra conocido, la libertad de los individuos, considerada como requisito esencial para el desarrollo pleno de las personas, es el valor insignia de la democracia liberal. Conforme a este ideal político, el derecho a la igual libertad de los individuos constituye la única razón válida para limitar los derechos y libertades de las personas (RAWLS, 1999, pp. 52-53, 220) y el pleno desarrollo

---

2 "Doblegar la curva" es un término que se popularizó durante la pandemia de COVID-19 para describir el objetivo de reducir y controlar el número de nuevos casos de infección. La "curva" se refiere a la representación gráfica del número de casos de la enfermedad a lo largo del tiempo. Cuando los casos aumentan rápidamente, la curva se eleva, lo que indica una propagación descontrolada del virus. Doblegar la curva significa lograr que el número de nuevos casos deje de aumentar y, finalmente, comience a disminuir. Este objetivo se alcanzó a través de varias medidas, entre las cuales se incluyen: distanciamiento social; uso de mascarillas en espacios públicos; promover el lavado frecuente de manos y la desinfección de superficies; pruebas masivas y rastreo de contactos; cuarentenas y confinamientos; vacunación; etc. Al implementar estas estrategias de manera efectiva y coordinada, se logró "doblegar la curva", es decir, reducir el número de contagios nuevos diarios, aliviar la presión sobre los sistemas de salud, y prevenir muertes evitables. Este término se convirtió en un símbolo de la lucha de los gobiernos para controlar la pandemia y proteger la salud pública.

de los individuos se erige como la fuente última de legitimidad de las políticas públicas de los gobiernos (SEN, 1999). La libertad de manifestación, la libertad de reunión, la libertad de circulación, la libertad de empresa, el derecho a la intimidad, a la vida familiar y a la propia imagen, la libre disposición de nuestro cuerpo, etc. conforman algunas de las manifestaciones centrales del ejercicio de la libertad individual. Son derechos fundamentales con un peso tan reforzado que hasta la pandemia no concebíamos que pudieran ceder frente a otro tipo de consideraciones valorativas; entendíamos que sólo otra manifestación de una libertad individual con un peso equivalente podría restringir uno de estos derechos fundamentales.

Pero todo este panorama cambió en el 2020. Con la pandemia se impuso la primacía del valor de los cuidados y de la salud, donde la regla (la libertad) llegó a convertirse en la excepción y la excepción (la limitación de la libertad) en la regla. Se forma así lo que, en palabras de A. Cantaro, sería "un ordenamiento objetivo, técnico y científico de la salud y de la vida: los derechos cuando sea posible, los deberes cuando sea necesario. Una reescritura de la gramática de lo uno y lo otro", (CANTARO, 2025) legitimándose lo que lúcidamente este a autor ha calificado como como "un renovado protagonismo del Estado de seguridad, de un ordenamiento existencialmente responsable de la protección de la vida y de la salud de la población. Codificación de las conductas funcionales a la persecución de este fin supremo; sanción de aquéllas que comprometen su persecución" (CANTARO, 2025).

Se nos impuso el uso de mascarillas en los espacios públicos, se cerraron escuelas y negocios, se limitó las personas con las que podíamos relacionarnos[3], de la noche a la mañana se nos convirtió

---

3 En España, durante los primeros meses de la pandemia, se prohibieron totalmente las reuniones con personas que no fueran del mismo núcleo de convivencia. También se prohibió la visita de los familiares a las personas que estaban ingresadas en residencias. Más tarde se establecieron límites en el número de personas que podían reunirse en un hogar, tanto en espacios cerrados como abiertos. Estos límites variaban en cada comunidad autónoma según la grave-

en involuntarios teletrabajadores, limitando nuestro derecho a la intimidad, a la propia imagen y a la vida privada y familiar, se nos impusieron fuertes restricciones a nuestra libertad de circulación, se nos prohibió manifestarnos, etc. Los gobiernos llegaron a aplicar protocolos médicos sólo concebibles en tiempos de guerra: en España, algunos gobiernos autonómicos tomaron la decisión de no ingresar en los hospitales a miles de ancianos internados en residencias, condenándolos a una muerte inhumana, solitaria y —vista con perspectiva— innecesaria[4]. A. Cantaro ha calificado esta situación de "estado de sitio sanitario", en la que "la estructura narrativa del «nos cuidan» está flanqueada por una narrativa enfáticamente bélica. Hospitales de trinchera, batallas en los quirófanos, soldados en peligro, caídos en el frente, héroes, mártires, boletín diario de fallecidos [...] Una dictadura comisaria regida por la lógica totalitaria del resultado concreto a perseguir y legitimada, según criterios de conveniencia, en la remoción de los obstáculos de orden jurídico-institucional al gobierno de la emergencia y en la preparación de las condiciones para el retorno a la normalidad. Una dictadura en la que se permite recurrir a todo lo que los comisarios consideren necesario para la consecución del fin que se les ha encomendado. Como en la guerra" (CANTARO, 2025).

---

dad de la pandemia. En algunos países, como Reino Unido, Canadá Australia, Nueva Zelanda, Bélgica o Escocia, se introdujo el concepto de "burbuja de convivencia", donde cada hogar podía interactuar sólo con un número limitado y fijo de otros hogares, creando pequeños grupos seguros.

4 La Comisión Ciudadana por la Verdad en las Residencias de Madrid ha concluido que en marzo y abril de 2020 se produjo un exceso de mortalidad en las residencias de la región, el doble que en otras comunidades autónomas, y ha estimado que si no se hubieran aplicado criterios "discriminatorios" se podrían haber salvado 4.000 vidas. Esta comisión —presidida por el jurista José Antonio Martín Pallín— se constituyó en abril de 2023 a instancias de familiares y afectados, ante la falta de interés y voluntad de las autoridades políticas y judiciales para averiguar, analizar e informar sobre qué sucedió a las personas mayores confinadas en las residencias durante las primeras semanas de la pandemia.

Cuando a finales de 2020 aparecieron por fin las primeras vacunas, los gobiernos instaron a su población a vacunarse con unas vacunas cuya seguridad no había podido ser verificada de acuerdo con los protocolos existentes y cuyos efectos secundarios son todavía difíciles de calibrar. Para incentivar a la población a vacunarse y controlar la propagación del virus, varios Estados impusieron el "pasaporte COVID" o "certificado COVID digital", condicionando a la obtención del mismo la entrada y salida del país, el acceso a espacios públicos como restaurantes, bares, cines, teatros, eventos deportivos, o incluso la incorporación al puesto de trabajo[5]. Como señala A. Cantaro, "no estamos todavía en la codificación de un deber jurídico de estar sano. Pero cuando un valor adquiere el aura de un interés supremo, se dan las condiciones para que sea considerado como un deber de ciudadanía que merece ser objeto de instrumentos blandos (protocolos, directrices) pero también, cuando sea ne-

---

5 Este documento servía para demostrar que una persona cumplía con ciertos requisitos de seguridad sanitaria relacionados con el Covid19, bien porque había sido vacunada contra el Covid19 con una vacuna reconocida por las autoridades, bien porque había recibido un resultado negativo en una prueba diagnóstica reciente (como una prueba PCR o de antígenos), o bien porque se había recuperado de una infección previa por Covid19 y, por lo tanto, tenía una cierta inmunidad temporal. En muchos países, el pasaporte Covid fue necesario para viajar entre regiones o países. Permitía a los viajeros demostrar que no representaban un riesgo significativo de transmitir el virus, facilitando así la entrada y la salida de países sin tener que someterse a cuarentenas estrictas o pruebas adicionales. En algunos lugares, el pasaporte Covid era requerido para acceder a espacios públicos como restaurantes, bares, cines, teatros, eventos deportivos, y otros lugares donde se reunían grandes grupos de personas. El objetivo era garantizar que las personas que accedían a estos lugares tenían un menor riesgo de transmitir el virus. En Italia, el pasaporte Covid, conocido como *green pass*, se convirtió a partir de octubre de 2021 en un requisito obligatorio para trabajar, tanto en el sector público como en el privado. Los trabajadores que no presentaran el *green pass* no podían incorporarse a su lugar de trabajo. Aquellos que intentaran hacerlo sin el pasaporte se enfrentaban a sanciones económicas, tanto ellos como sus empleadores. Aunque los trabajadores sin *green pass* no eran despedidos, no se les pagaba durante los días que no podían trabajar debido a la falta del certificado. Esta medida fue una de las más estrictas implementadas en Europa durante la pandemia de Covid19.

cesario, de normas jurídicas capaces de garantizar su eficacia (cargas y obligaciones acompañadas de sanciones)."

En fin, podríamos decir que aquel fatídico 2020 fue el año en que vivimos peligrosamente.

2. DOS MODELOS DE AUTORIDAD POLÍTICA PARA LA SALIDA DE LA CRISIS: EL LOCALISMO ESTATAL-NACIONAL Y EL CONSTITUCIONALISMO GLOBAL

Con el dimensionamiento a escala mundial de la crisis sanitaria del covid-19, la protección del derecho individual a la salud y la salvaguarda de la salud pública pasaron a ocupar un primer plano en nuestra jerarquía de valores, alterando el peso de los valores jurídico-políticos característicos de las democracias liberales. La pandemia redimensionó el peso de todos estos valores y, con ello, nuestro modelo de legitimidad de las autoridades políticas se vio sometido a un severo escrutinio. Sin lugar a dudas, el análisis teórico de esa transformación del modelo de autoridad política, así como de los valores y objetivos vinculados al buen gobierno, constituye un reto importante para la filosofía jurídica y política.

En la tramoya del escenario en el que se desenvuelve todo este drama pandémico opera el fenómeno de la globalización. La base económica de la globalización reposa en un sistema que promueve la producción a nivel global y extensas cadenas de suministro, lo que ha generado un estilo de vida caracterizado por el constante movimiento de bienes, capitales y personas. La ideología que ha respaldado este nuevo mercado global es una corriente de pensamiento político liberal que resalta la relevancia del crecimiento económico para mejorar el bienestar individual. Sin embargo, la crisis sanitaria mundial puso en tela de juicio esta ideología del mercado global. Con la pandemia tomamos conciencia de nuestra pertenencia al mundo natural; de que no podíamos establecer un ecosistema independiente, aislado del resto de la biosfera (CAMISÓN YAGÜE, 2025). Aunque parece que ya lo hayamos olvidado, en aquel año en el que "vivimos peligrosamente" nos enteramos por fin de lo que muchos expertos epidemiólogos vaticinaban: las pandemias se van a repetir cíclicamente en la historia.

Esta traumática sensibilización dejó su huella en el modelo de legitimidad política al que aspirábamos durante la pandemia. Estados y comunidades autónomas competían entre sí a la caza de respiradores, de mascarillas, de test del covid, etc. Frente al caos vivido, anhelábamos una forma de autoridad política que primara la protección de la seguridad y la salud de las personas y que tuviera una ágil capacidad de movilización de los recursos materiales y humanos necesarios para hacer frente a situaciones de contingencia como la vivida. Ese nuevo modelo de autoridad emergió asociado a un conjunto de valores y objetivos jurídico-políticos que se postulaba como nuevas fuentes de legitimidad política. La biovigilancia, el control estratégico de los suministros médicos esenciales, la extensión de la asistencia sanitaria a toda la población, la investigación científica e innovación tecnológica, la capacidad para poner en práctica una legislación de emergencia[6] o la compensación solidaria de los costes marginales derivados de dicha legislación de emergencia[7], constituyeron una parte sustancial de cualquier programa político y, por ende, un criterio decisivo de justificación y evaluación de la gestión de las autoridades públicas.

Reputados expertos en filosofía jurídica y política aventuraron propuestas para la salida de la crisis, algunas de las cuales resultan

---

6 Sobre la incapacidad para poner en práctica una legislación de emergencia en España cfr. OCHOA MONZÓ, Josep, "La ineficacia del sistema español de gestión de emergencias sanitaria durante el COVID-19", capítulo 8 de este volumen.

7 Para un análisis de las implicaciones para el ordenamiento financiero de la compensación solidaria de los costes marginales cfr. MARTÍNEZ GINER, Luis Alfonso "La redefinición de los principios del ordenamiento jurídico-financiero por la crisis del covid19: la estabilidad presupuestaria y la tributación según la capacidad económica", capítulo 7 de este volumen.

bastante novedosas y merecen un análisis crítico por sus profundas implicaciones en el ámbito de los derechos fundamentales. Particularmente, adquirieron empuje dos corrientes de pensamiento filosófico-político que, pese a compartir un análisis sustancialmente semejante de los factores desencadenantes de la crisis, apuntaban hacia soluciones radicalmente incompatibles, a saber: (a) el localismo estatal-nacional y (b) el constitucionalismo global.

(a) Uno de los referentes más importantes de la *propuesta localista estatal-nacional* fue el prestigioso filósofo político británico John Gray. Pocas semanas después de que la pandemia mostrara su macabro rostro en Europa, este reputado catedrático de Pensamiento Europeo de la *London School of Economics* se apresuraba a dar su adiós a la globalización y saludaba el inicio de un proceso de inflexión histórica en el que los Estados nacionales se volverían a reafirmar como la fuerza más poderosa para conducir la acción a gran escala para enfrentarse al virus (GREY, 2020). A medida que la globalización ha ido avanzando, señalaba Grey, también ha crecido el riesgo de enfermedades infecciosas: si a la extrema movilidad que acompaña a un sistema de producción a escala mundial le sumamos la invasión de hábitats naturales ajenos a nuestra especie y la generación de un consumo de lujo de especies exóticas, habremos identificado los principales detonantes de la crisis sanitaria.

Pero la globalización no sólo habría sido la causante de la crisis, sino que además, a decir de Grey, se mostraba impotente para poner término a la pandemia, incapaz de proporcionar respuestas adecuadas ante la crisis sanitaria. Ante la constatación de que no existe una autoridad planetaria que ponga límites al crecimiento desmedido del mercado mundial, la propuesta localista de Grey combatía la extendida idea de que este problema mundial pueda tener una solución mundial: "creer que la crisis se puede resolver con un estallido de cooperación internacional es pensamiento mágico en su forma más pura", sentenciaba Grey. Las divisiones geopolíticas excluyen de raíz cualquier cosa que pueda semejarse a un gobierno mundial: cualquier intento en este sentido parece condenado al fracaso, ya que las potencias estatales competirían por controlarlo. Tampoco la propuesta estatal-localista veía la solución a esta crisis en formas de organización política transnacional más modestas como la Unión Europea. En opinión de Grey, la Unión Europea habría revelado ante la pandemia su debilidad esencial: su carencia de soberanía la habría hecho incapaz de ejecutar un plan de emergencia completo; por el contrario, a su juicio, las decisiones perentorias debían radicarse en los Estados nacionales.

En consonancia con las previsiones de los expertos en política internacional, la propuesta localista estatal-nacional saludaba con optimismo otras fuentes de legitimidad que, vaticinaba, se impondrían tras la pandemia. El modelo para la desglobalización propuesto por Grey sería el de los Estados del este de Asia que mostraban una respuesta más eficaz a la epidemia: Taiwán, Corea del Sur y Singapur, cuyas tradiciones culturales otorgan más importancia al bienestar colectivo que a la autonomía personal y que "se han sabido resistir al culto al Estado mínimo". Los Estados, democráticos o no, que no pasen la prueba hobbesiana de proteger a sus ciudadanos fracasarán, vaticinaba Grey. El localismo estatal-nacional defiende la reafirmación del Estado nacional como la fuerza más poderosa para conducir la acción a gran escala. Enfrentarse a las pandemias exige un esfuerzo colectivo que no se moviliza por el bien de la humanidad; esfuerzo colectivo que solamente es posible a partir de lazos sociales más intensos, lo que requiere un nuevo intervencionismo estatal que no reniegue ni del control de sus fronteras ni de la autosuficiencia agraria.

(b) Frente a la feroz crítica a la globalización del planteamiento localista y su reivindicación de la autoridad y legitimidad de los Estados nacionales, el prestigioso jurista y filósofo del de Derecho Luigi Ferrajoli impulsó su propuesta globalizadora de un "constitucionalismo de la Tierra"[8]. El punto de partida de Ferrajoli es la constatación de la existencia de problemas globales que no forman parte

---

8 Cfr. Ferrajoli

de la agenda política de los gobiernos nacionales, incluso si de su solución depende la supervivencia de la humanidad: salvar al planeta del calentamiento global, los peligros de los conflictos nucleares, el crecimiento de las desigualdades y la muerte, cada año, de millones de personas por falta de alimentos básicos y de medicamentos de soporte vital, el drama de cientos de miles de migrantes, cada uno de los cuales huye de uno o varios de estos problemas no resueltos. De esta conciencia, que el propio Ferrajoli califica de "banal", nació la idea de crear un movimiento destinado a promover una Constitución de la Tierra. Aun siendo bien consciente de que el proyecto puede parecer una utopía, una propuesta poco realista e inalcanzable, Ferrajoli considera que precisamente aquellos que se presentan como argumentos escépticos a este respecto —la inexistencia de un pueblo mundial homogéneo, la persistencia de los Estados soberanos y el creciente peso de los nuevos soberanos irresponsables e invisibles en que se han transformado los mercados— constituyen las razones principales "que dan fundamento a la necesidad y urgencia de una ampliación del paradigma constitucional" a escala mundial. Pues la democracia política a escala nacional está afectada por dos graves aporías que se vinculan a la relación de las políticas nacionales con el tiempo, por un lado, y con el espacio, por otro. La razón de ello es que las políticas nacionales están vinculadas al corto plazo de las competiciones electorales y al estrecho espacio de los territorios estatales. Corto plazo y espacios estrechos que evidentemente impiden que los gobiernos estatales, interesados únicamente en el consenso electoral, hagan frente a los desafíos y problemas mundiales con políticas a su altura. Las amenazas más graves al futuro de la humanidad: la devastación ambiental, las explosiones nucleares, las masacres de migrantes, la miseria y las enfermedades no tratadas que cada año causan la muerte de millones de seres humanos no entran en la agenda política de las competiciones electorales nacionales. En resumen, la democracia de hoy sólo sabe, temporalmente, del corto plazo y, espacialmente, de los espacios trazados por las fronteras nacionales. Excluye, por ello, lo que sucederá más allá de las competiciones electorales y de las fronteras nacionales.

Ferrajoli propone como base de su proyecto a escala mundial la distinción entre instituciones de gobierno e instituciones de garantía. Las instituciones de gobierno son aquellas con funciones políticas, de opción e innovación discrecional en orden a lo que el propio Ferrajoli llama la"esfera de lo decidible": no sólo, por lo tanto, las funciones propiamente gubernamentales de orientación política y opción administrativa, sino también las funciones legislativas. Las instituciones de garantía, por otro lado, son las encargadas, en el modelo de Ferrajoli, de las funciones vinculadas a la aplicación del derecho y en particular, del principio de la paz y de los derechos fundamentales, para garantizar lo que el propio Ferrajoli ha denominado la esfera de "lo indecidible que y de lo indecidible que no". Esto es, las funciones judiciales o de garantía secundaria, pero antes aún las funciones dirigidas a garantizar en vía primaria los derechos sociales, como las instituciones educativas, sanitarias, asistenciales, de previsión social y similares.

Estas funciones y estas instituciones de garantía son, más que las funciones e instituciones de gobierno, las que hay que desarrollar a escala global en actuación del paradigma constitucional. Lo necesario, a fin de garantizar la paz, el medio ambiente y los derechos humanos, no es ya, de acuerdo con Ferrajoli, el establecimiento de una reproducción improbable, y ni siquiera deseable, de la forma Estado a escala supranacional —una especie de superestado mundial, aunque sea basado en la democratización política de la ONU— sino más bien la introducción de técnicas, funciones e instituciones globales de garantía primaria y de garantía secundaria.

Curiosamente, una vez superada la pandemia, ninguna de las dos opciones aquí analizadas, el localismo estatal-nacional y el constitucionalismo global, se encuentran en el centro del debate político actual. La propuesta localista estatal-nacional de Grey, que a poco que nos fijemos deja entrever una defensa de la mejor disposición del Reino Unido post-Brexit para vencer la pandemia, una vez liberado del yugo de su pertenencia a la UE, no parece que hubiera dado los frutos deseables. Sin duda alguna, uno de los aciertos de la respuesta del Reino Unido post-brexit frente a la pandemia fue su capacidad para distribuir la vacuna desarrollada en colaboración entre la Universidad de Oxford y la compañía farmacéutica AstraZeneca en un tiempo récord, pero este acierto no nubla el hecho de que Reino Unido no hiciera más por detener la propagación del covid al principio de la pandemia, lo que costó miles de vidas, hasta el extremo de haber sido considerado como "uno de los mayores fracasos de salud pública de la historia" en un informe emitido por el propio Parlamento británico[9]. La estrategia del gobierno, respaldada por sus científicos, fue tratar de lograr la inmunidad colectiva a través de la infección, dice el documento. Eso provocó un retraso en la introducción del primer confinamiento, a pesar de la evidencia de China y luego de Italia de que se trataba de un virus altamente infeccioso, que causaba una enfermedad grave y para el que no había cura.

En cuanto a la desconfianza de Grey respecto de la capacidad de la UE de articular una política conjunta en la lucha contra el coronavirus, conviene recordar, para empezar, que la UE logró asegurar contratos con múltiples fabricantes de vacunas, lo que permitió un acceso más rápido a diferentes opciones de inmunización. Al negociar con varias empresas, la UE minimizó el riesgo de depender de un solo proveedor, lo que fue crucial para garantizar un suministro constante. Además, la estrategia de adquisición fue un esfuerzo conjunto, lo que facilitó la distribución equitativa de vacunas entre los Estados miembros, ayudando a evitar desigualdades entre regiones, así como a contener externalidades de mercado que hubiera producido la competencia de los Estados miembros para lograr dosis para sus nacionales.

---

9 "*Coronavirus: lessons learned to date*", informe elaborado por el *Health and Social Care Committee*, y el *Science and Technology Committee* del Reino Unido que incluye parlamentarios de todos los grupos políticos [https://committees.parliament.uk/committee/81/health-and-social-care-committee/news/157991/coronavirus-lessons-learned-to-date-report-published/].

Vayamos ahora al constitucionalismo global preconizado por Ferrajoli. Si el drama humano que supuso la pandemia pudo jugar algún papel positivo de cara al progreso de la humanidad, despertando nuestra conciencia colectiva hacia la necesidad de introducir técnicas, funciones e instituciones globales de garantía primaria y de garantía secundaria a escala global en actuación del paradigma constitucional, se trató ésta de una oportunidad perdida; el extremo peligro en el que estuvimos durante la pandemia, y el elevado riesgo de que se repitan nuevas crisis sanitarias mundiales, no fue de la mano de la salvación: hemos olvidado el drama humano que supuso la pandemia y, con ello, el debate sobre las propuestas de modelos de autoridad encaminadas a garantizar la supervivencia de los ciudadanos parece haberse extinguido. Es por eso que las palabras de Enric González que he escogido para encabezar mi contribución a este libro me parecen tan oportunas: "*Preferimos no mirar, pero deberíamos mirar, una y otra vez para recordar hasta qué punto somos mansos, hasta qué punto somos frágiles, hasta qué punto somos capaces de olvidar lo inolvidable*".

3. ACIERTOS, ERRORES Y OPORTUNIDADES PERDIDAS. UNA MIRADA CRÍTICA

Este libro nace con el propósito de no olvidar, de recordar y generar una miranda crítica hacia un pasado no tan remoto ni tan imposible de revivir. En él se analizan un conjunto de medidas normativas aprobadas por los poderes públicos para hacer frente a la pandemia, así como los efectos directos e indirectos que tales cambios produjeron en nuestros sistemas jurídicos y en nuestro modelo social de convivencia. Nuestra pretensión no es sólo descriptiva; nuestro análisis se acompaña de una valoración crítica de ese conjunto de medidas, señalando los errores que se cometieron y destacando los aciertos, así como las oportunidades perdidas. Nuestro empeño último es contribuir al diseño de medidas jurídicas coordinadas a nivel internacional que refuercen el derecho a la vida y la salud de las personas, minimizando el impacto que puedan tener en los restantes derechos fundamentales, para lo cual formulamos propuestas de *lege ferenda* destinadas a fomentar la seguridad de la sociedad en un entorno de crisis sanitaria mundial cambiante e interdependiente.

Para empezar, la normativa para combatir la pandemia puso patas arriba ámbitos de convivencia íntimos y privados. No es posible ofrecer una imagen de la repercusión de la normativa COVID en los derechos fundamentales sin ocuparnos de los efectos de algunas medidas que impactaron de pleno en nuestra vida familiar y en el espacio supuestamente inviolable de nuestro domicilio. La irrupción del teletrabajo durante la pandemia modificó drásticamente el espacio más privado en el que se desarrollan nuestras vidas: el domicilio. En el capítulo 2 Fernando Ballester Laguna analiza la transformación en obligatorio del trabajo a distancia desarrollado durante la pandemia. El autor identifica distintos supuestos de trabajo a distancia Covid19: el ámbito educativo y de la formación; el ámbito del empleo público; el trabajo a distancia como vía alternativa y preferente al trabajo presencial y a los expedientes de regulación temporal de empleo (ERTEs); y el trabajo a distancia desarrollado en el marco del denominado Plan MECUIDA. En cada uno de estos ámbitos el autor especifica el alcance de la obligatoriedad del teletrabajo, abordando las distintas razones que sirvieron de fundamento a la obligatoriedad del trabajo a distancia Covid19 y que permitieron mutar la naturaleza voluntaria del trabajo a distancia desarrollado durante este convulso e incierto periodo de nuestra existencia.

Pero no debemos olvidar que la pandemia ha sido un acontecimiento constitucional (CAMISÓN YAGÜE, 2023) que ha desafiado a los sistemas legales y políticos, obligando a una reflexión profunda sobre cómo se gestionan las crisis, cómo se protegen los derechos de los ciudadanos en tiempos difíciles y qué se puede hacer para evitar nuevas pandemias. Respecto de esta última cuestión, en el capítulo 3, Camisón Yagüe, adoptando "la metodología del constitucionalismo crítico", se plantea si el reconocimiento de la Naturaleza como sujeto jurídico dotado de derechos puede o no contribuir a la prevención de nuevas pandemias. Constatada la estrecha relación que existe entre el abuso de la Naturaleza y las pandemias, el autor revindica la adopción de medidas urgentes y audaces en favor de la mejor protección de aquella, a fin de protegernos mejor de futuras enfermedades. En línea con este planteamiento, Camisón Yagüe reivindica la necesidad de avanzar en un nuevo paradigma jurídico ecocéntrico, en tanto y cuanto la urgencia del cambio climático y del deterioro de la Naturaleza demandan la necesidad de encontrar nuevas soluciones jurídicas, entre las que destaca el reconocimiento de la Naturaleza como sujeto de derechos.

En el capítulo 4 Antonio Cantaro reflexiona sobre la pandemia también en clave de "acontecimiento constitucional", a través de cinco "pasajes" que constituyen una síntesis de su magnífico libro *Postpandemia. Pensieri (meta)giuridici* (CANTARO, 2021). En primer término, recibimos la pandemia como un acontecimiento excepcional que habría de cambiar radicalmente nuestro modo de vida y nuestras creencias, recordándonos la vulnerabilidad ontológica de la condición humana, la necesidad de volver a situar los cuidados hacia los demás y hacia la Tierra en el centro de la vida comunitaria e individual y la necesidad de escucha. A la fase inicial le sucedió rápidamente otra en la que la pandemia fue representada como un estado de emergencia encaminado a la rehabilitación del estado de normalidad precedente. Los deberes públicos de protección, colectivos e individuales, ocuparon un lugar central. Una tiranía de los deberes tan perniciosa como la tiranía de los derechos. Pero en la postpandemia fuimos más allá del temido olvido de los derechos y de la inflación de los deberes. La figura subjetiva paradigmática de ese tiempo es la carga, una condición que debemos satisfacer para cultivar nuestros intereses y deseos. Esta convicción remite a Cantaro a los meta valores de la constitución material neoliberal. Al principio de rendimiento marcusiano, al imperativo contundente del máximo rendimiento y del máximo disfrute bajo cuyas banderas transcurren enteramente nuestros días. Una cesura tanto con el metavalor de la autodeterminación —con la prioridad axiológica de los derechos— como con el metavalor de la solidaridad —con la prioridad axiológica de los deberes—. Finalmente, Cantaro concluye que el estado de emergencia sanitaria es, en realidad, la continuación por otros medios, pero con los mismos fines, del estado de normalidad neoliberal: un test de estrés para medir la fuerza y la capacidad normativa del principio de rendimiento y sus mecanismos.

Junto con las limitaciones de derechos fundamentales como la libertad de circulación, el derecho a la intimidad, a la propia imagen y a la vida privada y familiar debidas a la legislación de emergencia, en este volumen nos ocupamos de las libertades económicas. La libertad de iniciativa económica durante la pandemia fue uno de los derechos constitucionales que sufrió mayores limitaciones. Las llamadas medidas de contención fueron de tal magnitud que produjeron un efecto masivo en sectores enteros del mercado. En el capítulo 5 Letizia Coppo se ocupa de dos sectores en los que el impacto de la pandemia en la libertad de iniciativa económica suscitó la reflexión de los juristas en el ámbito del derecho privado italiano: el de los contratos por obras y servicios y el de los arrendamientos comerciales, con el objetivo no sólo de dar cuenta de los problemas planteados y de las soluciones encontradas o propuestas, sino de proponer, a través del análisis retrospectivo de estos elementos, una evaluación de los riesgos relacionados con emergencias globales y sistémicas como la resultante de la pandemia y de los anticuerpos que el derecho civil “tradicional” puede producir para gestionarlos o, incluso, prevenirlos.

Asimismo, en este libro se abordan problemas relativos a la distribución de competencias entre la legislación estatal y la de las diversas comunidades autónomas en el ámbito de la protección al derecho a la salud y en relación con los eventuales conflictos entre ese derecho y otros derechos fundamentales o bienes constitucionalmente protegidos. Como es sabido, la situación sanitaria obligó al gobierno de España a habilitar a las comunidades autónomas, por medio del decreto del estado de alarma, a adoptar medidas en materias que conciernen centralmente a derechos fundamentales. En el capítulo 6, Adrián García Ortiz analiza el impacto de la declaración del estado de alarma sobre los derechos fundamentales y las políticas públicas desde la perspectiva de la distribución territorial del poder en el marco de un Estado como el español, altamente descentralizado. El autor sostiene que, aunque la declaración del estado de alarma no suspende la autonomía de las comunidades autónomas ni altera el sistema ordinario de distribución de competencias, puede, en nombre de una supuesta respuesta más eficaz, dar lugar a una importante concentración de poderes en el Gobierno central que repercuta en el ejercicio de las competencias autonómicas. Sin embargo, destaca que la pandemia ha puesto de manifiesto las insuficiencias y carencias que siguen existiendo en relación con una legislación que no se corresponde con la realidad territorial española y con unos mecanismos de coordinación insuficientes entre el Estado central y las comunidades autónomas, cuya ineficacia afecta directamente al ejercicio de los derechos fundamentales y al diseño e implementación de las políticas públicas.

Otra interesante reflexión incorporada a este libro guarda relación con las políticas públicas de compensación solidaria de los costes derivados de la pandemia. En el capítulo 7, Luis Alfonso Martínez Giner nos advierte de cómo la respuesta del sistema jurídico-financiero ante los retos planteados por el Covid-19 ha cuestionado el tradicional equilibrio de los principios que lo informan, tanto en el ámbito jurídico financiero como en el tributario. Por un lado, se ha producido una situación que ha llevado a replantear la aplicación de los principios presupuestarios en relación con el cumplimiento de las reglas de estabilidad presupuestaria y sostenibilidad financiera en situaciones excepcionales (Covid-19). Se ha generado una situación de agotamiento de los recursos públicos que ha colocado a las finanzas públicas españolas en una situación de déficit presupuestario que ha comprometido el principio de justicia en materia de gasto público y la asignación equitativa de los recursos públicos. Asimismo, en el marco tributario nos encontramos con medidas fiscales que tratan de ajustar la verdadera capacidad contributiva de los contribuyentes a una presión fiscal proporcional. El autor defiende que la necesidad de obtener recursos públicos por parte de las Administraciones Públicas hace ahora más que nunca imprescindible situar el principio de capacidad de pago en el centro de la política tributaria. El principio de capacidad de pago debe ser reforzado en este contexto excepcional.

También los fracasos y las oportunidades perdidas respecto de la normativa para la contención de la pandemia son objeto de tratamiento en este volumen. En el capítulo 8 Josep Ochoa Monzó sostiene que la pandemia del Covid19 demostró la ineficacia del sistema español de gestión de emergencias sanitarias, tanto respecto de lo que podemos considerar la respuesta ordinaria en base a la legislación sectorial de sanidad, como con arreglo al Sistema Nacional de Protección Civil (SNPC). Frente a la eventualidad de que se vuelva a producir una emergencia sanitaria que tenga derivaciones con la seguridad pública, y afecte a derechos fundamentales de la ciudadanía, Ochoa defiende que no hay razones por las que el SNPC no deba ser único y ser la *vis atractiva* a la que se reconduzca cualquier respuesta frente a riesgos que puedan dar lugar a una situación de emergencia (sanitaria o no), antes de llegar al derecho de excepción, aun asumiendo alguna singularidad de tales respuestas a la hora de hace frente a estos riesgos.

La obligatoriedad de la vacunación contra el covid para ciertos colectivos es otro de los aspectos problemáticos abordados en este libro. La vacunación obligatoria constituye, sin duda alguna, una injerencia en la autonomía de la voluntad, en el derecho de autodeterminación y en el libre desarrollo de la personalidad que exige extremar las cautelas y aplicar una interpretación restrictiva de las limitaciones. Aunque en España la vacunación no tuvo, en términos generales, carácter obligatorio, sí se impuso un régimen específico de vacunación obligatoria para personas con discapacidad. En el capítulo 9, Manuel Ortiz Fernández analiza críticamente el tratamiento ofrecido por los juzgados y tribunales que se enfrentaron a la autorización de la vacuna COVID-19 en residencias de mayores, con especial referencia a la STC 38/2023, de 20 de abril de 2023 que ha declarado constitucional la valoración judicial de la protección de los intereses de personas mayores en residencias, justificando la aprobación de la vacunación, desoyendo la decisión de los familiares o representantes.

Dar cuenta del impacto que la normativa para combatir la pandemia ha producido en los derechos fundamentales exige aunar esfuerzos procedentes de diferentes disciplinas jurídicas, ya que estimamos que su abordaje sólo es posible desde un enfoque interdisciplinar. En este libro hemos aplicado capacidades, conocimientos, y perspectivas de varias disciplinas jurídicas, como la Filosofía del Derecho, el Derecho Constitucional, el Derecho Administrativo, el Derecho del Trabajo, el Derecho civil o el Derecho Financiero. La estimación del impacto real que la legislación COVID produjo en los derechos fundamentales, los aciertos y los fracasos de la normativa y los problemas que han quedado pendientes de resolver, son todas ellas cuestiones a las que sólo es posible responder ofreciendo una panorámica tan abierta como sea posible de los efectos en los diferentes ámbitos jurídicos implicados. Confiamos en haber sido capaces de ofrecer al lector de este libro una síntesis final superadora de lo que las visiones fragmentarias le pudieran aportar.

4. BIBLIOGRAFÍA

CAMISÓN YAGÜE, José Ángel (2023). "La pandemia del Covid 19 como (des)acontecimiento jurídico constitucional". *Eunomía. Revista en Cultura de la Legalidad*, 25.

CAMISÓN YAGÜE, José Ángel (2025). "El reconocimiento de la naturaleza como sujeto de derechos: contribución a prevenir nuevas pandemias", en Fernando Ballester Laguna (ed.), *El impacto de la normativa Covid19 en los derechos fundamentales, una mirada restrospectiva,* cap. 3, Tirant lo Blanch, Valencia.

CANTARO, Antonio (2021). *Postpandemia. Pensieri (meta)giuridici*. Giappichelli editore, Torino.

CANTARO, Antonio (2025). "Los deberes en la postpandemia", en Fernando Ballester Laguna (ed.), *El impacto de la normativa Covid19 en los derechos fundamentales, una mirada restrospectiva*, cap. 4, Tirant lo Blanch, Valencia.

FERRAJOLI, Luigi (2023). *Por una Constitución de la Tierra. La humanidad en la encrucijada*, Trotta, Madrid.

GONZÁLEZ, Enric (2024). https://cadenaser.com/nacional/2024/05/04/hace-cuatro-anos-cadena-ser/

GRAY, John (2020). "Adiós globalización, empieza un mundo nuevo. O por qué esta crisis es un punto de inflexión en la historia", *El País*, 12 de abril.

MARTÍNEZ GINER, Luis Alfonso (2025). "La redefinición de los principios del ordenamiento jurídico-financiero por la crisis del covid19: la estabilidad presupuestaria y la tributación según la capacidad económica", en Fernando Ballester Laguna (ed.), *El impacto de la normativa Covid19 en los derechos fundamentales, una mirada restrospectiva*, cap. 6, Tirant lo Blanch, Valencia.

OCHOA MONZÓ, Josep (2025). "La ineficacia del sistema español de gestión de emergencias sanitaria durante el COVID-19", cap. 7, en Fernando Ballester Laguna (ed.), *El impacto de la normativa Covid19 en los derechos fundamentales, una mirada restrospectiva*, cap. 6, Tirant lo Blanch, Valencia.

RAWLS, JOHN (1999). *A Theory of Justice*, Harvard University Press.

SEN, AMARTYA (1999). *Development as Freedom*, New York: Oxford University Press.

Capítulo 2

LA VOLUNTARIEDAD DEL TRABAJO A DISTANCIA: SU QUIEBRA DURANTE LA PANDEMIA COVID19

Chapter 2. *The breakdown in the voluntariness of remote work during the Covid19 pandemic*

Fernando Ballester Laguna
Catedrático de Derecho del Trabajo y de la Seguridad Social
Universidad de Alicante
fernando.ballester@ua.es / https://orcid.org/0000-0002-2456-0630

RESUMEN: La voluntariedad del trabajo a distancia es una característica que ha acompañado desde siempre su regulación jurídica en España, en consonancia con el marco internacional aplicable, señaladamente, el Acuerdo Marco Europeo sobre Teletrabajo de 16 de julio de 2002 en el que se reconoce sin ambages que el teletrabajo es voluntario para el trabajador y el empresario afectados. Sin embargo, esta nota distintiva del trabajo a distancia quiebra durante la pandemia Covid19, la cual introdujo la obligatoriedad del trabajo a distancia en dos situaciones: 1) como mecanismo preferente a los expedientes de regulación temporal de empleo; y 2) a petición de la persona trabajadora en el marco del denominado plan MECUIDA.

El objeto de este capítulo consiste en dar a conocer los principales problemas suscitados en torno al trabajo a distancia Covid19: 1) el significado y alcance de la quiebra del principio de voluntariedad; 2) su régimen jurídico, con especial atención a la dotación y mantenimiento por parte de la empresa de los equipos, herramientas y consumibles necesarios para el desempeño del trabajo y la compensación de gastos de la persona trabajadora como consecuencia del trabajo a distancia; y 3) la transición del trabajo a distancia Covid19 al trabajo a distancia ordinario. El capítulo se cierra con las principales conclusiones a que se han llegado en la investigación.

Palabras clave: trabajo a distancia – teletrabajo – voluntariedad – obligatoriedad – pandemia Covid19

ABSTRACT: The voluntary nature of remote work has always characterised its legal regulation in Spain, in line with the international regulation, specifically the European Framework Agreement on Telework of July 16, 2002, which unequivocally recognizes that teleworking should be voluntary for both the worker and the employer. However, this distinctive characteristic of remote work was profoundly affected by the Covid19 pandemic, which made remote work mandatory in the following two situations: 1) when it represents a preferential mechanism to suspension of employment contract or reduction of working hours; and 2) when it is requested by the worker within the framework of the so-called MECUIDA plan.

The purpose of this chapter is to outline the main problems which arouse in relation to remote work raised around Covid19: 1) the meaning and scope of the breach of the principle of voluntariness; 2) its legal regime, with special attention to the provision and maintenance by the company of the equipment, tools and consumables necessary for the performance of the work and the compensation of the worker expenses as a result of remote working; and 3) the transition from Covid19 remote work to ordinary remote work. The chapter ends with the main conclusions reached in the study.

Keywords: remote work – teleworking – voluntariness – mandatory – Covid19 pandemic

1. INTRODUCCIÓN

El trabajo a distancia, incluyendo dentro del género su especie tecnológica denominada teletrabajo, han sido marginales en España hasta marzo de 2020, experimentando un crecimiento exponencial durante la pandemia Covid19 (SIRVENT HERNÁNDEZ, 2022, p. 145). Lo que se explica en atención a la regulación jurídica *ad hoc* a que fue sometida esta forma de prestación de servicios, como una medida excepcional, temporal y urgente para contribuir a paliar los efectos negativos de la pandemia en los términos que se expondrán. Se cumple así la máxima acuñada tiempo atrás de que el trabajo a distancia se ha desarrollado especialmente en momentos de crisis (DE LAS HERAS GARCÍA, 2021, p. 17; TRILLO PÁRREGA, 2023, pp. 12-14). De hecho, en la era post Covid19 el trabajo a distancia ha experimentado una cierta contracción que, si bien no ha supuesto retroceder a los niveles de utilización anteriores a la pandemia, desde luego que tampoco permite avalar la idea, repetida hasta la saciedad durante la pandemia, de que el trabajo a distancia había llegado para quedarse (se entiende que con una presencia significativa en nuestro sistema de relaciones laborales)[1]. Razones de diversa índole pueden explicar este viaje de ida y vuelta experimentado en la utilización del trabajo a distancia. Aunque los argumentos que más se repiten para explicarlo hacen referencia a la cultura española del "presentismo", unido al alumbramiento una nueva ordenación jurídica del trabajo a distancia, gestada durante la pandemia, que el empresariado considera en exceso detallista, formalista y garantista de los derechos de las personas trabajadoras (HIERRO HIERRO, 2021, pp. 298-299). Y ello en un contexto en el que la voluntariedad que caracteriza el trabajo a distancia, y que también ha salido reforzada en la nueva regulación de 2020-21, requiere como regla general la aceptación de la parte empresarial para su introducción. Algo que no ocurrió durante la pandemia Covid19 en la que se decretó el carácter obligatorio del trabajo a distancia.

1 Las cifras varían según los estudios y los autores que las presentan, aunque pueden extraerse las siguientes conclusiones generales: 1) antes del estallido de la pandemia Covid19 el trabajo a distancia en España era testimonial. La cifra más repetida es la de un 4,8%, por debajo de la media de la Unión Europea; 2) durante la pandemia Covid19 el porcentaje de personas trabajadoras que prestaron sus servicios a distancia en nuestro país se triplicó, alcanzando el 16%; 3) conforme se fue recuperando la normalidad el trabajo a distancia se contrajo, primero bruscamente y a continuación de forma paulatina. Los datos del Instituto Nacional de Estadística (INE) sitúan el porcentaje de personas que han teletrabajado en 2021 el 9,3%, en 2022 el 8,1% y el 8% en 2023; 4) estos datos contrastan con el número de personas trabajadoras que manifiestan su preferencia a favor del trabajo a distancia, en exclusiva o, con más adeptos, de forma híbrida, compaginando el trabajo presencial y a distancia; 5) no todos los trabajos pueden desarrollarse a distancia. Durante los años 2021, 2022 y 2023 el INE ha estimado que las personas que no han teletrabajado porque su trabajo no se los permite es, respectivamente, del 34,5%, 38,8% y 39,1%; y 6) en la actualidad sigue existiendo una brecha entre el porcentaje de trabajo a distancia desarrollado en España y en la Unión Europea. Los datos del INE pueden consultarse en https://www.ine.es/dynt3/inebase/index.htm?padre=1834&capsel=1835

Precisamente, el objeto de estudio de este capítulo gira en torno a la nota de voluntariedad que caracteriza el trabajo a distancia y su quiebra durante la pandemia Covid19, así como las razones que sirven de soporte tanto al carácter voluntario del trabajo a distancia en situaciones de normalidad como a su obligatoriedad en el contexto excepcional de la pandemia. Asimismo, se analizan los principales problemas que se han suscitado en relación con el régimen jurídico del trabajo a distancia Covid19 y respecto a la ulterior transición desde éste al trabajo a distancia ordinario. A su estudio se dedican los apartados 2 a 5 de este capítulo, recogiéndose en el apartado 6 las conclusiones.

El **apartado 2** se dedica al análisis de la voluntariedad como nota característica del trabajo a distancia a lo largo del tiempo, la cual es claramente perceptible en el ordenamiento jurídico español al menos desde la Ley de Contrato de Trabajo de 1944. Desde entonces, si dejamos de lado el paréntesis representado por la pandemia Covid19, el trabajo a distancia —denominado hasta el año 2012 trabajo a domicilio— siempre ha tenido un carácter voluntario. Lo que además está en consonancia con el marco normativo internacional y, señaladamente, con el Acuerdo Marco Europeo sobre Teletrabajo de 2002. Así pues, en este apartado se dará cuenta de la conformación de la nota de la voluntariedad de esta forma de prestación de servicios en las distintas normas que se han sucedido en su regulación, su reconocimiento más o menos explícito en la normativa aplicable en cada momento, así como el significado del carácter voluntario del trabajo a distancia a la luz de la jurisprudencia, con la importante aportación sobre el particular de la sentencia del Tribunal Supremo de 11 de abril de 2005, hasta llegar a la regulación actual, proporcionada por la Ley de Trabajo a Distancia de 2021, en la que el principio de voluntariedad del trabajo a distancia adquiere su máxima expresión. Finalmente, se abordará la problemática relativa al fundamento o razón de ser de la voluntariedad como nota característica del trabajo a distancia. Lo que en su momento nos servirá para reflexionar acerca de si la quiebra de la nota de voluntariedad que supuso el trabajo a distancia Covi19 estuvo o no suficientemente justificada.

La situación excepcional de la pandemia Covid19 y la transformación en obligatorio del trabajo a distancia desarrollado durante la misma constituye el objeto de análisis del **apartado 3**. El punto de partida consistirá en la identificación de los distintos supuestos de trabajo a distancia Covid19, determinando el significado y alcance de su obligatoriedad que, como se verá, no es el mismo en todos los supuestos. A saber: 1) el ámbito educativo y de la formación; 2) el ámbito del empleo público; 3) el trabajo a distancia como vía alternativa y preferente al trabajo presencial y a los expedientes de regulación temporal de empleo (ERTEs); y 4) el trabajo a distancia desarrollado en el marco del denominado Plan MECUIDA. Este apartado se cierra con el abordaje de las distintas razones que sirvieron de fundamento a la obligatoriedad del trabajo a distancia Covid19 y que permitieron mutar la naturaleza voluntaria del trabajo a distancia desarrollado durante este convulso e incierto periodo de nuestra existencia.

En el **apartado 4** se estudia el régimen jurídico del trabajo a distancia Covid19, empezando por la determinación del marco normativo aplicable al mismo. A continuación, se exponen las peculiaridades (reales o supuestas) de su régimen jurídico, las cuales giran en torno a: 1) la evaluación de riesgos laborales; 2) la dotación y el mantenimiento por parte de la empresa de los medios, equipos, herramientas y consumibles necesarios para el desarrollo del trabajo a distancia; y 3) la compensación de gastos tales como internet, electricidad, agua, calefacción y otros gastos, molestias o inconvenientes que haya producido la ocupación del espacio personal y privado por la prestación de trabajo a distancia. Por último, se identifica el resto de derechos y obligaciones aplicables al trabajo a distancia Covid19 y, en particular, se analizan los problemas aplicativos suscitados ante los tribunales en torno al principio de igualdad (de derechos) del trabajo presencial y a distancia, exigible también en relación con el trabajo a distancia Covid19 y no siempre bien resuelto por los tribunales.

La existencia de un régimen jurídico singular del trabajo a distancia Covid19 convierte en primordial efectuar una correcta acotación temporal del mismo, siendo tal el objeto del **apartado 5**. A tales efectos, se distinguen los distintos supuestos de trabajo a distancia Covid19, pues no todos ellos estuvieron sujetos a un mismo periodo de vigencia. Asimismo, se expondrán también algunos problemas suscitados ante los tribunales tanto sobre el inicio del trabajo a distancia Covid19 como, sobre todo, respecto de su finalización y vuelta a la presencialidad en la prestación de servicios, no siempre querida por las personas trabajadoras alegando motivos diversos para ello.

Como se ha adelantado, el **apartado 6** recoge las principales conclusiones que se pueden extraer del estudio realizado en este capítulo.

Por lo que se refiere a la terminología, el término más utilizado en este capítulo será el de trabajo a distancia tal y como se define en la vigente Ley 10/2021, de 9 de julio, de trabajo a distancia (en adelante, LTD), art. 2, entendido como aquella *"forma de organización del trabajo o de realización de la actividad laboral conforme a la cual esta se presta en el domicilio de la persona trabajadora o en el lugar elegido por esta, durante toda su jornada o parte de ella, con carácter regular"*, por oposición al trabajo presencial que es *"aquel trabajo que se presta en el centro de trabajo o en el lugar determinado por la empresa"*. Por su parte, el teletrabajo es una especie del género trabajo a distancia caracterizado por llevarse a cabo *"mediante el uso exclusivo o prevalente de medios y sistemas informáticos, telemáticos y de telecomunicación"*. Hasta el año 2012 el trabajo a distancia en España se denominaba trabajo a domicilio, definido de conformidad con el art. 13 de la Ley del Estatuto de los Trabajadores de 1995 como *"aquél en que la prestación de la actividad laboral se realice en el domicilio del trabajador o en el lugar libremente elegido por éste y sin vigilancia del empresario"*.

2. EL PRINCIPIO DE VOLUNTARIEDAD DEL TRABAJO A DISTANCIA A LO LARGO DEL TIEMPO

2.1. Planteamiento

Lo que hoy denominados trabajo a distancia es el resultado de un paulatino proceso de juridificación y de laboralización, evolucionando poco a poco desde un trabajo sin derechos o con pocos derechos, a otro mucho más protegido. Cuando se analiza la doctrina emanada del Tribunal Central de Trabajo (TCT), así como las primeras resoluciones de los Tribunales Superiores de Justicia (TSJ), se constata cómo la mayoría de las sentencias dictadas consistieron en declarar la existencia de una relación laboral allí donde los tribunales de instancia la habían negado[2]. Además, el grueso de los asuntos afectaba a mujeres, en consonancia con la fuerte feminización de este tipo de trabajo; al menos hasta fechas relativamente recientes en las que se ha desarrollado el trabajo a distancia en su modalidad de teletrabajo mediante el uso intensivo de las tecnologías de la información y la comunicación, donde también se puede apreciar la brecha de género.

En este epígrafe se expondrán los principales hitos normativos previos a la irrupción de la pandemia Covid19 en relación con el trabajo a distancia, constatándose como, con independencia de su denominación y regulación en cada momento histórico, el régimen jurídico de esta forma de prestación de trabajo siempre ha tenido como común denominador su carácter voluntario. Ello, además, está en consonancia con el marco regulatorio supranacional aplicable al teletrabajo, y ha sido corroborado también por la única sentencia dictada por nuestro Tribunal Supremo antes de la pandemia sobre esta específica cuestión relativa a la voluntariedad del trabajo a distancia.

---

2 Así, STCT 13 febrero 1985; STCT 10 septiembre 1986; STCT 23 septiembre 1986; STCT 3 febrero 1987; STCT 17 febrero 1987; STSJ Castilla y León, Burgos 29 octubre 1992 RS 833/1992); STSJ Cataluña 9 noviembre 1992.

2.2. *Antecedentes normativos y marco internacional y europeo*

El presente apartado tiene por objeto realizar una somera aproximación histórica al conjunto de normas o regulaciones, tanto estatales como derivadas del marco internacional y europeo, desde la perspectiva de su contribución al diseño del principio de voluntariedad del trabajo a distancia[3].

Empezando este análisis por el derecho interno español, y dejando de lado los estudios realizados por el Instituto de Reformas Sociales preparatorios de un Proyecto de Ley sobre el Trabajo a Domicilio en 1918[4], así como la primera norma estatal que contiene una cierta regulación de esta forma de prestación laboral, el Real Decreto-Ley de 26 de julio de 1926, relativo al trabajo a domicilio[5], la principal norma histórica que contiene una regulación más acabada sobre el particular, además de clarificadora de la cuestión que nos ocupa sobre el carácter voluntario de este tipo de prestación laboral, es la Ley de Contrato de Trabajo de 1944. En su Libro I[6], como ya hiciera su precedente, la Ley de Contrato de Trabajo de 1931, integra dentro del concepto de trabajador a *"Los llamados obreros a domicilio, entendiendo por tales los que ejecutan el trabajo en su morada u otro lugar libremente elegido por ellos sin la vigilancia de la persona por cuenta de la cual trabajan, ni de representante suyo, y del que reciben retribución por la obra ejecutada"* (art. 6). Previamente, el art. 5 de la Ley calificaba como empresarios *"(...) del trabajo a domicilio los*

---

3 Quien esté interesado en análisis más completos sobre el régimen jurídico del trabajo a distancia a lo largo de la historia puede consultar a CÁMARA BOTÍA, 2021, pp. 59-82 y la doctrina citada por este autor (en relación con el derecho interno español); ESPÍN SÁEZ, 2017, pp. 249-272; ROMERO BURILLO, 2021, pp.35-57 y GARCÍA PIÑEIRO, 2021, pp. 83-113 (en relación con el marco normativo supranacional).

4 Para su estudio detallado me remito a VELO I FABREGAT, 2022, pp. 198 a 225.

5 Su contenido está muy inspirado por los trabajos preparatorios del Instituto de Reformas Sociales.

6 Aprobado por Decreto de 26 de enero de 1944 (BOE de 24 de febrero).

fabricantes, almacenistas, comerciantes, etc; los contratistas, subcontratistas y destajistas que encarguen trabajo a domicilio pagando a tarea o destajo, dando o no los materiales y útiles del trabajo". Por su parte, el Libro II de la Ley[7] dedicó su Título II a regular con cierta profusión lo que de manera muy gráfica se denominaba el «Contrato de trabajo a domicilio». Así, se ocupó (de nuevo) del concepto de trabajo a domicilio (art. 114), las exclusiones de esta forma de prestación laboral (art. 115), los sujetos (art. 116) y sus especiales condiciones de trabajo (arts. 117 a 121), destacando entre ellas la materia retributiva y el cumplimiento de ciertas obligaciones formales por parte de las personas empleadoras tendentes a facilitar el control de la actividad laboral a domicilio no solo por la parte empresarial sino también de la administración laboral.

Por su parte, la Ley de Relaciones Laborales de 1976[8] contempla el trabajo a domicilio, por primera y única vez, como una relación laboral de carácter especial (art. 3º), la cual debía ser desarrollada por el gobierno, junto a las restantes relaciones especiales de trabajo recogidas en la norma, en un plazo de dos años (disposición adicional 4ª). Mientras tanto, resultaría de aplicación la normativa vigente con anterioridad (disposición transitoria 1ª), esto es, las previsiones contenidas en la Ley de Contrato de Trabajo de 1944, las cuales se mantuvieron vigentes hasta su sustitución por la Ley del Estatuto de los Trabajadores de 1980, dado que el desarrollo normativo de las relaciones especiales de trabajo recogidas en el art. 3 de la Ley de Relaciones Laborales de 1976 nunca llegó a materializarse.

Desde la reinstauración de la democracia en España, la ordenación de este tipo de trabajo siempre ha tenido como marco regulador el art. 13 del Estatuto de los Trabajadores (ET), incluido sistemáticamente entre las «Modalidades del contrato de trabajo», junto con el trabajo en común y el contrato de grupo (art. 10), los contratos formativos (art. 11) y el contrato a tiempo parcial (art.

---

7 Aprobado por Decreto de 31 de marzo de 1944 (BOE de 11 de abril).

8 Ley 16/1976, de 8 de abril, de Relaciones Laborales (BOE de 21 de abril).

12). Así, durante la vigencia de la Ley 8/1980, de 10 de marzo, del Estatuto de los Trabajadores (en adelante, ET-1980), se denominó, al igual que sucedió bajo la vigencia de la Ley de Contrato de Trabajo de 1944, «contrato de trabajo a domicilio», definiéndose como *"aquel en que la prestación de la actividad laboral se realice en el domicilio del trabajador o en el lugar libremente elegido por éste y sin vigilancia del empresario"*. Además, la norma contenía menciones a la forma del contrato, el salario, la aplicación de las normas de "seguridad e higiene", los derechos de representación colectiva y la obligación empresarial de poner a disposición de las personas trabajadoras un documento de control de la actividad laboral. Esta regulación pasó tal cual al Real Decreto Legislativo 1/1995, de 24 de marzo (en adelante, ET-1995), por el que se aprueba el texto refundido de la Ley del Estatuto de los Trabajadores, hasta su modificación por el art. 6 de la Ley 3/2012, de 6 de julio[9]. A partir de entonces el «contrato de trabajo a domicilio» pasó a denominarse «trabajo a distancia» sin más —aunque no se olvide que seguía estando incluido dentro de las modalidades del contrato de trabajo—, definido como *"aquél en que la prestación de la actividad laboral se realice de manera preponderante en el domicilio del trabajador o en el lugar libremente elegido por éste, de modo alternativo a su desarrollo presencial en el centro de trabajo de la empresa"*. Se regula la forma del acuerdo de trabajo a distancia; el reconocimiento de los mismos derechos que ostentan las personas trabajadoras presenciales, excepto aquellos que sean inherentes a la presencialidad de la prestación; retribución, formación y promoción profesional; prevención de riesgos laborales; y derechos colectivos.

En este breve recorrido histórico por la legislación española previa a la irrupción de la pandemia Covid19, se constata el carácter esencialmente voluntario del trabajo a distancia a lo largo del tiempo. Como se ha apuntado, ello se aprecia claramente bajo la vigen-

---

9 A esta Ley le precedió el Real Decreto-ley 3/2012, de 10 de febrero (BOE de 11 de febrero).

cia de la Ley de Contrato de Trabajo de 1944, cuando se configuró como un «contrato de trabajo a domicilio». En la Ley de Relaciones Laborales de 1976, donde se calificó —al menos en la letra de la ley— como una relación especial de trabajo. Y, por último, en la regulación proporcionada por el Estatuto de los Trabajadores en sus distintas versiones, donde ya se utilizase la fórmula de "contrato de trabajo a domicilio" (desde 1980 a 2012), ya se acuñase el término más preciso y omnicomprensivo "trabajo a distancia" (a partir de 2012), siempre se ha calificado legalmente este tipo de prestación laboral como una «modalidad del contrato de trabajo».

No es este el momento de abordar la cuestión relativa a las implicaciones jurídicas que tiene la calificación del trabajo a distancia como un contrato especial o como una modalidad contractual[10]. Pero lo que sí quiero poner de manifiesto es que el primer y principal significado que posee la voluntariedad del trabajo a distancia consiste en que esta forma de prestación de servicios no puede ser impuesta unilateralmente por ninguna de las partes de la relación laboral —empresario/a o trabajador/a—, pues ninguna de ellas puede crear por sí sola una relación laboral de carácter especial, ni tampoco una modalidad del contrato de trabajo, siendo necesario un acuerdo de voluntades para ello. Más adelante se expondrán otras consecuencias jurídicas que se derivan de la voluntariedad del

---

10 Como es sabido, los contratos especiales de trabajo y las modalidades contractuales se caracterizan por la existencia de peculiaridades de mayor o menor alcance en su regulación respecto al contrato de trabajo común u ordinario. Así, de conformidad con lo dispuesto en el art. 2.2 del ET la regulación de las relaciones especiales de trabajo no tiene más límite que el respeto de los *"derechos básicos* (en verdad de todos los derechos) *reconocidos por la Constitución"*, de donde se infiere que existe una gran libertad en su regulación, hasta el punto de poderse excluir completamente la aplicación de la legislación laboral común. Ello a diferencia de lo que sucede con las modalidades contractuales, las cuales no tienen otras peculiaridades en su régimen jurídico que las previstas expresamente, rigiendo en todo lo no regulado lo dispuesto en la legislación laboral común. De hecho, el grueso de las modalidades del contrato de trabajo se regula dentro del propio Estatuto de los Trabajadores. Lo que facilita la aplicación directa de todas sus previsiones (las singulares y las comunes).

trabajo a distancia. Pero lo que quiero resaltar en este momento es que la configuración del trabajo a distancia como un contrato especial (Ley de Relaciones Laborales de 1976) o como una modalidad contractual (de conformidad con lo previsto en el ET desde el año 1980) ha sido la fórmula jurídica a la que se ha recurrido históricamente para garantizar su voluntariedad, aún sin mencionar expresamente esta característica como definitoria del trabajo a distancia hasta su regulación por el ET-1995, a partir de su reforma realizada en 2012, cuyo art. 13.2 estableció que *"(el) acuerdo por el que se establezca el trabajo a distancia se formalizará por escrito"*.

A la voluntariedad como nota característica de esta forma de prestación de servicios también hace referencia el marco normativo supranacional, al menos en relación con el denominado teletrabajo. Ciertamente, tanto el Convenio nº 177 de la Organización Internacional del Trabajo (OIT) sobre trabajo a domicilio (1966), el cual no ha sido ratificado por España, como la Recomendación nº 184 de la OIT sobre el mismo (1996), guardan silencio sobre este particular. Sin embargo, el Acuerdo Marco Europeo sobre Teletrabajo de 16 de julio de 2002[11], tras definirlo como *"una forma de organización y/o realización el trabajo, utilizando las tecnologías de la información (...), en la cual, un trabajo que podría ser realizado igualmente en los locales de la empresa se efectúa fuera de estos locales de forma regular"*, reconoce sin ambages que *"El teletrabajo es voluntario para el trabajador y el empresario afectados"*, añadiendo más adelante, como una consecuencia de ello, que *"(...) si el empresario hace una oferta de teletrabajo, el trabajador puede aceptarla o rechazarla"*. Lo mismo se predica a la inversa: *"Si es el trabajador quien expresa su deseo de teletrabajar el empresario puede aceptarla o rechazarla"*. Como refuerzo del carácter voluntario del teletrabajo se afirma que *"(la) negativa de un empleado a teletrabajar*

---

11 Firmado por los interlocutores sociales europeos: la Confederación Europea de Sindicatos (CES), la Unión de Confederaciones de la Industria y de Empresarios de Europa (UNICE), la Unión Europea del Artesanado y de la Pequeña y Mediana Empresa (UNICE/UEAPME) y el Centro Europeo de la Empresa Pública. El Acuerdo fue revisado en 2009.

no es, en sí, un motivo de rescisión de la relación laboral ni de modificación de las condiciones de trabajo de este trabajador". En todo caso, hay que señalar que tampoco el Acuerdo Marco Europeo sobre Teletrabajo comporta obligación alguna para los Estados miembros al no haber sido incorporado al Derecho derivado. Tampoco su publicación como Anexo al Acuerdo Interconfederal para la Negociación Colectiva del año 2003 ni en sus ulteriores ediciones equivale a una recepción en el derecho interno a través de la negociación colectiva dada su eficacia meramente obligacional para las partes que lo suscribieron[12].

2.3. La sentencia del Tribunal Supremo de 11 de abril de 2005 sobre la voluntariedad del trabajo a domicilio, su alcance y fundamento. La imposibilidad de su introducción por la vía de las modificaciones sustanciales de las condiciones de trabajo o por la vía de la autonomía colectiva

El asunto de la voluntariedad de esta forma de prestación de trabajo durante la vigencia del Estatuto de los Trabajadores de 1995 fue analizado y zanjado por el Tribunal Supremo en su sentencia de 11 de abril de 2005, en la que se resolvió el recurso de casación 143/2004 interpuesto por el sindicato CC.OO frente a la sentencia de la Audiencia Nacional (AN) de 31 de mayo de 2004, que declaró la validez del acuerdo de 23 de octubre de 2023 suscrito entre la empresa Telefónica y el Comité Intercentros. Entre otras previsiones que ahora no interesan, en dicho acuerdo colectivo se estableció la obligación para el personal de ventas de realizar las tareas administrativas anejas a sus cometidos laborales en su propio domicilio,

---

12 Véase en este sentido la STS de 11 de abril de 2005 (RC 143/2004).
Aboga por la necesidad de una Directiva comunitaria en materia de teletrabajo que establezca un contenido mínimo y exigible a todos los Estados miembros de la Unión Europea, QUINTANILLA NAVARRO, 2021, pp. 30 y 271-272.

cuando con anterioridad a la firma del acuerdo dichas tareas administrativas se realizaban en las propias instalaciones de la empresa[13].

El sindicato recurrente defendía la nulidad del citado acuerdo por suponer, a su juicio, una transformación del contrato de trabajo, que de ser un contrato común pasaba a ser un contrato a domicilio, operación que requería el acuerdo de las partes, no siendo viable para ello ni el procedimiento del art. 41 del ET ni tampoco su actuación a través de la autonomía colectiva. A mayor abundamiento, consideraba que una actuación tal vulneraba la inviolabilidad del domicilio, garantizada constitucionalmente en el art. 18.2 de la Constitución española (en adelante, CE).

Por su parte, el Tribunal Supremo descartó que se produjera en este caso una transformación total de un contrato común en otro a domicilio, afirmando que tratándose de personal de ventas, una parte no despreciable de su actividad laboral se llevaba a cabo fuera de las instalaciones de la empresa, en contacto directo con los clientes, afectando la modificación de la relación laboral a la parte complementaria de su cometido laboral: el trabajo administrativo inherente a su actividad principal de ventas que ahora pasaba a desempeñarse obligatoriamente en el domicilio de las personas trabajadoras, en lugar de en las instalaciones de la empresa, por mor de lo previsto en el citado acuerdo. Sin embargo, y pese a calificar la situación como un cambio parcial del régimen contractual del personal afectado, concluyó que dicho cambio no podía ser introducido ni por la vía del art. 41 del ET ni a través de la autonomía colectiva.

Así, en relación con la falta de idoneidad del art. 41 del ET para introducir un cambio de esta naturaleza, el Tribunal Supremo trae a colación su propia doctrina sobre el ámbito de aplicación de dicha norma, consistente en las modificaciones sustanciales que se producen en el marco de un determinado contrato de trabajo, pero

---

13 Comentarios a esta sentencia realizados al tiempo de dictarse, FERNÁNDEZ VILLARINO, 2005, pp. 2-11; GALLARDO MOYA, 2006, pp. 159-174.

no a las condiciones que puedan determinar un cambio contractual o novación (aunque sea parcial). Dicho de otro modo —razona el Tribunal Supremo—, el art. 41 del ET se aplica a las «condiciones de trabajo» *"entendidas como los aspectos relativos a la ejecución de la prestación de trabajo y sus contraprestaciones"*, sin que pueda alcanzar a las «condiciones de empleo»,las cuales *"se proyectan sobre la propia configuración de la relación laboral y sus vicisitudes"*; siendo esto último lo que ocurre en el caso de la transformación de un contrato a tiempo completo en otro a tiempo parcial (o viceversa), de una relación indefinida a otra temporal (o viceversa) y de un trabajo presencial a otro a domicilio (o viceversa), aunque sea de forma parcial, estando vedado para ello el recurso al art. 41 del ET.

Por otro lado, el Tribunal Supremo considera que en el cambio del lugar de la prestación laboral de las dependencias de la empresa al domicilio de la persona trabajadora tiene otras implicaciones sobre su esfera personal que impiden no solo el recurso al art. 41 del ET, sino también su introducción a través de la autonomía colectiva. A este respecto, el Alto Tribunal niega categóricamente que en un supuesto como el presente quede en entredicho la inviolabilidad del domicilio, que fue uno de los argumentos esgrimidos por el sindicato recurrente en defensa de su posición. Y es que, a juicio del Tribunal Supremo, con cita de la sentencia del Tribunal Constitucional 22/2003, de 10 de febrero, el art. 18.2 de la CE contiene dos garantías, ninguna de las cuales está amenazada en el supuesto que nos ocupa: *"(...) la primera y más general, supone que el domicilio, como espacio privado, debe resultar «inmune a cualquier tipo de invasión o agresión exterior de otras personas o de la autoridad pública, incluidas las que puedan realizarse sin penetración física en el mismo, sino por medio de aparatos mecánicos, electrónicos u otros análogos», y la segunda consiste en una aplicación concreta de la primera garantía y «establece la interdicción de la entrada y el registro domiciliar», de forma que «fuera de los casos de flagrante delito, solo son constitucionalmente legítimos la entrada o el registro efectuados con consentimiento de su titular o al amparo de una resolución judicial»"*[14]. *"Pero eso no significa* —continúa diciendo el Tribunal Supremo— *que ese tipo de cláusulas* (convencionales colectivas) *sea indiferente en orden a la esfera de la intimidad personal del trabajador, porque cuando se convierte el domicilio en lugar de trabajo, en lugar de producción, el propio espacio donde se desarrolla la vida privada del trabajador y esto no solo supone un coste adicional, que se puede quedar sin retribución, como en el caso que haya que destinar al trabajo lugares que antes se destinaban a otros usos familiares, sino que también puede tener consecuencias de otro orden en la convivencia en el hogar o en la vida personal del trabajador, que deben quedar al margen tanto de las modificaciones unilaterales del artículo 41 del Estatuto de los Trabajadores, como también de las decisiones de la autonomía colectiva, que han de operar sobre las materias colectivas (...), pero no sobre aquellas que pertenecen a la vida privada del trabajador"*. Aunque no se cite en la sentencia, el derecho a la intimidad personal y familiar al que se alude queda garantizado por el art. 18.1 de la CE.

Como argumentos de refuerzo de su tesis el Tribunal Supremo se refiere al contenido del Acuerdo Marco Europeo sobre Teletrabajo de 2002, donde se recoge nítidamente su carácter voluntario[15], así como a lo dispuesto en los arts. 1091, 1204 y 1256 del CC en materia de contratos y su novación[16].

De este modo, el Tribunal Supremo reconoce sin ambages el carácter esencialmente voluntario que posee el trabajo a distancia,

---

14 Sobre la conexión del trabajo a distancia y el derecho a la inviolabilidad del domicilio se volverá más adelante, en el **apartado 2.5** dedicado al fundamento o razón de ser del principio de voluntariedad del trabajo a distancia, pues considero discutible esta exclusión sin más realizada por el Tribunal Supremo.

15 Aunque el Tribunal Supremo reconoce el carácter no vinculante del citado Acuerdo en España.

16 Así, el primero de los preceptos citados dispone que *"Las obligaciones que nacen de los contratos tienen fuerza de ley entre las partes contratantes, y deben cumplirse a tenor de los mismos"*. El segundo, establece que *"Para que una obligación quede extinguida por otra que la sustituya, es preciso que así se declare terminantemente, o que la antigua y la nueva sean de todo punto incompatibles"*. Y el tercero dispone que *"La validez y el cumplimiento de los contratos no pueden dejarse al arbitrio de uno de los contratantes"*.

concretando asimismo el alcance del principio de voluntariedad de esta forma de prestación de servicios. Por un lado, dicho principio de voluntariedad significa la exigencia de un acuerdo de voluntades para su introducción, sin que sea posible recurrir por parte del empresario/a a la vía de las modificaciones sustanciales de las condiciones de trabajo para implementarlo[17]. Extremo este que, si bien era posible deducirlo de la doctrina general del propio Tribunal Supremo sobre el ámbito de aplicación del art. 41 del ET, circunscrito a las «condiciones de trabajo», sin embargo, no se recogía expresamente en el art. 13 del ET-1995; a diferencia de lo que ocurría, por ejemplo, con el trabajo a tiempo parcial[18] y a diferencia de lo que ocurre en la actualidad con el trabajo a distancia de conformidad con lo dispuesto en el art. 5.1 de la LTD[19]. Naturalmente, la inviabilidad del art. 41 del ET para este propósito determina también la imposibilidad de su introducción a través del poder de dirección (ordinario). Por otro lado, el acuerdo que se requiere para poder desarrollar la prestación laboral a distancia debe ser individual (concurso de voluntades de empresario/a y trabajador/a), sin que sea posible articularlo a través de la negociación colectiva (mediante acuerdo entre los representantes de los trabajadores/as y los empresarios/as).

---

17 Para algún autor, sin embargo, *"en 2021 no se justifica el rechazo a la prohibición de acudir al procedimiento de modificación sustancial de las condiciones de trabajo"* que se contiene en esta sentencia del Tribunal Supremo dictada dieciséis años atrás. (MARTÍN JIMÉNEZ, 2021, pp. 245-246).

18 El art. 13.4 letra e) del ET, en su redacción dada por el Real Decreto-Ley 15/1998, de 28 de noviembre (BOE de 29 de noviembre) disponía expresamente lo siguiente: *"La conversión de un trabajo a tiempo completo en un trabajo a tiempo parcial y viceversa tendrá siempre carácter voluntario para el trabajador y no se podrá imponer de forma unilateral o como consecuencia de una modificación sustancial de condiciones de trabajo al amparo de los dispuesto en la letra a) del apartado 1 del artículo 41"*.

19 A cuyo tenor, *"(el) trabajo a distancia será voluntario para la persona trabajadora y para la empleadora y requerirá la firma del acuerdo de trabajo a distancia regulado en esta Ley, que podrá formar parte del contrato inicial o realizarse en un momento posterior, sin que pueda ser impuesto en aplicación del artículo 41 del Estatuto de los Trabajadores (...)"*.

Asimismo, el Tribunal Supremo se refiere a las razones de fondo que impiden tanto el recurso al art. 41 del ET como la viabilidad de la autonomía colectiva para imponer a la persona trabajadora la realización del trabajo a distancia. Razones que descansan en el necesario respeto de la vida privada del trabajador, con fundamento en el derecho a la intimidad personal y familiar garantizado por el art. 18.1 de la CE, el cual puede quedar en entredicho con esta forma de prestación de servicios, siendo imprescindible para evitarlo la prestación del consentimiento de la persona trabajadora a la realización del trabajo a distancia.

Conviene destacar, por último, que el Tribunal Supremo exige la existencia de un acuerdo individual entre empresario/a y trabajador/a sobre el trabajo a distancia, inclusive en un supuesto como el analizado en el que el grueso de la prestación laboral se desarrolla de manera presencial, reservando tan solo una pequeña parte de la jornada para las tareas administrativas complementarias al trabajo de ventas para ser desarrolladas en el domicilio de los trabajadores. El asunto tiene su interés, pues a diferencia de lo que ocurría al tiempo de dictarse esta sentencia, a partir del año 2012 el trabajo a distancia requirió para ser calificado como tal "*que la prestación de la actividad laboral se realice de manera preponderante en el domicilio del trabajador o en el lugar libremente elegido por éste*"; y, de conformidad con el art. 1 de la LTD, se incluye dentro de su ámbito de aplicación tan solo el trabajo a distancia que sea regular, especificándose que "*(se) entenderá que es regular el trabajo a distancia que se preste, en un periodo de referencia de tres meses, un mínimo del treinta por ciento de la jornada, o el porcentaje proporcional equivalente en función de la duración del contrato de trabajo*". ¿Significa esto que en un supuesto como el conocido por el Tribunal Supremo en el año 2005 decaería la nota de la voluntariedad del trabajo a distancia prestado de forma no preponderante o no regular, si tuviera que ser resuelto bajo la vigencia del ET-2012 o de la vigente Ley de Trabajo a Distancia de 2021? No es este el momento de abordar la cuestión relativa al régimen jurídico aplicable al trabajo a distancia no preponderante o no regular. Pero respondiendo a la pregunta planteada, considero que el principio de voluntariedad del trabajo a distancia debe quedar garantizado en todo caso, con independencia del peso que este tenga en el conjunto de la prestación laboral. El necesario respeto a la vida privada del trabajador, con fundamento en el derecho a la intimidad personal y familiar garantizado por el art. 18.1 de la CE, así lo exige. Ello salvo que lleguemos a la conclusión —que no comparto— de que la invasión de la vida privada deja de ser tal o carece de relevancia cuando la misma se produce por un tiempo inferior al considerado como preponderante o regular en los términos expuestos. No se olvide que el Acuerdo Marco Europeo sobre Teletrabajo de 2002 ya estaba aprobado cuando el Tribunal Supremo dictó esta sentencia, sirviéndole además de argumento para sostener el carácter voluntario del trabajo a distancia en un supuesto en el que el teletrabajo era marginal. Y ello pese a que este instrumento normativo de carácter supranacional ya se refería a la regularidad del trabajo a distancia.

2.4. El refuerzo del principio de voluntariedad en la era post Covid19

La voluntariedad como nota característica del trabajo a distancia se ha visto reforzada[20] en la nueva regulación proporcionada por la Ley 10/2021, de 9 de julio, la cual dedica monográficamente a esta cuestión su Capítulo II, arts. 5 a 8. Como ya hiciera su precedente, el artículo 13 del ET-2012, la Ley de Trabajo a Distancia reconoce el carácter voluntario de esta forma de prestación de servicios y exige su materialización a través de un acuerdo individual suscrito entre empresario/a y trabajador/a. Adicionalmente, se establecen expresamente, por vez primera, las siguientes previsiones y garan-

---

20 Algunos autores achacan la existencia de un exceso de formalismo y cierto sobredimensionamiento del pacto individual (GOERLICH PESET, 2021, pp.42-47). O *"exceso de formalismo"* y *"rigidez"* (LAHERA FORTEZA, 2021, pp. 81-82). Por el contrario, otros autores consideran insuficientes las medidas normativas arbitradas para asegurar la voluntariedad del acuerdo de trabajo a distancia (FOLGOSO OLMO, 2021, pp.105-115).

tías en torno al principio de voluntariedad del trabajo a distancia: 1) se niega categóricamente la posibilidad de recurrir a la vía del artículo 41 del ET —por supuesto, tampoco el art. 40 del ET referido a la modificación sustancial del lugar de la prestación[21]— para introducirlo, *motu propio* o tras la negativa de la persona trabajadora a su introducción; 2) la negativa de la persona trabajadora a prestar servicios a distancia tampoco puede ser una causa justificativa para la extinción de la relación laboral[22]; 3) se establecen las obligaciones formales del acuerdo del trabajo a distancia, el cual debe suscribirse por escrito con carácter previo a su ejecución, debiéndose también entregar una copia del acuerdo tanto a la representación legal de los trabajadores como a la oficina de empleo; 4) se recoge un contenido mínimo obligatorio —bastante prolijo— del acuerdo de trabajo a distancia[23]; 5) se configura como una infracción labo-

---

21 Para algún autor, esta afirmación podría matizarse en los supuestos en los que la prestación de servicios posea un carácter mixto, a distancia y presencial, siendo en tal caso susceptible de modificación sustancial la que afecta a la parte del trabajo presencial (ARETA MARTÍNEZ, 2021, p. 126).

22 Partiendo de esta previsión, recogida también en el Acuerdo Marco Europeo de Teletrabajo, hay quien se ha cuestionado si cabría la extinción del contrato de trabajo en periodo de prueba ante la negativa de la persona trabajadora de prestar sus servicios a distancia (RODRÍGUEZ HERNÁNDEZ, 2021).

23 Se trata de:

"a) Inventario de los medios, equipos y herramientas que exige el desarrollo del trabajo a distancia concertado, incluidos los consumibles y los elementos muebles, así como de la vida útil o periodo máximo para la renovación de estos.

b) Enumeración de los gastos que pudiera tener la persona trabajadora por el hecho de prestar servicios a distancia, así como forma de cuantificación de la compensación que obligatoriamente debe abonar la empresa y momento y forma para realizar la misma, que se corresponderá, de existir, con la previsión recogida en el convenio o acuerdo colectivo de aplicación.

c) Horario de trabajo de la persona trabajadora y dentro de él, en su caso, reglas de disponibilidad.

d) Porcentaje y distribución entre trabajo presencial y trabajo a distancia, en su caso.

e) Centro de trabajo de la empresa al que queda adscrita la persona trabajadora a distancia y donde, en su caso, desarrollará la parte de la jornada de trabajo presencial.

f) Lugar de trabajo a distancia elegido por la persona trabajadora para el desarrollo del trabajo a distancia.

ral grave *"no formalizar el acuerdo de trabajo a distancia en los términos y con los requisitos legal y convencionalmente previstos"* (art. 7.1 de la LISOS); 6) la modificación del contenido del acuerdo de trabajo a distancia también deberá realizarse por acuerdo entre la empresa y la persona trabajadora; 7) se reconoce el derecho al ejercicio de la reversibilidad del trabajo a distancia a la empresa y a la persona trabajadora; y 8) se crea una modalidad procesal especifica en materia de reclamaciones sobre acceso, reversión y modificación del trabajo a distancia (nuevo art. 138 bis de la Ley 36/2011, de 10 de octubre, reguladora de la jurisdicción social —en adelante, LRJS—).

Ciertamente, existen previsiones en la propia Ley de Trabajo a Distancia que permiten modular el carácter esencialmente voluntario que posee esta modalidad de prestación de servicios. Seguramente, la más destacable de todas consista en la habilitación genérica al legislador y a la negociación colectiva para elevar el trabajo a distancia a la categoría de derecho de la persona trabajadora (art. 5.1 de la LTD), pudiéndose configurar así como una obligación del empleador de mayor o menor alcance en función de los requisitos establecidos para ello a nivel legal o convencional colectivo.

No es este el momento para desarrollar las distintas excepciones o modulaciones del principio de voluntariedad del trabajo a distancia post Covid19. Pero lo que sí interesa señalar es que ninguna de esas excepciones o matizaciones posee el alcance que tuvieron en el

---

g) Duración de plazos de preaviso para el ejercicio de las situaciones de reversibilidad, en su caso.
h) Medios de control empresarial de la actividad.
i) Procedimiento a seguir en el caso de producirse dificultades técnicas que impidan el normal desarrollo del trabajo a distancia.
j) Instrucciones dictadas por la empresa, con la participación de la representación legal de las personas trabajadoras, en materia de protección de datos, específicamente aplicables en el trabajo a distancia.
k) Instrucciones dictadas por la empresa, previa información a la representación legal de las personas trabajadoras, sobre seguridad de la información, específicamente aplicables en el trabajo a distancia.
l) Duración del acuerdo de trabajo a distancia".

marco del trabajo a distancia desarrollado durante la pandemia, tal y como se tendrá ocasión de analizar en el epígrafe siguiente.

2.5. *Fundamento o razón de ser de la voluntariedad como nota característica del trabajo a distancia*

Una vez que se ha analizado el significado y alcance del principio de voluntariedad del trabajo a distancia a lo largo del tiempo, incluyendo su tratamiento en la legislación que emerge tras la pandemia, procede abordar la cuestión relativa al fundamento o razón de ser de dicho principio, el cual está directamente relacionado con la principal singularidad que presenta esta tipología de prestación de servicios y que no es otra que el lugar de trabajo: fuera de las dependencias de la empresa en el lugar elegido por la persona trabajadora, ya se trate de su propio domicilio (que será lo más habitual) o no.

Del lugar de la prestación se deriva otra significativa peculiaridad del trabajo a distancia que tiene que ver con las adaptaciones que experimentan el disfrute de ciertos derechos por parte de la persona trabajadora, con la correlativa carga empresarial, así como las modulaciones que sufren los aspectos organizativos del trabajo. De hecho, el propio lugar de la prestación, escogido por la persona trabajadora, es en sí mismo una modulación del poder de dirección empresarial[24], el cual experimenta también otras atemperaciones directamente relacionadas con el lugar de la prestación.

Simplificando las cosas, cabría afirmar que el lugar de la prestación constituye el fundamento material de la voluntariedad del trabajo a distancia para la persona trabajadora, mientras que las modulaciones en el disfrute de ciertos derechos del trabajador que se

---

24 Se ha afirmado con enorme precisión que *"Si la dependencia consiste, abreviadamente, en aceptar directrices sobre el qué, cómo, dónde y cuándo de la actividad a realizar, el trabajador a domicilio acepta tales directrices salvo en lo referente al dónde"* (DE LA VILLA y CAMPS, 1985, p. 331).

convierten en cargas adicionales para las empresas y, sobre todo, en los poderes organizativos de la empresa, precisamente en atención al lugar de trabajo, son las razones primordiales que explican la voluntariedad del trabajo a distancia en relación con la empresa.

En el plano formal, tres son los derechos constitucionales que sirven de fundamento normativo al carácter voluntario trabajo a distancia: el derecho a la intimidad personal y, en su caso, familiar de la persona trabajadora (art. 18.1 de la CE), el derecho a la inviolabilidad del domicilio (art. 18.2 de la CE) y el poder de dirección con fundamento en la libertad de empresa (art. 38 de la CE).

Ciertamente, las interconexiones que se producen entre vida privada y trabajo, especialmente cuando el trabajo se presta en el domicilio de la persona trabajadora, pueden comprometer el derecho fundamental a la intimidad. Lo que permite explicar por si solo el carácter voluntario del trabajo a distancia para la persona trabajadora. Así lo ha puesto de manifiesto el Tribunal Supremo en su sentencia de 11 de abril de 2005 anteriormente analizada, concluyendo precisamente con fundamento en el respeto de la vida privada del trabajador que no es posible imponer esta modalidad de trabajo ni a través del procedimiento de modificaciones sustanciales de las condiciones de trabajo ni por medio de la autonomía colectiva.

También el derecho fundamental a la inviolabilidad del domicilio puede quedar comprometido mediante esta forma de prestación de servicios. Tal es lo que defendió infructuosamente el sindicato impugnante en el asunto conocido por la sentencia del Tribunal Supremo a que se ha hecho referencia, seguramente porque si nos centramos estrictamente en la problemática relativa a la imposición del trabajo a distancia vía autonomía colectiva (tal era el objeto de la litis), esta cuestión parece ajena, al menos en principio, al derecho constitucional a la inviolabilidad del domicilio. Sin embargo, debe tenerse en cuenta que una vez introducido por la vía que sea el trabajo a distancia su desarrollo requiere de ciertos controles que sí pueden entrar en colisión con este derecho fundamental. En efecto, tal y como recuerda el Tribunal Supremo en la sentencia anteriormente analizada, que sigue en este punto la doctrina constitucional, el derecho constitucional a la inviolabilidad del domicilio contiene dos garantías: "*(...) la primera y más general, supone que el domicilio, como espacio privado, debe resultar «inmune a cualquier tipo de invasión o agresión exterior de otras personas o de la autoridad pública, incluidas las que puedan realizarse sin penetración física en el mismo, sino por medio de aparatos mecánicos, electrónicos u otros análogos», y la segunda consiste en una aplicación concreta de la primera garantía y «establece la interdicción de la entrada y el registro domiciliar», de forma que «fuera de los casos de flagrante delito, solo son constitucionalmente legítimos la entrada o el registro efectuados con consentimiento de su titular o al amparo de una resolución judicial»*".

Pues bien, estas garantías constitucionales que rodean el derecho fundamental a la inviolabilidad del domicilio, pueden quedar en entredicho por actuaciones tales como la introducción por parte de la empresa de instrumentos electrónicos de control de la actividad laboral de la persona trabajadora, la realización de la evaluación de los riesgos laborales por parte de los técnicos de prevención o el cumplimiento de las obligaciones de vigilancia y control de la normativa laboral y de seguridad social por parte de la Inspección de Trabajo. Prueba de que actuaciones de este tipo pueden poner en entredicho el derecho a la inviolabilidad del domicilio es que el legislador ha previsto garantías adicionales tendentes a recabar el consentimiento de la persona trabajadora en la mayoría de estas actuaciones. Así, el art. 16.2 de la LTD exige el consentimiento de la persona trabajadora para que los técnicos de prevención pueden acceder a su domicilio a los efectos realizar la oportuna evaluación de riesgos laborales, previéndose que a falta de consentimiento el desarrollo de la actividad preventiva por parte de la empresa podrá efectuarse en base a la determinación de los riesgos que se derive de la información recabada de la persona trabajadora según las instrucciones del servicio de prevención. En la misma línea, el art. 13 de la Ley 23/2015, de 21 de julio, Ordenadora del Sistema de Inspección de Trabajo y Seguridad Social (LOITSS), establece que la Inspección de Trabajo no puede acceder al domicilio de la persona trabajadora sin recabar previamente su consentimiento o con una autorización judicial. Y aunque el art. 22 de la LTD afirma con pocos matices que la empresa podrá adoptar las medidas que estime más oportunas de vigilancia y control para verificar el cumplimiento por la persona trabajadora de sus obligaciones y deberes laborales, incluida la utilización de medios telemáticos, guardando en su adopción y aplicación la consideración debida a su dignidad y teniendo en cuenta, en su caso, sus circunstancias personales, como la concurrencia de una discapacidad, sin embargo, el art. 17.1 de la propia LTD establece que el control de la prestación laboral mediante dispositivos automáticos garantizará adecuadamente el derecho a la intimidad y a la protección de datos. Derecho a la intimidad que, en relación con la instalación de dispositivos de control empresarial de la actividad laboral en los equipos de trabajo, queda suficientemente garantizado siempre que se informe a la persona trabajadora y a sus representantes de esta circunstancia, tal y como exige el art. 90 de la Ley Orgánica 3/2018, de 5 de diciembre, de Protección de Datos Personales y garantía de los derechos digitales (LOPD). En el caso particular de que se trate de equipos de titularidad de la persona trabajadora se requiere adicionalmente el consentimiento del trabajador/a[25]; así se infiere del art. 17.2 de la LTD cuando dispone que *"(l)a empresa no podrá exigir la instalación de programas o aplicaciones en dispositivos propiedad de la persona trabajadora, ni la utilización de estos dispositivos en el desarrollo del trabajo a distancia"*.

Lo que hay que preguntarse es si la prestación del consentimiento por parte del trabajador/a que está en la base del trabajo a distancia no hubiera permitido este tipo de "intromisiones" en la vida privada de la persona trabajadora, sin necesidad de tener que recabar de nuevo su consentimiento específicamente para ello, con la simple cautela de que la Ley de Trabajo a Distancia hubiese arbitrado expresamente una solución de este tipo: por ejemplo, haciendo constar que la prestación del consentimiento por parte del traba-

---

25 Véase al respecto GONZÁLEZ DEL RÍO, 2021.

jador/a al hecho de realizar el trabajo a distancia implica asimismo la prestación del consentimiento para permitir la entrada en el domicilio de un técnico de la empresa a los efectos de llevar a cabo la preceptiva evaluación de riesgos laborales o para la instalación de dispositivos automáticos en los equipos facilitados por la empresa como instrumento de control de la prestación laboral. A mi juicio, una previsión tal habría sido posible y hubiera garantizado en mayor medida los intereses empresariales en el marco de esta forma de prestación de servicios.

En el otro lado de la ecuación, la igualdad de derechos entre trabajadores presenciales y a distancia implica cargas adicionales para las empresas motivadas por la necesidad de adaptar el ejercicio de los derechos al nuevo entorno de trabajo. Seguramente la obligación más importante que acarrea la prestación del trabajo a distancia para las empresas consista en los derechos que ostentan las personas trabajadoras a la dotación y mantenimiento de medios, equipos y herramientas, así como al abono y compensación de gastos (arts. 11 y 12 de la LTD[26]). Pero también existen otros derechos que implican cargas adicionales para las empresas directamente relacionadas con el lugar de la prestación. Tal es lo que ocurre con los derechos a la formación (art. 9 de la LTD[27]) y a la promoción profesional (art. 10 de la LTD[28]), el derecho al horario flexible (art. 13 de la LTD[29]),

26 Ambos derechos suponen cargas adicionales para las empresas. El primero, porque exige normalmente duplicar los medios, equipos, herramientas y consumibles que se ponen a disposición de la persona trabajadora: en el centro de trabajo y en el lugar donde se desarrolla el trabajo a distancia. El segundo, porque la compensación por gastos tales como internet, electricidad o agua son una consecuencia directa de la prestación de servicios bajo esta modalidad.

27 En la medida de lo posible, el derecho a la formación debe adaptarse al entorno a distancia.

28 La empresa tiene la obligación de informar expresamente y por escrito a la persona trabajadora sobre las posibilidades de ascenso que se produzcan, ya se trate de puestos de desarrollo presencial o a distancia.

29 La persona que desarrolla el trabajo a distancia tiene derecho a flexibilizar el horario de prestación de servicios establecido.

el sistema de registro horario (art. 14 de la LTD[30]), el derecho a la desconexión digital (art. 18 de la LTD[31]), el derecho a la prevención de riesgos laborales (art. 16 de la LTD[32]) o el ejercicio de los derechos colectivos (art. 19 de la LTD[33]). Además, sus facultades organizativas, incardinadas en el derecho constitucional a la libertad de empresa (art. 38 de la CE), también se ven atemperadas como consecuencia del entorno de trabajo y la necesidad de respetar la vida privada y la inviolabilidad del domicilio, en los términos que ya se han expuesto. Ya se ha dicho que el lugar de la prestación es en sí mismo una limitación del poder de dirección empresarial. Y todo ello sirve para explicar el carácter voluntario que posee el trabajo a distancia también para el empleador/a.

De todas formas, es posible concluir que el principio de voluntariedad del trabajo a distancia es más fuerte o, si se prefiere, está más garantizado en relación con el trabajador/a que respecto del empresario/a. La distinta entidad de los derechos constitucionales que sirven de fundamento normativo al principio de voluntariedad en relación con la persona trabajadora (los derechos fundamentales

---

30 Este deberá respetar la flexibilidad horaria.

31 Se regula de una manera más pormenorizada en qué consiste el derecho a la desconexión digital en el marco del trabajo a distancia y cómo se articula.

32 Se deberá tener en cuenta los riesgos característicos del trabajo a distancia, poniendo especial acento en los factores psicosociales, ergonómicos, organizativos y de accesibilidad. En particular, se tendrá en cuenta la distribución de la jornada, los tiempos de disponibilidad y la garantía de los descansos y desconexiones durante la jornada.

33 La empresa deberá suministrar a la representación legal de las personas trabajadoras el acceso a las comunicaciones y direcciones electrónicas de uso en la empresa, así como la implantación del tablón virtual. Asimismo, deberá asegurarse que no existen obstáculos para la comunicación entre las personas trabajadoras a distancia y sus representantes legales, así como con el resto de personas trabajadoras. Por último, deberá garantizarse que las personas trabajadoras a distancia pueden participar de manera efectiva en las actividades organizadas o convocadas por su representación legal o por el resto de las personas trabajadoras en defensa de sus intereses laborales, en particular, su participación efectiva presencial para el ejercicio del derecho a voto en las elecciones a representantes legales.

a la intimidad y a la inviolabilidad del domicilio del artículo 18 de la CE) y con el empresario/a (la libertad de empresa como principio rector de la política social y económica recogido en el artículo 38 de la CE), unido al carácter normalmente disponible de las facultades organizativas de la empresa, determinan la distinta relevancia que posee el principio de voluntariedad en uno y otro caso. De hecho, ya se ha apuntado cómo la vigente Ley de Trabajo a Distancia permite al legislador y a la negociación colectiva configurar esta forma de prestación de servicios como un derecho de la persona trabajadora convirtiéndola, por ende, en un correlativo deber para la empresa cuando se dan las circunstancias previstas legal o convencionalmente para ello (art. 5.1 de la LTD). Lo que estaría en consonancia con la mayor relevancia que posee el principio de voluntariedad en relación con la persona trabajadora.

3. LA SITUACIÓN EXCEPCIONAL DE LA PANDEMIA COVID19. LA OBLIGATORIEDAD DEL TRABAJO A DISTANCIA

3.1. Planteamiento

La mutación del carácter voluntario a la obligatoriedad del trabajo a distancia ha sido una consecuencia que se explica a partir de la pandemia Covid19 y de sus efectos. Como es sabido, la propagación por todo el mundo del virus Covid19 supuso un problema de salud pública de primer orden al que se anudaron también negativas consecuencias económicas y sociales. Lo que llevó a las autoridades públicas a adoptar medidas drásticas para atajarlas.

En España, la primera medida de impacto que se adoptó para luchar contra la propagación del virus Covid19, proteger la salud y seguridad de la ciudadanía, y reforzar el sistema de salud pública, consistió en la declaración del estado de alarma mediante el Real Decreto 463/2020, de 14 de marzo, tan solo tres días después de la declaración el día 11 de marzo de 2020 de situación de pandemia internacional por parte de la Organización Mundial de la Salud (OMS)[34]. En dicha norma se decretó el confinamiento domiciliario de la población española, adoptándose importantes restricciones a la libertad de circulación de las personas. Y, aunque en principio no se prohibieron los desplazamientos motivados por el trabajo (art. 7.1 letra c del Real Decreto 463/2020), lo cierto es que también estos se vieron notablemente reducidos como consecuencia de otras tantas medidas restrictivas impuestas en este Real Decreto. Así, el art. 10 del Real Decreto 463/2020 suspendió la apertura al público de establecimientos y locales en el ámbito de la actividad comercial[35], equipamientos culturales, establecimientos y actividades recreativas, hostelería, restauración y otras, recogiéndose una relación pormenorizada de todas ellas en el Anexo final de la norma. Obviamente, la prohibición de seguir desarrollando temporalmente todas estas actividades de cara al público impidió *de facto* seguir llevando a cabo la prestación laboral o profesional de un buen número de personas dedicadas a tales menesteres, al menos de forma presencial. También el transporte interior por carretera, ferroviario, aéreo y marítimo redujo su actividad al menos en un 50% (art. 14 del Real Decreto 463/2020). Por su parte, el art. 9 del Real Decreto 463/2020, sobre medidas de contención en el ámbito educativo y de la formación, suprimió la presencialidad de

---

34 Como es sabido, esta (primera) declaración del estado de alarma fue declarada inconstitucional por la sentencia del TC 148/2021, de 14 de julio, no tanto por razones de fondo (la oportunidad o necesidad de la adopción de las medidas excepcionales que se arbitraron) como de forma (la procedencia del estado de excepción en lugar del estado de alarma para la adopción de tales medidas). Un análisis crítico de esta sentencia en RUIZ MANERO y RÓDENAS CALATAYUD, 2023, pp. 146-160. Para otros estudios de esta misma sentencia me remito a la bibliografía citada por estos autores en su análisis.

35 *"(...) a excepción de los establecimientos comerciales minoristas de alimentación, bebidas, productos y bienes de primera necesidad, establecimientos farmacéuticos, médicos, ópticas y productos ortopédicos, productos higiénicos, peluquerías, prensa y papelería, combustible para la automoción, estancos, equipos tecnológicos y de telecomunicaciones, alimentos para animales de compañía, comercio por internet, telefónico o correspondencia, tintorerías y lavanderías"*.

la actividad educativa e introdujo la obligatoriedad de mantenerla a distancia y *online*, siempre que ello resultara posible. Dicha medida afectó a todo el sistema educativo, público y privado, incluyendo la enseñanza superior, así como a cualquiera actividad educativa y de formación. Algo parecido ocurrió en las Administraciones Públicas en su conjunto donde las autoridades competentes en cada caso suspendieron el trabajo presencial de los empleados públicos (personal laboral y funcionariado) no dedicados a actividades esenciales que requiriesen la presencia en el puesto de trabajo y lo derivaron, siempre que ello fuera posible, a su realización a distancia.

Otra norma de extraordinaria relevancia, con incidencia directa en la cuestión que no se ocupa, fue el Real Decreto-Ley 8/2020, de 17 de marzo, de medidas urgentes extraordinarias para hacer frente al impacto económico y social del Covid19. Por lo que ahora interesa, esta norma, dictada apenas tres días después de la declaración del estado de alarma, contempló dos supuestos más en los que el trabajo a distancia podía resultar obligatorio. Así, como medida de alcance general declaró el carácter alternativo y preferente del trabajo a distancia respecto del trabajo presencial y en relación con los ERTEs, supeditado a que ello fuera posible y no supusiera una carga excesiva para las empresas (art. 5). Como medida más particular, se decretó también la obligatoriedad para las empresas del trabajo a distancia el marco del denominado Plan (de conciliación) MECUIDA (art.6).

Pues bien, el objeto de este apartado consiste en describir los distintos supuestos en los que el legislador Covid19 determinó que el trabajo a distancia tuviera un carácter obligatorio[36], analizando el significado y alcance de dicha obligatoriedad, así como las razones determinantes de la quiebra que se produjo del principio de voluntariedad característico del trabajo a distancia.

---

[36] Dan cuenta del carácter obligatorio del trabajo a distancia Covid19, CASAS BAAMONDE y RODRÍGUEZ-PIÑERO Y BRAVO-FERRER, 2020, p. 329; CRUZ VILLALÓN, 2020, p. 179; ARETA MARTÍNEZ, 2021, p. 119.

3.2. Los supuestos del trabajo a distancia obligatorio

3.2.1. Ámbito educativo y de la formación, y del empleo público en general

Como se ha apuntado con anterioridad, el ámbito educativo y de la formación fue uno de los primeros que se vieron afectados por la suspensión de su actividad de manera presencial, procediéndose al cierre de los centros educativos y derivando su desarrollo a distancia y *online* siempre que fuera posible. Dicha medida afectó a todo el sistema educativo, público y privado, en todos los niveles incluido la enseñanza superior, así como a cualquiera actividad educativa y de formación. Tal es lo que se dispuso tempranamente en el art. 9 del Real Decreto 463/2020 por el que se decretó el estado de alarma.

Paralelamente, las distintas autoridades públicas competentes a nivel estatal, autonómico y local adoptaron medidas parecidas que afectaron a los empleados públicos de sus respectivos ámbitos, tanto al personal laboral como al funcionariado. Como tónica general, y a excepción de aquellos empleados públicos dedicados a la prestación de servicios esenciales presenciales (fuerzas armadas, policía, personal sanitario, bomberos, etc.), se suspendió el grueso del trabajo presencial en las distintas Administraciones Públicas, encomendándose también su realización a distancia y *online* siempre que ello fuera posible. No es útil en este momento dar cuenta de la infinidad de decretos, resoluciones, órdenes e instrucciones dictadas a este respecto[37]. Me limitaré a poner de manifiesto que ya se tratase de la Administración General del Estado, las Comunidades Autónomas o las entidades locales, la pauta seguida por todas ellas a partir de la declaración del estado de alarma —en ciertos casos incluso se hizo

37 Un análisis de las principales normas dictadas en este contexto por parte de la Administración General del Estado y por las distintas Comunidades Autónomas puede verse en: RODRÍGUEZ INIESTA, 2021, pp. 713-722; QUINTANILLA NAVARRO, 2021, pp. 45-48.

algunos días previos[38]— consistió en acordar el cese de toda actividad presencial no esencial encomendando su desarrollo de forma no presencial como una medida carácter extraordinario y temporal (RODRÍGUEZ INIESTA, 2021, p. 717; QUINTANILLA NAVARRO, 2021, p. 45). Y, cuando ello no fuera posible, se les mandó a casa sin más, considerándose trabajo efectivo la permanencia en el domicilio cuando las actividades del empleado público se hubieren suspendido (véase en el ámbito de la Administración General del Estado la Resolución de 12 de marzo de 2020, del Secretario de Estado de Política Territorial y Función Pública. Con ello se pretendía hacer compatible la necesaria protección de la salud de los empleados públicos con el adecuado funcionamiento de los servicios públicos encomendados. Objetivo que, aun no declarado expresamente en relación con el supuesto anterior, era también compartido en el ámbito educativo y de la formación.

Sea como fuere, ha de tenerse en cuenta que el conjunto de los empleados públicos, incluido el personal laboral, están hoy sujetos a la normativa administrativa vigente en materia de trabajo a distancia y teletrabajo (arts. 47, 51 y, más específicamente, el actual art. 47 bis del Real Decreto Legislativo 5/2015, de 30 de octubre, por el que se aprueba el texto refundido de la Ley del Estatuto Básico del Empleado Público —EBEP—)[39], no resultando de aplicación al trabajo a distancia post pandemia realizado por este colectivo ni el Estatuto de los Trabajadores ni la Ley de Trabajo a Distancia de 2021.

Sin embargo, durante la pandemia Covid19 sí resultó aplicable al personal laboral de las Administraciones Públicas, incluyendo el sector educativo, el trabajo a distancia obligatorio regulado en la normativa de excepción. Razón por la cual el grueso de las cuestio-

---

38 De hecho, la disposición final primera del Real Decreto 463/2020 convalidó las medidas adoptadas con carácter previo a la declaración del estado de alarma por dichas autoridades siempre y cuando fueran compatibles con sus previsiones.

39 No era este el caso del personal laboral de las administraciones públicas antes de la aprobación del Real Decreto-Ley 28/2020, sobre trabajo a distancia.

nes tratadas de ahora en adelante también resultan predicables de este colectivo.

3.2.2. El trabajo a distancia como vía alternativa y preferente al trabajo presencial y a los expedientes de regulación temporal de empleo

El art. 5 del Real Decreto-Ley 8/2020 introdujo la primera medida de alcance general que afectó al carácter voluntario del trabajo a distancia en el ámbito de las relaciones laborales. De conformidad con su Preámbulo, la enorme batería de medidas de carácter económico, social y laboral arbitradas en la norma (la que trastocó la voluntariedad del trabajo a distancia fue tan solo una de ellas) estaba orientada a la consecución de un triple objetivo: *"Primero, reforzar la protección de los trabajadores, las familias y los colectivos vulnerables; segundo, apoyar la continuidad en la actividad productiva y el mantenimiento del empleo; y tercero, reforzar la lucha contra la enfermedad"*. Aunque el orden en el que se identifican los objetivos sitúa la lucha contra la enfermedad en último lugar, no cabe duda que se trataba del objetivo básico que inspiró toda la regulación en tiempos de pandemia.

Por lo que ahora interesa, esta norma estableció el carácter preferente y obligatorio[40] del trabajo a distancia en relación con el trabajo presencial[41] y respecto de la medida estrella prevista en los

---

40 Dan cuenta de la obligatoriedad del trabajo a distancia regulado en el art. 5 del Real Decreto-Ley 8/2020 las sentencias del TS 7 de abril de 2022 (RC 52/2021); AN 17 junio 2021 (sentencia nº 143/2021); TSJ País Vasco 1 junio 2021 (RS 796/2021) —*obiter dicta*—; TSJ País Vasco 19 octubre 2021 (RS 1596/2021); TSJ Galicia 31 enero 2022 (RS 5228/2021).

41 Algún autor ha negado la preferencia del trabajo a distancia sobre el trabajo presencial, afirmando exclusivamente dicha preferencia respecto de los ERTEs (THIBAULT ARANDA, 2021, p. 93). Sin embargo, no creo que pueda sostenerse esta interpretación, ni desde el tenor literal del art. 5 del Real Decreto-Ley 8/2020, ni desde la finalidad esencial de lucha contra la propagación de la enfermedad.

arts. 23 y 24, consistente en la suspensión del contrato o la reducción de jornada tanto por fuerza mayor como por causas económicas, técnicas, organizativas o de producción (en adelante, causas ETOP); subordinado, eso sí, al hecho de que la introducción de esta forma de prestación del trabajo fuera técnica y razonablemente posible y el eventual esfuerzo para su implementación resultara proporcionado[42]. Dándose alguna de estas circunstancias obstativas, quedaba expedito el camino tanto a la continuidad del trabajo presencial (recuérdese que la libertad de circulación de personas no afectó con carácter general al desempeño del trabajo) como a la puesta en marcha de los ERTEs; circunstancias impeditivas que debían ser valoradas caso por caso a partir del enunciado legal, realmente vago e impreciso[43]. Por todo ello, no es de extrañar que, junto a la obligatoriedad del trabajo a distancia, se dispusiera también su aplicación preferente a los ERTEs, dada la falta de idoneidad de estos últimos para satisfacer uno de los objetivos primordiales perseguidos por el el Real Decreto-Ley 8/2020: dar continuidad y mantener la actividad productiva. Preferencia sobre los ERTEs que

---

42 Art. 5. "*Carácter preferente del trabajo a distancia.*
Las medidas excepcionales de naturaleza laboral que se establecen en la presente norma tienen como objetivos prioritarios garantizar que la actividad empresarial y las relaciones de trabajo se reanuden con normalidad tras la situación de excepcionalidad sanitaria.
En particular, se establecerán sistemas de organización que permitan mantener la actividad por mecanismos alternativos, particularmente por medio del trabajo a distancia, debiendo la empresa adoptar las medidas oportunas si ello es técnica y razonablemente posible y si el esfuerzo de adaptación necesario resulta proporcionado. Estas medidas alternativas, particularmente el trabajo a distancia, deberán ser prioritarias frente a la cesación temporal o reducción de la actividad.
Con el objetivo de facilitar el ejercicio de la modalidad de trabajo a distancia en aquellos sectores, empresas o puestos de trabajo en las que no estuviera prevista hasta el momento, se entenderá cumplida la obligación de efectuar la evaluación de riesgos, en los términos previstos en el artículo 16 de la Ley 31/1995, de 8 de noviembre, de Prevención de Riesgos Laborales, con carácter excepcional, a través de una autoevaluación realizada voluntariamente por la propia persona trabajadora".

43 De concepto jurídico indeterminado hablan CALVO GALLEGO, 2020; FERNÁNDEZ COLLADOS, 2021, p. 385.

ha sido también declarada por la doctrina judicial en relación con el denominado Plan MECUIDA al que me referiré en el **epígrafe 3.2.3** de este mismo apartado.

Dos son los requisitos exigidos en la normativa para que el trabajo a distancia resulte obligatorio. Seguramente por ello algún autor prefiere hablar de "cuasiobligatoriedad" del trabajo a distancia Covid19 (SALA FRANCO, 2021, p. 57). El primero hace referencia a la posibilidad técnica y en términos de razonabilidad de su realización. Lo que puede tener un doble significado. De una parte, que el tipo de trabajo o actividad a realizar sea susceptible de desarrollarse (materialmente) a distancia[44]. Y, de otra, que estén disponibles los equipamientos y los requerimientos técnicos que se precisan (instrumentalmente) para su realización: medios, equipos, herramientas, consumibles, acceso a internet, etc. El segundo requisito consiste en que la implantación del trabajo a distancia no suponga una carga excesiva o desproporcionada para la empresa. Requisito este que también puede tener distintos significados dependiendo de dónde se ponga el acento. Así, puede darse la circunstancia de que el trabajo a distancia sea materialmente posible llevarlo a cabo, pero solo de manera parcial en un porcentaje tal que convierta la actividad así realizada en poco productiva o rentable. Lo que, a mi juicio, sería susceptible de ser considerado una carga excesiva para la empresa. De modo tal que no bastaría con que el trabajo pueda desarrollarse a distancia, exigiéndose adicionalmente que lo sea en su totalidad o al menos en una parte lo suficientemente relevante para que la actividad continúe siendo productiva. Desde otra perspectiva, este

---

44 En el caso conocido por la sentencia del Juzgado de lo Social (JS) 4 noviembre 2020 (procedimiento 598/2020) se admitió la procedencia de tramitar un ERTE motivado por fuerza mayor como consecuencia de que las funciones desarrolladas por la trabajadora no eran susceptibles de ser prestadas a distancia. Por su parte, la sentencia del TSJ Madrid 14 febrero 2022 (RS 947/2021) consideró inviable el desarrollo de la prestación laboral de la trabajadora bajo la modalidad de trabajo a distancia y confirmó la procedencia del despido por su negativa reiterada (durante 3 meses) a reincorporarse presencialmente a su actividad.

segundo requisito puede significar una referencia indirecta al hecho de que sobre las empresas recae la obligación de poner a disposición de sus trabajadores/as los equipamientos necesarios para poder llevar a cabo el trabajo a distancia. Abonarían esta interpretación el Preámbulo del Real Decreto-Ley 8/2020, la ajenidad como nota característica del contrato de trabajo y lo dispuesto expresamente en relación con el trabajo a distancia Covid19 por la Ley de Trabajo a Distancia. En efecto, el Preámbulo del Real Decreto-Ley 8/2020, tras declarar que *"se priorizarán los sistemas de organización que permitan mantener la actividad por mecanismos alternativos, particularmente por medio del trabajo a distancia"*, dispone que en orden a facilitar su implementación *"se pondrá en marcha un programa de financiación del material correspondiente mediante la activación de ayudas y créditos para PYMEs dentro del programa ACELERA PYME de la empresa pública RED.ES"*. Lo que está en consonancia con la nota de ajenidad característica de las relaciones laborales (art. 1.1 del ET), uno de cuyos significados consiste precisamente en que normalmente la persona trabajadora no aporta los útiles ni las herramientas al trabajo. Por su parte, la disposición transitoria tercera de la LTD, establece categóricamente en relación con el trabajo a distancia Covid19 que *"las empresas estarán obligadas a dotar de los medios, equipos, herramientas y consumibles que exige el desarrollo del trabajo a distancia, así como al mantenimiento que resulte necesario"*. Menos clara es, sin embargo, esta misma norma en relación con la compensación de los gastos derivados para la persona trabajadora de su realización (piénsese, por ejemplo, en los gastos de luz o internet que soporta el trabajador/a en su domicilio). A tenor de la disposición transitoria tercera de la LTD, *"(e)n su caso, la negociación colectiva establecerá la forma de compensación de los gastos derivados para la persona trabajadora de esta forma de trabajo a distancia, si existieran y no hubieran sido ya compensados"*. De ahí que surjan dudas sobre el alcance de estas obligaciones empresariales en el contexto del Covid19. De hecho, el Preámbulo del Real Decreto Ley 8/2020 establece que *"(p)ara las empresas y puestos en los que la modalidad del trabajo no presencial no estaba implementada con anterioridad, la urgencia de la actual situación de excepcionalidad exige una relajación de estas obligaciones, con carácter temporal y exclusivamente a los efectos de responder a las necesidades sanitarias de contención actualmente vigentes"*, dando a entender así que el nivel de las obligaciones empresariales a este respecto puede ser menor. Por consiguiente, la mayor o menor onerosidad a soportar por la empresa en orden a la implantación el trabajo a distancia, como criterio determinante que es de su exigibilidad, está directamente relacionada también con circunstancias tales cómo el carácter novedoso o no en la empresa de esta forma de prestación de servicios[45], la obtención de ayudas públicas para costear su puesta en marcha y el alcance de estas obligaciones introducidas específicamente en relación con el trabajo a distancia Covid19, cuestión esta última que será objeto de estudio en los **apartados 4.2.2. y 4.3.3** de este mismo capítulo.

Ciertamente, una cosa es afirmar el carácter obligatorio del trabajo a distancia cuando se diesen las circunstancias para ello, como medida preferente tanto al trabajo presencial como a la suspensión del contrato o reducción temporal de jornada, y otra bien distinta el control efectivo sobre el cumplimiento de esta obligación en un escenario complicado en el que se tramitaron casi 4,5 millones de ERTEs que afectaron a uno de cada cinco trabajadores/as en activo[46]. Sin embargo, hay razones para presumir que hubo un cumplimiento bastante correcto de esta obligación legal. En primer lugar, porque es de suponer que la inmensa mayoría de las empresas que pudieron razonablemente continuar en todo o en parte con su actividad recurriendo al trabajo a distancia, lo hicieron por su propio interés (no parece que tuviera mucho sentido suspender la actividad empresarial cuando la misma puede continuar, más bien que mal, a distancia). En segundo lugar, porque las propias personas trabaja-

---

45 En el caso conocido por la sentencia de la AN 17 junio 2021 (sentencia nº 143/2021) se admitió la procedencia del ERTE tramitado por causas ETOP al constatarse que el régimen de teletrabajo nunca había existido en la empresa y era inviable implementarlo para toda la plantilla.

46 Los datos se han extraído de la Seguridad Social. https://revista.seg-social.es/-/proteccion-erte

doras también podían exigir su implementación en el caso de que la empresa no tomase la iniciativa, cuando advirtieran que la continuidad de la actividad era posible recurriendo al trabajo a distancia. Lo que podía ser instado por los trabajadores directamente o a través de sus representantes. Téngase en cuenta que por muy beneficiosos que fuesen los ERTEs Covid19, estos no compensaban todos los "costes" a los que se enfrentaban en este nuevo escenario pandémico tanto las empresas (pérdida de negocio como consecuencia de la paralización de su actividad) como las personas trabajadoras (menores ingresos durante la percepción de las prestaciones por desempleo). Por último, el incremento exponencial que se produjo del trabajo a distancia durante la pandemia —al que ya se ha hecho referencia— junto a la escasa conflictividad judicial en torno a su obligatoriedad, avalan también la idea de que se hizo un uso adecuado del trabajo a distancia Covid19: preferente al trabajo presencial y a los ERTEs, y obligatorio para empresas y trabajadores cuando se diesen las circunstancias requeridas para ello como una medida de carácter excepcional y temporal para luchar contra los efectos sanitarios, económicos y sociales adversos de la pandemia Covid19.

En cuanto a la implantación de este supuesto de trabajo a distancia Covid19, hay que descartar que resultase necesario para ello —ni siquiera era posible— acudir al procedimiento de modificación sustancial de las condiciones de trabajo (art. 41 del ET), siendo suficiente con exigir su puesta en marcha en cumplimento del mandato normativo contenido en el art. 5 del Real Decreto-Ley 8/2020 en el que se declara su carácter obligatorio en los términos analizados[47]. Otra cosa es el tratamiento a dispensar en relación con

47 Véase al respecto las sentencias TS 12 mayo 2021 (RC 164/2020); TS 7 de abril de 2022 (RC 52/2021); AN 12 mayo 2021 (procedimiento 393/2000); JS Oviedo 25 abril 2022 (procedimiento 363/2021). Esta última sentencia anuló dos sanciones administrativas impuestas por la Inspección de Trabajo y Seguridad Social como consecuencia de no haber seguido la empresa (un Ayuntamiento) el procedimiento de modificaciones sustanciales de las condiciones de trabajo para introducir el trabajo a distancia y organizar turnos de trabajo presenciales. La sentencia concluyó que dicha reordenación de los

aquellas otras variaciones en la prestación laboral (jornada, horario, etc.) introducidas a la par que la obligatoriedad del trabajo a distancia. Cuestión que será tratada en el **apartado 4.3** sobre el régimen jurídico del trabajo a distancia Covid19.

En algunos casos, su introducción se llevó a cabo mediante un acuerdo suscrito entre la empresa y los trabajadores o sus representantes, en el que se reguló el trabajo a distancia Covid19 y, entre otras cuestiones, se permitió a los trabajadores individualmente optar entre acogerse al trabajo a distancia o continuar prestando servicios de forma presencial[48]. Fórmula esta que puede resultar discutible a la luz de lo dispuesto en el art. 5 del Real Decreto-Ley 8/2020 sobre su carácter obligatorio, sobre todo en aquellos casos en los que las opciones seguidas por los trabajadores pudieran poner en riesgo la consecución del objetivo fundamental de evitar la propagación virus Covid19 (por ejemplo, cuando la mayoría de los trabajadores hubiere optado por continuar su actividad de forma presencial coincidiendo todos ellos simultáneamente en el centro de trabajo).

3.2.3. El Plan MECUIDA

El art. 6 del Real Decreto-Ley 8/2020 contempló el trabajo a distancia, junto a otras posibles medidas tales como la adaptación de la jornada, su reducción o la alteración de otros aspectos de las condiciones de trabajo[49], como un derecho individual de la perso-

---

turnos entre trabajo presencial y a distancia operaba por ministerio de la ley, sin necesidad de tener que recurrir al procedimiento de modificaciones sustanciales de las condiciones de trabajo.

48 Un supuesto de este tipo se recoge en la sentencia del TSJ Galicia 31 enero 2022 (RS 5228/2021): en el caso concreto 720 personas optaron por el trabajo a distancia y tan solo 15 continuaron prestando servicios presenciales.

49 Como supuestos de adaptación de la jornada de trabajo, la norma se refiere ejemplificativamente a los cambios de turno, alteración del horario, horario flexible, jornada partida o continuada. La reducción de la jornada, con reduc-

na trabajadora y, por ende, como una obligación empresarial —de "*prerrogativa*" de la persona trabajadora es calificado por la norma—, cuando concurriesen determinadas necesidades de cuidado sobrevenidas como consecuencia de la pandemia Covid19 y las medidas pretendidas fueran razonables y proporcionadas[50]. Además, y aun-

---

ción proporcional del salario puede llegar a alcanzar el 100%. Y como supuestos de variaciones de otras condiciones de trabajo, se contempla tanto el lugar de la prestación como las funciones.

50 El tenor literal de la norma es el siguiente: *1. Las personas trabajadoras por cuenta ajena que acrediten deberes de cuidado respecto del cónyuge o pareja de hecho, así como respecto de los familiares por consanguinidad hasta el segundo grado de la persona trabajadora, tendrán derecho a acceder a la adaptación de su jornada y/o a la reducción de la misma en los términos previstos en el presente artículo, cuando concurran circunstancias excepcionales relacionadas con las actuaciones necesarias para evitar la transmisión comunitaria del COVID-19.*
Se entenderá que concurren dichas circunstancias excepcionales cuando sea necesaria la presencia de la persona trabajadora para la atención de alguna de las personas indicadas en el apartado anterior que, por razones de edad, enfermedad o discapacidad, necesite de cuidado personal y directo como consecuencia directa del COVID-19. Asimismo, se considerará que concurren circunstancias excepcionales cuando existan decisiones adoptadas por las Autoridades gubernativas relacionadas con el COVID-19 que impliquen cierre de centros educativos o de cualquier otra naturaleza que dispensaran cuidado o atención a la persona necesitada de los mismos. También se considerará que concurren circunstancias excepcionales que requieren la presencia de la persona trabajadora, cuando la persona que hasta el momento se hubiera encargado del cuidado o asistencia directos de cónyuge o familiar hasta segundo grado de la persona trabajadora no pudiera seguir haciéndolo por causas justificadas relacionadas con el COVID-19.
El derecho previsto en este artículo es un derecho individual de cada uno de los progenitores o cuidadores, que debe tener como presupuesto el reparto corresponsable de las obligaciones de cuidado y la evitación de la perpetuación de roles, debiendo ser justificado, razonable y proporcionado en relación con la situación de la empresa, particularmente en caso de que sean varias las personas trabajadoras que acceden al mismo en la misma empresa.
Los conflictos que pudieran generarse por la aplicación del presente artículo serán resueltos por la jurisdicción social a través del procedimiento establecido en el artículo 139 de la Ley 36/2011, de 10 de octubre, Reguladora de la Jurisdicción Social. El ejercicio de los derechos previstos en el presente artículo se considera ejercicio de derechos de conciliación a todos los efectos.
2. El derecho a la adaptación de la jornada por deberes de cuidado por circunstancias excepcionales relacionadas con el COVID-19 es una prerrogativa cuya concreción inicial

corresponde a la persona trabajadora, tanto en su alcance como en su contenido, siempre y cuando esté justificada, sea razonable y proporcionada, teniendo en cuenta las necesidades concretas de cuidado que debe dispensar la persona trabajadora, debidamente acreditadas, y las necesidades de organización de la empresa. Empresa y persona trabajadora deberán hacer lo posible por llegar a un acuerdo.
El derecho a la adaptación de la jornada podrá referirse a la distribución del tiempo de trabajo o a cualquier otro aspecto de las condiciones de trabajo, cuya alteración o ajuste permita que la persona trabajadora pueda dispensar la atención y cuidado objeto del presente artículo. Puede consistir en cambio de turno, alteración de horario, horario flexible, jornada partida o continuada, cambio de centro de trabajo, cambio de funciones, cambio en la forma de prestación del trabajo, incluyendo la prestación de trabajo a distancia, o en cualquier otro cambio de condiciones que estuviera disponible en la empresa o que pudiera implantarse de modo razonable y proporcionado, teniendo en cuenta el carácter temporal y excepcional de las medidas contempladas en la presente norma,, que se limita al período excepcional de duración del COVID-19.
3. Las personas trabajadoras tendrán derecho a una reducción especial de la jornada de trabajo en las situaciones previstas en el artículo 37.6, del Estatuto de los Trabajadores, cuando concurran las circunstancias excepcionales previstas en el apartado primero de este artículo, con la reducción proporcional de su salario. Salvo por las peculiaridades que se exponen a continuación, esta reducción especial se regirá por lo establecido en los artículos 37.6 y 37.7 del Estatuto de los Trabajadores así como por el resto de normas que atribuyen garantías, beneficios, o especificaciones de cualquier naturaleza a las personas que acceden a los derechos establecidos en estos preceptos.
La reducción de jornada especial deberá ser comunicada a la empresa con 24 horas de antelación, y podrá alcanzar el cien por cien de la jornada si resultara necesario, sin que ello implique cambio de naturaleza a efectos de aplicación de los derechos y garantías establecidos en el ordenamiento para la situación prevista en el artículo 37.6 del Estatuto de los Trabajadores.
En caso de reducciones de jornada que lleguen al 100 % el derecho de la persona trabajadora deberá estar justificado y ser razonable y proporcionado en atención a la situación de la empresa.
En el supuesto establecido en el artículo 37.6 segundo párrafo no será necesario que el familiar que requiere atención y cuidado no desempeñe actividad retribuida.
4. En el caso de que la persona trabajadora se encontrara disfrutando ya de una adaptación de su jornada por conciliación, o de reducción de jornada por cuidado de hijos o familiares, o de alguno de los derechos de conciliación previstos en el ordenamiento laboral, incluidos los establecidos en el propio artículo 37, podrá renunciar temporalmente a él o tendrá derecho a que se modifiquen los términos de su disfrute siempre que concurran las circunstancias excepcionales previstas en el apartado primero de este artículo, debiendo la solicitud limitarse al periodo excepcional de duración de la crisis sanitaria y acomodarse a las necesidades concretas de cuidado que debe dispensar la persona

que la norma no lo establezca expresamente, se ha afirmado que el trabajo a distancia desarrollado en el marco del Plan MECUIDA tiene preferencia también sobre los ERTEs[51].

Se trata del denominado Plan MECUIDA[52], en relación con las necesidades de cuidado del cónyuge o pareja de hecho, o de los familiares por consanguinidad hasta el segundo grado de la persona trabajadora por cuenta ajena[53], en atención a la concurrencia de alguna de las siguientes circunstancias excepcionales: 1) cuando fuese necesaria la presencia de la persona trabajadora para la atención de alguna de las personas indicadas que, por razones de edad, enfermedad o discapacidad, necesite de cuidado personal y directo como consecuencia directa del Covid19; 2) cuando existan decisiones adoptadas por las autoridades gubernativas relacionadas con el Covid19 que impliquen cierre de centros educativos o de cualquier otra naturaleza (piénsese en las residencias de mayores y en los centros de día) que dispensaran cuidado o atención a la persona necesitada de los mismos; y 3) cuando la persona que hasta el momento se hubiera encargado del cuidado o asistencia directos no pudiera seguir haciéndolo por causas justificadas relacionadas con el Covid19.

---

trabajadora, debidamente acreditadas, así como a las necesidades de organización de la empresa, presumiéndose que la solicitud está justificada, es razonable y proporcionada salvo prueba en contrario".

51 Véase al respecto la sentencia del TSJ de Aragón 17 de noviembre 2021 (RS 496/2020).

52 Esta denominación se introdujo de la mano del Real Decreto-Ley 15/2020, de 21 de abril, por el que se prorroga la vigencia de lo establecido en los arts. 5 y 6 del Real Decreto-Ley 8/2020. En su versión original el art. 6 citado llevaba por título «*(d)erecho de adaptación del horario y reducción de jornada*», aunque también se refería a la posibilidad de optar por el trabajo a distancia.

53 En relación con los empleados públicos las distintas administraciones dictaron planes similares. Así, por ejemplo, la Resolución de 10 de marzo de 2020 del Secretario de Estado de Política Territorial y Función Pública de medidas a adoptar en los centros de trabajo dependientes de la Administración General del Estado con motivo del Covid19.

Por lo que se refiere al ejercicio de este derecho, y a la correlativa obligación empresarial, corresponde *prima facie* a la persona trabajadora determinar "*tanto (…) su alcance como (…) su contenido*", aunque enseguida se matiza que lo pretendido debe ser "*justificado, razonable y proporcionado en relación con la situación de la empresa, particularmente en caso de que sean varias las personas trabajadoras que acceden al mismo en la misma empresa*". Es más, se insta a las partes a llegar a un acuerdo, previéndose en caso de discrepancias el recurso al procedimiento establecido en el art. 139 LRJS, en el que el juez o jueza dirimirá la controversia. De este modo, frente a la voluntariedad del trabajo a distancia como rasgo característico de esta modalidad de prestación de servicios en situaciones de normalidad, su ejercicio se convierte en estos casos en un derecho de la persona trabajadora subordinado a un uso adecuado del mismo ante la concurrencia de determinadas circunstancias excepcionales y temporales relacionadas con la conciliación de la vida personal y familiar en el contexto del Covid19 cuya determinación final, en caso de discrepancias, corresponderá al juez de lo social (por lo demás, como ocurre con el ejercicio de cualquier otro derecho que resulta controvertido).

Interesa destacar que, si bien el art. 6 del Real Decreto Ley 8/2020 afirma que "*(el) ejercicio de los derechos previstos en el presente artículo se considera ejercicio de derechos de conciliación a todos los efectos*", no por ello deja de representar este precepto un supuesto singular de los mismos cualificado tanto por las circunstancias excepcionales que lo motivan como por su carácter obligatorio para la empresa en los términos analizados[54]. Tan es así que el propio art. 6 dispone que si la persona trabajadora estuviera disfrutando de cualquier derecho

---

54 En este sentido, las sentencias del TSJ de Madrid 21 julio 2021 (RS 529/2021); TSJ Islas Canarias, Santa Cruz de Tenerife 16 marzo 2021 (RS 789/2020). Para la sentencia del JS de Valladolid 1 marzo 2021 (procedimiento 31/2021) si no se dan las circunstancias excepcionales que motivan la aplicación del art. 6 del Real Decreto-Ley 8/2020, ni tampoco es posible su reconducción al supuesto contemplado en el art. 5 analizado en el epígrafe anterior, entonces el asunto debe resolverse como un supuesto ordinario de conciliación.

de conciliación de la vida personal y familiar regulado en el Estatuto de los Trabajadores podrá renunciar temporalmente a aquél durante el ejercicio de las medidas excepcionales aquí previstas. Ahora bien, como derecho de conciliación de la vida laboral y familiar que es participa de sus caracteres: señaladamente, su conexión con los principios de igualdad y no discriminación por razón de sexo (arts. 9.2 y 14 de la CE), inversión de la carga de la prueba tras la aportación de indicios de la eventual vulneración de esos derechos fundamentales (art. 181.2 de la LRJS) y posibilidad de obtener una indemnización por los daños y perjuicios causados (art. 139 de la LRJS)[55]. Todo ello contribuye a reforzar más si cabe el ejercicio de los derechos reconocidos en el marco del Plan MECUIDA. También el Preámbulo del Real Decreto Ley 8/2020 apunta en la misma dirección, al menos cuando se refiere a los derechos de adaptación y reducción de jornada, cuando señala que las ausencias al trabajo motivadas por las circunstancias que activan el Plan MECUIDA no pueden ser sancionadas como faltas de asistencia[56].

---

55 Así se reconoció en la sentencia del TSJ de Aragón 17 de noviembre 2021 (RS 496/2020), razonando lo siguiente: *"el trato desigual dado por la empresa a la demandante y a sus dos compañeras, en análogas circunstancias personales y profesionales, y la no razonabilidad de la causa económica alegada para justificar la negativa a facilitar un portátil a la actora para trabajar a distancia, hacen concluir que la empresa no trató igual, sin causa justificada, a la demandante que a otras trabajadoras. Trato desigual qué infringe lo dispuesto en el artículo 14 de la Constitución y en el artículo 17 del ET"*. Además, fija una indemnización por daños y perjuicios de 2.000 € corrigiendo la indemnización fijada en la instancia de 6.251 €, atemperándola a los perjuicios realmente causados.

La sentencia TSJ Madrid 21 julio 2021 (RS 529/2021) reconoce una indemnización por daños y perjuicios de 12.000 € en un supuesto de negativa injustificada por parte de la empresa a adaptar la jornada laboral en el marco del denominado Plan MECUIDA (no era un caso de trabajo a distancia).

56 *"Asimismo, en quinto lugar, se establecen medidas para favorecer la conciliación laboral, mediante el derecho de los trabajadores por cuenta ajena que acrediten deberes de cuidado a personas dependientes por las circunstancias excepcionales relacionadas con la prevención de la extensión del COVID-19 a acceder a la adaptación o reducción de su jornada, con la consiguiente disminución proporcional del salario. Resulta imprescindible evitar la aplicación de sanciones por falta de asistencia de la persona trabajadora al trabajo ante la necesidad de atender al cuidado de personas a su cargo, multiplicadas*

Por último, dado que el derecho al trabajo a distancia en el contexto del Covid19 puede ejercitarse también a la luz del art. 5 del Real Decreto Ley 8/2020 anteriormente analizado, el cual se configura con carácter preferente tanto al trabajo presencial como a los ERTEs sin tener que acreditar necesidad de conciliación alguna, sucede que la mayoría de los supuestos de desarrollo del trabajo a distancia durante la pandemia se han sustanciado a través de aquel supuesto general. De tal modo que lo dispuesto en el art. 6 en relación con el Plan MECUIDA se ha utilizado más frecuentemente bien para la adopción de medidas distintas a la prestación del trabajo a distancia (por ejemplo, la adaptación de la jornada[57] o su reducción que puede llegar a alcanzar hasta el 100%[58]) bien para combinar alguna de estas otras medidas enunciadas en régimen de trabajo a distancia[59], o bien una vez decaída la vigencia del trabajo a distancia del art. 5 del Real Decreto-Ley 8/2020.

---

en la situación actual ante el cierre de diversos establecimientos públicos o concertados, como centros escolares, residencias de mayores o centros de día.

A estos efectos debe recordarse que, pese a la reciente derogación del artículo 52 d) del texto refundido de la Ley del Estatuto de los Trabajadores, aprobado por Real Decreto Legislativo 2/2015, de 23 de octubre, la falta de asistencia injustificada es causa de despido disciplinario, conforme al artículo 54.1 de dicho cuerpo legal. Resulta obligado, por tanto, configurar las garantías necesarias para que las personas que se vean en la situación referida puedan atender a sus obligaciones personales de cuidado sin verse afectadas negativamente en el ámbito laboral".

57 Sentencia del TSJ Madrid 21 julio 2021 (RS 529/2021).

58 La sentencia del TSJ Cataluña 26 abril 2021 (RS 806/2021) conoció de un supuesto en el que la recurrente considera que su ausencia al trabajo se debió al ejercicio de un deber inexcusable de carácter público y personal del art. 37.3 letra d) del ET por necesidades de conciliación, concluyendo el tribunal que dicho supuesto no encajaba en la norma alegada, aunque sí podría haberse incardinado en una reducción de jornada de hasta el 100% a la que se refiere el art. 6 del Real Decreto-Ley 8/2020.

59 Sentencias del JS Burgos 10 junio 2020 (procedimiento 337/2020); JS de Valladolid 13 octubre 2020 (procedimiento 496/2020).

3.3. El fundamento o fundamentos de la obligatoriedad del trabajo a distancia Covid19

El tránsito que se produce del carácter voluntario al carácter forzoso del trabajo a distancia durante el Covid19 supuso un cambio radical en su configuración jurídica. De la necesidad de un acuerdo entre los sujetos del contrato de trabajo para su implementación, sin posibilidad de imposición unilateral de ninguna de las partes sobre la otra, ni siquiera a través de la autonomía colectiva, se pasó a la obligatoriedad *ex lege* de esta forma de prestación de servicios cuando se dieran las circunstancias para ello, no siendo posible la negativa de la empresa a su implementación, cuando la iniciativa la toma la persona trabajadora, ni la negativa de la persona trabajadora a su acatamiento cuando la iniciativa viene de la empresa. De ahí que ni siquiera fuera necesario —tampoco procedente— el recurso al procedimiento de modificaciones sustanciales de las condiciones de trabajo para su implementación, el cual, recuérdese, no permite transformar un contrato de trabajo presencial en otro a distancia o viceversa (ni siquiera de forma parcial, de conformidad con la sentencia del TS 11 abril 2005 analizada en el **apartado 2.3**). En el caso particular del trabajo a distancia en el marco del Plan MECUIDA la iniciativa para su puesta en marcha solo podía venir de la persona trabajadora en la que concurriesen las particulares causas de conciliación que justificaban el recurso al citado Plan.

Ciertamente, existían poderosas razones para una transformación tal del trabajo a distancia, concurriendo intereses superiores del ordenamiento jurídico que era necesario salvaguardar y que llevaron a esta drástica solución. Con anterioridad ya se ha anticipado que el Real Decreto-Ley 8/2020 perseguía un triple objetivo, pudiéndose afirmar que el carácter obligatorio del trabajo a distancia regulado en los arts. 5 y 6 de esta norma permitía colmar a la vez los siguientes objetivos pretendidos: 1) contener la expansión del virus Covid19 por la vía de la disminución de la interacción social en el ámbito laboral; 2) mantener los puestos de trabajo que pasaron a desempeñarse en régimen de trabajo a distancia; y 3) proseguir con la actividad económica empresarial, cuya continuidad quedaba comprometida cuando no había más remedio que acudir a los ERTEs o, en su caso, a las extinciones de los contratos de trabajo. En el ámbito del empleo público este tercer objetivo consistió en permitir un adecuado funcionamiento de los servicios públicos encomendados; y 4) en el caso concreto del Plan MECUIDA, a la consecución de los anteriores tres objetivos se sumaron las singulares obligaciones de cuidado contempladas en la norma a favor de determinados familiares de la persona trabajadora, hasta el punto de convertirlo en un derecho de la persona trabajadora y, por ende, en una obligación empresarial.

Además, debe subrayarse que se trataron de medidas excepcionales y perentorias o temporales, dotando así de mayor legitimidad a las medidas acordadas[60].

Pues bien, partiendo de estas premisas es posible afirmar que la necesaria protección de la salud pública (art. 43.2 de la CE), en íntima conexión con el derecho a la vida y a la integridad física de las personas en general y de los trabajadores en particular (art. 15 de la CE)[61]; el derecho al trabajo en su vertiente de garantía del mantenimiento del empleo (art. 35 de la CE); la continuidad de la actividad productiva en el marco de la libertad de empresa y del interés general de la economía (arts. 38 y 128.1 de la CE); la garantía del funcionamiento de los servicios públicos en el ámbito del empleo público (art. 103.1 de la CE); unido al mandato de protección de la familia y de la infancia (art. 39 de la CE) en relación con el Plan MECUIDA, se erigieron en los valores superiores consagrados en nuestra Constitución que justificaron el sacrificio temporal y excep-

60 Véase las sentencias del TS 12 mayo 2021 (RC 164/2020); TS 7 abril 2022 (RC 52/2021); AN 12 mayo 2021 (procedimiento 393/2020). En todas ellas se remarca el carácter extraordinario, urgente y temporal del trabajo a distancia Covid19.

61 Véanse las sentencias del TS 7 abril 2022 (RC 52/2021); TS 12 mayo 2021 (RC 164/2020); TSJ de Cataluña 28 abril 2023 (RS 7013/2022); JS de Guadalajara 24 mayo 2023 (procedimiento 832/2022).

cional del principio de autonomía de la voluntad típico del trabajo a distancia, el cual está directamente conectado con los arts. 18.1, 18.2 y 38 de la CE, en los que se reconoce la garantía del derecho *"a la intimidad personal y familiar"*, la inviolabilidad del domicilio y el derecho a la libertad de empresa[62]. Primaron pues el interés general y los derechos colectivos sobre los derechos individuales de las personas trabajadoras y de las empresas, salvo en el marco del Plan MECUIDA en el que tuvo también un peso específico la satisfacción de intereses particulares de las personas trabajadoras afectadas[63].

4. RÉGIMEN JURÍDICO DEL TRABAJO A DISTANCIA COVID19

Una vez analizados el principio de voluntariedad típico del trabajo a distancia, su quiebra durante la pandemia Covid19 y las razones que sirven de soporte tanto al carácter voluntario del trabajo a distancia en situaciones de normalidad como a su obligatoriedad en el contexto de la pandemia, procede abordar la cuestión relativa al régimen jurídico del trabajo a distancia prestado durante la pandemia.

4.1. Marco normativo

Por lo que se refiere al marco normativo aplicable al trabajo a distancia Covid19 este se integra, en primer lugar, por lo dispuesto

---

62 Como afirma la sentencia del TSJ de Cataluña 28 abril 2023 (RS 7013/2022) en el contexto de la grave crisis sanitaria provocada por la pandemia, *"ante una eventual colisión entre el derecho a la vida, integridad física y salud, y el derecho a la intimidad, debe prevalecer el primero"*.

63 En palabras de la sentencia de la AN 12 mayo 2021 (procedimiento 393/2000) *"se trata de un entramado de derechos y obligaciones de protección de la salud, de intereses personales, sociales y empresariales, productivas y familiares de muy diversa índole en el que se ha dado en todo momento prevalencia a la preservación de la salud de los trabajadores que el artículo 15 de la Constitución Española consagra"*.

en el Real Decreto-Ley 8/2020 en donde se establece tanto la obligatoriedad del trabajo a distancia en los términos analizados, como las peculiaridades que posee la evaluación de riesgos laborales en este contexto. Fuera de estas dos singularidades —la primera posee ciertamente un mayor impacto— recogidas en los art. 5 y 6 del Real Decreto-Ley 8/2020, era de suponer que el trabajo a distancia Covid19 quedaba sujeto al régimen jurídico del trabajo a distancia ordinario establecido en el art. 13 del ET-1995 en su redacción dada por la Ley 3/2012. Extremo que se confirmó unos meses después, cuando se aprobó una nueva regulación del trabajo a distancia mediante el Real Decreto-Ley 28/2020, y la ulterior Ley 10/2021, que excluyeron de su ámbito de aplicación *"(a)l trabajo a distancia implantado excepcionalmente en aplicación del artículo 5 del Real Decreto-ley 8/2020, de 17 de marzo, o como consecuencia de las medidas de contención sanitaria derivadas de la COVID-19"*, el cual continuaba sujeto a *"la normativa laboral ordinaria"* tal y como indicaba la disposición transitoria tercera de sendas normas. Seguramente el confuso tenor literal de la norma ha llevado a algún autor a afirmar que al trabajo a distancia Covid19 no resulta de aplicación el art. 13 del ET, ni en su versión de 2020-21 ni en su versión pre pandemia de 2012 (CRUZ VILLALÓN, 2021, p. 45); y a otros a considerar que solo el trabajo a distancia desarrollado en el marco del art. 5 del Real Decreto Ley 8/2020 queda excluido de la Ley de Trabajo a Distancia de 2021, no siendo este el caso del trabajo a distancia realizado en el contexto del Plan MECUIDA (GUTIÉRREZ PÉREZ, 2021, pp. 734 y 739).

De este modo, es posible afirmar que el trabajo a distancia Covid19 fue un trabajo con menos derechos que el trabajo a distancia anterior y posterior a la pandemia[64]. Aunque, tanto el Real Decreto-Ley 28/2020 como la ulterior Ley 10/2021 que lo sustituyó, extendieron al trabajo a distancia Covid19 dos importantes derechos reconocidos expresamente en la nueva regulación: 1) la do-

64 Este mismo juicio comparativo entre el trabajo a distancia Covid19 y el trabajo a distancia post pandemia, en MOLINA NAVARRETE, 2021, p. 147.

tación y el mantenimiento por parte de la empresa de los medios, equipos, herramientas y consumibles necesarios para el desarrollo del trabajo a distancia; y 2) con más dudas, dada el confuso tenor literal de la norma, la compensación de los gastos derivados para la persona trabajadora de esta forma de prestación de servicios.

En ocasiones, el trabajo a distancia Covid19 se desarrolló, o incluso se introdujo, a partir de un acuerdo individual o colectivo en el que se fijaron algunos aspectos de su régimen jurídico, contribuyendo así a completar el marco regulador aplicable.

Por último, interesa destacar que el Real Decreto-Ley 16/2020, de 28 de abril, de medidas procesales y organizativas para hacer frente al COVID-19 en el ámbito de la Administración de Justicia, estableció en su art. 7 el carácter urgente a todos los efectos y preferente respecto de cualesquiera otros, a excepción de los que tengan por objeto la tutela de los derechos fundamentales y las libertades públicas, de los procedimientos que se sustancien para hacer efectiva la modalidad de trabajo a distancia o la adecuación de las condiciones de trabajo previstas en el art. 5 del Real Decreto-Ley 8/2020. Lo que da cuenta de la importancia que tuvieron estas medidas laborales durante la pandemia.

4.2. Peculiaridades (reales y supuestas) del trabajo a distancia Covid19 en contraste con el trabajo a distancia previo a la pandemia

4.2.1. La evaluación de los riesgos laborales

Dispone el art. 5 del Real Decreto-Ley 8/2020 que *"Con el objetivo de facilitar el ejercicio de la modalidad de trabajo a distancia en aquellos sectores, empresas o puestos de trabajo en las que no estuviera prevista hasta el momento, se entenderá cumplida la obligación de efectuar la evaluación de riesgos, en los términos previstos en el artículo 16 de la Ley 31/1995, de 8 de noviembre, de Prevención de Riesgos Laborales, con carác-*

ter excepcional, a través de una autoevaluación realizada voluntariamente por la propia persona trabajadora".

Se devalúa así lo dispuesto en el art. 13.4 de la LET-1995 en su redacción dada en el año 2012 que consideraba aplicable sin más al trabajo a distancia el contenido íntegro de la Ley de Prevención de Riesgos Laborales, sustituyéndose así la necesaria evaluación de riesgos laborales a cargo de la empresa (art. 16 de la Ley 31/1995, de 8 de noviembre, de Prevención de Riesgos Laborales —en adelante, LPRL—) por una autoevaluación realizada voluntariamente por la propia persona trabajadora.

El art. 5 del Real Decreto-Ley 8/2020 justifica esta medida en orden a facilitar la implementación del trabajo a distancia Covid19 en aquellas empresas o puestos de trabajo en los que todavía no se hubiera previsto en un contexto —no se olvide— en el que se trataron de reducir las interacciones sociales al máximo. Sin embargo, hay que tomar en consideración que el sistema de evaluación de riesgos previsto en el art. 16 de la LPRL puede exigir la presencia de un técnico de prevención que realice la pertinente evaluación. Lo que puede entrar en colisión con el carácter obligatorio que posee el trabajo a distancia en estos casos, la falta de prestación del consentimiento de la persona trabajadora para su desarrollo y, por ende, la inexistencia de un consentimiento previo (al menos implícito) para que dicho técnico acceda al domicilio particular del trabajador. Ello podía suponer una vulneración del derecho a la inviolabilidad del domicilio (artículo 18.2 de la CE) desde la perspectiva de la prohibición a terceros de acceso al domicilio sin el consentimiento previo de su titular. Tal es, a mi juicio, el fundamento de la sustitución de una evaluación en manos de la empresa en su integridad por otra realizada a partir de la propia autoevaluación de la persona trabajadora.

Ciertamente, la nueva ordenación proporcionada al trabajo a distancia por el Real Decreto-Ley 28/2020 y por la Ley 10/2021 asume una posición intermedia en este punto, intentando recabar, en primer lugar, la autorización de la persona trabajadora para que el técnico de prevención realice la correspondiente evaluación, la cual se llevará a cabo, en segunda instancia, exclusivamente a partir de los datos proporcionados por la persona trabajadora cuando esta no preste su consentimiento a la intervención del técnico[65]. Lo que sin duda habría constituido una fórmula más adecuada para realizar la evaluación de riesgos laborales también en el marco del trabajo a distancia Covid19. Esta solución se podría haber introducido en la disposición transitoria tercera de aquellas dos normas, modificando en este aspecto la previsión inicial, menos garantista en relación con la prevención, establecida en el art. 5 del Real Decreto-Ley 8/2020. Téngase en cuenta que la autoevaluación por parte de la persona trabajadora de los riesgos laborales existentes en su domicilio no deja de ser una fórmula insuficiente o deficitaria respecto a la evaluación llevada a cabo por los técnicos a cargo de la empresa[66]. Lo que puede repercutir negativamente tanto en la planificación de la actividad preventiva como en la eventual responsabilidad empresarial derivada de una incorrecta planificación propiciada por el propio trabajador/a[67].

---

65 En general, sobre trabajo a distancia y prevención de riesgos laborales en el nuevo marco normativo instaurado por la Ley de Trabajo a Distancia de 2021, véase MONTOYA MEDINA, 2021, en especial pp. 26-31.

66 Críticos con el modelo de autoevaluación implantado se han manifestado RODRÍGUEZ ESCANCIANO, 2020, pp. 83 y 184; FERNÁNDEZ COLLADOS, 2021, pp. 399 y 407; MELLA MÉNDEZ, 2021, pp. 197-199.
Más comprensivos con este modelo a la luz de la complicada situación que estábamos viviendo, algunos autores no han dudado de señalar, sin embargo, ciertos defectos de la regulación, tales como la falta de precisión de los efectos derivados de la negativa del trabajador a realizar la autoevaluación o la inexistencia de un modelo de autoevaluación tipo elaborado por el Ministerio (CRUZ VILLALÓN, 2020, p. 182).

67 Crítico también con las incertidumbres que genera esta regulación en torno a la responsabilidad en materia de riesgos laborales se ha manifestado PÉREZ CAPITÁN, 2020, p. 30.
La sentencia del TSJ de Cataluña 28 de abril 2023 (RS 7013/2022) conoce acerca de la pretensión de obtener un resarcimiento económico por el hecho de que la empresa no hiciera la evaluación de los riesgos laborales por sus propios medios, derivándola a una autoevaluación de la propia persona tra-

Por último, conviene señalar que, si bien estas previsiones acerca de la evaluación de riesgos laborales se contienen en el art. 5 del Real Decreto Ley 8/2020, las mismas resultan también aplicables al trabajo a distancia derivado del Plan MECUIDA del art. 6 (GOERLICH PESET, 2021, pp. 50-51). Las mismas razones que llevaron al legislador de excepción a introducir esta previsión en relación con el trabajo a distancia como vía alternativa y preferente al trabajo presencial y a los ERTEs, sirven de fundamento para realizar una interpretación extensiva o analógica (art. 4.1 del Código Civil —CC—) en relación con el trabajo a distancia en el marco del Plan MECUIDA.

4.2.2. Dotación y mantenimiento por parte de la empresa de los medios, equipos, herramientas y consumibles necesarios para el desarrollo del trabajo a distancia

Como ha sido adelantado, el Real Decreto-Ley 28/2020 incorporó una disposición transitoria tercera en relación con el trabajo a distancia como medida de contención sanitaria del Covid19, por la que se introdujo el derecho a la dotación y mantenimiento por parte de la empresa de los medios, equipos, herramientas y consumibles necesarios para el desarrollo del trabajo a distancia[68]. Derecho cuyo reconocimiento expreso no existía hasta la fecha ni en el art.

---

bajadora, y concluyó sobre el correcto proceder de la empresa a la luz de la normativa excepcional aplicable al trabajo a distancia Covid19.

68 El tenor literal de la disposición es el siguiente: "*En todo caso, las empresas estarán obligadas a dotar de los medios, equipos, herramientas y consumibles que exige el desarrollo del trabajo a distancia, así como al mantenimiento que resulte necesario*".
Como derecho de la persona trabajadora y correlativa obligación empresarial se califica en la sentencia del TS 8 marzo 2023 (RC 277/2021). Tan claro lo ve que el Tribunal Supremo rechaza que pueda plantearse una demanda de conflicto colectivo que tenga por objeto obtener un pronunciamiento sobre la existencia de este derecho-obligación. Véase también la sentencia de la AN 27 junio 2022 (procedimiento 128/2022).

13 del ET ni en el Real Decreto-Ley 8/2020.; otra cosa es que el derecho en cuestión pudiera deducirse del marco jurídico-laboral.

En efecto, el asunto estriba en determinar si se trata de un derecho *ex novo* reconocido tardíamente en el Real Decreto-Ley 28/2020 y posteriormente confirmado por la Ley 10/2021 o, por el contrario, se trata de la mera declaración de un derecho preexistente en el marco de las prestaciones de servicio a distancia. Pues bien, esta última interpretación es la que se ha decantado en la práctica de nuestros tribunales, los cuales no han dudado en afirmar el carácter meramente declarativo del reconocimiento de este derecho por parte de la disposición transitoria tercera del Real Decreto-Ley 28/2020. Partiendo de la equiparación de derechos del trabajo presencial y a distancia (art. 13.4 del ET-1995 en su redacción de 2012), y considerando que en el centro de trabajo de la empresa la misma pone a disposición del trabajador/a los medios y herramientas del trabajo y se ocupa de su mantenimiento, todo ello con fundamento en la nota de ajenidad característica de las relaciones jurídico laborales (art. 1.1 del ET), se concluye que esa misma ha de ser la solución en el marco del trabajo a distancia[69].

Como refuerzo de esta exégesis, podría afirmarse que el art. 5 del Real Decreto Ley 8/2020 parte de esta misma idea cuando subordina la obligatoriedad del trabajo a distancia al hecho de que la empresa pueda *"adoptar las medidas oportunas si es técnicamente posible y si el esfuerzo de adaptación necesario resulta proporcionado"*. Por su parte, el Acuerdo Europeo sobre Teletrabajo de 2002 ya establecía que *"(c)omo regla general, el empleador está encargado de proporcionar, instalar y mantener los equipos necesarios para el teletrabajo regular"*. En ocasiones, esta obligación empresarial de dotación y mantenimiento de

---

69 En este sentido, las sentencias de la AN 25 mayo 2021 (procedimiento 420/2020); AN 27 de junio 2022 (procedimiento 128/2022) —esta sentencia con citas de las sentencias del TS 8 febrero 2021 (RC 84/2019); TS 21 septiembre 2015 (RC 259/2014)—.
En la doctrina, GUTIÉRREZ PÉREZ, 2021, p. 742; CREMADES CHUECA, 2021, pp. 144-45.

equipos se ha recogido mediante un acuerdo colectivo, viéndose de esta forma su exigibilidad reforzada[70].

Ciertamente, existe un problema interpretativo sobre los efectos temporales de la disposición transitoria tercera del Real Decreto-Ley 28/2020, consistente en dilucidar si su contenido resulta exigible desde la entrada en vigor de la norma (el 13 de octubre de 2020) o, por el contrario, se aplica retroactivamente al trabajo a distancia Covid19 empezado a prestar con anterioridad a la aparición de esta norma[71]. Pues bien, sea cual sea la respuesta que se defiende en relación con esta cuestión, considero que la misma resulta intrascendente en relación con el caso que nos ocupa dado que, como se ha concluido, la dotación y el mantenimiento de útiles y herramientas para el trabajo a distancia por parte de la empresa es un derecho preexistente a su reconocimiento expreso en aquella norma. De ahí que el mismo resulte exigible *ab initio*. Para el caso de que la empresa no hubiera satisfecho esta obligación, no parece que quepa otra solución que no sea el abono de una compensación económica —de naturaleza extrasalarial— que resarza adecuadamente la aportación por parte de la persona trabajadora de sus propios medios de trabajo: ordenador fijo o portátil, tablet, teléfono, impresora, ratón, auriculares, webcam, mesa, silla, atril, reposapiés, lámparas, material fungible, o lo que fuere preciso utilizar en el trabajo a distancia específico desarrollado. Dado que es necesario individualizar esta compensación de gastos su reclamación deberá sustanciarse mediante demandas individuales o plurales, no siendo viable el proceso de conflictos colectivos para tal fin, tal y como han puesto de manifiesto nuestros tribunales[72].

---

70 Sentencia del TSJ Madrid 30 junio 2022 (RS 451/2022).

71 Este problema se suscitó en la sentencia de la AN 4 junio 2021 (procedimiento 103/2021), si bien el tribunal no llegó a pronunciarse sobre el particular al desestimar la cuestión de fondo planteada. Un comentario de esta sentencia en VIDAL, 2021.

72 Sentencias del TS 8 marzo 2023 (RC 277/2021); AN 4 junio 2021 (procedimiento 103/2021).

Todo ello permite concluir que el reconocimiento expreso de este derecho a favor de la persona trabajadora en la disposición transitoria tercera del Real Decreto-Ley 28/2020 no constituye peculiaridad alguna del trabajo a distancia Covid19, por más que dicho reconocimiento brinde una mayor seguridad jurídica sobre la exigibilidad de este derecho, empañada por el Preámbulo del Real Decreto-Ley 8/2020 en el que se afirmaba que *"(p)ara las empresas y puestos en los que la modalidad del trabajo no presencial no estaba implementada con anterioridad, la urgencia de la actual situación de excepcionalidad exige una relajación de estas obligaciones, con carácter temporal y exclusivamente a los efectos de responder a las necesidades sanitarias de contención actualmente vigentes"*, dando entender así que el nivel de las obligaciones empresariales a este respecto podía ser menor.

4.2.3. Compensación de gastos

A diferencia de lo que sucede con la dotación y el mantenimiento por parte de la empresa de los medios, equipos, herramientas y consumibles necesarios para el desarrollo del trabajo a distancia, la disposición transitoria tercera del Real Decreto-Ley 28/2020 no configura la compensación por gastos como un derecho de la persona trabajadora, supeditando su existencia a que este derecho se reconozca por acuerdo individual o colectivo[73]. No de otra for-

---

[73] Véase en este sentido las sentencias del TS 8 marzo 2023 (RC 277/2021); AN 4 junio 2021 (procedimiento 103/2021) —se trata de la sentencia recurrida y resuelta en casación pon el Tribunal Supremo en la primera sentencia citada—; AN 26 de septiembre 2022 (procedimiento 149/2022) —cita otras sentencias en el mismo sentido—; TSJ de Cataluña 28 abril 2023 (RS 7013/2022).
En contra, considerando la compensación por gastos como un derecho de la persona trabajadora, GUTIÉRREZ PÉREZ, 2021, pp. 742-743. Otros autores, partiendo de la inexistencia de un reconocimiento expreso del derecho a la compensación por gastos abogan por su existencia en evitación del enriquecimiento injusto por parte del empresario/a (MOLINA NAVARRETE, 2021, p. 160).

ma puede interpretarse el tenor literal de esta disposición cuando afirma lo siguiente: "*En su caso, la negociación colectiva establecerá la forma de compensación de los gastos derivados para la persona trabajadora de esta forma de trabajo a distancia, si existieran y no hubieran sido ya compensados*". Expresado en otros términos, la negociación colectiva es soberana para decidir si se compensan o no los gastos derivados para el trabajador de esta forma de prestación de servicios, partiendo de la premisa (por lo demás obvia) de que para que los gastos sean compensables deben haberse producido y estar pendientes de compensación[74]. Aunque la norma se refiere exclusivamente a la autonomía colectiva como la vía para su regulación, nada obsta a que la compensación por gastos se pueda pactar también por acuerdo individual[75].

Conviene clarificar que el supuesto ahora analizado viene referido a la compensación de gastos tales como internet, electricidad, agua, calefacción y otros gastos, molestias e inconvenientes que haya producido la ocupación del espacio personal y privado por la prestación de trabajo a distancia. No puede confundirse este supuesto con la eventual compensación de los gastos costeados por la persona trabajadora como consecuencia de haber puesto a disposición sus propios medios, equipos y herramientas para el desarrollo de la prestación laboral ante la falta de dotación de aquéllos por parte de la empresa. En tal caso la compensación se erige en la única vía resarcitoria posible ante el incumplimiento empresarial de su obligación de proporcionar los medios de trabajo. De ahí que no sea posible subordinar este supuesto específico de tutela resarcitoria al hecho de que la misma se haya acordado de forma colectiva o individual, so pena de vaciar de contenido el derecho cierto e incondicionado de la persona trabajadora a ser provisto por la empresa de los medios y herramientas de trabajo. Ante la inutilidad de la obtención de una condena de hacer en estos casos (al menos en relación con

74 En el mismo sentido, MUÑOZ RUIZ, 2021, p. 127.

75 Un supuesto de previsión de compensación de gastos mediante acuerdo individual en la sentencia de la AN 25 mayo 2021 (procedimiento 122/2021).

el pasado), el incumplimiento por parte de la empresa de esta obligación no tendría consecuencia negativa alguna en su patrimonio si exigimos que la tutela resarcitoria dependa de su previsión vía convenio colectivo o acuerdo individual de trabajo. Sin embargo, se han dictado algunas sentencias (una de ellas del Tribunal Supremo confirmatoria de otra de la Audiencia Nacional) en las que, a mi juicio, se confunden estos dos supuestos de compensación de gastos y parecen exigir en ambos casos su previsión vía autonomía colectiva[76].

Por último, hay que concluir que el régimen jurídico de la compensación por gastos tales como el uso de internet, electricidad o calefacción recogido en la disposición transitoria tercera del Real Decreto Ley 28/2020 no supone peculiaridad alguna respecto de lo que se deduciría sin más de lo dispuesto en el artículo 13 del ET-1995 en su redacción dada por la Ley 3/2012, aplicable al trabajo a distancia ordinario. Y es que la falta de mención expresa de esta cuestión en dicho precepto estatutario equivale a la inexistencia de un derecho a la compensación de tales gastos. Lo que no es óbice para que el convenio colectivo o el acuerdo individual puedan regularlo, tal y como permite a la negociación colectiva expresamente la disposición transitoria estudiada.

Otra cosa, sin embargo, sucede en relación con el trabajo a distancia post Covid19 instaurado por la Ley de Trabajo a Distancia de 2021, la cual sí configura la compensación de este tipo de gastos como un derecho de la persona trabajadora sin perjuicio de que encomiende los términos de su ejercicio a la autonomía colectiva (art. 12 de la LTD). Y es que en la medida en que el reconocimiento del derecho se produce a nivel legal, la falta de previsión vía convenio colectivo de los términos de su ejercicio no impedirá que deba ser el juez en estos casos el que fije las indemnizaciones o compensacio-

---

76 TS 8 marzo 2023 (RC 277/2021); AN 4 junio 2021 (procedimiento 103/2021).

nes procedentes[77]. Esta nueva ordenación del derecho a la compensación por gastos está mucho más en consonancia con la normativa internacional (no ratificada por España) y europea (no vinculante en nuestro país) que regula el trabajo a distancia. Así, la Recomendación nº 184 de la OIT sobre trabajo a domicilio, establece en su artículo 16 que *"los trabajadores a domicilio deberían percibir una compensación por: a) los gastos relacionados con su trabajo, cómo los relativos al consumo de energía y de agua, las comunicaciones..."*. Por su parte, el Acuerdo Marco Europeo sobre Teletrabajo dispone en su cláusula séptima que *"si el teletrabajo se realiza regularmente el empresario cubre los costos directamente originados por este trabajo en particular los ligados a las comunicaciones"*.

4.3. *La aplicación al trabajo a distancia Covid19 del régimen jurídico proporcionado al trabajo a distancia ordinario por el Estatuto de los Trabajadores. En particular, sobre la igualdad de derechos del trabajo presencial y a distancia*

Dejando de lado las peculiaridades analizadas (en rigor solo hay dos: su carácter obligatorio y el sistema de autoevaluación por parte de la persona trabajadora de los riesgos laborales existentes en su domicilio), el trabajo a distancia Covid19 queda sometido a la legislación laboral ordinaria (disposición transitoria tercera del Real Decreto Ley 28/2020) y, más concretamente, a lo dispuesto en el artículo 13 del ET-1995 en su redacción dada en el año 2012. Ello implica el reconocimiento a los trabajadores a distancia Covid19 de una adecuada protección en materia de seguridad y salud laboral

---

77 El artículo 7 letra b) de la LTD establece como contenido mínimo del acuerdo de trabajo a distancia, entre otros, la *"(e)numeración de los gastos que pudiera tener la persona trabajadora por el hecho de prestar servicios a distancia, así como forma de cuantificación de la compensación que obligatoriamente debe abonar la empresa y momento y forma para realizar la misma, que se corresponderá, de existir, con la previsión recogida en el convenio o acuerdo colectivo de aplicación"*.

(con la especialidad del sistema de autoevaluación de riesgos al que se ha hecho referencia), el ejercicio de los derechos de representación colectiva, el acceso efectivo a la formación profesional orientada a su promoción profesional y, señaladamente, el disfrute de los mismos derechos de que disfrutan las personas trabajadoras que prestan sus servicios en el centro de trabajo de la empresa, salvo aquellos que sean inherentes a la realización de la prestación laboral de manera presencial.

Todos estos derechos (y otros adicionales) se contemplan también en la Ley de Trabajo a Distancia aplicable al trabajo de esta naturaleza post Covid-19. En relación con algunos de estos derechos la nueva ordenación normativa concreta en mayor medida su contenido. Por ejemplo, en materia de evaluación de riesgos laborales se identifican las circunstancias a considerar. Así, se afirma que se *"deberán tener en cuenta los riesgos característicos de esta modalidad de trabajo, poniendo especial atención en los factores psicosociales, ergonómicos y organizativos y de accesibilidad del entorno laboral efectivo. En particular, deberá tenerse en cuenta la distribución de la jornada, los tiempos de disponibilidad y la garantía de los descansos y desconexiones durante la jornada"* (art. 16.1 de la LTD). Por lo que se refiere a los derechos colectivos de las personas que trabajan a distancia, se especifica que *"(l)a empresa deberá suministrar a la representación legal de las personas trabajadoras los elementos precisos para el desarrollo de su actividad representativa, entre ellos, el acceso a las comunicaciones y direcciones electrónicas de uso en la empresa"* (art. 19.2 de la LTD), así como la necesidad de garantizar *"su participación efectiva presencial* [se refiere a las personas trabajadoras a distancia] *para el ejercicio del derecho a voto en las elecciones a representantes legales"* (art. 19.4 de la LTD). Y este mismo patrón se repite en relación con otros tantos derechos. En numerosas ocasiones, esta descripción mucho más completa de los derechos que se contiene en la Ley de Trabajo a Distancia puede servir de criterio interpretativo del contenido de los derechos de los trabajadores a distancia Covid19. Pero no siempre es claro cuándo nos encontramos ante una mera pauta interpretativa sobre el contenido de un derecho o, por el contrario, ante un derecho introducido *ex novo*. Por ejemplo, se puede convenir sin dificultad que en la autoevaluación de los riesgos laborales que tiene que realizar la persona trabajadora a distancia Covid19 deba atenderse a factores psicosociales, ergonómicos y organizativos y de accesibilidad del entorno laboral, tal y como estableció poco tiempo después la Ley de Trabajo a Distancia en consonancia con lo defendido previamente por la doctrina científica. Pero, ¿qué decir sobre la puesta a disposición de los representantes de los trabajadores de los correos electrónicos corporativos de la empresa a que se refiere el artículo 19.2 de la LTD?

A continuación, se identifican aquellos contenidos de la Ley de Trabajo a Distancia que podrían ser considerados derechos o garantías introducidos *ex novo* por esta Ley, impidiendo con ello su exigibilidad en el marco del trabajo a distancia Covid19; el cual, como se ha dicho, resulta ser un trabajo con menos derechos, no solo en relación con el trabajo a distancia previo a la pandemia, sino también respecto al desarrollado en el marco de la nueva ordenación normativa proporcionada por la Ley de Trabajo a Distancia.

Se trata de:

- La entrega a la representación legal de las personas trabajadoras y ulterior remisión a la oficina de empleo de la copia básica del acuerdo de trabajo a distancia (art. 6.2 de la LTD).
- Contenido mínimo del acuerdo de trabajo a distancia (art. 7 de la LTD).
- La exigencia de comunicar a la representación legal de las personas trabajadoras la modificación del contenido del acuerdo de trabajo a distancia (art. 8.1 de la LTD).
- La prioridad para ocupar puestos de trabajo que se realizan total o parcialmente de manera presencial establecida a favor de las personas que realicen trabajo a distancia desde el inicio de la relación laboral durante la totalidad de su jornada. A estos efectos, la empresa informará a estas personas que trabajan a distancia y a la representación legal de las

personas trabajadoras de los puestos de trabajo vacantes de carácter presencial que se produzcan (art. 8.2 de la LTD).

— La necesidad de evitar la perpetuación de roles y estereotipos de género y la exigencia de fomentar la corresponsabilidad entre mujeres y hombres, debiendo ser objeto de diagnóstico y tratamiento por parte del plan de igualdad que, en su caso, corresponda aplicar en la empresa, en la determinación por parte de la negociación colectiva de los criterios por los que la persona que desarrolla trabajo presencial puede pasar a trabajo a distancia o viceversa (art. 8.3 de la LTD).

— La exigencia de adaptar las acciones formativas a favor de las personas trabajadoras a distancia a las características de la prestación (art. 9 de la LTD).

— La obligación de la empresa de informar a las personas que trabajan a distancia, de manera expresa y por escrito, de las posibilidades de ascenso que se produzcan, ya se trate de puestos de desarrollo presencial o a distancia (art. 10 de la LTD).

— En relación con las personas trabajadoras con discapacidad, la empresa asegurará que la dotación de medios, equipos y herramientas, incluidos los digitales, sean universalmente accesibles, para evitar cualquier exclusión por esta causa (art. 11 de la LTD).

— El derecho al abono y compensación de gastos tales como internet, electricidad o agua (art. 12 de la LTD).

— El derecho a un horario flexible (art. 13 de la LTD).

— La condicionalidad de la autoevaluación de riesgos laborales a la ausencia de consentimiento de la persona trabajadora a que un técnico en materia preventiva pueda acceder al domicilio (art. 14 de la LTD).

— Las cargas adicionales de las empresas en materia de desconexión digital. Concretamente, la empresa, previa audiencia de la representación legal de las personas trabajadoras, elaborará una política interna dirigida a personas trabajadoras, incluidas los que ocupen puestos directivos, en la que definirán las modalidades de ejercicio del derecho a la desconexión y las acciones de formación y de sensibilización del personal sobre un uso razonable de las herramientas tecnológicas que evite el riesgo de fatiga informática. En particular, se preservará el derecho a la desconexión digital en los supuestos de realización total o parcial del trabajo a distancia, así como en el domicilio de la persona empleada vinculado al uso con fines laborales de herramientas tecnológicas (art. 18.2 de la LTD).

— Las cargas adicionales de las empresas en materia de derechos colectivos. En concreto, 1) la empresa deberá suministrar a la representación legal de las personas trabajadoras los elementos precisos para el desarrollo de su actividad representativa, entre ellos, el acceso a las comunicaciones y direcciones electrónicas de uso en la empresa y la implantación del tablón virtual, cuando sea compatible con la forma de prestación del trabajo a distancia; 2) deberá asegurarse que no existen obstáculos para la comunicación entre las personas trabajadoras a distancia y sus representantes legales, así como con el resto de personas trabajadoras; y 3) deberá garantizarse que las personas trabajadoras a distancia pueden participar de manera efectiva en las actividades organizadas o convocadas por su representación legal o por el resto de las personas trabajadoras en defensa de sus intereses laborales, en particular, su participación efectiva presencial para el ejercicio del derecho a voto en las elecciones a representantes legales (arts. 18.2 y 3 de la LTD).

Retomando de nuevo el régimen jurídico del trabajo a distancia Covid19, los principales problemas que se han planteado en la práctica giran en torno al principio de equiparación de derechos entre el trabajo presencial y a distancia reconocido genéricamente en el art. 13 del ET-1995.

Así, existe un bloque de sentencias en las que se ha abordado la problemática relativa a la supresión de un plus de comidas (tickets restaurante, ayuda por comida, compensación por comida o vale de comida, según la distinta terminología utilizada) coincidiendo con el pase del trabajo presencial al trabajo a distancia Covid19. En todas las sentencias analizadas se valora si las condiciones iniciales de su disfrute convertían este derecho en inherente y exclusivo del trabajo presencial, en cuyo caso el plus en cuestión se consideraba de naturaleza extrasalarial o, por el contrario, debía aplicarse a este asunto el principio de igualdad de derechos entre una modalidad de prestación de servicios y otra, calificándose en este segundo caso el plus como extrasalarial al compensar o indemnizar un gasto que tiene que realizar la persona trabajadora. La mayoría de las sentencias dictadas sobre este particular concluyeron que no había razones para su eliminación en el marco del trabajo a distancia Covid19. Lo que unido al hecho de que dicha supresión se había producido al margen del procedimiento de las modificaciones sustanciales de las condiciones de trabajo (art. 41 del ET), llevó a este bloque de sentencias a concluir que la supresión de esta partida extrasalarial debía ser considerada una modificación sustancial injustificada como consecuencia de no haberse seguido el procedimiento establecido para ello[78].

Otro problema recurrente que se ha planteado ante los tribunales versa sobre la modificación de otras condiciones laborales, seña-

---

78 Véase al respecto las sentencias del TS 19 noviembre 2021 (RC 81/2021); TSJ Castilla León, Valladolid 11 junio 2021 (RS 678/2021); TSJ País Vasco 19 octubre 2021 (RS 1596/2021); TSJ Madrid 8 abril 2022 (RS 845/2021).
Por el contrario, la sentencia de la AN 22 septiembre 2021 (procedimiento 47/21) concluyó que la compensación por comida era inherente al trabajo presencial. La sentencia tiene un voto particular. Un comentario de esta sentencia en VIQUEIRA PÉREZ, 2021, pp. 1-7. En la misma línea, véase la sentencia TS 19 marzo 2024 (RC 271/2021).
Para un análisis de diversas sentencias dictadas en relación con el mantenimiento o no del plus de transporte durante el trabajo a distancia Covid19, me remito a RODRÍGUEZ PÉREZ, 2022.

ladamente las relativas al tiempo de trabajo, que se materializaron a la par que se dispuso la obligatoriedad del trabajo a distancia. Partiendo de la premisa de que el art. 5 del Real Decreto-Ley 8/2020 permitía también la adopción de otras medidas organizativas distintas del trabajo a distancia, las sentencias que se han ocupado de esta problemática han tenido que dilucidar en el caso concreto si los ajustes realizados en el tiempo de trabajo (horario, jornada continuada o partida, turnos…) se justificaban o no en aras a la consecución de los objetivos de lucha contra la pandemia contemplados en esta norma. En el primer caso, se concluye que dichos cambios son una consecuencia directa de la normativa excepcional aplicable y no exigen, por ende, la observancia de ningún procedimiento en particular, considerándolos ajustados a derecho[79]. Por el contrario, cuando el cambio en cuestión se desliga de las medidas necesarias para luchar contra la pandemia, se valora en el caso concreto la entidad del cambio —ya se sabe, su importancia cualitativa, cuantitativa y temporal a la que alude constantemente la jurisprudencia del Tribunal Supremo— para decidir si éste podía introducirse sin más, con el simple ejercicio del poder de dirección (art. 20 del ET)[80] o, por el contrario, requería el recurso al procedimiento de modificación sustancial de las condiciones de trabajo (art. 41 del ET)[81], declarando en este último caso el carácter injustificado de los cambios introducidos *de facto* o sin soporte normativo en materia de tiempo de trabajo. El principio de equiparación de derechos entre trabajo presencial y a distancia conduciría a esta conclusión.

---

79 Véase en este sentido la sentencias TS 12 mayo 2021 (RCUD 164/2020); AN 12 mayo 2021 (procedimiento 393/2020); TSJ Andalucía, Málaga 7 abril 2021 (RS 391/2021).

80 TSJ Andalucía, Málaga 7 abril 21021 (RS 391/2021) —sin embargo, la sentencia de instancia clasificación de la jornada prevista en colectivo como una modificación sustancial no ajustada a derecho—.

81 TS 18 noviembre 2021 (RC 81/2021); TSJ Madrid 28 abril 2022 (RS 845/2021).

5. LA DURACIÓN O EXTENSIÓN TEMPORAL DEL TRABAJO A DISTANCIA COVID19 Y LOS PROBLEMAS SUSCITADOS ANTE LA VUELTA A LA PRESENCIALIDAD

Con anterioridad ya se ha razonado que el trabajo a distancia Covid19 fue un fenómeno excepcional y temporal, dotado de un régimen jurídico distinto y menos garantista, tanto del que vendría después de la pandemia (sujeto a la nueva Ley de trabajo a Distancia de 2021), como del que se desarrolló con anterioridad a la misma (cuyo marco general de regulación se encontraba en el art. 13 del ET-1995), siendo su singularidad más sobresaliente su carácter obligatorio cuando se diesen las circunstancias exigidas para ello. De ahí la importancia que tiene delimitar correctamente sus contornos temporales, cuestión a la que se dedica este último apartado en el que se expondrán también algunos problemas suscitados ante los tribunales tanto sobre el inicio del trabajo a distancia Covid19 como, sobre todo, respecto de su finalización y vuelta a la presencialidad.

Trabajo a distancia regulado por los arts. 5 y 6 del Real Decreto-Ley 8/2020. – Empezando por el análisis de estos dos supuestos de trabajo a distancia Covid19, es evidente que la exigibilidad, tanto del trabajo a distancia como vía alternativa y preferente al trabajo presencial y a los ERTEs, como del trabajo a distancia desarrollado en lo que poco después se denominaría el Plan MECUIDA, coincidió con la entrada en vigor del Real Decreto-Ley 8/2020, el día 18 de marzo de 2020, el mismo día de su publicación en el BOE (disposición final novena del Real Decreto-Ley 8/2020). Más difícil, en cambio, es precisar cuándo dejaron de resultar aplicables las normas excepcionales que regularon estos supuestos de trabajo a distancia Covid19. El hecho de que no todas las previsiones de este Real Decreto-Ley hayan decaído al mismo tiempo (algunas aún hoy mantienen su vigencia), unido a la evolución dispar de la pandemia según territorios y a las distintas autoridades con competencias para decidir sobre el particular, dificultan esta labor de delimitación temporal.

De acuerdo con la disposición final décima del propio Real Decreto-Ley 8/2020, las medidas recogidas en esta norma para las que no se haya previsto un plazo de duración determinado, entre las que se encuentran las previsiones de los arts. 5 y 6 a las que nos venimos refiriendo, *"mantendrán su vigencia hasta un mes después de la vigencia de la declaración del estado de alarma"*. Lo que es tanto como afirmar su vinculación a la duración del Derecho de excepción, ampliada durante un mes más. Pero, como es sabido, el estado de alarma declarado mediante el Real Decreto 463/2020 fue objeto de un total de seis prórrogas, la última de las cuales finalizó el día 21 de junio de 2020[82]. Por su parte, el art. 15 del Real Decreto-Ley 15/2020, de 21 de abril, dispuso que *"el contenido de estos artículos* [se refiere a los arts. 5 y 6 del Real Decreto-Ley 8/2020] *se mantendrá vigente durante los dos meses posteriores al cumplimiento de la vigencia prevista en el párrafo primero de la disposición final décima del Real Decreto-Ley 8/2020"*. Lo que supuso la ampliación de estas medidas durante los tres meses posteriores a la finalización del estado de alarma: un mes más en virtud del Real Decreto-Ley 8/2020 al que se acaba de hacer referencia y dos meses adicionales por mor de lo dispuesto en el Real Decreto Ley 15/2020. Lo que nos sitúa en el día 20 de septiembre de 2020 como periodo máximo de vigencia de estos dos supuestos de trabajo a distancia Covid19.

Es cierto que estando vigente la tercera prórroga del estado de alarma el Consejo de Ministros aprobó el día 28 de abril de 2020 el *Plan para la desescalada de las medidas extraordinarias para hacer frente a la pandemia Covid-19*, el cual estableció una fase cero o preliminar y tres fases de desescalada diferenciadas en atención a las actividades permitidas en cada una de ellas, previéndose la desaparición de

82 Estas seis prórrogas sucesivas de quince días de duración cada una de ellas se materializaron hasta los días 12 de abril de 2020, 26 de abril de 2020, 10 de mayo de 2020, 24 de mayo de 2020, 7 de junio de 2020 y 21 de junio de 2020 a través de los Reales Decretos 476/2020, de 27 de marzo, 487/2020, de 10 de abril, 492/2020, de 24 de abril, 514/2020, de 8 de mayo, 537/2020, de 22 de mayo y 555/2020, de 5 de junio.

las medidas de contención cuando se alcanzase la fase III. Lo que podía variar —y de hecho varió— en los distintos territorios (por ejemplo, coincidiendo con la puesta en marcha de la sexta y última prórroga del estado de alarma las islas de El Hierro, La Graciosa, La Gomera y Formentera ya habían alcanzado la ansiada fase III). Además, este *Plan para la desescalada* introdujo un mayor protagonismo de las Comunidades Autónomas en la gestión de la pandemia. Así en un primer momento éstas podían proponer al ministro de Sanidad la progresión o la regresión de las medidas aplicables en función la evolución de los indicadores sanitarios, epidemiológicos, sociales económicos y de movilidad en su territorio. Y durante la última prórroga del estado de alarma se reforzó todavía más el papel de las Comunidades Autónomas, pasando a ser consideradas autoridades competentes delegadas para la adopción, modulación y ejecución de las medidas correspondientes a la fase III del Plan. De este modo se posibilitó que la progresiva vuelta a la normalidad pudiera seguir distintos ritmos dependiendo del territorio de que se tratase y de la evolución de la pandemia en el mismo. Aunque parece claro que hasta el día 20 de septiembre de 2020, tres meses después de la fecha de finalización de la última prórroga el estado de alarma, fijada para día 21 de junio de 2020 por el Real Decreto 555/2020, podían considerarse vigentes los arts. 5 y 6 del Real Decreto Ley 8/2020 de conformidad con su disposición final décima y de acuerdo con el art. 15 del Real Decreto-Ley 15/2020, normas a las que se ha hecho mención con anterioridad. Lo que no quiere decir que el trabajo a distancia Covid19 no pudiera decaer antes.

Una vez decaído el (primer) estado de alarma, el 21 de junio de 2020, y hasta el día 25 de octubre de 2020 en el que se declaró un nuevo estado de alarma, las medidas para hacer frente a la pandemia, todavía no superada, se adoptaron al margen del Derecho de excepción, a partir de la coordinación estatal derivada del Real Decreto-ley 21/2020, de 9 de junio, de medidas urgentes de prevención, contención y coordinación para hacer frente a la crisis sanitaria ocasionada por el Covid19. Por lo que ahora interesa, su art. 7.1 letra e) encomienda a las empresas *"(a)doptar medidas para la reincorporación progresiva de forma presencial a los puestos de trabajo y la potenciación del uso del teletrabajo cuando por la naturaleza de la actividad laboral sea posible".* Y aunque esta norma ha sido interpretada por nuestros tribunales en el sentido de considerar que la potenciación del trabajo a distancia a la que se refiere esta norma no constituye una genuina obligación —es una norma promocional-[83], lo cierto es que aquella parte de la premisa de que todavía subsiste el trabajo a distancia Covid19, el cual debe ser eliminado progresivamente mediante la vuelta a la presencialidad. Ahonda en esta idea de que el trabajo a distancia Covid19 no cesó de manera automática tres meses después del levantamiento del estado de alarma, la disposición transitoria tercera del Real Decreto Ley 28/2020, a cuyo tenor *"(a)l trabajo a distancia implantado excepcionalmente en aplicación del artículo 5 del Real Decreto-ley 8/2020, de 17 de marzo, o como consecuencia de las medidas de contención sanitaria derivadas de la COVID-19, y mientras estas se mantengan, le seguirá resultando de aplicación la normativa laboral ordinaria".* Si inicialmente el trabajo a distancia Covid19 estaba ligado a la declaración del estado de alarma y su mantenimiento (disposición final décima del Real Decreto Ley 8/2020 y art. 15 del Real Decreto-Ley 15/2020), en esta nueva norma se anuda a una circunstancia más vaga e imprecisa cual es la subsistencia de las medidas de contención sanitaria derivadas de la pandemia, esté vigente o no el Derecho de excepción.

Debido a la tendencia ascendente en el número de contagios, el gobierno de la nación declaró el 25 de octubre de 2020 un nuevo estado de alarma mediante el Real Decreto 926/2020 de la misma fecha, en esta ocasión sin confinamiento domiciliario y cuyo principal objetivo consistió en la reducción del principal foco de contagio en aquel momento: los encuentros familiares y sociales en espacios públicos y privados. Siguiendo la senda iniciada en el *Plan para la*

---

83 Sentencia del TSJ de la Comunidad Valenciana 3 junio 2022 (procedimiento 20/2022). Esta sentencia se pronuncia en relación con el artículo 7.1 letra e) de la Ley 2/2021 que derogó y sustituyó el Real Decreto-Ley 21/2020 al que se acaba de hacer referencia.

desescalada, se instauró un modelo de co-gobernanza con primacía de la gestión autonómica. Por Real Decreto 956/2020, de 3 de noviembre, se prorrogó este segundo estado de alarma durante seis meses, hasta el día 9 de mayo de 2021[84]. Parece claro pues que también durante este segundo estado de alarma subsistieron, si no se recrudecieron, las medidas de contención sanitaria, las cuales constituían el presupuesto del mantenimiento del trabajo a distancia regulado en los arts. 5 y 6 del Real Decreto-Ley 8/2020 de conformidad con la disposición transitoria tercera del Real Decreto-Ley 28/2020 y el art. 15 del Real Decreto-Ley 15/2020.

Plan MECUIDA. – Si nos centramos específicamente en el supuesto contemplado en el art. 6 del Real Decreto-Ley 8/2020, este fue objeto de distintas prórrogas[85], la última a través del Real Decreto-Ley 2/2022, de 22 de febrero, qué prorrogó la vigencia de este precepto hasta el día 30 de junio de 2022, siendo esta uno de los supuestos de trabajo a distancia Covid19 que más se ha alargado en el tiempo. Lo que reafirma la mayor conexión del Plan MECUIDA con los específicos motivos de conciliación que sirven de fundamento a este supuesto, quedando en un segundo plano de importancia la evolución general de las medidas de contención sanitaria.

Ámbito educativo y de la formación. – Como se ha visto con anterioridad, el ámbito educativo y de la formación fue uno de los primeros que se vieron afectados por la suspensión de su actividad de manera presencial, procediéndose al cierre de los centros educativos y de-

---

[84] El máximo intérprete de la Constitución se pronunció sobre la constitucionalidad del segundo estado de alarma en la sentencia TC 183/202 y, más concretamente, respecto de diversos preceptos del RD 926/2020 y sobre su prórroga decretada por el RD 956/2020. Un análisis de esta sentencia en el **capítulo 6, apartado 9** de esta monografía, a cargo del profesor GARCÍA ORTIZ.

[85] Hasta el 22 de septiembre de 2020, 26 de enero de 2021, 27 de mayo de 2021 o 28 de septiembre de 2021, en virtud de los Reales Decretos-Leyes 28/2020, de 22 de septiembre, 2/2021, de 26 de enero, 11/2021, de 27 de mayo y 18/2021, de 28 de septiembre.

rivando su desarrollo a distancia y *online* siempre que fuera posible, desde el mismo día de la declaración del estado de alarma por el Real Decreto 463/2020, eso es, el 14 de marzo de 2020. Sin embargo, dichas medidas empezaron a flexibilizarse en el ámbito educativo no universitario y de la formación a partir del Real Decreto 555/2020 por el que se dictó la sexta y última prórroga del primer estado de alarma. Su art. 7 dispuso que *"(en) el supuesto de que se acuerde la progresión a fase II o posterior en un determinado ámbito territorial (...) las administraciones educativas podrán disponer la flexibilización de las medidas de contención y la reanudación de las actividades presenciales"*. Aunque la propia norma reconoce que *"(d)urante este periodo podrán mantenerse las actividades educativas a través de las modalidades a distancia y online siempre que resulte posible y aunque no fuera esta la modalidad prestacional educativa establecida como forma específica de enseñanza en los centros"*. Repárese en que la reanudación de las actividades presenciales se previó como una posibilidad, no con carácter obligatorio[86].

Administración Pública. – Por su parte, las distintas administraciones públicas con competencias en la materia, en aplicación del *Plan para la desescalada*, implementaron progresivamente la vuelta al trabajo presencial el cual, como se sabe, estaba mayoritariamente suspendido, siendo la excepción más importante la de aquellos empleados públicos dedicados a la prestación de servicios esenciales presenciales (fuerzas armadas, policía, personal sanitario, bomberos, etc.). Así, en el ámbito de la Administración General del Estado ello se instrumentó mediante la Resolución de 4 de mayo de 2020, del Secretario de Estado de Política Territorial y Función Pública.

Con todo esto se quiere poner de manifiesto que no es posible dar una fecha fija, única e indubitada de finalización del trabajo a distancia Covid19; tampoco sobre su inicio. La heterogeneidad de

---

86 Así, por ejemplo, en la Comunidad Valenciana, al igual que en cuatro Comunidades Autónomas más, la vuelta a la presencialidad en educación infantil, primaria, secundaria y bachillerato se materializó el día 7 de septiembre de 2020.

supuestos de trabajo a distancia Covid19 y la variedad de normas que inciden en su ordenación; la dispar evolución de la pandemia en los distintos territorios; la variedad de autoridades y sujetos competentes para adoptar medidas sobre el particular; junto al carácter eminentemente valorativo de las circunstancias que permitían volver a la presencialidad del trabajo, en parte ligadas a la duración del estado de alarma y en parte dependientes de la desaparición de las medidas de contención sanitaria, determinan esta dificultad. La excepción viene representada por el trabajo a distancia en el marco del Plan MECUIDA, el cual estaba sujeto a una fecha determinada de inicio y de terminación, sujeta a sucesivas prórrogas también definidas.

Es posible afirmar así que el trabajo a distancia Covid19 ha sido un fenómeno de fronteras temporales difusas. Con carácter general, el punto de partida del trabajo a distancia Covid19 coincidió con la entrada en vigor del Real Decreto-Ley 8/2020, el día 18 de marzo de 2020, cuando se implementó tanto el trabajo a distancia como medida alternativa y preferente al trabajo presencial y a los ERTEs (art. 5), como el trabajo a distancia desarrollado en el marco del denominado Plan MECUIDA (art. 6). Aunque en algunos casos, como ocurrió en el ámbito educativo y de la formación, se adelantó su implantación, coincidiendo con la declaración del estado de alarma el día 14 de marzo de 2020 por mor de lo dispuesto en el art. 9 del Real Decreto 463/2020; o incluso antes, como ocurrió, por ejemplo, en el ámbito de la Administración General del Estado a partir de la Resolución de 10 de marzo de 2020 del Secretario de Estado de Política Territorial y Función Pública, mediante la cual se reguló, junto a otros medidas, el trabajo no presencial. Y una incertidumbre mucho mayor existe a la hora de determinar el momento de su finalización, ligada no solo al mantenimiento de los estados de alarma, sino también a la subsistencia de las medidas de contención sanitaria valorada por unas u otras autoridades dependiendo del territorio de que se tratase y de la evolución de la pandemia en el mismo.

Las dificultades de fijar con precisión el principio y, sobre todo, el fin del trabajo a distancia Covid19 plantea problemas de seguridad jurídica. Resulta necesario resolver adecuadamente sus contornos temporales dado que, una vez desaparecidas las razones que sirvieron de fundamento al mismo, decae la obligatoriedad del trabajo a distancia y recobra su razón de ser el principio de voluntariedad característico de esta forma de prestación de servicios. Y ello ha planteado problemas en la práctica.

5.2. Problemas suscitados ante los tribunales sobre la duración del trabajo a distancia Covid19 y sobre la vuelta a la presencialidad

También nuestros tribunales se han tenido que enfrentar a la problemática de la de delimitación temporal del trabajo a distancia Covid19 en orden a la determinación del régimen jurídico aplicable, con relevantes consecuencias prácticas. Así, la sentencia del TSJ del País Vasco 1 junio 2021 (RS 796/2021) concluyó que al trabajo a distancia desarrollado entre la declaración del estado de alarma, el día 14 de marzo de 2020, y la entrada en vigor del Real Decreto Ley 8/2020, el día 18 de marzo de 2020, no está sujeto al régimen jurídico previsto en esta última norma. La Sala conoció de un supuesto de extinción del contrato de trabajo en periodo de prueba el día 16 de marzo de 2020 ante la negativa del trabajador de acudir presencialmente al trabajo, quien había ofrecido como alternativa prestar sus servicios a distancia desde su domicilio particular. El trabajador alegó que los hechos acontecieron el mismo fin de semana en que se declaró el estado de alarma, con la conmoción social que ello implicó, que residía a 50 km de distancia del centro de trabajo y que el desplazamiento y la prestación de servicios de forma presencial implicaban la existencia de un riesgo grave e inminente para su salud. Partiendo de tales premisas el tribunal concluyó que la empresa había extinguido correctamente el contrato de trabajo argumentando para ello lo siguiente: 1) que el Real Decreto

463/2020 por el que se declaró el estado de alarma supuso una restricción de la libertad de circulación de las personas, pero no para acudir al trabajo (al menos en la generalidad de los supuestos); 2) que el trabajo a distancia como alternativa y con carácter preferente al trabajo presencial fue introducido unos días después por el art. 5 del Real-Decreto Ley 8/2020; 3) aunque la extinción del contrato de trabajo en periodo de prueba no es causal, la empresa ha acreditado que dicha extinción obedeció a la negativa de la persona trabajadora de acudir presencialmente al puesto de trabajo en un momento en el que el trabajo a distancia no era aún exigible, sin que se haya podido demostrar que dicha extinción atentase contra el derecho a la integridad física del trabajador (art. 15 de la CE), pues aunque sin duda existía en ese momento un riesgo potencial de contagio, el mismo no podía calificarse como un riesgo grave y cierto, susceptible de comprometer la integridad física del trabajador, pues ni siquiera este pertenecía a un colectivo de especial riesgo de contagio. A mi juicio, sin embargo, es difícil compartir este último argumento cuando los hechos acaecieron recién declarado el estado de alarma y durante la fase más aguda e incierta sobre las consecuencias en la salud de la pandemia.

Otro problema que se ha suscitado ante los tribunales tiene que ver con el modo de proceder por parte de la empresa para dar por finalizado el trabajo a distancia Covid19 y retomar de nuevo el trabajo presencial. En el apartado anterior ya tuvimos ocasión de analizar cómo la imposición del trabajo a distancia Covid19 no requería de la empresa tener que seguir un procedimiento especial, y menos el de las modificaciones sustanciales de las condiciones de trabajo, pues su exigencia, cuando se daban las condiciones para ello, era una consecuencia directa de un mandato normativo en tal sentido que había que cumplir. Pues bien, en congruencia con ello, los tribunales han concluido también que la vuelta a la presencialidad, cuando desaparecen las circunstancias que determinaron el trabajo a distancia Covid19, es una consecuencia directa de ese mismo mandato normativo, que hace inexigible a la empresa tener que seguir un procedimiento determinado, descartando categóricamente la necesidad de acudir al artículo 41 del ET para ello[87]. Tampoco se requiere llegar a un acuerdo individual o colectivo con los trabajadores afectados ni con sus representantes[88]. Sin embargo, y como ha señalado el profesor MOLINA NAVARRETE (2020, p. 35) hay que plantearse si la conexión del trabajo a distancia Covid19 con la protección de la salud no exigiría que la vuelta a la presencialidad garantizara la participación de la representación de las personas trabajadoras en materia preventiva: Delegados y Delegadas de Prevención y Comité de Seguridad y Salud. No se olvide que el art. 36.1 letra c) de la LPRL conmina a la empresa a evacuar consultas previas con los Delegados/as de Prevención, entre otras, en relación con *"(c)ualquier otra acción que pueda tener efectos sustanciales sobre la seguridad y la salud de los trabajadores"* (art. 33. 1 letra f) de la LPRL). Por su parte, el art. 39.1 letra a) de la LPRL dispone que *"(...) en su seno [del Comité de Seguridad y Salud] se debatirán, antes de su puesta en práctica y en lo referente a su incidencia en la prevención de riesgos, la elección de la modalidad organizativa de la empresa (...)"*. En contra de esta posición, CRUZ VILLALÓN, 2021, p. 46, quien afirma que esta problemática es ajena a la Ley de Prevención de Riesgos Laborales.

---

87 Véase al respecto las sentencias del TS 20 octubre 2021 (RC 93/2021); TSJ Comunidad Valenciana 23 mayo 2023 (RS 318/2023). La sentencia del Tribunal Supremo citada se remite a otras tantas sentencias del propio tribunal en las que se utilizan estos mismos argumentos en relación con otras medidas organizativas distintas del trabajo a distancia, tales como cambios de jornada, horarios o turnos de trabajo en el contexto del Covid19. Así, las sentencias del TS 15 julio 2021 (RC 74/2021); TS 12 mayo 2021 (RC 164/ 2020).

88 Véase la sentencia del TS 20 octubre 2021 (RC 93/2021). En ella se razona que *"(d)e la misma forma que la empresa se vio compelida a modificar unilateralmente ese mismo régimen ordinario, para implantar provisionalmente el sistema de trabajo a distancia tras la declaración del estado de alarma, sin que en aquel momento se cuestionara la necesidad de negociar previamente esa decisión con los representantes de los trabajadores, tampoco le es exigible ahora ninguna clase de negociación para recuperarla normalidad en el desarrollo de la relación laboral"*, razón por la cual se concluye que no cabe apreciar vulneración del derecho de libertad sindical cuando la empresa no negocia con los sindicatos la vuelta a la presencialidad.

En otro orden de ideas, la vuelta al trabajo presencial ordenada por las empresas ha suscitado también reticencias de las personas trabajadoras a abandonar el trabajo a distancia que estaban prestando, aduciendo distintas razones para ello.

En ocasiones los trabajadores han puesto en duda la desaparición de las circunstancias que motivaron el trabajo a distancia Covid19, alegando que la reincorporación presencial al centro de trabajo ponía en riesgo su salud e inclusive su integridad física. Obviamente, se trata de una cuestión valorativa, pero todas las sentencias analizadas sobre esta temática han concluido que, una vez superada la fase más aguda de la pandemia y comenzado el *Plan para la desescalada*, la vuelta a la presencialidad en el trabajo, cuando esta viene acompañada de la adopción en los centros de trabajo de las medidas de protección exigidas por las autoridades sanitarias al respecto, no implica *per se* la existencia de un riesgo cierto y grave para la persona susceptible de comprometer su integridad física. De ahí que las alegaciones genéricas de riesgo para la seguridad y salud u otras afirmaciones (obvias) del tipo de que el trabajo a distancia ofrece más protección frente al contagio que el trabajo presencial, resulten insuficientes para la apreciación de un riesgo cierto y grave que compromete la integridad de la persona, tal y como viene exigiendo la doctrina constitucional para poder considerar comprometido este derecho fundamental recogido en el art. 15 de la CE[89].

Tampoco la previsión contenida en el artículo 7.1 letra e), primero del Real Decreto-Ley 21/2020 y después en la Ley 2/2021, en la que se insta a la "*potenciación del uso del teletrabajo cuando por la naturaleza de la actividad laboral sea posible*", constituye un argumento suficiente para que los trabajadores puedan exigir seguir prestando sus servicios a distancia, pues dicha previsión normativa ha sido interpretada por los tribunales —a mi juicio, con buen criterio— en el sentido de considerar que la norma no recoge una genuina

[89] Así, la sentencia TS 26 de octubre 2021 (RC 66/2021).

obligación, a diferencia de lo que ocurre con el trabajo a distancia Covid19[90].

Un supuesto planteado de forma recurrente ante los tribunales ha consistido en la pretensión de continuar en régimen de prestación de servicios a distancia sin solución de continuidad tras la desaparición de las medidas de contención sanitaria, alegando razones de conciliación de la vida laboral y familiar. Ciertamente, si la pretensión de la persona trabajadora encajaba en los supuestos recogidos en el Plan MECUIDA y siempre que este estuviera vigente (recuérdese que se extendió hasta el 30 de junio de 2022), dicha pretensión debía ser atendida, dado el carácter obligatorio que tiene para la empresa el trabajo a distancia incardinado en el citado Plan. Fuera de este supuesto reconducible al trabajo a distancia Covid19, la pretensión de los trabajadores consistente en continuar en régimen de trabajo a distancia más allá de la vigencia de las medidas Covid19, alegando para ello motivos de conciliación de la vida laboral y familiar, queda sujeta a lo dispuesto en el art. 34.8 del ET, así como al Real Decreto Ley 28/2020 y a la posterior Ley 10/2021 de Trabajo a Distancia[91]. Lo que determina que, a diferencia de lo que sucede con el trabajo a distancia Covid19, no existe propiamente una obligación de la empresa de atender la petición de la persona trabajadora, sino que hay que

---

90 En el supuesto conocido por la sentencia del TSJ de la Comunidad Valenciana 3 junio 2022 (procedimiento 20/2022) se instó un proceso de conflictos colectivos con el objeto de que se declarase contraria a derecho la decisión empresarial de dejar sin efecto con fecha 1 de septiembre de 2021 el sistema de teletrabajo extraordinario por motivos Covid19, todo ello con fundamento en lo dispuesto en el art. 7 de la Ley 2/2021. Sin embargo, el tribunal interpretó que *"los términos literales del precepto analizado en este punto no pueden interpretarse como una obligación de mantener esta medida que se adoptó de forma urgente y extraordinaria al amparo de lo dispuesto en el artículo 5 del Real Decreto Ley 8/2020".*
Sin embargo, algún autor ha defendido que esta previsión normativa de potenciación del trabajo a distancia constituye una obligación o mandato para las empresas (ARETA MARTÍNEZ, 2021, pp. 151-152).

91 Sentencias del JS de Valladolid 1 marzo 2021 (procedimiento 31/2021); JS de Guadalajara 24 mayo 2023 (procedimiento 832/2022).

estar a las circunstancias concurrentes en cada caso valoradas de conformidad con el procedimiento establecido sobre el particular en el art. 34.8 del ET. Así, en primer lugar, habrá que estar a las previsiones del convenio colectivo. De no haberlas, la solicitud de la persona trabajadora debe ser atendida, denegada o modificada por la empresa en el plazo de 30 días, si bien se insta a las partes a llegar a un acuerdo. A la postre, la falta de acuerdo se resuelve judicialmente ponderando los intereses de conciliación de la persona trabajadora, así como las necesidades organizativas de la empresa. De ahí que se haya concluido que el proceso de conflictos colectivos instado por un sindicato en el que se cuestiona globalmente la actuación de la empresa que, a su juicio, deniega sistemáticamente solicitudes formuladas por los trabajadores de continuar en régimen de trabajo a distancia por motivos de conciliación, resulte inidóneo para conocer este tipo de pretensiones, que no pueden ser genéricas, sino que por definición dependen de las circunstancias concretas de cada caso[92]. Sin embargo, cuando los trabajadores solicitan proseguir su prestación de servicios a distancia alegando necesidades de conciliación, no se admite la negativa sin más de la empresa a atender dicha solicitud argumentando que el trabajo a distancia Covid19 ha perdido su vigencia[93]. Por el contrario, se requiere que la empresa resuelva la solicitud

92 Sentencia del TSJ de Andalucía, Sevilla 8 febrero 2023 (procedimiento 26/2022).

93 En el caso resuelto por la sentencia del TSJ de Cataluña 8 junio 2022 (RS 1421/2022) la empresa procedió al despido de la trabajadora inmediatamente después de recibir su solicitud de continuar en régimen de trabajo a distancia por motivos de conciliación de la vida laboral y familiar. Y si bien la sentencia de suplicación no modificó la calificación del despido como improcedente contenida en la sentencia de instancia, como consecuencia de no haber sido cuestionada dicha calificación por la trabajadora, sí fijó sin embargo una indemnización por daños y perjuicios de 6000 € al constatarse el carácter discriminatorio por razón de sexo de la decisión empresarial ligada al ejercicio de los derechos de conciliación de la vida personal y familiar.

siguiendo el procedimiento establecido para ello, arbitrando finalmente el juez la solución al problema en caso necesario[94].

Por último, la negativa de la persona trabajadora a prestar servicios presenciales cuando ya ha decaído el trabajo a distancia Covid19 permite a la empresa extinguir el contrato de trabajo a través de los procedimientos oportunos, incluyendo el despido disciplinario[95]; a menos que la persona trabajadora alegue y pruebe la concurrencia de motivos atendibles para continuar trabajando a distancia.

6. CONCLUSIONES

Del análisis efectuado sobre el carácter voluntario del trabajo a distancia y su quiebra durante la pandemia Covid19 es posible extraer las siguientes conclusiones:

Primera.– La voluntariedad del trabajo a distancia en situaciones de normalidad. Significado, alcance y razón de ser.

Salvo el paréntesis representado por la pandemia Covid19, en España el trabajo a distancia (denominado hasta el año 2012 trabajo a domicilio) siempre ha tenido un carácter voluntario, alcanzando su máxima expresión este elemento caracterizador en la Ley de Trabajo a Distancia de 2021. Además, el carácter voluntario del trabajo a distancia está alineado con lo dispuesto a nivel supranacional con carácter no vinculante en el Acuerdo Marco Europeo sobre Teletrabajo de 2002. Aunque el legislador español no reconoció expresamente la nota de la voluntariedad del trabajo a distancia hasta el año 2012, cuando se modificó el art. 13 del ET-1995, siempre ha existido un reconocimiento implícito de aquélla, mediante la configuración del trabajo a distancia como un contrato especial o, ininterrumpidamente desde la Ley del Estatuto de los Trabajadores

---

94 Véase las sentencias del TSJ de Madrid 25 noviembre 2022 (RS 487/2022); JS del Ferrol 26 julio 2021 (procedimiento 373/2021).

95 Sentencia del TSJ Comunidad Valenciana 23 mayo 2023 (RS 318/2023).

de 1980 hasta la actualidad, como una modalidad contractual. La importante sentencia del Tribunal Supremo de 11 de abril de 2005 condensa (con ciertas deficiencias) la jurisprudencia existente sobre la nota de la voluntariedad de esta forma de prestación de servicios, su significado y alcance, así como su fundamento jurídico.

En la actualidad, el carácter voluntario del trabajo a distancia significa que, como regla general, se requiere un acuerdo de las partes del contrato de trabajo para su introducción. En ningún caso la parte empresarial pueda imponerlo unilateralmente a la parte trabajadora, ni siquiera a través del procedimiento de modificación sustancial de las condiciones de trabajo. Tampoco es posible su imposición a la persona trabajadora a través de la autonomía colectiva. Además, la negativa de la persona trabajadora a prestar servicios a distancia no puede ser una causa justificativa para la extinción de la relación laboral. Sin embargo, y como excepción al carácter voluntario del trabajo a distancia para el empleador, tanto la ley como el convenio colectivo pueden configurar el trabajo a distancia como un derecho de la persona trabajadora y, por ende, como una obligación empresarial. Lo que se explica por la distinta entidad que poseen los derechos de los trabajadores y de los empresarios que están en juego en el trabajo a distancia: los primeros, derechos fundamentales, los segundos, derechos no fundamentales.

Es posible afirmar que el lugar de la prestación, fuera de las dependencias de la empresa y decidido por la persona trabajadora, ya se trate de su domicilio (que será lo más habitual) o no, constituye el fundamento material de la voluntariedad del trabajo a distancia. Ello repercute en la vida privada de la persona trabajadora y modula tanto el ejercicio del poder de dirección como el disfrute de determinados derechos por parte del trabajador, suponiendo cargas adicionales para las empresas.

En el plano formal, tres son los derechos constitucionales que sirven de fundamento normativo al carácter voluntario trabajo a distancia: el derecho a la intimidad personal y, en su caso, familiar de la persona trabajadora (art. 18.1 de la CE), el derecho a la inviolabilidad del domicilio (art. 18.2 de la CE) y el poder de dirección con fundamento en la libertad de empresa (art. 38 de la CE).

Segunda.– La situación excepcional de la pandemia Covid19. La obligatoriedad del trabajo a distancia: supuestos, alcance y fundamento.

Durante la pandemia Covid19 se instauraron cuatro supuestos en los que el trabajo a distancia se configuró como obligatorio: 1) en el ámbito educativo y de la formación, pública y privada, y en cualquier nivel; 2) en el ámbito del empleo público, salvo en relación con los servicios esenciales; 3) el trabajo a distancia en el marco del Plan (de conciliación) MECUIDA; y 4) con un alcance más general, el trabajo a distancia como vía alternativa y preferente al trabajo presencial y a los ERTEs.

La obligatoriedad de trabajo a distancia supuso un cambio radical en su configuración jurídica. De la necesidad de un acuerdo entre los sujetos del contrato de trabajo para su implementación, sin posibilidad de imposición unilateral de ninguna de las partes sobre la otra, ni tampoco a través de la autonomía colectiva, se pasó a la obligatoriedad *ex lege* de esta forma de prestación de servicios siempre que ello fuera posible y no supusiera una carga excesiva para las empresas. Dándose tales circunstancias, cuya valoración dependía del caso concreto, así como del supuesto de trabajo a distancia de que se tratase, no cabía la negativa de la empresa a su implementación, cuando la iniciativa partía de la persona trabajadora, ni la negativa de la persona trabajadora a su acatamiento cuando la iniciativa venía de la empresa (siendo este último el supuesto más frecuente en la práctica). En el caso particular del trabajo a distancia en el marco del Plan MECUIDA la iniciativa para su puesta en marcha solo podía venir de la persona trabajadora en la que concurriesen las particulares causas de conciliación que justificaban el recurso al citado Plan.

Ciertamente, existían poderosas razones para una transformación tal del trabajo a distancia. La necesaria protección de la salud pública (art. 43.2 de la CE), en íntima conexión con el derecho a la vida y a la integridad física de las personas en general y de los trabajadores en particular (art. 15 de la CE); el derecho al trabajo en su vertiente de garantía del mantenimiento del empleo (art. 35 de la CE); la continuidad de la actividad productiva en el marco de la libertad de empresa y del interés general de la economía (arts. 38 y 128.1 de la CE); la garantía del funcionamiento de los servicios públicos en el ámbito del empleo público (art. 103.1 de la CE); unido al mandato de protección de la familia y de la infancia (art. 39 de la CE) en relación con el Plan MECUIDA, se erigieron en los valores superiores consagrados en nuestra Constitución que justificaron el sacrificio temporal y excepcional del principio de autonomía de la voluntad típico del trabajo a distancia, el cual descansa en intereses individuales de los trabajadores y de las empresas. Primaron pues el interés general y los derechos colectivos sobre los derechos individuales de las personas trabajadoras y de las empresas; salvo en el marco del Plan MECUIDA en el que tuvo también un peso específico la satisfacción de intereses particulares de las personas trabajadoras afectadas.

La obligatoriedad del trabajo a distancia Covid19 tuvo un efecto claramente expansivo de esta forma de prestación de servicios durante la pandemia. Por el contrario, la reactivación del carácter voluntario del trabajo a distancia post pandemia puede contribuir a explicar la contracción experimentada a partir de entonces.

Tercera.– Régimen jurídico del trabajo a distancia Covid19.

El trabajo a distancia Covid19 fue un fenómeno excepcional y temporal, dotado de un régimen jurídico distinto y menos garantista tanto del que vendría después de la pandemia (sujeto a la Ley de Trabajo a Distancia de 2021) como del que se desarrolló con anterioridad a la misma (cuyo marco general regulatorio se contenía en el art. 13 del ET-1995). Obviamente, su singularidad más relevante consistió en su carácter obligatorio cuando se diesen las circunstancias para ello.

La segunda peculiaridad a resaltar del trabajo a distancia Covid19 consistió en la (auto)evaluación de riesgos laborales, con un régimen jurídico menos claro y menos garantista que el proporcionado al trabajo a distancia anterior y posterior a la pandemia: al primero le resultaba de aplicación íntegra la Ley de Prevención de Riesgos Laborales mientras que al segundo la autoevaluación de riesgos laborales se condicionaba a la falta de consentimiento de la persona trabajadora a que los técnicos de prevención pudieran acceder a su domicilio.

La inexistencia de un derecho *ex lege* a la compensación de gastos tales como internet, electricidad, agua, calefacción y otros gastos que haya producido la ocupación del espacio personal y privado por la prestación de trabajo a distancia, fue un rasgo compartido con el trabajo a distancia desarrollado con anterioridad a la pandemia. A diferencia de lo que ocurrió tras la pandemia cuando la compensación por este tipo de gastos se convirtió en un derecho reconocido por la Ley de Trabajo a Distancia de 2021.

La dotación y el mantenimiento por parte de la empresa de los medios, equipos, herramientas y consumibles necesarios para el desarrollo del trabajo a distancia fue un derecho común al trabajo a distancia prestado con anterioridad, durante y después de la pandemia. Se trata de un derecho asociado a la nota de ajenidad típica del contrato de trabajo. Sin embargo, el reconocimiento explícito de este derecho en relación con el trabajo a distancia Covid19, anteriormente inexistente, contribuyó a dar seguridad jurídica sobre el particular. Lo que no evitó que se produjeran controversias, no siempre bien resueltas, sobre el modo de resarcir a la persona trabajadora por la aportación de sus propios medios, equipos y herramientas necesarias para el desarrollo del trabajo. En tales casos, considero que existía un derecho a la compensación económica de este tipo de gastos como única fórmula posible para resarcir al trabajador de la aportación realizada.

La equiparación de derechos entre el trabajo presencial y a distancia resultó también predicable del trabajo a distancia Covid19, aunque este principio de equiparación ha sido mucho más desarrollado después de la mano de la Ley de Trabajo a Distancia de 2021.

Además, los tribunales se enfrentaron a controversias suscitadas en torno a la garantía de este principio en relación con el trabajo a distancia Covid19, especialmente en relación con la supresión de determinados pluses extrasalariales (como el de comida), así como respecto de la modificación de otras condiciones laborales, señaladamente las relativas al tiempo de trabajo (horario, turnos, etc.), que se implementaron a la par que se dispuso la obligatoriedad del trabajo a distancia.

Cuarta.– La delimitación temporal del trabajo a distancia Covid19 y la vuelta a la presencialidad.

El trabajo a distancia Covid19 ha sido un fenómeno de fronteras temporales difusas. No es posible dar una fecha fija, única e indubitada de finalización del trabajo a distancia Covid19; tampoco sobre su inicio. La heterogeneidad de supuestos de trabajo a distancia Covid19 y la variedad de normas que inciden en su ordenación; la dispar evolución de la pandemia en los distintos territorios; la variedad de autoridades y sujetos competentes para adoptar medidas sobre el particular; junto al carácter eminentemente valorativo de las circunstancias que permitían volver a la presencialidad del trabajo, en parte ligadas a la duración del estado de alarma y en parte dependientes de la desaparición de las medidas de contención sanitaria, determinan esta dificultad. La excepción viene representada (de nuevo) por el trabajo a distancia en el marco del Plan MECUIDA, el cual estaba sujeto a una fecha determinada de inicio y de terminación, siendo objeto de sucesivas prórrogas también con límites temporales definidos que se alargaron hasta el día 30 de junio de 2022.

Las dificultades de fijar con precisión el principio y, sobre todo, el fin del trabajo a distancia Covid19 plantea problemas de seguridad jurídica. Resulta necesario resolver adecuadamente sus contornos temporales dado que, una vez desaparecidas las razones que sirvieron de fundamento al mismo, decae la obligatoriedad del trabajo a distancia y recobra su razón de ser el principio de voluntariedad característico de esta forma de prestación de servicios.

De igual modo que la imposición del trabajo a distancia Covid19 no requería de la empresa tener que seguir un procedimiento especial, y menos aún el procedimiento de las modificaciones sustanciales de las condiciones de trabajo, tampoco la vuelta a la presencialidad, cuando desaparecieron las circunstancias que lo determinaron, requirieron su implementación a través del art. 41 del ET. Tampoco se requirió un acuerdo individual o colectivo con los trabajadores afectados ni con sus representantes para materializar la vuelta a la presencialidad. El retorno al trabajo presencial operó *ope legis* o en cumplimiento de un mandato normativo.

En ocasiones, la vuelta al trabajo presencial ordenada por las empresas ha suscitado reticencias de las personas trabajadoras a abandonar el trabajo a distancia que estaban prestando, aduciendo distintas razones para ello, destacando las siguientes: 1) la existencia de un riesgo para su salud o integridad física, genérico o específico; o 2) motivos de conciliación de la vida laboral y familiar. Unos u otros motivos esgrimidos por los trabajadores para tratar de dar continuidad al trabajo a distancia que estaban desempeñando han debido ser valorados por los tribunales para decidir lo procedente en cada caso. La negativa injustificada a volver al trabajo presencial se ha considerado causa de despido disciplinario.

7. BIBLIOGRAFÍA

ARETA MARTÍNEZ, MARÍA (2021). "El ámbito de aplicación normativa que regula el trabajo a distancia", en AA.VV, *El trabajo a distancia: una perspectiva global*, Thomson Reuters – Aranzadi, Cizur Menor (Navarra).

CALVO GALLEGO, JAVIER (2020). "Trabajo a distancia y otras medidas alternativas". Blog Trabajo, Persona, Derecho y Mercado. https://grupo.us.es/iwpr/covid-19-y-derecho-social/objetivos-y-principales-medidas-en-el-plano-laboral/trabajo-a-distancia/

CÁMARA BOTÍA, ALBERTO (2021). "Capítulo 1. La configuración normativa del trabajo a domicilio y a distancia (1926-2021)", en AA.VV, *El trabajo a distancia: una perspectiva global*, Thomson Reuters – Aranzadi, Cizur Menor (Navarra).

CASAS BAAMONDE, MARÍA EMILIA y RODRÍGUEZ-PIÑERO Y BRAVO-FERRER, MIGUEL (2020). "Un nuevo Derecho del Trabajo en la emergencia. Las medidas laborales y de seguridad social excepcionales en el estado de alarma declarado por la crisis sanitaria de COVID-19", *Derecho de las Relaciones Laborales*, nº 4.

CREMADES CHUECA, ORIOL (2021). "Capítulo 7. Notas acerca de la compensación de gastos en el trabajo a distancia como medida de contención sanitara derivada de la COVID-19", en AA.VV, *Trabajo a distancia y teletrabajo: análisis del marco normativo vigente*, Thomson Reuters – Aranzadi, Cizur Menor (Navarra).

CRUZ VILLALÓN, JESÚS (2020). "Capítulo 5. Teletrabajo y coronavirus: de la emergencia permanencia", en AA.VV, *Derecho del Trabajo y de la Seguridad Social ante la pandemia*, Francis Lefebvre, Madrid.

CRUZ VILLALÓN, JESÚS (2021). "Aspectos prácticos de la nueva regulación del teletrabajo", *Estudios Latinoamericanos de Relaciones Laborales y Protección Social*, nº 11.

DE LA VILLA GIL, LUIS ENRIQUE y CAMPS RUIZ, LUIS MIGUEL (1985). "Art. 13. Contrato de trabajo a domicilio. En AA.VV, *Comentarios a las Leyes Laborales. El Estatuto de los Trabajadores. Tomo III. Artículos 8 a 13, EDERSA*, Madrid.

DE LAS HERAS GARCÍA, ARÁNZAZU (2021). *Trabajo a distancia y teletrabajo. Análisis crítico de normas y prácticas convencionales*, ediciones CEF, Madrid.

ESPÍN SÁEZ, MARAVILLAS (2017). "Los convenios de la OIT sobre el trabajo a domicilio y el trabajo a distancia", *Revista del Ministerio de Empleo y Seguridad Social*, nº 112.

FERNÁNDEZ COLLADOS, MARÍA BELÉN (2021). "El teletrabajo en España antes, durante y después del confinamiento domiciliario", *Revista Internacional y Comparada de Relaciones Laborales y Derecho del Empleo*, ADAPT, volumen 9, nº 1.

FERNÁNDEZ VILLARINO, ROBERTO (2005). "La imposición de la aplicación del teletrabajo: la sentencia del Tribunal Supremo de 11 de abril de 2005", *Información Laboral. Jurisprudencia*, nº 10.

FOLGOSO OLMO, ANTONIO (2021). "Capítulo 5. "Insuficiencia de las medidas normativas aprobadas para asegurar la voluntariedad del acuerdo de trabajo a distancia", en AA.VV, *Trabajo a distancia y teletrabajo: análisis del marco normativo vigente*, Thomson Reuters – Aranzadi, Cizur Menor (Navarra).

GALLARDO MOYA, ROSARIO (2006). "Sobre la decisión unilateral del empresario y los acuerdos en el procedimiento modificación de condiciones de trabajo para imponer el teletrabajo a domicilio", *Revista de Derecho Social*, nº 33.

GARCÍA PIÑEIRO, NURIA P. (2021). "Capítulo 2. La normativa internacional y europea sobre el trabajo a distancia: los convenios y recomendaciones de la OIT. El acuerdo marco sobre teletrabajo", en AA.VV, *El trabajo a distancia: una perspectiva global*, Thomson Reuters – Aranzadi, Cizur Menor (Navarra).

GOERLICH PESET, JOSÉ MARÍA. (2021). "Capítulo 1. La regulación del trabajo a distancia. Una reflexión general", en AA.VV, *Trabajo a distancia y teletrabajo: análisis del marco normativo vigente*, Thomson Reuters – Aranzadi, Cizur Menor (Navarra).

GONZÁLEZ DEL RÍO, JOSÉ MARÍA (2021). *El derecho a la intimidad del trabajador en el nuevo contexto laboral*, Tirant lo Blanch (Valencia).

GUTIÉRREZ PÉREZ, MIGUEL (2021). Incidencia de la LTD en el Plan Mecuida y en el trabajo a distancia como medida de contención sanitaria derivada de la COVID-19", en AA.VV, *El trabajo a distancia: una perspectiva global*, Thomson Reuters – Aranzadi, Cizur Menor (Navarra).

HIERRO HIERRO, FRANCISCO JAVIER (2021). "Capítulo 9. El acuerdo de trabajo a distancia: un instrumento en el que compendiar las condiciones de la «nueva» prestación de servicios", en AA.VV, *El trabajo a distancia: una perspectiva global*, Thomson Reuters – Aranzadi, Cizur Menor (Navarra).

LAHERA FORTEZA, JESÚS (2021). "Capítulo 3. El acuerdo individual y los requisitos formales del trabajo a distancia regular y estructural", en AA.VV, *Trabajo a distancia y teletrabajo: análisis del marco normativo vigente*, Thomson Reuters – Aranzadi, Cizur Menor (Navarra).

MARTÍN JIMÉNEZ, RODRIGO (2021). "Voluntariedad y acuerdo de trabajo a distancia: voluntariedad y artículo 41 del trabajador a trabajar a distancia. La reversibilidad del trabajo a distancia", en AA.VV, *El trabajo a distancia: una perspectiva global*, Thomson Reuters – Aranzadi, Cizur Menor (Navarra).

MELLA MÉNDEZ, LOURDES (2021). "Capítulo 8. Valoración crítica del RD-ley 28/2020, en especial sobre la protección de la salud en el trabajo a distancia", en AA.VV, *Trabajo a distancia y teletrabajo: análisis del marco normativo vigente*, Thomson Reuters – Aranzadi, Cizur Menor (Navarra).

MOLINA NAVARRETE, CRISTÓBAL (2020). "Justicia cautelar y teletrabajo en el empleo público como medida de protección de la salud frente a la covid19: Cuestiones de competencia y de fondo al hilo de recientes fallos «contradictorios»", *Jurisdicción social. Revista de la Comisión de lo Social de Juezas y Jueces para la Democracia*, nº 213.

MOLINA NAVARRETE, CRISTÓBAL (2021). "Desventuras del teletrabajo en el derecho vivo: entre autonomía colectiva y doctrina jurisprudencial", *Revista de Trabajo y Seguridad Social. CEF*, nº 464.

MONTOYA MEDINA, DAVID (2021), "Teletrabajo y prevención de riesgos laborales", *Revista Española de Derecho del Trabajo*, nº 243.

MUÑOS RUIZ, ANA BELÉN (2021). "Capítulo 6. Derechos económicos del teletrabajador", en AA.VV, *Trabajo a distancia y teletrabajo: análisis del marco normativo vigente*, Thomson Reuters – Aranzadi, Cizur Menor (Navarra).

PÉREZ CAPITÁN, LUIS (Coordinador) (2020). *La nueva regulación del teletrabajo: el Real Decreto Ley 28/2020, de 22 de septiembre, de trabajo a distancia. Entorno, exposición y análisis*. Estudios, nº 6, UGT. https://servicioestudiosugt.com/la-nueva-regulacion-del-teletrabajo-rdl-28-2020/

QUINTANILLA NAVARRO, RAQUEL YOLANDA (2021). *El teletrabajo en las Administraciones Públicas: ámbito estatal y autonómico*, Thomson Reuters – Aranzadi, Cizur Menor (Navarra).

RODRÍGUEZ ESCANCIANO, SUSANA (2020). "Luces y sombras del teletrabajo a domicilio en una nueva economía de bajo contacto", *Revista Española de Derecho del Trabajo*, nº 233.

RODRÍGUEZ HERNÁNDEZ, JESÚS (2021). "Pequeño resumen de la normativa de trabajo a distancia", *Diario La Ley*, nº 9783.

RODRÍGUEZ INIESTA, GUILLERMO (2021). "El trabajo a distancia en las Administraciones Públicas", en AA.VV, *El trabajo a distancia: una perspectiva global*, Thomson Reuters – Aranzadi, Cizur Menor (Navarra).

RODRÍGUEZ PÉREZ, RAFAEL (2022). "Derecho a plus transporte durante el teletrabajo", https://www.abdonpedrajas.com/es/noticias/derecho-a-plus-transporte-durante-el-teletrabajo

ROMERO BURILLO, ANA MARÍA (2021). *El marco regulador del teletrabajo*, Atelier, Barcelona.

RUIZ MANERO, JUAN y RÓDENAS CALATAYUD, ÁNGELES (2023). "Poderes excepcionales. Suspender y limitar derechos fundamentales. A propósito de la STC 148/2021, de 14 de julio". *Eunomía. Revista en Cultura de la Legalidad*, nº 25.

SALA FRANCO, TOMÁS (2021). "Capítulo 2. La voluntariedad del teletrabajo", en AA.VV, *Trabajo a distancia y teletrabajo: análisis del marco normativo vigente*, Thomson Reuters – Aranzadi, Cizur Menor (Navarra).

SIRVENT HERNÁNDEZ, NANCY (2022). "Il lavoro a distanza e il telelavoro nella recente reforma spagnola", en Il lavoro a distanza: una prospettiva interna e comparata, *Quaderni della revista diritti lavori mercati*, nº 13.

THIBAULT ARANDA, JAVIER (2021). "Capítulo 4. La modificación de las condiciones de trabajo en el trabajo a distancia", en AA.VV, *Trabajo a distancia y teletrabajo: análisis del marco normativo vigente*, Thomson Reuters – Aranzadi, Cizur Menor (Navarra).

TRILLO PÁRREGA, FRANCISCO JAVIER (2023). *Derecho del Trabajo Digital: trabajo a distancia y teletrabajo*, Bomarzo, Albacete.

VELO Y FABREGAT, ELISABET (2022): "La propuesta de ley de 1918 sobre trabajo a domicilio: sus precedentes internacionales", *IUSLabor 3/2022*.

VIDAL, PERE (2021). "¿Qué ocurre con los gastos derivados del teletrabajo excepcional? Comentario a la SAN 4-6-2021 (AS 2021,1337)", *Actualidad Jurídica Aranzadi*, nº 976. BIB 2021\4368.

VIQUEIRA PÉREZ, CARMEN (2021). "El derecho a percibir la compensación por comida correspondiente a los días tele trabajados durante la pandemia", Revista de Jurisprudencia Laboral, nº 9.

Capítulo 3
EL RECONOCIMIENTO DE LA NATURALEZA COMO SUJETO DE DERECHOS: CONTRIBUCIÓN A PREVENIR NUEVAS PANDEMIAS

Chapter 3. *Recognition of nature as a subject of rigths: contribution to preventing new pandemics*

José Angel Camisón Yagüe
Profesor Titular de Universidad de Derecho Constitucional
Universidad de Alicante
jose.camyag@ua.es / https://orcid.org/0000-0002-4431-615X

RESUMEN: Tal y como indica VALLADARES, los riesgos de pandemias se incrementan por no arreglar una naturaleza rota. (Valladares, 2023, p. 82). Por ello, toda medida adoptada en aras de una mejor protección de la Naturaleza, como es su reconocimiento como sujeto de derechos, contribuye también a prevenir una nueva pandemia semejante a la sufrida por la Covid19. Este será el objeto de nuestro estudio. Analizaremos también los presupuestos en los que cabe dicho reconocimiento. Destaca en España el reconocimiento de la laguna del Mar Menor, como sujeto de derechos, en virtud de la Ley 19/2022. Es el primer reconocimiento de este tipo llevado a cabo en Europa. Y se une a los que ya se han producido a través de distintos textos normativos y sentencias judiciales en más de treinta Estados.

Palabras clave: derechos — naturaleza — pandemia — prevención

ABSTRACT: As Valladares points out, the risks of pandemics are increased by the failure to fix a broken nature (Valladares, 2023, p. 82). Therefore, any measure adopted in the interest of a better protection of Nature, such as its recognition as a subject of rights, also contributes to preventing a new pandemic like the one suffered by Covid19. We will also analyse the premises under which such recognition is possible. This is the aim of this study. In Spain, the recognition of the Mar Menor lagoon as a subject of rights, by virtue of Law 19/2022, is remarkable. This is the first recognition of its kind in Europe. And it joins those that have already taken place through different regulatory texts and court rulings in more than thirty States.

Keywords: rights – nature – pandemic – prevention

1. INTRODUCCIÓN

Este trabajo tiene como objeto principal analizar si el reconocimiento de la Naturaleza como sujeto jurídico dotado de derechos puede o no contribuir a la prevención de nuevas pandemias. Aunque la relación entre ambos elementos pueda parecer, en principio, muy liviana y lábil, la realidad es que, tal y como indica la Ciencia, ambos elementos (protección de la Naturaleza y prevención de nuevas pandemias) están estrechamente interrelacionados; de ahí que se analice si esta fórmula, el reconocimiento de subjetividad jurídica a la Naturaleza puede efectivamente ser una mejor fórmula para la protección frente a aquellas y, por tanto, para la prevención de pandemias.

Para la realización de este análisis adoptaremos la metodología del constitucionalismo crítico y, específicamente, nos serviremos de tres de sus postulados, que se reformulan en parte en atención al objeto del trabajo que aquí se presenta.[1] En primer lugar, en su dimensión de pensamiento de conflicto, que aquí podríamos especificar como el pensamiento del conflicto climático, al que en

---

1 de CABO MARTÍN, C.; (2013), "Propuesta para un constitucionalismo crítico" en *Revista de Derecho Constitucional Europeo*, núm. 19 Enero-Junio, págs. 392 y ss.: Según indica el Prof. de Cabo existen cuatro exigencias fundamentales para la realización de un constitucionalismo crítico, que sucintamente pueden enunciarse de la siguiente forma: en primer lugar, la repolitización del Derecho constitucional como derecho de conflicto; en segundo lugar, la recuperación de las categorías constitucionales en la dimensión y amplitud que les son propias; en tercer lugar, la reconstrucción de un sujeto histórico que supere su actual fragmentación; y, en cuarto lugar, la articulación de una Constitución inclusiva que garantice la no existencia de espacios extrasistema.

deterioro de la Naturaleza da lugar.[2] Y, dentro de este marco de pensamiento de conflicto que actúa frente a la realidad, tomamos dos elementos metodológicos críticos más específicos. Por un lado, aquel que invoca al constitucionalismo a nuevos sujetos con capacidad transformadora y, por otro lado, precisamente en aquello que tiene que ver con su dimensión propositiva, el postulado que, en base a aquel, propugna soluciones inclusivas y transformadoras en aras de un proyecto emancipador. (CABO MARTÍN, 2014) [3]

El trabajo se divide en tres epígrafes, al que se añaden finalmente a modo de cierre unas breves conclusiones.

En el primero de ellos nos proponemos acreditar la relación que existe entre el abuso de la Naturaleza y las pandemias, a fin de justificar la estrecha vinculación que hay entre ambas y que demanda pensar y llevar a cabo medidas urgentes y audaces en favor de la mejor protección de aquella a fin de protegernos mejor de futuras enfermedades.

Por su parte, en el segundo, analizaremos la necesidad de avanzar en un nuevo paradigma jurídico ecocéntrico, en tanto en cuánto la urgencia del cambio climático y del deterioro de la Naturaleza demandan la necesidad de encontrar nuevas soluciones jurídicas, entre las que destaca el reconocimiento de la Naturaleza como sujeto de derechos.

---

2 FERNÁNDEZ ORTIZ DE ZÁRATE, G.; (2015) "Alternativas al poder corporativo: bosquejo de un marco de referencia para la disputa del conflicto Capital-Vida" en *Lan Harremanak*/ 33 (2015-II), pág. 25 *"(...) el capital, como metáfora inclusiva de la modernidad capitalista y como valor sistémico principal, es incompatible con el bienestar general y con la reproducción de la vida en última instancia, por lo que la disputa entre el capital y la vida se convierte en la idea-fuerza estratégica de todo esfuerzo de emancipación"*. Vid. *in extenso*, OROZCO, A. (2014), *Subversión feminista de la economía, aportes para un debate sobre el conflicto capital-vida*, Traficantes de Sueños, Madrid.

3 CABO MARTÍN, C. de; (2014), *Pensamiento crítico, constitucionalismo crítico*, Madrid, Ed. Trotta.

Y seguidamente, en el tercero de los epígrafes trataremos aquellos presupuestos que, a nuestro juicio, justifican y demandan dicho reconocimiento y que se concretan en los siguientes: Emergencia climática y pandémica, Socioeconómicos, Institucionales, Dogmático-jurídicos y Jurídico-positivos.

2. SOBRE LA RELACIÓN ENTRE EL ABUSO DE LA NATURALEZA Y LAS PANDEMIAS

Tal y como apuntamos brevemente en la introducción, la literatura científica ha establecido una clara y evidente relación de causalidad entre el deterioro medioambiental y la pandemia de Covid19.

Así, según explican y constatan los científicos y las Agencias Internacionales, diversos factores que traen causa de la sobreexplotación de la Naturaleza por parte del ser humano contribuyen decididamente a la aparición y propagación de fenómenos pandémicos como el que recientemente hemos enfrentado a nivel global, fundamentalmente, durante el periodo entre 2020 y 2022, y cuyas consecuencias aún se dejan sentir en nuestras sociedades.[4]

Así, por ejemplo, podemos aquí citar y hacernos eco de lo señalado por MARINI y su equipo quién indica en relación con dicha vinculación: *"(r)ecent analyses of small-scale infectious disease emergence events document a significant increase in the yearly rate of emergence in the period 1940 to 2000. Specific mechanisms of increase in the rate of disease emergence have been identified and connected to anthropogenic environmental change as one of the major drivers. These effects of anthropogenic environmental change may carry a high price."* (Marini et. Alt.;2021).

---

4 Téngase en cuenta que el final de la pandemia en España fue decretado oficialmente decretara en julio de 2023 mediante Orden SND/726/2023, de 4 de julio, por la que se publica el Acuerdo del Consejo de Ministros de 4 de julio de 2023, por el que se declara la finalización de la situación de crisis sanitaria ocasionada por la Covid19.

Ante esta situación es necesario actuar de forma urgente y radical, no solamente por el riesgo y la amenaza de nuevas enfermedades mortales y plagas pestíferas (más o menos semejantes al coronavirus) sino por también por el cierto y gravísimo peligro que el colapso de la Naturaleza implica para la propia existencia de la raza humana; pues el colapso antropocéntrico de aquella también implica en nuestro. Tal como apuntaba ya en su día ENGELS en su obra *Dialéctica de la Naturaleza "(...) todo nos recuerda que a cada paso que el hombre no domina, ni mucho menos, la naturaleza a la manera como un conquistador domina un pueblo extranjero, es decir, como alguien que es ajeno a la naturaleza, sino que formamos parte de ella con nuestra carne, nuestra sangre y nuestro cerebro, que nos hallamos en medio de ella (...)"*. (ENGELS, 1979, p.174)

Así, nuestro actual modelo hegemónico de producción, el capitalismo, nos avoca casi indefectiblemente al apocalipsis al desconocer los límites de la Naturaleza a la que coloniza para monetizarla en aras de una acumulación "ilimitada de capital".[5] Por ello es necesario que actuemos con prontitud y contundencia a fin de detener y revertir la crisis climática y medioambiental que se cierne sobre nuestra civilización.[6]

---

5 Tal y como señala HARVEY, D. (2014); *Diecisiete contradicciones y el fin del capitalismo*, Traficantes de Sueños, Madrid. p.255: "*El capital no puede menos que privatizar, mercantilizar, monetizar y comercializar todos aquellos aspectos de la naturaleza a los que tiene acceso. Sólo así le es posible absorberla cada vez más intensamente de modo que se convierta en una forma de capital, esto es, en una estrategia de acumulación, que llega hasta nuestro ADN. Esta relación metabólica se expande e intensifica necesariamente como respuesta al crecimiento exponencial del capital y se ve forzada a implicarse en ámbitos cada vez más conflictivos. Las formas de vida, los materiales genéticos, los procesos biológicos, el conocimiento de la naturaleza y la inteligencia sobre cómo utilizar sus cualidades, capacidades y potenciales (sin importar en absoluto que sean artificiales o específicamente humanas) quedan subsumidos en la lógica de la comercialización. La colonización de nuestro mundo de vida por el capital se acelera. La infinita y cada vez más absurda acumulación exponencial de capital se ve acompañada de una infinita y cada vez más absurda invasión del mundo de vida por la ecología del capital.*"

6 Vid. sobre esta materia en esta misma obra a CANTARO (2024), "8. Antropoceno, capitaloceno, constitucionalismo de la Tierra" en el Capítulo titulado "Los deberes en la postpandemia".

Pero volviendo a la relación entre pandemias y cambio climático, debemos aquí hacernos eco de lo indicado por uno de los ecólogos españoles de más proyección, VALLADARES, quien afirma que *"(l)os riesgos de pandemias se incrementan por no arreglar una naturaleza rota"*. Sostiene este autor que *"(u)tilizando estimaciones recientes de la tasa de aumento de la aparición de enfermedades a partir de estudios de animales portadores de virus y bacterias capaces de infectar a humanos (reservorios zoonóticos, en el argot científico) en relación con el cambio ambiental, se ha calculado la probabilidad anual de aparición de epidemias extremas puede aumentar hasta tres veces en las próximas décadas. La probabilidad de sufrir pandemias similares a la de COVID-19 a lo largo de la vida es actualmente de alrededor de 38% (…)"*. (VALLADARES, 2023, p.82).

Así, la degradación de los ecosistemas, las manipulaciones operadas sobre la fauna, la producción industrial de carne en macro granjas, el cambio climático que provoca nuevos patrones de migraciones en animales como las aves, la grave contaminación de ríos, la pérdida de biodiversidad, la deforestación de selvas y bosques son todos ellos factores que conllevan la perdida de "controles naturales" sobre las enfermedades e infecciones, contribuyendo a su aparición y propagación.

Y, así lo constata también la propia Organización Mundial de la Salud, quien indica que: *"Las economías son producto de sociedades humanas sanas, que a su vez dependen del entorno natural, fuente original de todo aire limpio, agua y alimentos. Las presiones humanas, desde la deforestación a las prácticas agrícolas intensivas y contaminantes, pasando por la gestión y el consumo inseguros de la fauna salvaje, socavan estos elementos. También aumentan el riesgo de aparición de enfermedades infecciosas en los seres humanos, más del 60% de las cuales tienen su origen en los animales, principalmente en la fauna salvaje. Los planes generales para la recuperación tras el COVID-19, y en concreto los planes para reducir el riesgo de futuras epidemias, deben ir más allá de la detección precoz y el control de los brotes de enfermedades. También deben reducir nuestro impacto en el medio ambiente, para disminuir el riesgo en su origen."* (OMS, 2020, p.5)

Además, por ejemplo, muy recientemente los científicos llaman poderosamente nuestra atención sobre la peligrosa extensión de nuevas variantes de la nociva gripe aviar a través de las granjas de vacas de Estados Unidos. Y, aunque estas variantes aún no han dado el salto de especie a los seres humanos, esta circunstancia resulta una amenaza potencial de nueva pandemia. (Caserta, 2024)

Parafraseando a FROMM, podemos decir que nuestra intención de tener una economía "supuestamente" sana hemos dado lugar a una Naturaleza enferma que, a su vez, enferma a los seres humanos que se integran en ella.[7] También lo afirma contundentemente VICENTE GIMÉNEZ cuando señala, en relación concreta con la pandemia de coronavirus, que: "*la comunicación entre los seres humanos, los patógenos, el cambio climático y la pérdida de biodiversidad de los ecosistemas está dificultando la vida en la Tierra y está poniendo en riesgo la salud humana y la del planeta*". (Vicente Giménez, 2021).

3. SOBRE EL PARADIGMA ECOCÉNTRICO: LA NATURALEZA COMO SUJETO

Tal y como hemos constado siguiendo a la ciencia, existe una estrecha relación entre la protección de la Naturaleza y la prevención de futuras pandemias. Es este sentido vemos como las medidas llevadas a cabo hasta ahora en aras de la protección de la Naturaleza no han sido ni están siendo suficientes para frenar su gravísimo deterioro y el grave riesgo que ello entraña. Es por esto por lo que se hace necesario establecer un nuevo paradigma jurídico que pueda ofrecer en su caso soluciones eficaces al problema que enfrentamos.

Cuando hablamos de un "paradigma" debemos tener en cuenta la definición de aquel que hace la Real Academia de la Lengua cuando

7 En su libro *La Revolución de la esperanza*, se preguntaba FROMM: *¿Estamos frente a un dilema trágico e insoluble? ¿Hemos de producir gente enferma para tener una economía sana, o existe la posibilidad de emplear nuestros recursos materiales, nuestros inventos y nuestras computadoras al servicio de los fines del hombre?* FROMM, E.; (1970). *La revolución de la esperanza: hacia una tecnología humanizada*. Fondo de Cultura Económica, Méjico.

en una de sus acepciones indica que por "paradigma" se entiende una "*teoría cuyo núcleo central se acepta sin cuestionar y que, a su vez, suministra la base y modelo para resolver problemas y avanzar en el conocimiento*". Se trata en última instancia de dotarnos de un nuevo marco funcional a la resolución de los problemas climáticos.

Usando paradigma en este sentido al que se ha aludido, es donde se propone la adopción de un "nuevo" paradigma jurídico de naturaleza ecocéntrica, que ponga a la Naturaleza como elemento fundamental de la base y del modelo jurídico del que nos hemos de servir para resolver en Derecho los problemas jurídicos a que da lugar el deterioro del medio ambiente. Y, en tal sentido, se reconozca a la Naturaleza como un sujeto jurídico al que puedan reconocérsele y atribuírsele ciertos derechos que garanticen su pervivencia y restauración.

No se trata en modo alguno de eludir al ser humano del paradigma, sino por el contrario incluirlo en el todo Naturaleza, como uno de sus elementos conformadores; salvar la Naturaleza es salvarnos a nosotros mismos, pero no solo en tanto que seres humanos, sino en tanto que parte también de la Naturaleza. Se trata de adoptar un nuevo enfoque jurídico que busque soluciones basadas en la Naturaleza y no solo en el ser humano. Como indica CHOFRE SIRVENT: "*Restaurar y proteger la naturaleza es una de las mejores estrategias para enfrentar el cambio climático. La estrategia de utilizar la naturaleza como defensa contra el cambio climático recibe la denominación de «adaptación basada en ecosistemas»; es decir, cuidar de la naturaleza para que cuide de nosotros*"(CHOFRE SIRVENT, 2022, p. 86).

Este nuevo enfoque demanda, por tanto, que la Naturaleza deje de ser considerada como una cosa, como un mero objeto, para pasar a ser considerada como sujeto. Dicho reconocimiento, como no podría ser de otra manera, se opera a través del ser humano, en tanto en cuanto el Derecho no es sino un producto histórico, que demanda de una acción de pensar humana. Siguiendo al Prof. de CABO, es preciso subrayar que *"(e)l sujeto jurídico, como centro abstracto de impu-*

tación de derechos y obligaciones, no es un concepto metahistórico que haya existido en todos los sistemas jurídicos" (CABO MARTÍN, 2001, p.118).

Parafraseando así a HEGEL, podemos afirmar que la Naturaleza es un "ser en sí"; existe como una realidad ontológica, que el ser humano percibe y habita, pero la Naturaleza carece de la capacidad de "ser para sí"; esto es, no puede pensarse a sí misma como sujeto. Por ello esta es una tarea histórica, que debe llevarse a cabo por el ser humano. El caso que nos ocupa es una tarea que corresponde al pensamiento jurídico, sobre el que luego trataremos en detalle al hablar de los presupuestos técnico-jurídicos de reconocimiento de subjetividad a la Naturaleza. Por otro lado, también es necesario tener en cuenta que este reconocimiento jurídico responde además a una realidad sociológica que se manifiesta favorablemente al mismo y traslada el "ser" al "deber ser",[8] como hemos podido comprobar en España en el caso de reconocimiento de personalidad jurídica al Mar Menor y su cuenca, que parte, precisamente, de una preocupación popular colectiva que se canaliza y cristaliza jurídicamente en una "iniciativa legislativa popular".[9]

---

8 Tomando como referencia a GARCÍA PELAYO, podemos indicar que el concepto sociológico entiende la constitución como el ser de una sociedad y no como el "deber ser" de la misma. La constitución no es, por tanto, un resultado de las situaciones y estructuras sociales presentes. De esta forma este concepto entiende que el "deber ser" constitucional (la constitución como norma jurídica) se adapta al "ser" constitucional existente., podemos indicar que el concepto sociológico entiende la constitución como el ser de una sociedad y no como el "deber ser" de la misma. La constitución no es, por tanto, un resultado de las situaciones y estructuras sociales presentes. De esta forma este concepto entiende que el "deber ser" constitucional (la constitución como norma jurídica) se adapta al "ser" constitucional existente. GARCÍA PELAYO, M., (1984); *Derecho Constitucional Comparado*, Ed. Alianza, Madrid, págs. 56 y ss.

9 Vid. *in extenso* sobre todo este proceso de participación democrática en defensa de este ecosistema murciano en VICENTE GIMÉNEZ, T, (2022); "Los derechos de la Naturaleza y la Iniciativa legislativa popular para reconocer personalidad jurídica a la laguna del Mar Menor y su.» en DALMAU, R.; *La lucha contra el cambio climático y el reconocimiento de los derechos de la naturaleza: sinergias de la cooperación mediterránea*, Pireo, Valencia.

En todo caso, debemos subrayar aquí, que el reconocimiento de "subjetividad" a sujetos que se piensan "para sí" a través de los seres humanos a fin de dar soluciones a los problemas que enfrentamos en el marco de nuevos paradigmas, no es algo nuevo en Derecho, pues así sucede, por ejemplo, con la Unión Europea, la cual está dotada de personalidad jurídica propia, como indica el art. 47 del TUE, reconocimiento este funcional al paradigma de "pax europea".

4. PRESUPUESTOS DEL RECONOCIMIENTO DE LA NATURALEZA COMO SUJETO

Vista la necesidad de acudir a un nuevo paradigma que aporte nuevas soluciones jurídicas que permitan superar el bloqueo existente a fin de resolver el conflicto climático, y visto que el reconocimiento de la Naturaleza y la atribución de derechos a aquella puede contribuir a la solución del problema ambiental, incluido en él también la prevención y lucha contra nuevas pandemias, llega ahora el momento de aportar los presupuestos que demandan y justifican dicho reconocimiento.

Así, tomando como referencia al Profesor de CABO —que teorizó en su día sobre los presupuestos que conducen al reconocimiento de nuevos sujetos— trataremos a continuación sobre los específicos presupuestos que se identifican como necesarios y justificativos para el reconocimiento jurídico de la subjetividad de la Naturaleza y que se engloban, fundamentalmente, en las siguientes cinco categorías: Emergencia climática y pandémica, Socioeconómicos, Institucionales, Dogmático-jurídicos y Jurídico-positivos.

4.1. Emergencia Climática-Pandémica

Tal y como hemos afirmado antes, la protección de la Naturaleza conlleva no solo una vía jurídica que habrá de contribuir a una mejora de los problemas climáticos sino también aumentar la protección frente a las nuevas amenazas pandémicas que se ciernen sobre el ser humano.

Así, este nuevo paradigma ecocéntrico y, consiguientemente, el reconocimiento de la Naturaleza como sujeto de derechos, tiene en la emergencia climática y pandémica uno de sus principales presupuestos materiales justificativos.

Como hemos visto, la declaración del Estado de Alarma derivada de la crisis provocada por la pandemia de CODID-19, supuso una suerte de acontecimiento jurídico (CAMISÓN, 2023) en tanto que conllevó la aparición «inesperada de algo nuevo que debilita cualquier diseño estable» y que dio lugar a "un cambio en el planteamiento con el que percibimos el mundo y nos relacionamos con él". (ZIZEK, 2015, pp.18-23)

Existe también cierto paralelismo entre la Declaración del Estado de Alarma por Covid19 y las diversas Declaraciones de emergencia climática, en tanto que ambas implican y demandan replantearnos la forma en la que percibimos el mundo y como nos relacionamos con él. Así transitar de la consideración de la Naturaleza como objeto a la Naturaleza como Sujeto, implica también una importante suerte de "acontecimiento"; que se proyecta indefectiblemente también en el mundo jurídico y su Ordenamiento.

En este sentido cabe destacar el reconocimiento de la emergencia climática que se ha producido tanto a nivel del Estado español y de la Unión Europea, confiriéndose con ello naturaleza jurídico-política a la grave situación que es preciso enfrentar. Por otra parte, estas declaraciones también devienen en bases que justifican la puesta en marcha de medidas audaces y valientes en aras de una mejor protección de la Naturaleza, como sin duda es su reconocimiento como sujeto de derechos.

Así, en el nivel continental, el Parlamento Europeo, sede de la representación democrática de la ciudadanía europea, demanda expresamente a *los Estados miembros y a todos los agentes mundiales que adopten urgentemente las medidas concretas necesarias para combatir y con-*

tener esta amenaza antes de que sea demasiado tarde, y manifiesta su propio compromiso al respecto". [10]

Por su parte, el Gobierno de España, en un sentido semejante también reclama la puesta en marcha de medidas que puedan paliar el acuciante cambio climático al indicar que: "*(...) la región mediterránea está considerada uno de los "puntos calientes" globales en materia de cambio climático. Cambio climático que incide directa o indirectamente sobre un amplísimo conjunto de sectores económicos y sobre todos los sistemas ecológicos españoles, acelerando el deterioro de recursos esenciales para nuestro bienestar como el agua, el suelo fértil o la biodiversidad y amenazando la calidad de vida y la salud de las personas. Lo que nos lleva a impulsar las sinergias entre las políticas de la lucha contra el cambio climático y la conservación de la naturaleza, ambas fundamentales para garantizar el bienestar y la supervivencia de la humanidad y del planeta.*[11]

Como vemos, se constata en ambas Declaraciones no solo la "emergencia climática", que actúa como presupuesto habilitante de la necesidad de acometer medidas audaces y valientes, sino también el mandato y el compromiso para enfrentarla en aras de proteger y defender la Naturaleza.

4.2. Socioeconómicos

La relación del ser humano con la Naturaleza es siempre un vínculo que de uno u otro modo se basa en su aprovechamiento; es decir, que va a estar siempre relacionada con el modo de producción.

---

10 Parlamento Europeo, Resolución del Parlamento Europeo, de 28 de noviembre de 2019, sobre la situación de emergencia climática y medioambiental (2019/2930(RSP), puede consultarse en https://www.europarl.europa.eu/doceo/document/TA-9-2019-0078_ES.pdf (última consulta 21 de mayo de 2022).

11 Gobierno de España, Acuerdo de Consejo de Ministros por el que se aprueba la Declaración del Gobierno ante la Emergencia Climática y Ambiental, (2020), puede consultarse en https://www.miteco.gob.es/es/prensa/declaracionemergenciaclimatica_tcm30-506551.pdf (última consulta 21 de mayo de 2022).

Por tanto, todos los modos de producción se basan en un mayor o menor aprovechamiento de los recursos que al ser humano le ofrece la Naturaleza.

En cualquier caso, no todos los modos de producción intervienen sobre la Naturaleza con la misma intensidad y efectos. Actualmente el modo de producción capitalista globalizado manifiesta una voracidad depredadora ilimitada, siempre en aras del beneficio económico y la acumulación de Capital. Tal y como lo describe MOORE, *"(l)a arrogancia que gobierna el capitalismo es que este puede hacer lo que le dé la gana con la Naturaleza, que la Naturaleza es externa y puede ser codificada, cuantificada y racionalizada para que esté al servicio del crecimiento económico, el desarrollo social o algún otro bien mayor. En esto consiste el capitalismo como proyecto."* (Moore, 2020p. 17)

Por ello el capitalismo es de entre todos los distintos modos de producción el que más ha dañado a la Naturaleza, en tanto que su desarrollo ilimitado pone en riesgo de supervivencia a la propia raza humana y a la Tierra. Así tal y como indica VICENTE GIMÉNEZ: "*(d)esde esta nueva visión integradora de la vida, se trata de dar respuesta a una de las grandes contradicciones con las que la humanidad se encuentra en el siglo XXI: los límites de un modelo de crecimiento ilimitado en un planeta con recursos limitados*" (Vicente Giménez, 2020). En tal sentido el reconocimiento de la Naturaleza como sujeto de derechos que se propone aquí para ser realmente efectivo debería tener incidencia real en el "modo de producción", es decir, sobre su actual forma dominante el "capitalismo" y sus presupuestos de funcionamiento.

En cualquier caso, debemos subrayar, que el reconocimiento de la Naturaleza que se propone se vincula al "modo de producción"; dado que su racionalización es presupuesto de la supervivencia de aquella y también de la nuestra, pues Naturaleza y ser humano forman un todo relacionado en el marco del paradigma ecocéntrico. Así, si otrora la economía estaba, en cierta medida, modulada en un sentido democrático, social y, también, de garantía ambiental – principalmente a través de las constituciones nacionales normativas y jurídicamente vinculantes en el contexto de un capitalismo fundamentalmente nacional-; la ley del beneficio y el avance del modelo de reproducción capitalista global han conseguido, en muchos ámbitos y materias, desbordar la capacidad de los Estados y sus constituciones para actuar como límite y contrapeso a las fuerzas económica financieras; amenazando, por tanto, de forma grave los derechos fundamentales de las y los ciudadanos del mundo e incluso en algunas ocasiones su propia existencia; como sucede, por ejemplo, con el aumento del nivel del mar, causado en parte por cambio climático derivado del consumo de combustibles fósiles, que amenaza, seriamente con sumergir ciertas islas hasta ahora habitadas como es el caso de Kiribati, Tuvalu, Tokelau y las Islas Marshall. (Park, 2011)

4.3. Institucionales

Afirma el Prof. de CABO, que las causas institucionales del surgimiento del individuo tienen una estrecha vinculación con la aparición y consolidación del Estado, en tanto este y aquel establecen una relación que supera las ataduras medievales para convertirse en presupuesto de la existencia del "ciudadano" como sujeto de derechos, que, precisamente, conforma el estado al considerarse conjuntamente como "pueblo" (Cabo Martín, 2001, p. 119). En este sentido, también MOORE constata la estrecha relación entre ser humano y Naturaleza cuando indica que "*(e)l fantástico comentario de Marx de que el capitalismo «socava simultáneamente [...] a la tierra y al trabajador» es válido mucho más allá de la era de industria a gran escala... y mucho más allá del trabajo asalariado. La explotación de la fuerza de trabajo y la apropiación de la naturaleza están entretejidas en la pulsión del sistema por la mercantilización infinita. A partir de eso, se desprende que todas las relaciones entre seres humanos son —ya— siempre relaciones «de la naturaleza» y «hacia el resto de la naturaleza» al mismo tiempo.*" (Moore, 2020, p. 44)

Esta vinculación entre el ser humano y la Naturaleza como sujeto también guarda una íntima relación así, siguiendo a STUZIN, en la situación actual de deterioro ambiental: "*(l)a gran perdedora no es solamente la naturaleza, sino la propia humanidad cuyos intereses, en definitiva, coinciden plenamente con lo de la biosfera por mucho que se quiera hacernos creer lo contrario"* (Stuzin, 1984, p. 98). Vemos así, como la propia existencia de la Naturaleza, que es el fin que se trata de alcanzar con el reconocimiento de derechos a su favor, es prepuesto "institucional" material de la propia existencia del ser humano, tal y como venimos afirmando.

Por otro lado, debemos también significar que este presupuesto "institucional" también se vincula con la personificación que en determinadas culturas existe en relación con la Naturaleza, especialmente en ciertos países latinoamericanos.

Se trata en este sentido, al reconocer a la Naturaleza como sujeto, de (re)establecer el vínculo simbólico cultural y emocional común entre esta y el ser humano, que ya existe, por ejemplo, respecto a la Pacha Mama en Ecuador. Así, tal y como constata MARTÍNEZ DALMAU, es importante tener en cuenta hoy respecto al reconocimiento de subjetividad a la Naturaleza que *"su origen responde a las cosmovisiones ecocéntricas de los pueblos originarios en varias latitudes del mundo que sobrevivieron a las notables acometidas por parte del Estado-nación y resistieron a la uniformización del Derecho. A su vez, el Derecho hegemónico en su evolución ha sido permeado por este enfoque, lo que ha permitido con el paso del tiempo que se generaran las transformaciones necesarias para redefinir una ética ecológica, y en ella el reconocimiento de la Naturaleza como sujeto de derechos"* (Martínez Dalmau, 2023, p. 361).

Así, por ejemplo, el Artículo 71.Párrfo 1º de la Constitución de Ecuador indica: "(l)*a naturaleza o Pacha Mama, donde se reproduce y realiza la vida, tiene derecho a que se respete integralmente su existencia y el mantenimiento y regeneración de sus ciclos vitales, estructura, funciones y procesos evolutivos"*.[12] Como puede verse, se identifica a la Naturaleza con la Pacha Mama, y aquella y el ser humano se vinculan

---

12 Los derechos de la Naturaleza se contienen, fundamentalmente, en el Capítulo Séptimo de la Constitución de Ecuador; no obstante, las referencias a la naturaleza son permanentes a lo largo del texto constitucional, especialmente

directamente en tanto en cuanto aquella es la sede donde se realiza la vida, que incluye también la del ser humano. Tal y como indica la doctrina, la novedad del

implica un cambio de paradigma pues, si bien pudiera equipararse a esta una suerte de "persona jurídica", en todo caso esto tendría unas características singularísimas y totalmente distintas de las del ser humano. (VICIANO PASTOR, 2019).

4.4. Dogmático-jurídicos

La doctrina ha desarrollado ya de forma sólida y razonada la fundamentación teórico-jurídica funcional al reconocimiento de derechos a la Naturaleza, siguiendo la estela de LEOPOLD,[13] STONE[14] o STUZIN,[15] autores como VICENTE[16], MARTÍNEZ DALMAU[17] y GARCÍA ORTIZ[18] han continuado profundizando los presupuestos

---

todo aquello que tiene relación con el aprovechamiento de la naturaleza en el marco del modo de producción.

13 LEOPOLD, A. (2020), *Una ética de la Tierra*, Catarata, Madrid.

14 STONE, C. D. (1972); "Should trees have standing? Toward legal rights for natural objects en *Southern California Law Review* (1972), p. 495: "*A radical new conception of man's relationship to the rest of nature would not only be a step towards solving the material planetary problems; there are strong reasons for such a changed consciousness from the point of making us far better humans. If we only stop for a moment and look at the underlying human qualities that our present attitudes toward property and nature draw upon and reinforce, we have to be struck by how stultifying of our own personal growth and satisfaction they can become when they take rein of us.*"

15 STUZIN, G. (1984); "Un imperativo ecológico: reconocer los derechos de la naturaleza" en *Ambiente y Desarrollo.* VOL. I, N° 1, dic.

16 VICENTE JIMÉNEZ, T. (2023); Justicia Ecológica y Derechos de la Naturaleza, Tirant, Valencia.

17 MARTÍNEZ DALMAU, R. (2021) "Fundamentos para el reconocimiento de la Naturaleza como sujeto de derechos" en VV.AA., *Nuevo constitucionalismo latinoamericano: garantías de los derechos, pluralismo jurídico y derechos de la naturaleza*, Ediciones Olejnik.

18 GARCÍA ORTIZ, A. (2025), *Constitución ecológica. La protección de la naturaleza desde el constitucionalismo*, Tirant, Valencia.

jurídicos en tal sentido, con especial transcendencia en aquello que tiene que ver con el Derecho Constitucional.

En primer lugar, debemos señalar que el reconocimiento de derechos a la Naturaleza tiene su fundamento y viene demandado por el desarrollo de la Justicia ecológica, que supone una evolución respecto de los postulados de la Justicia ambiental y la Justicia climática, a una nueva concepción de Justicia que presupone que la Naturaleza no es un objeto de apropiación sino que tienen un valor intrínseco como centro de la vida, lo que la hace merecedora de subjetividad y de derechos (VICENTE GIMÉNEZ, 2023, pp.38-42). Ello da lugar un nuevo paradigma jurídico que, como vimos antes, apunta a la mejor protección de la Naturaleza.

Y, en segundo lugar y directamente vinculado con lo anterior, podemos destacar lo indicado por STONE relación con la progresiva extensión de derechos a nuevos sujetos; circunstancia esta que, en su momento, parecía algo impensable e irrealizable en tanto aquellos eran considerados también por el Derecho como "cosas" como sucedía, por ejemplo: con los menores, la mujer, los esclavos, las sociedades mercantiles... (Stone, 1972, pp. 450-457). Así, se vincula el avance del Derecho al avance en reconocimiento de nuevas subjetividades jurídicas y de derechos a su favor a una progresiva extensión de la dignidad a nuevos colectivos y nuevos ámbitos, lo que en última instancia conlleva un avance en la Historia.

4.5. Jurídico-positivos

Tal y como indica Carlos de Cabo, al hacer referencia a los presupuestos jurídico-positivos, estamos señalando, fundamentalmente, al reconocimiento del sujeto y sus derechos operado a través normas jurídicas.

En tal sentido, como se sabe, se han producido ya significativos reconocimientos de la Naturaleza o, en su caso, de partes de ella (ríos, parques, glaciares) a través de distintos textos normativos (constituciones y leyes) y, eventualmente, también mediante sentencias judiciales.[19] Cabe destacar en España el reconocimiento de la laguna del Mar Menor, como sujeto de derechos, en virtud de la Ley 19/2022. Es el primer reconocimiento de este tipo llevado a cabo en Europa. Y se une a los que ya se han producido a través de distintos textos normativos y sentencias judiciales en más de treinta Estados: Argentina; Australia; Bangladesh; Bélgica, Belice; Bolivia; Brasil; Canadá; Chile; Colombia; Costa Rica; Ecuador; El Salvador; Francia; Guatemala; India; Méjico; Países Bajos; Nigeria; Paquistán; Panamá; Perú; Portugal; Suráfrica; Suiza, Uganda, Reino Unido y Estados Unidos.[20]

De entre todos ellos destaca, por haberse realizado constitucionalmente y por el desafío que supone para el llevado a cabo a través de la Constitución de Ecuador de 2008:[21] *Art. 10 de la Constitución de Ecuador.— Las personas, comunidades, pueblos, nacionalidades y colectivos son titulares y gozarán de los derechos garantizados en la Constitución y en los instrumentos internacionales. La naturaleza será sujeto de aquellos derechos que le reconozca la Constitución.*

Finalmente, cabe destacar en España el reconocimiento de la laguna del Mar Menor, como sujeto de derechos, operado en virtud de la Ley 19/2022, constituye, como hemos dicho, el primer reconocimiento europeo de esta naturaleza jurídica. De esta forma la Ley 19/2022 nos indica expresamente en su artículo 1 que *"(s)e declara la personalidad jurídica de la laguna del Mar Menor y de su cuenca,*

---

19 Vid. *in extenso* sobre los distintos reconocimientos de la naturaleza en los sucesivos trabajos de MARTÍNEZ, A.N. Y PORCELLIM A. M., "Una nueva visión del mundo: la ecología profunda y su incipiente recepción en el derecho nacional e internacional (primera parte)" *Lex, N° 20,* año XV, I (2017); Lex, N° 21, año XV, I (2018); Lex, N° 25, año XV, I (2020).

20 Puede consultarse sobre cada uno de estos reconocimientos en la Web del programa de Naciones Unidas, Harmonía con la Naturaleza; http://www.harmonywithnatureun.org/rightsOfNature/ ultima consulta 2/2/2024).

21 Vid. *in extenso* en VICIANO PASTOR; R.; "La problemática constitucional del reconocimiento de la naturaleza como sujeto de derechos en la constitución del Ecuador" en *op. cit.*

que se reconoce como sujeto de derechos". El reconocimiento jurídico como sujeto conlleva también la titularidad de una serie derechos, propiamente dichos. De este modo el reconocimiento como sujeto da derecho a tener derechos, en concreto: derecho a la protección, a la conservación, al mantenimiento y, en su caso, a la restauración (art. 2). Cada uno de estos derechos se configura a su vez legalmente mediante una serie de facultades que la propia Ley desarrolla.

Se constata por tanto la existencia de múltiples y diversos referentes de reconocimientos jurídicos de la Naturaleza (o de ecosistemas específicos en ella integrados) como mecanismo que aspira a una mejor protección del medio ambiente. Todos ellos sirven como presupuestos para más amplios reconocimientos.

5. CONCLUSIONES

A modo de conclusión indicaremos que el reconocimiento de personalidad jurídica y derechos a la Naturaleza es efectivamente una fórmula jurídica en cierta forma incipiente en el contexto jurídico occidental pero que, como hemos visto, tiene múltiples referentes tanto históricos, en las comunidades indígenas, como presentes, en normativa y jurisprudencia.

Efectivamente es pronto para señalar cuáles sean sus efectos prácticos, aunque en todo caso, sí podemos hacer una suerte de prognosis si tomamos como referencia la relación de respeto existente entre Naturaleza y ser humano que existe en aquellas comunidades originarias e indígenas que han reconocido históricamente y reconocen a aquella como sujeto.

Por otro lado, también podemos identificar los avances que ha supuesto el reconocimiento de subjetividad para ciertos colectivos y sujetos, pues este reconocimiento deviene en una mejor y mayor protección aún incluso en los momentos en los que estas subjetividades se encuentran en proceso de formación y de concreción jurídico-positiva.

Finalmente, y en relación con el concreto objeto de este trabajo, se constata que una mejor protección de la Naturaleza conlleva también que las futuras amenazas pandémicas puedan ser menores, pues una Naturaleza sana contribuye a que los seres humanos y todos los otros seres con los que coexistimos tengamos unas mejores perspectivas en este sentido.

6. BIBLIOGRAFÍA

CABO MARTÍN, C. de, (2001), "El Sujeto y sus Derechos" en Teoría y Realidad Constitucional, núm. 7.

CABO MARTÍN, C. de, (2014), Pensamiento crítico, constitucionalismo crítico, Madrid, Ed. Trotta,2014.

CAMISÓN, J.A. (2023). La pandemia del Covid 19 como (des)acontecimiento jurídico constitucional. Eunomía. Revista en Cultura de la Legalidad, 25.

CASERTA, L.C. (2024), "Spillover of highly pathogenic avian influenza H5N! virus to dairy cattle" en Nature, 25 julio.

CHOFRE SIRVENT, J.; (2022), "El «constitucionalismo del cambio climático» y la naturaleza como sujeto de derechos: indicios de un cambio de paradigma" en DALMAU, R.; La lucha contra el cambio climático y el reconocimiento de los derechos de la naturaleza: sinergias de la cooperación mediterránea, Valencia, Pireo.

CONSELL GENERALITAT VALENCIANA (2019), Declaración Institucional de Emergencia Climática.

ENGELS, F. (1979), Dialéctica de la Naturaleza, Grijalbo, Barcelona.

FROMM, E. (1970). La revolución de la esperanza: hacia una tecnología humanizada. Méjico, Fondo de Cultura Económica,

GARCÍA PELAYO, M. (1984) Derecho Constitucional Comparado, Madrid, Ed. Alianza.

GARCÍA ORTIZ, A. (2025), Constitución ecológica. La protección de la naturaleza desde el constitucionalismo, Tirant, Valencia.

GOBIERNO DE ESPAÑA (2020), Acuerdo de Consejo de Ministros por el que se aprueba la Declaración del Gobierno ante la Emergencia Climática y Ambiental.

HARVEY, D. (2014); Diecisiete contradicciones y el fin del capitalismo, Traficantes de Sueños, Madrid.

MARINI et. Alt.; (2021), "Intensity and frequency of extreme novel epidemics" en PNEAS, vol. 118, no. 35.

MARTÍNEZ DALMAU, R. (2021) "Fundamentos para el reconocimiento de la Naturaleza como sujeto de derechos" en VV.AA., Nuevo constitucionalismo latinoamericano: garantías de los derechos, pluralismo jurídico y derechos de la naturaleza, Ediciones Olejnik, Santiago de Chile.

MARTÍNEZ DALMAU, R. (2023); "Una laguna con derecho a existir. La Naturaleza como sujeto de derechos y el reconocimiento de la personalidad jurídica del Mar Menor" en Teoría y realidad constitucional, ISSN 1139-5583, N.° 52.

MARTÍNEZ, A.N. Y PORCELLIM A. M., "Una nueva visión del mundo: la ecología profunda y su incipiente recepción en el derecho nacional e internacional (primera parte)" Lex, N° 20, año XV, I (2017); Lex, N° 21, año XV, I (2018); Lex, N° 25, año XV, I (2020).

MOORE, J.W. (2020); El Capitalismo en la trama de la vida, Ed. Traficantes de Sueños, Madrid.

OROZCO, A. (2014).; Subversión feminista de la economía, aportes para un debate sobre el conflicto capital-vida, Traficantes de Sueños, Madrid.

PARK, S. (2011); El cambio climático y el riesgo de apatridia:La situación de los Estados insulares bajos; Puede consutarse online en https://www.acnur.org/fileadmin/Documentos/BDL/2013/9056.pdf (última consulta, 30.7.2024).

REICHMANN, J. (2020); "Introducción: Aldo Leopold, los orígenes del ecologismo estadounidense y la ética de la tierra, en Leopold, A.; Una ética de la Tierra, Catarata, Madrid.

SORIANO MORENO, S. (2020); Derechos e Igualdad Territorial en la evolución del Estado social autonómico, Ed. Tirant, Valencia.

STUZIN, G.; (1984), "Un imperativo ecológico: reconocer los derechos de la naturaleza" en Ambiente y Desarrollo. VOL. I, N° 1, dic.

VALLADARES (2023), Recivilización, Imago Mundi — Destino, Barcelona.

VICENTE GIMÉNEZ, T.;(2020) "De la justicia climática a la justicia ecológica: los derechos de la naturaleza" en Revista Catalana de Dret Ambiental, [en línia], Vol. 11, Núm. 2.

VICENTE GIMÉNEZ, T. (2021), "Medio ambiente, diversidad y covid", en Antonio Megías-Bas, M.; El escudo social frente a la pandemia: análisis jurídico y propuestas para una legislación social; Bomarzo, Albacete.

VICENTE GIMÉNEZ, T. (2023); Justicia Ecológica y Derechos de la Naturaleza, Tirant, Valencia.

VICIANO PASTOR; R. (2019); "La problemática constitucional del reconocimiento de la naturaleza como sujeto de derechos en la Constitución del Ecuador" en Parlamento y Constitución. Anuario, Nº 20.

ZIZEK, S., (2014) Acontecimiento, Ed. Sexto Piso, Madrid.

Capítulo 4
LOS DEBERES EN LA POSTPANDEMIA[1]

Chapter 4. *Duties in the post-pandemic*

Antonio Cantaro
Catedrático de Derecho Constitucional
Università degli Studi di Urbino Carlo Bo
antonio.cantaro@uniurb.it

RESUMEN: Existe la creencia generalizada de que el Covid-19 ha afectado profundamente a la relación entre autoridad y libertad. La postpandemia como la época que marca un olvido de los derechos y una inflación de los deberes. Un olvido y una inflación alimentados por el «hecho» de que en el estado de emergencia, ante el riesgo extremo para el bien de la salud y la vida, son las situaciones jurídicas pasivas (responsabilidades, cargas, obligaciones) las que adquieren una significación que en el estado de normalidad sólo está latente. La reescritura del catálogo de derechos y deberes, la aparición de formas inéditas de equilibrio, el establecimiento de un orden objetivo de la salud y la seguridad de los ciudadanos son, en realidad, preparatorios y funcionales al retorno del estado de normalidad neoliberal. Las figuras deónticas primarias de esta normalidad ya no son el derecho y el deber *per se*, sino el «poder hacer ilimitadamente» y la igualmente convincente compulsión y autocompulsión «a hacer ilimitadamente» que se derivan del principio de rendimiento, el meta valor y principio supremo de la llamada constitución viviente: la psico-antropología del hombre-máquina de nuestro tiempo (permanentemente productivo y resiliente), la ilusión de eliminar la vulnerabilidad ontológica de la condición humana, el autoengaño de «fingir estar sano». Una mala y desenfrenada «pasión».

---

1 Ponencia realizada en el Seminario Internacional «El reto de la normativa Covid para los derechos fundamentales», celebrado en la Universidad de Alicante los días 23 a 25 de octubre de 2023. Agradecemos al profesor Antonio Cantaro su amable aceptación a la publicación de su intervención en esta obra colectiva. La traducción al castellano del original en italiano ha sido realizada por Adrián García Ortiz, profesor de Derecho Constitucional de la Universidad de Alicante.

Palabras clave: Postpandemia – deberes – estado de emergencia – cuidados – neoliberalismo

ABSTRACT: There is a widespread belief that Covid-19 has profoundly affected the relationship between authority and freedom. Post-pandemic as the era that marks a forgetting of rights and an inflation of duties. A forgetfulness and an inflation fuelled by the «fact» that in the state of emergency, in the face of extreme risk to the good of health and life, it is passive legal situations (responsibilities, burdens, obligations) that acquire a significance that in the state of normality is only latent. The rewriting of the catalogue of rights and duties, the appearance of unprecedented forms of balance, the establishment of an objective order of health and security of citizens are actually preparatory and functional to the return of the neoliberal state of normality. The primary deontic figures of this normality are no longer right and duty *per se*, but the «unlimited can-do» and the equally compelling compulsion and self-compulsion «to do unlimitedly» derived from the principle of performance, the meta-value and supreme principle of the so-called living constitution: the psycho-anthropology of the (permanently productive and resilient) man-machine of our time, the illusion of eliminating the ontological vulnerability of the human condition, the self-deception of «pretending to be healthy». A bad and unbridled «passion».

Keywords: Post-pandemic – duties – state of emergency – care – neoliberalism

1. LA PANDEMIA: ¿UN ACONTECIMIENTO CONSTITUCIONAL?

CAMISÓN YAGÜE (2023) se pregunta si la pandemia de Covid19 puede considerarse un *acontecimiento constitucional*. Trataré de responder a esta pregunta concreta a la luz de una serie de pasajes de un discurso que vengo realizando a partir de mi obra *Postpandemia. Pensieri (meta)giuridici* (CANTARO, 2021), y que son, realizando una síntesis extrema, los siguientes.

Primer pasaje. La pandemia fue inicialmente percibida, tanto por parte de los gobernados como de los gobernantes, como un acontecimiento excepcional que habría de cambiar radicalmente nuestro modo de vida y nuestras creencias, nuestro *estado de normalidad*. Sentimos profundamente que el *cisne negro*, el Covid19, se había abalanzado sobre nuestras vidas ordinarias para recordarnos lo que la *sociedad máquina* de nuestros días, la *sociedad neoliberal*, niega y elimina continuamente: la vulnerabilidad ontológica de la condición humana, la necesidad de volver a situar los cuidados hacia los demás y hacia la Tierra en el centro de la vida comunitaria e individual; la escucha, el *mandamiento cero* de toda civilización.

Segundo pasaje. A la fase inicial le sucedió rápidamente otra en la que la pandemia fue representada como un estado de emergencia funcional a la rehabilitación del estado de normalidad precedente. Los deberes públicos de protección, colectivos e individuales, ocuparon un lugar central. Desde muchos sectores se temía una suspensión de la libertad del Estado de Derecho y de las garantías que éste ofrece ordinariamente para su protección. Un *acontecimiento constitucional* en un sentido diferente del escenario inicial. Una tiranía de los deberes tan perniciosa como la tiranía de los derechos.

Tercer pasaje. En la pandemia y en la postpandemia estamos asistiendo a una reescritura de la gramática de las situaciones jurídicas subjetivas que va más allá de los temidos *olvido de los derechos* e *inflación de los deberes*. La figura subjetiva paradigmática de nuestro tiempo es la *carga*, una condición que debemos satisfacer para cultivar nuestros intereses y deseos. Por ejemplo, la exigencia de poseer el *green pass*[2] obligatorio durante la emergencia epidemiológica para estar en sociedad y poder realizar las actividades de la vida normal.

Cuarto pasaje. Esta convicción me remite al primer y segundo pasajes de mi discurso. A los *meta valores* de la constitución material neoliberal. Al *principio de rendimiento* marcusiano, al imperativo contundente del máximo rendimiento y del máximo disfrute bajo cuyas banderas transcurren enteramente nuestros días. Una cesura tanto con el meta valor de la autodeterminación —con la prioridad

---

2 *Green pass* es el nombre empleado en Italia para referirse al certificado Covid digital de la Unión Europea previsto en el Reglamento (UE) 2021/953 del Parlamento Europeo y del Consejo de 14 de junio de 2021, que acreditaba que la persona había sido vacunada contra el Covid19, que se había recuperado de la enfermedad o que se había sometido en las últimas horas a una prueba de antígenos o molecular con resultado negativo (N. del T.).

axiológica de los derechos— como con el meta valor de la solidaridad —con la prioridad axiológica de los deberes—.

Quinto y último pasaje. El estado de emergencia sanitaria es, en realidad, la terminología empleada por los apóstoles del rendimiento y la resiliencia. La continuación por otros medios, pero con los mismos fines, del estado de normalidad neoliberal: un *stress test* para medir la fuerza y la capacidad normativa del principio de rendimiento y sus *mecanismos*.

2. ESTADO DE EXCEPCIÓN. EL RETORNO DE LA ÉTICA DE LOS CUIDADOS

Estos cinco puntos centrales de mi discurso me obligan a detenerme preliminarmente en los fundamentos —en la diferencia filosófica, jurídico-dogmática— entre estado de excepción y estado de emergencia.

Perdonen la banalidad escolástica de mis presupuestos. La *excepción* evoca la ruptura de un orden nacido y el anuncio de un orden alternativo. La *emergencia*, por el contrario, postula la confirmación de un orden dado, su continuación y su refuerzo. Ambas representaciones del acontecimiento pandémico han estado presentes en el sentido común, pero fue la primera —la percepción de vivir en un estado de excepción— la que prevaleció emocionalmente desde el primer momento.

De hecho, en los primeros días prevalecía la sensación de encontrarse frente a una catástrofe. La pandemia como *apocalipsis*. Y, en consecuencia, la búsqueda de una salvación en la subversión de las leyes dadas. Subversión de un orden a través de la revelación de lo que hay de esencial en él, de un «movimiento que, yendo al corazón de lo que encontramos de frente, lo disuelve y trae al primer plano algo que es más verdadero de lo que se ha disuelto». *Apocalyptein*, revelación, desvelamiento.

El Covid como un *punto de inflexión epocal* entre lo que no volvería a ser y lo que sería después. Un punto de inflexión materializado en los *hashtags* «nada volverá a ser igual» y «no volveremos a la normalidad». Fórmulas totémicas que han adquirido el ritmo de un mantra, la evocación, con tonos a veces milenaristas, del advenimiento de un mundo nuevo. Desde muchos ámbitos se evocó el surgimiento de un *nuevo humanismo* respetuoso con el mundo físico y espiritual. Cuidado de la salud, del medio ambiente, de las personas de carne y hueso, de su propia dignidad. La escucha, una terapia que mostraba haber metabolizado la trascendental lección de la pandemia.

La propagación del virus, se decía, era cualquier cosa menos un accidente. Sus orígenes había que buscarlos en el *estado de negligencia* de nuestras sociedades anterior a su propagación, cuya renuncia es *conditio sine qua non* para la resolución del problema. En el banquillo de los acusados se sentaron la agroindustria, la reducción del planeta a una granja, los monocultivos animales, la deforestación.

El discurso de los deberes comunitarios se tiñó en esta fase de los colores de la responsabilidad omnímoda de las instituciones, de las comunidades, de las formaciones sociales, de los individuos. De la humanidad entera. Recuerdo que al principio del confinamiento un sociólogo, en un *post* onírico y un tanto ingenuo, comparaba el virus con una *contraprestación bíblica dantesca* por nuestros errores, nuestras debilidades, nuestra soberbia.

Es en este contexto en el que hemos asistido a una rehabilitación de las filosofías del cuidado, un patrimonio de pequeñas élites durante mucho tiempo. Yo mismo me sentí atraído por ella en mi recopilación de *reflexiones postpandémicas*, como refleja el título de una de ellas: *Prendersi cura/Governare* (CANTARO, 2021, p. 91). Un día —así iniciaba mi discurso— un estudiante de la Columbia University preguntó a la antropóloga estadounidense Margaret Mead cuál consideraba que era el primer signo de civilización. La respuesta sorprendió al estudiante, que se esperaba una disertación antropológica. Que Mead hablara de anzuelos, vasijas de barro o piedras de molino. Pero no fue ésta la respuesta.

Mead respondió que el primer signo de civilización fue un fémur roto y después curado. En el reino animal, si te rompes una pierna, mueres. No puedes huir del peligro, ir al río a beber o buscar comida, pues eres carne para las fieras depredadoras que merodean a tu alrededor. Ningún animal sobrevive a una pierna rota el tiempo suficiente para que el hueso se cure. Un fémur roto y curado es la prueba de que alguien se tomó el tiempo de estar con el que se cayó, le vendó la herida y le sujetó su miembro fracturado, le llevó a un lugar seguro, le refrescó, le ayudó a recuperar su estado de salud. Es la prueba —añadiría yo, siguiendo la estela de Hannah Arendt— de que no es *el hombre*, sino *los hombres*, quienes habitan el planeta, y lo habitan como seres ontológicamente vulnerables, siempre expuestos a un *vulnus*, a una herida, a un fracaso, a una pérdida.

Algo de esta conciencia se filtró en los discursos de los gobernantes. El presidente alemán Frank-Walter Steinmeier, en un discurso a sus conciudadanos en la primavera de 2020, utilizó palabras conmovedoras, subrayando que «precisamente en Pascua, la fiesta de la resurrección, cuando los cristianos de todo el mundo celebran el triunfo de la vida sobre la muerte, debemos soportar las limitaciones para que la enfermedad y la vida no derroten la vida». Esta pandemia, afirmaba, «no es una guerra. No son naciones luchando contra naciones, soldados luchando contra soldados. Es una prueba para nuestra humanidad». Y acompañó su último deseo a sus ciudadanos con una invitación a «cuidarnos los unos de los otros».

Mientras tanto, el gobierno italiano bautizó una de sus primeras intervenciones para combatir la pandemia como *decreto «Cura Italia»*. Un *nomen* que aludía a una narrativa de «lucha contra la enfermedad» que llamaba a la movilización de las personas encargadas de las actividades de los cuidados (médicos, enfermeros, virólogos) y que pedía a cada ciudadano convertirse también en *cuidador*. Si, se decía, estamos en guerra contra un enemigo y una amenaza comunes, lo estamos en el sentido de *nos cuidamos*.

La respuesta de Margaret Mead parecía haberse puesto de nuevo de actualidad incluso entre quienes ignoraban su existencia. Sanar el *macro fémur* roto que es la Tierra y la humanidad en la era de la globalización parecía convertirse en el imperativo inderogable de una nueva era. El *justo miedo* para los peligros reales que amenazan el planeta y cada uno de nosotros; el *justo miedo* a la dependencia, a la interdependencia, a la vulnerabilidad que se convierten en una *justa pasión*. Una *pasión constituyente*. Emociones que se *organizan* para dar vida a un nuevo orden.

3. ESTADO DE EMERGENCIA. EL RETORNO DE LOS DEBERES PÚBLICOS DE ACTUACIÓN

No hay una *hora x* en la que el paradigma del cuidado, de los deberes comunitarios de cuidar a los demás, haya dado paso a otro paradigma. Ha sobrevivido una narrativa indistinta del cuidado como retórica de los buenos sentimientos, como altruismo genérico, huérfana del *ethos (re)constituyente* del primer momento.

La vulnerabilidad ha vuelto a convertirse en un tabú. En su lugar aparece una fórmula mágica, rampante y políticamente correcta: la *resiliencia*. Apelando a ella, los poderes constituidos han escondido la representación de la infección pandémica como *estado de excepción* para colocar en su lugar la del *estado de emergencia*, una representación que evoca y exige la rehabilitación del orden preexistente.

Sin embargo, esta rehabilitación toma nota del hecho de que *algo ha cambiado*, metaboliza algo de la representación de la pandemia como catástrofe y desplaza casi inadvertidamente los deberes ético-comunitarios de cuidados a los *deberes públicos de protección*. Se forma así un ordenamiento objetivo, técnico y científico de la salud y de la vida: *los derechos cuando sea posible, los deberes cuando sea necesario*. Una reescritura de la gramática de lo uno y lo otro.

Se ha dicho que en el estado de emergencia los deberes de las instituciones y la responsabilidad de los individuos adquieren una significación que en el estado de normalidad está solamente latente. Esta observación está densamente cargada de significados normativos y legitima un renovado protagonismo del *Estado de seguridad*, de un ordenamiento existencialmente responsable de la protección de la vida y de la salud de la población. *Codificación* de las conductas funcionales a la persecución de este fin supremo; *sanción* de aquéllas que comprometen su persecución.

Algo queda, por tanto, del *ethos* de los deberes públicos de protección, pero lo que cambia notablemente es el *horizonte de sentido*. Es esa sutil diferencia entre *cuidar* y *curar*, donde *cuidar* significa ocuparse empáticamente del otro desde uno mismo y *curar* es ocuparse burocráticamente de un cuerpo (individual o colectivo) sobre la base de protocolos objetivos y en serie. Es la diferencia fundamental entre el viejo médico de familia que cuida de su *paciente* en la totalidad de su cuerpo y de su alma y la medicina de precisión y la telemedicina que se ocupan anónimamente, a distancia, del buen funcionamiento de los órganos de un *usuario*.

Una deontología fría y, sin embargo, convincente ante una emergencia radical e imprevista, cuando objetivamente no hay tiempo, los recursos escasean, los cuerpos de los enfermos y sus órganos exigen una reparación urgente y, en unas condiciones parecidas, se encuentra gran parte de la vida económica y social.

Regular puntualmente las conductas de los miembros de la comunidad es una norma presente en todas las situaciones de necesidad y urgencia que afectan de modo absoluto la vida de la comunidad. Pero es el horizonte de la superación de la emergencia en vista de un retorno al orden preexistente lo que ha impreso una impronta funcionalista, pragmática, tecnocrática al régimen pandémico de la protección de la salud y de la vida. Una *dictadura comisarial* regida por la lógica totalitaria del resultado concreto a perseguir y legitimada, según criterios de conveniencia, en la remoción de los obstáculos de orden jurídico-institucional al gobierno de la emergencia y en la preparación de las condiciones para el retorno a la normalidad. Una dictadura en la que se permite recurrir a todo lo que los *comisarios* consideren necesario para la consecución del fin que se les ha encomendado. Como en la guerra.

La estructura narrativa del «nos cuidan» está flanqueada por una narrativa enfáticamente bélica. Hospitales *de trinchera*, *batallas* en los quirófanos, *soldados* en peligro, *caídos* en el *frente*, *héroes*, *mártires*, *boletín* diario de fallecidos. Un *estado de sitio sanitario*. Deberes de hacer, de no hacer, prohibiciones a veces absolutas y a veces relativas, cargas (*green pass*, vacunación) con distintos grados de intensidad de las prescripciones de espacio, tiempo y destinatarios. Y distintas consecuencias en caso de incumplimiento: sanciones pecuniarias, medidas de inhabilitación, prohibición de acceso a determinados territorios, suspensión de empleo. *Derechos cuando sea posible, deberes cuando sea necesario*.

Un ordenamiento que, en nombre de la seguridad y del retorno a la normalidad económico-social, ha sido autorizado a proceder a un *equilibrio* entre los deberes de protección impuestos por lo extraordinario de la situación de emergencia y las libertades fundamentales vigentes en situaciones de normalidad. Un ordenamiento objetivo de los cuidados y de la salud, donde la regla (la libertad) puede convertirse en la excepción y la excepción (la limitación de la libertad) en la regla.

4. CONSTITUCIONALISMO DE LOS DEBERES. LIBERTAD DE CUIDADOS Y VACUNACIÓN OBLIGATORIA

Las concretas variantes de las vacunas anti-Covid, las polémicas surgidas en torno a ellas y las atormentadas decisiones de la jurisprudencia para dirimir los conflictos surgidos tienen mucho que decir sobre este tema. Al menos en el caso italiano, donde los deberes públicos de protección han entrado en confrontación directa con el derecho fundamental a la libertad de cuidados. Meta valor de la solidaridad versus meta valor de la autodeterminación.

En el ordenamiento jurídico italiano, la posibilidad de limitar la libertad de cuidados ha oscilado siempre, con anterioridad a la pandemia, en el marco de la previsión constitucional contenida en el art. 32. Una disposición que subraya, en primer lugar, la dimensión social e individual del derecho a la salud, reconociendo a cada persona no solo el derecho a recibir los cuidados adecuados sino también la libertad de someterse o no a un tratamiento sanitario. Y sólo, en segundo lugar, autoriza limitaciones a la libertad de autodeterminación a condición de que sean ordenadas por el legislador en interés de la colectividad y que la ley no viole en ningún caso «los límites impuestos por el respeto de la persona humana».

La genérica expresión «interés de la colectividad» autoriza virtualmente a una amplia declinación de los casos en que se permiten los tratamientos médicos obligatorios. Durante mucho tiempo, sin embargo, la legislación y la jurisprudencia apuntaban al sentido de que la libertad de autodeterminación terapéutica sólo podía ser limitada en los casos en que su ejercicio ponía en peligro la salud pública. En el sentido concreto de que sólo cuando la elección de no vacunarse podía propagar el contagio, tal elección, si había una vacuna capaz de impedir su propagación, podía ser sacrificada.

En la legislación y la jurisprudencia constitucional anteriores a la pandemia de Covid19 no se planteaba, pues, el tema del equilibrio entre los deberes de protección de la salud de la colectividad y el derecho individual a la salud. La limitación de la libertad de cuidados se justifica sólo por la protección del derecho coexistente de los *demás*. La libertad de cuidados del individuo es la *regla*. Su limitación es la *excepción*, justificada sólo por el derecho de los demás miembros de la comunidad a no ver comprometido su derecho igualmente fundamental a no ser infectados.

Tras las sentencias de la Corte Constitucional italiana de febrero de 2023 (núm. 14, 15 y 16), la situación no es ya tan clara. En principio, la Corte salvaguardó el principio garantista de la libertad de cuidados del art. 32, pero absolvió al legislador en relación con las decisiones más controvertidas contenidas en las disposiciones normativas que preveían distintas limitaciones de derechos.

La Corte podría haber declarado la ilegalidad de las normas que prescribían la obligatoriedad de la vacuna para determinadas categorías de personas (el personal sanitario), ya que era controvertido, en el momento de su decisión, el presupuesto de hecho sobre el que se basaban: la idoneidad de la vacuna para alcanzar el objetivo epidemiológico de la prevención del contagio. Sin embargo, la Corte salvó las normas censuradas evaluándolas no a la luz de los conocimientos actuales, sino de los «hallazgos científicos disponibles sobre la eficacia y la seguridad de las vacunas» en el momento en que se dictaron. Es decir, consideró legítima la norma en la medida en que daba valor a la información que el legislador disponía en la primavera de 2021, información que hacía que la obligación en cuestión pareciera en ese momento «no desproporcionada» y «no irrazonable» para perseguir el objetivo de prevenir el contagio.

El artificio lógico-argumentativo utilizado para absolver la legislación del momento genera perplejidad. No sólo se salvó una decisión que a la luz de los datos disponibles en el momento de la sentencia resulta cuanto menos opinable, sino que además se indujo la convicción de que un tratamiento médico obligatorio podría ser considerado legítimo en el futuro aunque no concurriera la única finalidad (la prevención del contagio de la colectividad) que justifica la derogación de la libertad de autodeterminación del cuidado.

5. CONSTITUCIONALISMO DEFERENTE. EL DEBER DE ESTAR SANOS

Un *constitucionalismo deferente* hacia los poderes constituidos. Hacia las conclusiones de las autoridades técnicas en base a las cuales los poderes ejecutivo y legislativo adoptaron sus decisiones. Conclusiones que, de acuerdo con el método científico, nunca debieron ser consideradas como verdades de fe incontrovertibles, sino como pautas sobre las que es legítimo albergar dudas y someter a comparación con otras posiciones científicas, aunque se consideren heterodoxas.

La *deferencia* no acaba aquí. Aún más elocuente es un *obiter dictum* en el que la Corte, con la finalidad de excluir la viabilidad de los test nasales como medidas alternativas, abre la posibilidad a una vacunación que, aunque no impida el contagio, podría «prevenir la enfermedad... de los propios trabajadores» y evitar así el «riesgo de comprometer el funcionamiento del Servicio Sanitario Nacional».

Con esta afirmación, la Corte introduce subrepticiamente, por la ventana, la idea de que puede considerarse legítimo *obligar* a los ciudadanos a tomar un medicamento, la vacuna, destinado a una finalidad distinta de la contención de la propagación del contagio. La finalidad, de un interés público incuestionable, de prevenir enfermedades que pueden comprometer el funcionamiento eficiente de los centros sanitarios. Pero que, hasta ayer, creíamos que debía perseguirse a través de un refuerzo organizativo del sistema sanitario capaz de garantizar el carácter universalista e incondicional del derecho individual y social a la salud. Una declinación del interés de la colectividad que, externalizando la responsabilidad por las carencias del sistema sanitario sobre los miembros de la comunidad, introduce en el ordenamiento jurídico un *principio general del deber de estar sano*.

El *obiter dictum* encaja con un cierto *espíritu de los tiempos* surgido durante la pandemia, cuando se instó a los médicos y a los centros sanitarios a no tratar a los detractores de las mascarillas, las vacunas y los *green pass*. En efecto, si el bien a proteger con la vacunación obligatoria no es ya exclusivamente evitar la propagación del contagio, no se puede imponer ningún límite a una ley que imponga un tratamiento médico obligatorio. El mal funcionamiento del Sistema Sanitario Nacional, su desorganización y su infrafinanciación, que hace que los hospitales sean incapaces de proporcionar una atención adecuada, pueden convertirse en condiciones legitimantes de una obligación, de una *carga*: la *carga de mantenerse sano*.

El *dato objetivo* sobre el que se basa el control constitucional —la prevención del contagio a terceros— podría ser sustituido por la valoración subjetiva de la carga asumible, en un momento dado, por el Sistema Sanitario Nacional. Una valoración quizá apoyada en la *ciencia*, en los *expertos*, en modelos matemáticos de valoración de costes y beneficios, en algoritmos.

Un *paradigma*. Porque si la disminución de las hospitalizaciones se considera una vez —aunque sea a través de un *obiter dictum*— un objetivo capaz de justificar una obligación sanitaria, cualquier fármaco podría imponerse como obligatorio. Incluso el del colesterol, la hipertensión o cualquier otro.

El argumento del interés público en reducir la presión sobre los centros sanitarios es anterior a la contingencia de la emergencia pandémica. Una idea que se nutre de las directrices de la Organización Mundial de la Salud, que en un documento sobre la ética y los tratamientos médicos obligatorios sostuvo que las vacunaciones obligatorias pueden servir no sólo para interrumpir las cadenas de transmisión viral, sino también para otros objetivos socioeconómicos como el mantenimiento de un nivel *sostenible* de aglomeración en los centros sanitarios, su eficiencia y funcionalidad.

La analogía es evidente. Si la disminución de la hospitalizaciones fuera un objetivo capaz de establecer una obligación sanitaria de vacunación, cada medicamento podría ser considerado un *deber*. Se trata de un discurso en el que las empresas aparecen como las primeras interesadas en incentivar, a efectos de mercado, estilos de vida *saludables*, en promover los efectos beneficiosos de la actividad física y de una dieta sana, pero que también ve cómo los poderes públicos se dedican cada vez más a alabar una noción amplia de la salud como estado de bienestar físico, psíquico y social.

Un *discurso sobre la salud* sin peros, con sus certezas inquebrantables y su carácter socialmente imperativo. No fumar, mantenerse en forma, seguir una dieta estricta. Y sobre la necesidad, en caso de que seamos víctimas de un estilo de vida poco saludable, de fármacos y tratamientos sanitarios adecuados para mantenernos en un buen estado de salud.

No estamos todavía en la codificación de un deber jurídico de estar sano. Pero cuando un valor adquiere el *aura* de un interés supremo, se dan las condiciones para que sea considerado como un *deber de ciudadanía* que merece ser objeto de instrumentos blandos (protocolos, directrices) pero también, cuando sea necesario, de normas jurídicas capaces de garantizar su eficacia (cargas y obligaciones acompañadas de sanciones).

Un empujón suave para velar por el bien supremo de la salud al que los poderes públicos han recurrido en numerosas ocasiones en el estado de emergencia pandémica. Para el caso de que las diferentes formas de obediencia *persuadan* a los *desobedientes* que se negaban a entender, por miedo o por prejuicios ideológicos, que el aislamiento social, el distanciamiento, el *green pass* o la vacunación, eran todos *actos de amor* hacia sí mismos y hacia los demás, comportamientos funcionales a la vuelta al estado de normalidad.

6. PRODUCTIVOS Y RESILIENTES. LA ETERNIZACIÓN DE LA SOCIEDAD NEOLIBERAL

Legítimo, como legítima es la *dictadura comisarial* que administró, de modo más o menos eficaz y eficiente, el retorno a la normalidad.

Pero, ¿qué normalidad? La normalidad de una vida colectiva e individual regida antes incluso de la pandemia por una deontología muy exigente con el hombre de nuestro tiempo. Un hombre máquina ya *educado* para ajustarse a los *mandatos* del meta valor del principio de rendimiento, del *poder hacer sin límites*. Y de una retórica que habla la lengua del rendimiento y la resiliencia.

Los poderes públicos han recurrido en gran medida a este lenguaje en la guerra contra el virus. Empezando por la representación de la pandemia como un *stress test* para medir la fuerza y la capacidad normativa del principio de rendimiento y de sus mecanismos. La continuación con otros medios, pero con los mismos fines, del *estado de normalidad* neoliberal. Una normalidad de la que forma parte integrante una fe casi religiosa en las prescripciones de técnicos y expertos, una íntima participación de las formas con las que la ciencia y la tecnología funcionan para salvaguardar y potenciar nuestras capacidades.

Una fe en los *resultados magníficos y progresivos* de una medicina cuyo objetivo principal no es ya el de ayudar a superar la enfermedad y el sufrimiento, sino más bien el de aumentar nuestra eficiencia, mejorar nuestra estética, eliminar nuestras vulnerabilidades, transformar las experiencias traumáticas en catalizadores del rendimiento. Una medicina a la que la sociedad le pide que mantenga a un hombre máquina que tiene el *derecho de vivir en el placer permanente*. Sin sufrimiento y sin dolor. Y que cuando esto ocurre, recurre a fármacos utilizados originariamente en medicina paliativa.

Porque el dolor es algo que hay que ocultar para eliminarlo en nombre de la optimización y el rendimiento. Una experiencia a evitar (a nuestros hijos, a nuestros seres queridos), una experiencia condenada al silencio: *no tenemos que estar mejor, tenemos que ser lo mejor de nosotros mismos*. Los hombres del modo de producción neoliberal no pueden permitirse el escándalo del sufrimiento; no tienen tiempo. Todo se puede hacer, superar. Todo depende de nosotros («depende de ti»), de nuestra capacidad de hacer y reaccionar. «Sólo tienes que ser la mejor versión de ti mismo», recitan los gurús del *voluntarismo mágico*.

Una deontología que no se reduce a aquélla del *animal laborans arendtiano*, que vive sólo para satisfacer sus necesidades biológicas. El hombre rendimiento no se siente para nada un hombre sin cualidades. Experimenta el hacer sin límites como un *derecho natural* y un *deber para consigo mismo*. Una compulsión que procede, paradójicamente, del *poder hacer sin límites*. Ser afirmativo, positivo, esclavo de los propios deseos, no es una opción. Es lo que deseamos. No hay escapatoria: la capacidad ilimitada de hacer es también un deber ilimitado de hacer.

El hombre de la sociedad del rendimiento ha interiorizado en lo más profundo de su ser el imperativo de un proceso continuo de superación en todos los aspectos de su propia existencia. La formación permanente, la omnipresente necesidad de estar constantemente preparado para cualquier tarea, la perenne necesidad de saber reinventarse, de actualizarse eternamente, delinean la única subjetividad posible, la única *vida digna de ser vivida*.

La burguesía —decía Pier Paolo Pasolini sin que nadie le hiciera caso—, ya no es sólo una clase social, sino que se ha convertido en una enfermedad universal. Pero quizás hayamos ya superado el *individualismo posesivo* del liberalismo clásico. El individualismo neoliberal es, en cambio, un *individualismo obsesivo*.

El propietario del *liberalismo clásico* hace una reivindicación de inmunidad, una reivindicación de excluir a los demás de cualquier injerencia en su propio espacio: la libertad protegida por la constitución económica de poseer cosas, uno mismo, los propios asuntos, sin ningún tipo de impedimento. Un derecho de gestión ilimitada del propio espacio que, sin embargo, el ordenamiento considera llamado a entrar en conflicto con el exterior. Un conflicto que lleva intrínseco el sentido del límite, el deber de no interferencia con los espacios de libertad de los demás: mi derecho acaba donde empieza el tuyo.

La *sociedad liberal* es todavía, a su manera, una *sociedad disciplinaria*. El propietario es un sujeto de obediencia, sometido a las prohibiciones establecidas por el ordenamiento para proteger el igual derecho de gestión del espacio de los demás ciudadanos. El verbo modal negativo de la sociedad burguesa es el *no poder*, en el sentido de un poder limitado a una esfera delimitada de dominación. La *gramática de los derechos subjetivos que se limitan recíprocamente*. Una gramática que hasta ayer era también la del Estado constitucional.

El paradigma de la sociedad del rendimiento es, en cambio, el *poder hacer ilimitado* y el *deber social de hacer ilimitadamente*. El *«I can»* es la deontología profunda del hombre neoliberal, y si el *poder hacer ilimitadamente* implica someterse a las prescripciones de un orden objetivo, esto se vive como un precio justo. Es el precio pagado, de modo paradigmático, en la fase aguda de la emergencia por cumplir con las obligaciones y por ser titular de derechos condicionales y no absolutos, el precio de autoimponerse deberes y conductas autónomas y responsables, el precio de tener que someterse a recomendaciones, protocolos y, cuando sea necesario, incluso órdenes.

Un precio análogo al que el hombre neoliberal experimentó en gran medida incluso antes de la pandemia, cuando se sometía diariamente a las órdenes de un algoritmo capaz de mejorar su rendimiento. Y, a fin de cuentas, es precisamente esta falta de activación de los mecanismos de control y autorresponsabilidad la acusación que se hace a los detractores de las mascarillas, las vacunas y el *green pass*: es vuestro ilimitado y solipsista sentido de la autodeterminación lo que impide al resto de la sociedad ser libre, poder hacer sin límites, ser plenamente productivo.

Una acusación que revela la profunda atracción, también por parte de los *desobedientes*, por la antropología neoliberal. El hombre productivo, el hombre resiliente, niega la existencia de un límite impuesto desde el exterior planificando obsesivamente nuevas actividades. Es la *eternización de la sociedad neoliberal*.

7. DÉVELOPPEMENT DURABLE. GANAR TIEMPO

La frontera emergente de la eternización de la normalidad neoliberal lleva el persuasivo nombre de desarrollo sostenible. Un *nomen* evocador de altruismo, de generosidad, de *buenas prácticas*, de responsabilidad previsora por el destino del ecosistema, por los *derechos* de las generaciones futuras.

Una fórmula mágica, obsesivamente presente —al mismo nivel que la de la resistencia— en cada discurso público. Desde el burocrático del ejército de funcionarios encargados de la gestión de riesgos hasta el apasionado de las estrellas de Hollywood cuya ropa, más o menos escasa y muy cara, se fabrica rigurosamente de forma sostenible. El engaño de que está al alcance de la mano —«depende de ti»— el objetivo de hacer sostenible el actual modelo de desarrollo insostenible que está en el origen de la emergencia epidemiológica de la era pandémica y de las cada vez más frecuentes y cotidianas catástrofes ambientales y climáticas.

La manifestación de esta mala conciencia son las campañas para la transición ecológica, energética y digital de la Unión Europea y de sus Estados miembros. El *deber ser* postulado por estas campañas en nombre de la *economía verde* y de la *economía colaborativa*. La modernización que se pone el traje de los *buenos sentimientos* de los días festivos: cambiar las reglas del juego sin cambiar el juego, pasando una capa fina de verde y otra gruesa de nuevas tecnologías que hacen deseable el paradigma económico del crecimiento ilimitado de las naciones (el infame Producto Interior Bruto) y el paradigma psico-antropológico, estrictamente funcional al primero, del poder hacer sin límites.

Los apóstoles del desarrollo sostenible pretenden ignorar que cambiar las reglas del juego sin cambiar el juego es una forma de aferrarse a los imperativos del modo de producción neoliberal. Para prolongarlos todo lo posible, para *ganar tiempo*.

La traducción italiana del francés *développement durable* es, en su fresca ingenuidad, esclarecedora. Al poner el acento en la *durabilidad*, el *développement durable* devuelve perfectamente la modestia al horizonte del desarrollo sostenible[3]. Prolongar «el modelo de desarrollo sostenible conocido» partiendo de la base de que no hay otro futuro más allá de él. *There is no alternative*. La ideología consoladora de quienes quieren convencernos de que la cuadratura del círculo es posible, de que lo que hoy es productivo es también sinónimo de una *buena vida*.

---

[3] Mientras que el francés construye este concepto de desarrollo a partir de la nota de durabilidad (*développement durable*), tanto el italiano como el castellano ponen el acento en la cualidad de sostenible (*sviluppo sostenibile*, *desarrollo sostenible*) (N. del T.).

8. ANTROPOCENO, CAPITALOCENO, CONSTITUCIONALISMO DE LA TIERRA

No todas las narrativas del desarrollo sostenible son atribuibles a la mala propaganda o a la mala conciencia. Al menos no todas son conscientes de ello.

Las declinaciones más radicales parten del supuesto de que la humanidad ha entrado en una época geológica en la que el principal factor de degradación de la vida sobre la Tierra es la actividad humana. Esta etapa recibe el nombre de *Antropoceno* y exige la afirmación del valor intrínseco de la naturaleza y de la centralidad de la biosfera, de manera independiente y con carácter previo a la identificación de la utilidad e instrumentalidad de los recursos ambientales para el beneficio humano.

El verdadero nombre del *Antropoceno* depura las diferentes filosofías ecocéntricas: el *Capitaloceno*. No la humanidad en abstracto, sino los concretos poderes económicos-políticos son los responsables de exasperar hasta la enésima potencia la vulnerabilidad del equilibrio ecosistémico. Todos esos poderes que diariamente *vehiculan* la *schumpeteriana* ley de la destrucción creadora del capitalismo, la *universalizan*, hacen que el *verbo* del principio de rendimiento se eleve a principio general de funcionamiento de la entera vida social.

Esta depuración se traduce en una modesta *ganancia de tiempo* por parte de los estadios *avanzados* del modo de producción neoliberal. Por un lado, a través de una externalización del desarrollo insostenible hacia las partes del planeta que han emprendido, una vez más, una vía de crecimiento y de emancipación secular de la pobreza. Y, por otro lado, mediante una internalización de la destrucción creadora, una explotación sin precedentes de todo el tiempo de vida del ser humano, tanto de su vida biológica como de su vida contemplativa, de su naturaleza y de su cultura. De la *vida activa* en todas sus declinaciones.

Capitalización del ser humano, humanización del capital. La empresa fordista que, saliendo de las puertas de la fábrica, ha convertido toda la vida social en una gran, inmensa, fábrica. *Sociedad fábrica, hombre fábrica*. Una tragedia análoga a la de la destrucción del ecosistema, a la que se encuentra coligada.

Las filosofías ecocéntricas tratan de contrarrestar esta deriva extrayendo nuestro deber ser del ser de la naturaleza, de sus propósitos armoniosos mutilados por el individualismo posesivo de la burguesía y del individualismo obsesivo del hombre neoliberal.

No niego que existan estos propósitos de la naturaleza. Pero creo que, para volver a empezar de verdad, para dar vida a un ordenamiento que ponga en el centro un nuevo tipo de desarrollo, necesitaríamos extraer nuestro *deber ser* de alguna condición de nuestro *ser* que conjugue cultura y naturaleza. Esa *escucha*, esa filosofía del cuidado de la vulnerabilidad humana, que salió derrotada sólo temporalmente —ésa es mi esperanza— en la época de la (post) pandemia.

Seguimos cultivando celosamente estas *ilusiones benéficas*. En nombre de un *constitucionalismo exigente, antropocéntrico pero de una manera diferente*. Porque el punto de vista con el que miramos a la naturaleza no puede ser otro que el de los *hombres situados* que luchan en primera línea por la liberación de la miseria económica y social no menos que por la liberación de la miseria medioambiental.

Si esto es lo que piensa LUIGI FERRAJOLI (2020), lo suscribo. La exhortación *marxista* a cambiar el *estado de cosas* no puede no encontrar mi apoyo cuando Ferrajoli subraya la urgencia, a raíz de los desafíos abiertos por la pandemia y las nuevas guerras mundiales, de dar vida a un nuevo movimiento destinado a promover una *Constitución de la Tierra*. Una Constitución que ponga remedio a la «asimetría entre el carácter global de los poderes salvajes actuales de los mercados y el carácter todavía predominantemente local de la política y el Derecho».

Lo que me deja perplejo es que el fundamento de legitimación de esta esperada *nueva etapa del constitucionalismo global* pueda encontrarse en el valor racional de la solidaridad, en la intrínseca idoneidad de este valor para mantener unidos los intereses de todos. La solidaridad, para que no sea un mero deseo onírico, debe ir acompañada de las emociones organizadas de los pueblos, de sus propias pasiones.

Pasiones constituyentes. Pero éste es un tema para otra ocasión.

9. BIBLIOGRAFÍA

AGAMBEN, GIORGIO (2021; 12 de febrero). "L'arbitrio e la necessità", *Quodlibet*. Recuperado de: https://www.quodlibet.it/giorgio-agamben-arbitrio-necessit.

ARENDT, HANNAH (2009). *La vita della mente*. Il Mulino, Bologna.

AZZARITI, GAETANO (2021). *Diritto o barbarie. Il costituzionalismo moderno al bivio*. Laterza, Bari-Roma.

BALDINI, VINCENZO (2023). "L'emergenza sanitaria: tra stato di eccezione, trasformazione della costituzionc c garanzic del pluralismo democratico. Aspetti problematici (e poco convincenti...) della più recente giurisprudenza costituzionale". *Dirittifondamentali.it*, 1/2023.

BELLUCCI, ELOISA M. B. y MARICONDA, ANTONIO (2023). "L'obbligo vaccinale dinanzi alla Corte costituzionale: riflessioni sul diritto alla salute e sul consenso informato ai trattamenti sanitari". *Diritti umani e diritto internazionale*, 2.

BRANDALISE, ADONE (2014). "Apocalisse o della fine senza fine". *Tysm Literary Review*, 11(16).

BUSATTA, LUCIA (2023). "Giustizia costituzionale e obblighi vaccinali: alla Corte l'occasione, in cinque tempi, per consolidare il proprio orientamento". *Osservatorio Costituzionale*, 4/2023.

CAMISÓN YAGÜE, JOSÉ ÁNGEL (2023). "La pandemia del Covid 19 como (des)acontecimiento jurídico constitucional". *Eunomía. Revista en Cultura de la Legalidad*, 25.

CANTARO, ANTONIO (2018). "Veritas, Auctoritas, Lex nella disciplina europea della concorrenza", en ANTONIO CANTRO (ed.), *Economia e diritto dei mercati nello spazio europeo. Dall'età antica all'età globale*, Cisalpino, Milano.

CANTARO, ANTONIO (2021). *Postpandemia. Pensieri (meta)giuridici*. Giappichelli editore, Torino.

CERRINA FERRONI, GINEVRA (2023). "Obblighi vaccinali, conseguenze del mancato assolvimento e Costituzione. Una lettura critica delle sentenze della Corte costituzionale n. 14 e 15 del 2023". *Dirittifondamentali.it*, 2/2023.

CERUTI, MAURO y DELLA SETA, ROBERTO (2023). "Pensiero ecologico e antropocentrismo". *il Mulino*, 3/23.

CICCARELLI, ROBERTO (2022). *Una vita liberata. Oltre l'apocalisse capitalista*. Derive&Approdi, Bologna.

DEL BÒ, CORRADO (2022). "L'obbligo vaccinale durante la pandemia da Covid-19. Profili etici". *Quaderni di diritto e politica ecclesiastica*, 2.

FERRAJOLI, LUIGI (2007). *Principia iuris. Teoria del diritto e della democracia. Vol. 2: Teoria della democrazia*. Laterza, Roma-Bari.

FERRAJOLI, LUIGI (2020). "Per una Costituzione della Terra". *Teoria politica*, 10.

GIUNGATO, LUIGI (2020). "Niente sarà più come prima. Il Covid-19 come narrazione apocalittica di successo". *H-ermes, Journal of Communication*, 16.

GUAZZAROTTI, ANDREA (2023). *Neoliberismo e difesa dello stato di diritto in Europa. Riflessioni critiche sulla costituzione materiale dell'UE*. FrancoAngeli, Milano.

HABERMAS, JÜRGEN (2005). "La costituzionalizzazione del diritto internazionale ha ancora una possibilità", en JÜRGEN HABERMAS (ed.), *L'Occidente diviso*, Laterza Roma-Bari.

HAN, BYUNG-CHUL (2021). *La società senza dolore. Perché abbiamo bandito la sofferenza dalle nostre vite*. Einaudi, Torino.

IANNELLO, CARLO (2022). "Oltre il Covid. Verso l'obbligo di cura per i sani? Il pericoloso tentativo di scardinare ex post la ratio liberal-democratica dell'obbligo vaccinale per 'giustificare' «scelte tragiche» rivelatesi errate per razionalità postuma". *Dirittifondamentali.it.*, 3/2022.

IANNELLO, CARLO (2023). "La ratio dell'obbligo vaccinale nella recente giurisprudenza costituzionale". *Dirittifondamentali.it.*, 2/2023.

IANNELLO, CARLO (2023). "La sentenza n. 14/2023 della Corte Costituzionale: l'obbligo vaccinale è legittimo solo se serve a prevenire il contagio". *Aic Osservatorio Costituzionale*, 4/2023.

LOSURDO, FEDERICO (2018). "L'ultima scelta. Dogmatiche dell'autodeterminazione e fine vita", *Koreuropa*, 12.

LUCIANI, MASSIMO (2022). "Il diritto e l'eccezione". *Rivista AIC*, 2/2022.

MANGIA, ALESSANDRO (2021). "Si caelum digito tetigeris. Osservazioni sulla legittimità costituzionale degli obblighi vaccinali". *Rivista AIC*, 3/2021.

MASSA PINTO, ILENIA (2020; 25 de diciembre). "Fratelli tutti. Un'enciclica costituzionale?", *Giustizia Insieme*.

MASSA PINTO, ILENIA (2021). *Oltre le gerarchie sociali. In difesa del costituzionalismo sociale*. Laterza, Roma-Bari.

PANTALONE, PASQUALE (2023). *La crisi pandemica dal punto di vista dei doveri. Diagnosi, prognosi e terapia dei problemi intergenerazionali secondo il diritto amministrativo*. Editoriale Scientifica, Napoli.

PULCINI, ELENA (2020). *Cura e giustizia. Le passioni come risorsa sociale*. Bollati Boringhieri, Torino.

RUGGERI, ANTONIO (2021). "La vaccinazione contro il Covid-19 tra autodeterminazione e solidarietà". *Dirittifondamentali.it*, 2/2021.

SCHMITT, CARL (1975). *La dittatura. Dalle origini dell'idea moderna di sovranità alla lotta di classe proletaria*. Laterza, Roma-Bari.

SNOWDEN, FRANK M. (2020). *Storia delle epidemie. Dalla morte nera al Covid-19*. LEG Edizioni, Gorizia.

TALEB, NASSIM NICHOLAS (2007). *Il cigno nero. Come l'improbabile governa la nostra vita*. Il Saggiatore, Milano.

VIROLI, MAURIZIO y MALVANCINI, MASSIMILIANO (2020). "Sentirsi responsabili l'uno dell'altro. Ethos repubblicano e doveri costituzionali, argini alla pandemia", en MASSIMILIANO MALVICINI, TOMMASSO PORTALURI y ALBERTO MARTINENGO (eds.), *Le parole della crisi le politiche dopo la pandemia. Guida non emergenziale al post-Covid-19*. Editoriale Scientifica, Napoli.

Capítulo 5

PANDEMIA Y LIBERTAD DE INICIATIVA ECONÓMICA DESDE LA PERSPECTIVA DEL DERECHO PRIVADO ITALIANO[1]

Chapter 5. *Pandemic and freedom of enterprise in the perspective of italian private law*

Letizia Coppo
Associate professor of private law
Université Catholique de Lyon
lcoppo@univ-catholyon.fr

RESUMEN: Este capítulo pretende investigar el impacto de la pandemia en la libertad de iniciativa económica desde la perspectiva del derecho italiano, analizando los dos casos paradigmáticos del destino de los contratos por obras y servicios y de los contratos de arrendamiento comercial en curso en el momento de la emergencia médica y de la adopción por parte del legislador de las medidas de contención. El objetivo del análisis es demostrar que las crisis sistémicas, como la pandemia, requieren una respuesta igualmente sistémica y que esta respuesta debe verse en una interpretación solidariamente y pandemicamente orientada del derecho civil tradicional.

Palabras clave: derechos fundamentales — libertad de iniciativa económica — contrato — obligaciones — buena fe — obras y servicios — arrendamiento comercial — pandemia – solidaridad – excesiva onerosidad – fuerza mayor

---

1 Ponencia realizada en el Seminario Internacional «El reto de la normativa Covid para los derechos fundamentales», celebrado en la Universidad de Alicante los días 23 a 25 de octubre de 2023. Agradecemos a la profesora Letizia Coppo su amable aceptación a la publicación de su intervención en esta obra colectiva. La traducción al castellano del original en italiano ha sido realizada por la propia profesora Coppo y ha sido revisada por el profesor Fernando Ballester Laguna.

ABSTRACT: This chapter aims at investigating the impact of pandemics on the freedom of enterprise from the perspective of Italian private law, through an analysis of two paradigmatic issues: the destiny of the works and services contract and the one of the commercial lease contracts formed before the outbreak of the health emergency and the adoption of the measures imposing the lockdown. The purpose of the analysis is to show that systemic crisis like a pandemia, require equally systemic answers and such answer must be found in a solidaristic and pandemic-oriented interpretation of traditional civil law.

Keywords: fundamental rights – freedom of enterprise – contract – obligations – good faith – works and services – comercial lease – pandemic – solidarity – hardship — forcé majeure

1. INTRODUCCIÓN

En un volumen dedicado al impacto de la pandemia Covid19 en los derechos fundamentales, la elección de centrar el informe en la libertad de iniciativa económica puede parecer cuestionable a los ojos de un jurista italiano. En efecto, en la Constitución italiana la libertad en cuestión, reconocida por el art. 41, no figura en la lista de «derechos humanos inviolables» cuyo reconocimiento y protección por la República son principios fundamentales — y, como tales, inmutables, so pena de subvertir el orden constitucional mismo[2] — sino más bien en la categoría de «relaciones económicas», donde también aparece el derecho a la propiedad[3].

---

2 Cfr., para todas, Corte Cost., 29 dicembre 1988, n. 1146, en *Giurisprudenza costituzionale*, 1988, p. 5565, y en *Foro italiano*, 1989, I, c. 609, donde leemos, en relación con el delicado tema de la relación entre el Derecho nacional y el Derecho comunitario en cuyo contexto se plantea la llamada teoría de los contra-límites, que la Constitución italiana contiene algunos principios supremos que no pueden ser subvertidos o modificados en su contenido esencial ni siquiera por leyes de revisión constitucional u otras leyes constitucionales. Se trata tanto de los principios que la propia Constitución establece explícitamente como límites absolutos a la facultad de revisión constitucional, como es la forma republicana (art. 139 de la Constitución), como de los principios que, si bien no se mencionan expresamente entre los no sujetos al procedimiento de revisión constitucional, pertenecen a la esencia de los valores supremos en los que se basa la Constitución italiana.

3 LUCIANI, MASSIMO (2014), *passim*; y ID. (1983), p. 41 ss.

Sin embargo, tras un análisis más cercano, esta diferencia cualitativa no se traduce en una diferencia operativa en el tratamiento del derecho en cuestión. En efecto, la Constitución italiana, si bien distingue a nivel formal entre derechos inviolables y, a la inversa, derechos no inviolables, no establece una jerarquía entre ambas categorías que permita sancionar *tout court* y *a priori* una prevalencia de los primeros sobre los otros cuando existe un conflicto entre derechos, pero encomienda al legislador y al juez constitucional la tarea de realizar una ponderación que, caso por caso, establezca la prevalencia de un derecho sobre el núcleo esencial del otro[4].

En otras palabras, la libertad de iniciativa económica está protegida por la legislación italiana como si fuera un derecho fundamental. Esto — junto con la observación de que la libertad de iniciativa económica figura entre los derechos fundamentales en las principales tradiciones jurídicas europeas[5], así como en el *acquis communau-*

---

4 Así CARTABIA, MARTA (2013), p. 10.

5 En la Constitución Española, la libertad de iniciativa económica, reconocida por el art. 38, figura en el Título I, «De los derechos y deberes fundamentales». Para un seguimiento v. GONZÁLES-TREVIJANO SANCHEZ, PEDRO (2024). En Francia, la libertad de empresa (*liberté d'entreprendre*), concepto que no coincide perfectamente con el de libertad de iniciativa económica, no está prevista en la Constitución, pero fue constitucionalizada por el *Conseil constitutionnel* (n°2011-139 QPC du 24 juin 2011, considérant n. 3) a través de una interpretación extensa del art. 4 de la Declaración de los Derechos del Hombre y del Ciudadano de 1789, según la cual « *La liberté consiste à pouvoir faire tout ce qui ne nuit pas à autrui : ainsi, l'exercice des droits naturels de chaque homme n'a de bornes que celles qui assurent aux autres membres de la société la jouissance de ces mêmes droits. Ces bornes ne peuvent être déterminées que par la loi* ». En la justificación de la decisión del Tribunal Constitucional francés leemos: « *Considérant que, si postérieurement à 1789 et jusqu'à nos jours, les finalités et les conditions d'exercice du droit de propriété ont subi une évolution caractérisée à la fois par une notable extension de son champ d'application à des domaines individuels nouveaux et par des limitations exigées par l'intérêt général, les principes mêmes énoncés par la Déclaration des droits de l'homme ont pleine valeur constitutionnelle tant en ce qui concerne le caractère fondamental du droit de propriété dont la conservation constitue l'un des buts de la société politique et qui est mis au même rang que la liberté, la sûreté et la résistance à l'oppression, qu'en ce qui concerne les garanties données aux titulaires*

taire[6] — legitima la inclusión de la libertad en cuestión a la narrativa de los derechos fundamentales.

Sin embargo, el acercamiento de la libertad de iniciativa económica a la luz de la pandemia está legitimado por la observación de que la libertad en cuestión fue uno de los derechos constitucionales que sufrió mayores limitaciones debido a la legislación de emergencia — las llamadas medidas de contención[7] — y de tal magnitud

---

de ce droit et les prérogatives de la puissance publique; que la liberté qui, aux termes de l'article 4 de la Déclaration [de 1789], consiste à pouvoir faire tout ce qui ne nuit pas à autrui, ne saurait elle-même être préservée si des restrictions arbitraires ou abusives étaient apportées à la liberté d'entreprendre». Para una reflexión sobre el particular véase CHAMPEIL-DESPLATS, VÉRONIQUE (2007), p. 19; y EAD. (2018), p. 666. En Alemania, la libertad de iniciativa económica (Die unternehmerische Freiheit) no es autónoma, sino que está protegida mediante la protección de una serie de derechos expresamente calificados de fundamentales, entre ellos la libertad de profesión (art. 12 apartado 1 GG), la libertad de asociación (art. 9 párr. 1 GG), libertad patrimonial (art. 14 GG) y libertad contractual. Sobre este punto, ver REIMER, FRANZ (2024).

6 De hecho, la libertad de iniciativa económica está reconocida por la Carta de los Derechos Fundamentales de la Unión Europea, en particular por el art. 16: v. FRA – *European Union Agency for Fundamental Rights* (2015). En el Convenio Europeo de Derechos Humanos no existe ninguna disposición similar al art. 16 de la Carta de los Derechos Fundamentales de la Unión Europea, pero la jurisprudencia del Tribunal Europeo de Derechos Humanos ha reconocido indirectamente los componentes más significativos de la libertad de iniciativa económica basada en el derecho a la propiedad consagrado en el art. 1, Protocolo núm. 1, CEDH (Trib. EDH, *Smith Kline and French Laboratories v. the Netherlands*, n. 12633/87, 4 octubre 1990), en la libertad de expresión en el sector comercial consagrada en el art. 10 CEDH (Trib. EDH, *Smith Kline and French Laboratories v. the Netherlands*, cit.; Trib. EDH, *Krone Verlag GmbH & Co. KG v. Austria* (n. 3), n. 39069/97, 11 diciembre 2003; Trib. EDH, *Casado Coca v. Spain*, n. 15450/89, 24 febrero 1994; Trib. EDH, *Barthold v. Germany*, n. 8734/79, 25 marzo 1985; así como Trib. EDH, *Anheuser Busch v. Portugal*, n. 73049/01, 11 enero 2007, par. 72; y Trib. EDH, *Ghigo v. Malta*, n. 31122/05, 26 septiembre 2006, par. 50), así como en el derecho a trabajar y ganarse la vida eligiendo libremente la propia ocupación consagrado en el art. 1 Carta Social Europea.

7 Ministero della salute, ord. 25 gennaio 2020, y 30 gennaio 2020; Consiglio dei ministri, delibera 31 gennaio 2020; D.L. 23 febbraio 2020, n. 613; D.L.,

que producirían un efecto masivo en sectores enteros del mercado. Hubo, en particular, dos sectores en los que el impacto de la pandemia en la libertad de iniciativa económica suscitó la reflexión de los juristas en el ámbito del derecho privado: el de los contratos por obras y servicios y el de los arrendamientos comerciales.

Este capítulo pretende centrarse en estos dos sectores, después de haber esbozado las coordenadas esenciales de la relación entre medidas de contención y libertad de iniciativa económica, con el objetivo, no sólo, de dar cuenta de los problemas planteados y de las soluciones encontradas o propuestas, sino también de proponer, a través del análisis retrospectivo de estos elementos, una evaluación de los riesgos relacionados con emergencias globales y sistémicas como la resultante de la pandemia y de los anticuerpos que el derecho civil "tradicional" puede producir para gestionarlos o, incluso, prevenirlos.

Precisamente el carácter sistémico y global de situaciones de emergencia como la pandemia Covid19 nos hacen presumir que esta situaciones son, si no cíclicas, al menos repetibles en el futuro y exigen por tanto la implementación de una política de *governance* del riesgo que no se quede en manos de legislaciones efímeras sin el debido desapego de la emergencia, sino que surja de una coordinación armoniosa y coherente de todos los componentes del sistema[8]. Como ya lo ha comprendido el legislador europeo, la sociedad contemporánea es una sociedad de riesgo y, por tanto, el sistema jurídico debe adaptarse a esta dimensión[9].

---

2 marzo 2020, n. 914; D.L. 8 marzo 2020, n. 1115; D.L. 9 marzo 2020, n. 1416; D.L. 16 marzo 2020, n. 1717; D.P.C.M. 23 febbraio 202019; D.P.C.M. 25 febbraio 202020; D.P.C.M. 1° marzo 2020-21; D.P.C.M. 4 marzo 2020-22; D.P.C.M. 8 marzo 2020-23; D.P.C.M. 9 marzo 2020-24; D.P.C.M. 11 marzo 2020-25; L. 5 marzo 2020-26, n. 13.

8 Sobre la necesidad de que las crisis "sistémicas" correspondan a reacciones igualmente "sistémicas", v. PERLINGIERI, PIETRO (2016), pp. 319-321. Sobre la "legislación de lo efímero", v. las observaciones de PALERMO, GIANFRANCO (2016), *passim*.

9 Tomemos por ejemplo el Reglamento (UE) 2024/1689 del Parlamento Europeo y del Consejo, de 13 de junio de 2024, por el que se establecen normas

2. LAS COORDENADAS ESENCIALES DE LA RELACIÓN ENTRE LIBERTAD DE EMPRESA Y LIBERTAD DE INICIATIVA ECONÓMICA EN EL ORDENAMIENTO JURÍDICO ITALIANO

La libertad de iniciativa económica se prevé como un derecho autónomo del de propiedad en el art. 41 de la Constitución italiana que es una de las normas más controvertidas desde el punto de vista hermenéutico[10] y, al mismo tiempo, la piedra angular de toda la Constitución económica italiana[11].

Según el art. 41 de la Constitución italiana, reformado en 2022, «La iniciativa económica privada es libre. No puede tener lugar en conflicto con la utilidad social o de tal manera que cause daños a

---

armonizadas en materia de inteligencia artificial y por el que se modifican los Reglamentos (CE) n. 300/2008, (UE) n. 167/2013, (UE) n. 168/2013, (UE) 2018/858, (UE) 2018/1139 y (UE) 2019/2144 y las Directivas 2014/90/UE, (UE) 2016/797 y (UE) 2020/1828 (Reglamento de Inteligencia Artificial), art. 9: «Sistema de gestión de riesgos. 1. Se establecerá, implantará, documentará y mantendrá un sistema de gestión de riesgos en relación con los sistemas de IA de alto riesgo. 2. El sistema de gestión de riesgos se entenderá como un proceso iterativo continuo planificado y ejecutado durante todo el ciclo de vida de un sistema de IA de alto riesgo, que requerirá revisiones y actualizaciones sistemáticas periódicas. Constará de las siguientes etapas: a) la determinación y el análisis de los riesgos conocidos y previsibles que el sistema de IA de alto riesgo pueda plantear para la salud, la seguridad o los derechos fundamentales cuando el sistema de IA de alto riesgo se utilice de conformidad con su finalidad prevista; b) la estimación y la evaluación de los riesgos que podrían surgir cuando el sistema de IA de alto riesgo se utilice de conformidad con su finalidad prevista y cuando se le dé un uso indebido razonablemente previsible; c) la evaluación de otros riesgos que podrían surgir, a partir del análisis de los datos recogidos con el sistema de vigilancia poscomercialización a que se refiere el artículo 72; d) la adopción de medidas adecuadas y específicas de gestión de riesgos diseñadas para hacer frente a los riesgos detectados con arreglo a la letra a). *Omissis*».

10 BALDASSARRE, ANTONIO (1971), p. 582 ss.; IRTI, NATALINO (1998), *passim*; COCOZZA, FRANCESCO (1992), p. 90; AZZARITI, GAETANO (2000), p. 145; y CHESSA, OMAR (2016), pp. 119-120.

11 NIRO, RAFFAELLA (2006), p. 849.

la salud, el ambiente, la seguridad, la libertad o la dignidad humana». El objeto de protección de la norma constitucional es la actividad productiva, generalmente realizada en forma de negocio. A pesar del tenor literal del artículo, la jurisprudencia constitucional se mantiene firme al sostener que este objeto es unitario, es decir, que la garantía prevista en el primer párrafo se refiere no sólo a la fase inicial de elección de la actividad, sino también a los momentos posteriores de su ejecución[12], y, consiguientemente, los limites previstos para la norma se aplican a ambas fases[13].

Una parte de la doctrina italiana ha considerado que la norma en cuestión sólo es aplicable a la actividad empresarial en sentido estricto, basándose en la elección del legislador constitucional de utilizar las palabras «iniciativa» y «empresa», así como en la definición de empresario, prevista por el Código Civil, como todo aquel que profesionalmente realiza una actividad económica organizada con el fin de producir o intercambiar bienes o servicios (art. 2082 del Código Civil). Según dicha doctrina, solamente la ejecución de este tipo de actividad — que se compone de un haz de libertades, como la libertad de disponer de los bienes, de invertir los capitales, de destinarlos a la producción o al comercio de bienes o servicios o a la adquisición de la riqueza, de la libertad contractual y del poder de organizar el proceso productivo — es susceptible de realizarse en contraste con la dignidad humana y, por supuesto, necesita de límites.

Otra parte de la doctrina ha considerado, sin embargo, que el art. 41 de la Constitución italiana es aplicable a cada acto con el cual la persona elige el fin económico que aspira a realizar y, correlativamente, la actividad con la cual organiza los medios para realizar este fin, es decir no solo el ejercicio de una profesión liberal, sino también el trabajo por cuenta ajena o, incluso, la elección de establecer

12 Corte Cost., 31 maggio 1960, n. 35, en *www.giurcost.org*; Corte Cost., 5 giugno 1962, n. 54, en *www.cortecostituzionale.it*.

13 ESPOSITO, CARLO (1962), p. 33 ss.

organizaciones sindicales de categoría o de adherirse a organizaciones sindicales existentes[14].

Ninguna de las dos tesis fue aceptada por la doctrina mayoritaria y por la jurisprudencia constitucional, que, por un lado, no consideró que la iniciativa económica a que se refiere el art. 41 de la Constitución italiana pueda reducirse a la actividad empresarial, ya que ésta es sólo una de las formas en que se puede ejercer la actividad económica; por otra parte, tampoco consideraron que esta iniciativa pudiera extenderse al trabajo subordinado. Pero –se afirma— la iniciativa económica puede incluir otras actividades económicas non organizadas en empresa como las prestaciones de trabajo ocasionales o el trabajo autónomo o, en algunas hipótesis, las profesiones intelectuales[15].

Ahora bien, la legislación de emergencia dictada durante la pandemia ha afectado sin duda significativamente a la libertad de realización de la iniciativa económica, hasta el punto de haber obligado a cerrar los locales de numerosos establecimientos comerciales, impidiéndoles de hecho la actividad. Estas intervenciones limitadoras de actividades productivas actuaron principalmente con la cobertura de las cláusulas de «seguridad» y «utilidad social» del segundo párrafo del art. 41 de la Constitución italiana, en particular, el límite se adaptó a las circunstancias producidas por la emergencia sanitaria de seguridad.

No es necesario remitirse a la interpretación amplia dada por la jurisprudencia Constitucional, que llegó a identificar este límite con la «vida civil ordenada» y, por tanto, a solaparlo con la seguridad pública contenida en los arts. 16 y 17 de la Constitución italia-

---

14 MAZZIOTTI, MANLIO (1956), p. 151; ESPOSITO, CARLO (1962), p. 172.

15 PACE, ALESSANDRO (1992), p. 465; Corte cost. 29 marzo 1961, n. 13, en *Foro italiano*, 1961, I, c. 566; Corte Cost., 22 gennaio 1976, n. 17, en *Rivista di diritto del lavoro*, 1976, II, p. 47 ss.; y en *Giurisprudenza commentata*, 1976, II, p. 143; Corte Cost., 25 marzo 1976, n. 59, en *Foro italiano*, 1976, I, c. 892.

na[16]. Recordemos la seguridad entendida en sentido subjetivo — que se acompaña mejor de la «libertad» y la «dignidad humana» del art. 41, par. 2 — y no limitada a la seguridad física sino en estrecha conexión con el art. 32 del texto constitucional, que protege «la salud también como derecho al medio ambiente», postulando un concepto de seguridad físico-psíquica mucho más amplio que el que coincide con la seguridad por sí sola y con el art. 4 de la Constitución italiana, con miras a proteger el derecho al trabajo[17].

La cobertura ofrecida por las prestaciones sociales ha sido más amplia. Frente a la estratificación casuística derivada de la jurisprudencia constitucional, de la que emerge una lógica común que considera de utilidad social aquellos bienes que no sólo son considerados tales por el legislador ordinario, sino que también y sobre todo gozan de protección y garantía directa en la Constitución[18], sería más fácil incluir en esta cláusula la protección del derecho a la salud y la protección en el lugar de trabajo.

Pero siguiendo una doctrina consolidada que define la utilidad social, estructuralmente, como un principio de válvula o cláusula general y, funcionalmente, como un concepto de valor[19], es posible llenar de contenido esta cláusula potenciando el adjetivo «social» y reconociendo que la utilidad es la de la sociedad futura diseñada por el segundo párrafo del art. 3 de la Constitución italiana[20]: en el ámbito económico, tanto los límites como los objetivos de la actividad económica son definidos por el legislador en virtud de ese

---

16 Corte Cost., 23 giugno 1956, n. 2, en *Giurisprudenza costituzionale*, 1956, p. 561.

17 LUCIANI, MASSIMO (1983), pp. 194-195.

18 *Ibidem*, p. 138.

19 BALDASSARRE, ANTONIO (1971), p. 604.

20 LUCIANI, MASSIMO (1983), p. 117 ss. El artículo 3.2. de la Constitución italiana establece lo siguiente: «Es deber de la República eliminar los obstáculos económicos y sociales que, limitando efectivamente la libertad y la igualdad de los ciudadanos, impiden el pleno desarrollo de la persona humana y la participación efectiva de todos los trabajadores en la organización política, económica y social del país».

proyecto de transformación social. Por eso se cree que la cláusula de utilidad social, como guía del legislador, puede expresar más su potencial en la fase de reconstrucción y reacción a los efectos negativos económico-sociales dejados por la pandemia, más que en la fase de emergencia donde la protección de la vida, la salud y la seguridad en el trabajo eran una prioridad.

Si bien pueden surgir pocas dudas sobre el hecho de que la enorme limitación a la libertad de iniciativa económica impuesta por la legislación italiana para hacer frente a la pandemia estaba justificada por el equilibrio con los límites que acabamos de ilustrar – sin perjuicio de una verificación de la proporcionalidad y adecuación de la medidas individuales adoptadas, así como la compatibilidad con el ordenamiento jurídico de la fuente con la que tales medidas fueron legitimadas y luego implementadas[21] – es necesario, sin embargo, cuestionar las consecuencias económicas de tales limitaciones y la posibilidad de que otro principio constitucional fundamental, que de solidaridad, impone al ordenamiento jurídico la obligación de mitigar estas consecuencias en beneficio de quienes ejercen una actividad económica. Y no me refiero sólo al ordenamiento jurídico entendido como "el legislador de la pandemia", sino al ordenamiento jurídico en su totalidad, entendido como el conjunto de normas y principios contenidos en el Código Civil y dejados a la aplicación de la ley.

---

21 Desde el punto de vista de las garantías de libertad de iniciativa económica privada, el hecho de que la adopción de "medidas urgentes" para "contener, gestionar o afrontar" la emergencia epidemiológica por la covid-19 haya sido legitimada por una cadena de decretos leyes y delegados a uno o más decretos del presidente del consejo de ministros, así como, en espera de retrasos y en casos de extrema necesidad y urgencia, al ministro de salud, a los presidentes de las regiones y a los alcaldes, ha planteado problemas de compatibilidad con la reserva legal que la doctrina, en línea con una jurisprudencia antigua pero inalterada del Tribunal Constitucional (Corte Cost., 23 maggio 1964, n. 40, en *Giurisprudenza costituzionale*, 1964, p. 522 ss.), considera implícito en el apartado 2 del artículo 41 Cost.: CECCHETTI, M. (2000), p. 71 ss.

3. EL IMPACTO DE LA PANDEMIA EN LOS CONTRATOS DE OBRA O SERVICIO

El primer ámbito que es necesario analizar para responder a la pregunta planteada al final del párrafo anterior es el de los contratos de prestación periódica de obra o servicios, estipulados antes de la propagación del Covid19. Se hace referencia, en particular, a los abonos de teatros, gimnasios y similares, firmados antes de la pandemia[22].

En cuanto a los contratos en cuestión, el cumplimiento de las medidas de confinamiento ha obligado a los prestadores de obras y servicios a cerrar sus locales comerciales, imposibilitando así la continuidad de la actividad. Al no poder disfrutar de los servicios acordados, numerosos clientes y usuarios han solicitado la resolución del contrato y la consiguiente devolución de la compensación económica. Para hacer frente a esta eventualidad y evitar sus desastrosas consecuencias económicas, algunos proveedores de obras y servicios se han organizado de tal manera que ofrecen a los clientes la prestación en una modalidad alternativa, es decir, en línea, con sesiones síncronas o asíncronas.

Dado el riesgo de que una parte tan importante de los operadores económicos sufra una pérdida casi total de sus ingresos, surge el problema de determinar si los clientes o usuarios tienen derecho a rechazar la prestación del método alternativo y aun así obtener la resolución del contrato con reembolso del importe pagado o, al menos, la conversión de este último en un bono utilizable en el plazo de un año, de conformidad con lo dispuesto, pero sólo en referencia a algunos contratos, en el art. 88 del D.L. 18/2020. Dado que no existe en el ordenamiento jurídico una norma *ad hoc* sobre este punto, es necesario preguntarse si se puede buscar una respuesta, en un sentido u otro, derivando un principio de las reglas

---

22 Sobre este tema, v., más completo, COPPO, LETIZIA (2020), pp. 396-407.

del derecho privado "tradicional" o si, por el contrario, conviene una intervención del legislador.

En términos jurídicos, el problema que se acaba de ilustrar es el de la posibilidad o no de que el deudor rechace la ejecución por el acreedor de una prestación distinta de la pactada, ante la imposibilidad de realizar esta última. Sobre la imposibilidad de cumplimiento, el Código civil italiano dicta dos normas pertinentes en la parte dedicada a las obligaciones en general (arts. 1256 y 1258 c.c.) y dos normas pertinentes en la parte dedicada a los contratos en general (arts. 1463 y 1464 c.c.).

Según las normas sobre las obligaciones en general, si el cumplimiento se hace imposible por causas no imputables al deudor, la obligación se extingue, mientras que, si el cumplimiento se hace sólo parcialmente imposible, el deudor queda liberado cumpliendo con la parte que quedó posible; según las reglas del contrato en general, si la prestación resulta imposible por causas no imputables al deudor, éste no puede solicitar la contraprestación y debe devolver lo ya recibida según las reglas sobre el pago indebido, mientras que, si el cumplimiento se ha vuelto sólo parcialmente imposible, el acreedor tiene derecho a una reducción correspondiente en el cumplimiento adeudado y también puede «rescindir el contrato si no tiene un interés apreciable en el cumplimiento parcial».

La lectura de las normas recién citadas lleva a preguntarse si la provisión de trabajo en los casos considerados al principio se ha vuelto totalmente imposible o sólo parcialmente imposible, ya que todavía se ofrece de forma alternativa. Si se tiende a la imposibilidad total, entonces hay que concluir que el contrato queda automáticamente rescindido y el acreedor tiene derecho al reembolso de la contraprestación; si la interpretación se decanta por la imposibilidad parcial, entonces hay que concluir que el acreedor sólo tiene derecho a una reducción de la contraprestación, a menos que demuestre que no tiene un interés apreciable en el cumplimiento parcial, es decir, en este caso, en el rendimiento alternativo.

Para responder a la pregunta hay que resolver otro problema, el de establecer si el servicio alternativo puede realmente calificarse como servicio parcial. Si bien no hay duda de que una prestación cuantitativamente inferior a la acordada puede clasificarse como prestación parcial, es dudoso, sin embargo, que una prestación cualitativamente inferior a la acordada pueda clasificarse como parcial; ¿debería calificarse como una actuación diferente, como un *aliud*?

El concepto de cumplimiento parcial se pone de relieve no sólo en las citadas normas dedicadas a la imposibilidad parcial, sino también en una serie de normas dedicadas al incumplimiento: el art. 1218 c.c., que equipara esencialmente el cumplimiento incorrecto con el incumplimiento a efectos de la responsabilidad contractual; el art. 1181 c.c., según el cual el acreedor siempre puede rechazar el cumplimiento parcial, incluso si el cumplimiento es divisible, salvo disposición en contrario de la ley o la costumbre; el art. 1197 c.c., según el cual el deudor «no puede liberarse realizando un servicio distinto del debido, aunque sea de igual o mayor valor, sin el consentimiento del acreedor»[23]; y el art. 1455 c.c., que obliga al acreedor a tolerar aquellas discrepancias entre la prestación pactada y la prestada que sean de poca importancia en comparación con su interés[24].

Una parte autorizada de la doctrina italiana ha deducido de la lectura de las normas recién citadas una diferencia de trato entre prestaciones cuantitativamente diferentes y cualitativamente diferentes: la disciplina relativa al cumplimiento parcial y a la imposibilidad se aplicaría a las primeras, mientras que el art. 1197 c.c.

---

23 Como se puede observar, el código civil italiano no habla expresamente de cumplimiento parcial, sino de cumplimiento parcial o incorrecto o de imposibilidad parcial. Sin embargo, estos conceptos presuponen el concepto de ejecución parcial. Sobre este punto v. FONDRIESCHI, ALBA (2005).

24 Art. 1455 c.c., titulado «Importancia del incumplimiento», según el cual «El contrato no puede resolverse si el incumplimiento de una de las partes tiene poca importancia respecto del interés de la otra».

respecto de la ejecución de un servicio distinto al pactado[25]. En otras palabras, según la doctrina antes mencionada, las prestaciones cualitativamente diferentes no serían prestaciones parciales, que el acreedor puede rechazar, pero que, por lo demás, serían liberatorias, sino prestaciones diferentes, cuya ejecución sólo puede liberar al deudor si el acreedor ha dado su consentimiento. La realización de una prestación cuantitativamente diferente sería una actuación parcial, mientras que la realización de una prestación cualitativamente diferente, un *aliud*, sería una *datio in solutum*.

Aplicando el razonamiento de la doctrina citada al caso de los contratos de obra y servicio que aquí nos ocupan, cabe concluir que la prestación alternativa ofrecida es una prestación cualitativamente diferente, no una prestación parcial, por lo que la prestación originalmente pactada debe calificarse como totalmente imposible. La ejecución de la prestación alternativa sólo podría ser liberadora si el acreedor la hubiera acordado mediante un contrato de *datio in solutum*. En caso contrario, el contrato debería considerarse resuelto por imposibilidad y el acreedor tendría derecho a la devolución de la contraprestación.

Esta conclusión tropieza con una serie de objeciones que la hacen inaceptable. La primera objeción es que la norma del cumplimiento parcial, como se desprende del propio texto de la disposición, se aplica tanto a las obligaciones indivisibles como a las divisibles y para estas últimas es difícil imaginar un cumplimiento parcial que no sea cualitativo[26].

---

25 En este sentido, NICOLÒ, ROSARIO (1980), p. 1301; NATOLI, UGO (1974), p. 201; BRECCIA, UMBERTO (1991), p. 401 ss.; GAMBINO, ALBERTO (2015), p. 306. Sin embargo, v. también, a partir de ahora, las observaciones de DALLA MASSARA, TOMMASO (2010), p. 214.

26 El art. 1180 c.c. especifica que su ámbito de aplicación "también" se extiende a las obligaciones indivisibles, suponiendo así que el ámbito de aplicación típico es el de las obligaciones divisibles. Para un análisis más profundo, v. CICALA, RAFFAELE (1968).

La segunda objeción es que, como han afirmado tanto la doctrina como la jurisprudencia sobre la compraventa de *aliud pro alio*, un bien determinado puede calificarse como "distinto" del que es objeto del contrato cuando presenta diferencias tales que alteran su valor, naturaleza, individualidad, consistencia y destino, hasta el punto de no hacerlo ya atribuible al género al que originalmente pertenecía[27]. Ahora bien, el servicio alternativo del que hablamos no parece cumplir estos requisitos, sino que, dicho de otro modo, parece encajar de algún modo en la aplicación del programa obligatorio[28].

Una vez calificada como imposibilidad parcial la imposibilidad de ejecutar la prestación original, queda el problema de determinar si el acreedor puede obtener el reembolso de la contraprestación. Como ya se ha dicho, el art. 1464 c.c. permite al acreedor lograr este efecto si no tiene un «interés apreciable» en el cumplimiento parcial. La jurisprudencia mayoritaria se ha inclinado por una interpretación subjetiva de este interés, llegando al punto de afirmar su incuestionabilidad por parte del juez[29]. Esta orientación también se presta a numerosas objeciones que la hacen inaceptable.

En primer lugar, la interpretación que acabamos de citar no encarna adecuadamente el espíritu de cooperación que debería inspirar el derecho de las obligaciones[30]. Este espíritu se desprende de

---

27 En doctrina v., en particular, GRASSI, UGO (1996), p. 219 ss.; en jurisprudencia, v., para todas, Cass., 23 marzo 1999, n. 2712, en *Notariato*, 1999, p. 307.

28 La fórmula está tomada de PROSPERETTI, MARCO (1980), p. 27 ss.

29 Cass., 19 settembre 1975, n. 3066, en *Giurisprudenza italiana*, 1976, I, c. 1852; Cass., 17 luglio 1987, n. 6299, en *Leggi d'Italia online*; Cass., 14 marzo 1997, n. 2274, *ivi*; y Cass., 23 aprile 2020, n. 8112, *ivi*. En el mismo sentido, una doctrina autorizada, aunque aislada: COTTINO, GASTONE (1951), p. 80. En el sentido opuesto, una orientación jurisprudencial que se desarrolló —un elemento de no poca importancia respecto de casos ocurridos durante la Segunda Guerra Mundial: Cass., 11 febbraio 1947, n. 170, en *Foro italiano*, 1947, I, c. 450; y Cass., 17 giugno 1968, *ivi*, 1968, I, c. 2507; en el mismo sentido, MOSCO, LUIGI (1970), p. 436.

30 Uno de los juristas italianos más importantes, Emilio Betti, escribió que el lente a través del cual se debe leer el derecho de obligaciones es la necesidad

toda una serie de disposiciones del Código civil que, a diferencia de la que nos ocupa, no dejan a la discreción de una parte el equilibrio entre los intereses del deudor y los del acreedor. Así, resulta cuestionable por disposición expresa del art. 1460 c.c. el rechazo de una parte a realizar su prestación ante el incumplimiento total o parcial de la otra, y, con base en esta regla, la jurisprudencia y la doctrina también han considerado cuestionable el rechazo del acreedor al cumplimiento parcial de la obligación para el deudor, permitido por el art. 1181 c.c[31].

Asimismo, la jurisprudencia, a favor de la doctrina, ha considerado revisable, a la luz de la cláusula general de buena fe: el rechazo por parte del deudor de la prestación que se ha vuelto excesivamente onerosa de la oferta del acreedor de modificar equitativamente las condiciones del contrato para evitar su terminación (art. 1467 c.c., pero en similar sentido véase también, en materia de rescisión, el art. 1450 c.c.)[32]; el acto de aprovechamiento por el acreedor de la cláusula de rescisión expresa (art. 1456 c.c.)[33]; y el ejercicio

---

de cooperación entre individuos; Precisamente en este contexto se percibe hasta qué punto la inteligencia del sistema postula una concepción teleológica de las relaciones y una evaluación comparada de los intereses identificados por el derecho: BETTI, EMILIO (1953), pp. 5-6.

31 NATOLI, UGO (1974), p. 402; DI MAJO, ADOLFO (1994), p. 99 ss.; y DALLA MASSARA, TOMMASO (2010), p. 254; en la jurisprudencia v., por ejemplo, Cass., 9 ottobre 2012, n. 17140, en *CED Cassazione*.

32 Según la interpretación predominante, la oferta no puede ser rechazada por el acreedor cuando efectivamente es adecuada para reequilibrar el sinalagma, por lo que, en este caso, la contraparte tiene derecho a solicitar la sentencia constitutiva *ex* art. 2932 c.c.: Cass., 16 aprile 1951, n. 431, en *Giurisprudenza completa della cassazione civile*, 1951, II, p. 320; y sobre la rescisión Cass. 13 febbraio 1951, n. 351, en *Rivista di diritto processuale*, 1953, II, p. 108, con comentario de CARNELUTTI, FRANCESCO, “Preclusione dell’offerta di riduzione del contratto ad equità”; y Cass., 24 marzo 1954, n. 837, en *Foro italiano*, 1954, I, c. 755. En la doctrina v. REDENTI, ENRICO (1947), p. 576 ss.

33 En particular, se consideró, recurriendo al recurso de la *exceptio doli generalis*, que el acreedor no puede acogerse a la cláusula cuando el cumplimiento no sea imputable (v., por ejemplo, Cass., 30 aprile 2012, n. 6634, en *Guida al*

del derecho de desistimiento *ad nutum* en los casos en que las consecuencias de dicho ejercicio puedan tener un impacto en cadena en una pluralidad de relaciones y, por tanto, producir un impacto económico significativo en una porción específica del mercado[34].

En segundo lugar, puede oponerse a la tesis de la incuestionabilidad de la elección por parte del acreedor de la prestación que se ha vuelto parcialmente imposible el hecho de que el citado art. 1455 c.c., al exigir al acreedor que tolere aquellas discrepancias en el cumplimiento que son de poca importancia dado su interés, establece un principio general, inspirado en la buena fe, aplicable también a la imposibilidad de cumplimiento. Si se impone al acreedor un cierto margen de tolerancia para las discrepancias que, en cualquier caso, son imputables al deudor, puesto que la norma se dicta sobre el incumplimiento, *a fortiori* se le debe imponer este margen para las discrepancias que no son imputables al propio deudor, sino a la fuerza mayor o, más precisamente, al *factum principis*.

Sobre el hecho de que la discrepancia entre la prestación alternativa y la original tiene poca importancia, podemos citar la jurisprudencia sobre el art. 1455 c.c., la cual establece que el juez debe evaluar, a estos efectos, si la discrepancia, en cuanto a extensión y daño causado al acreedor, ha dado lugar a una alteración significativa del equilibrio del sinalagma y si ha sido mitigada por el comportamiento concreto de las partes[35]. Aplicando los criterios que acabamos de ilustrar a la prestación alternativa en cuestión aquí, parece razonable concluir que la discrepancia no debe considerarse de tal importancia como para justificar, al menos en sí misma, la resolución del contrato, salvo lo que se dirá en breve.

---

diritto, 2012, p. 54) o de poca importancia según el art. 1455 c.c. (Cass., 23 novembre 2015, n. 23868, en *Contratti*, 2016, p. 659 ss.

34 V. el *leading case* Renault: Cass., 18 settembre 2009, n. 20106, en *Contratti*, 2010; y en *Obbligazioni e contratti*, 2010, p. 172 ss.; así como en *Giurisprudenza commerciale*, 2011, II, p. 286 ss.

35 Entre las numerosas decisiones en este sentido, v. Cass., 22 ottobre 2014, n. 22346, in *Leggi d'Italia online*.

Aceptada la tesis de la cuestionabilidad de la elección del acreedor, se trata de establecer con qué criterio procede evaluar si existe un interés apreciable por parte del acreedor contrario a la ejecución parcial del servicio. La doctrina predominante sugiere una interpretación del art. 1181 c.c. desde una perspectiva causalista: el interés apreciable del acreedor faltaría sólo cuando el cumplimiento parcial sea incompatible con la causa concreta del contrato[36].

Ahora bien, queriendo aplicar el razonamiento al presente caso, se puede argumentar que la inconformidad del servicio alternativo altera sin duda algunas de las funciones típicas del servicio, especialmente la dimensión social que le es inherente, pero no elimina la función económica esencial, a menos que el acreedor no pueda concretamente recibir el servicio de otra manera, por ejemplo, porque no dispone de ordenador o *tablet*, o porque no dispone de un espacio adecuado para realizar los ejercicios.

Esta lectura es ciertamente compartida, pero el contexto de la pandemia requiere una solidaridad capaz de ir más allá del mero equilibrio entre los intereses del deudor individual y el del acreedor individual para mirar el interés de la generalidad de los deudores y acreedores de esa determinada categoría de prestación.

Lo que pretendemos sugerir aquí es una interpretación constitucionalmente orientada de los arts. 1175 y 1375 c.c., que sancionan respectivamente el deber de corrección en la relación entre el acreedor y el deudor y el deber de buena fe en la ejecución del contrato[37]. Del examen de la jurisprudencia en materia de excepción de incumplimiento, donde siempre hay, como en el caso que nos ocupa, una parte que alega no realizar el servicio u obtener su

---

36 Así BIANCA, CESARE MASSIMO (2012), p. 404; así como, con algunos matices diferentes, PAGLIANTINI, STEFANO (2011), p. 584 y p. 591.

37 La interpretación ya había sido sugerida, aunque no en referencia al problema en cuestión, por CABELLA PISU, LUCIANA (2002), p. 160; y CARNEVALI, UGO (2011), p. 284 ss.

restitución ante una inexactitud de la prestación de la otra parte, es posible obtener las coordenadas de la interpretación propuesta[38].

La primera coordenada es que el juez debe evaluar la proporcionalidad de la elección del acreedor de resolver el contrato respecto de la magnitud de la discrepancia en la prestación alternativa que le ofrece. En el caso de la pandemia, o en cualquier caso de una situación de emergencia global, será necesario hacer una comparación entre el impacto que tendría la aceptación de la prestación alternativa en la mayoría de los acreedores y el impacto que tendría la disolución del contrato, con la consiguiente obligación de restitución, sobre la mayoría de los deudores.

La segunda coordenada es que el juez debe evaluar la conducta del acreedor de acuerdo con el deber de cooperación previsto por el citado art. 1175 c.c., leído a la luz del principio de razonabilidad, el principio de solidaridad, tal como lo entiende la Constitución, y el principio de auto-responsabilidad. Sobre la base de las disposiciones combinadas de los principios antes mencionados, se puede esperar que el acreedor haga todo lo que sea razonable esperar en un período de emergencia excepcional e imprevisible para permitir al deudor mitigar las consecuencias perjudiciales de la crisis.

4. EL IMPACTO DE LA PANDEMIA EN LOS CONTRATOS DE ARRENDAMIENTO COMERCIAL

El segundo ámbito que es necesario analizar para responder a la pregunta planteada al inicio de esta contribución es el de la suerte de los contratos de arrendamiento de locales comerciales en curso en el momento de la pandemia[39]. El problema en juego

---

38 COPPO, LETIZIA (2020), pp. 406-407.

39 Para una comparación a este respecto con el sistema jurídico alemán, v. COPPO, LETIZIA (2023), pp. 601-614.

se puede dividir en las siguientes cuestiones: 1) si la prohibición gubernamental de realizar actividades comerciales no esenciales durante el confinamiento da derecho al inquilino a suspender temporalmente el pago del alquiler o a reducir el importe adeudado o incluso a poner fin a la relación contractual; 2) al final, cuál de las partes y en qué medida debería soportar los costes del evento imprevisto en juego.

En Italia, las únicas disposiciones de emergencia relativas a los contratos en cuestión han sido la suspensión de la ejecución de las órdenes de desalojo contra los inquilinos hasta el 30 de junio de 2020, la concesión de algunos beneficios fiscales para tiendas y boutiques[40] y, en caso de que los locales fueran gimnasios, piscinas y centros deportivos de titularidad privada, el derecho del arrendatario a reclamar una reducción proporcional del alquiler para el período comprendido entre marzo de 2020 y julio de 2020 hasta el 50% del mismo, salvo que se acreditara medida distinta. Esta última disposición ha sido ampliada por una reciente sentencia de primera instancia, por analogía, a un contrato de arrendamiento que no pertenece a las categorías mencionadas, en la medida del 50%, en razón del *eadem ratio*[41].

Fuera del ámbito de los contratos de arrendamiento, hubo una disposición de emergencia, dedicada a las obligaciones en general, que planteó el problema de su aplicabilidad en relación con los contratos de arrendamiento. Según esta disposición, el cumplimiento de las medidas de contención constituye una exención de responsa-

---

40 Para la suspensión de la ejecución de las órdenes de desalojo, v. art. 103, par. 6, D.L. 17 marzo 2020, n. 18; para las disposiciones relativas a la tributación, v. art. 65.

41 Trib. Milano, 25 giugno 2021, en *Nuova giurisprudenza civile commentata*, 2021, p. 1290 ss. La analogía era conforme al sistema, ya que la norma aplicada, aunque provenía de una disposición especial, no tenía un contenido excepcional, sino que estaba en consonancia con los principios que se desprenden del régimen de imposibilidad parcial de cumplimiento.

bilidad contractual también para la aplicación de decomisos o sanciones relacionadas con prestaciones tardías o fallidas[42].

La primera cuestión ha sido si el incumplimiento de la obligación de pagar el alquiler depende de la necesidad de cumplir medidas de contención. La respuesta de una parte de la doctrina italiana (razonablemente) lo ha negado: de hecho, el confinamiento no impide que el propietario cumpla con su obligación de permitir al inquilino utilizar el local en virtud del art. 1575 c.c., ni tampoco impide que el inquilino cumpla con su obligación de pagar el alquiler según el art. 1587 c.c., dado que las obligaciones pecuniarias pueden cumplirse fácilmente a través de medios electrónicos[43].

Una vez excluida la aplicabilidad de la mencionada disposición, la siguiente cuestión es determinar si el inquilino tiene derecho a obtener una reducción del alquiler por considerar que la imposibilidad de utilizar el local alquilado constituye un defecto del inmueble alquilado.

El art. 1578 c.c. dispone que si, en el momento de la entrega (pero el art. 1581 c.c. extiende el régimen también a los defectos posteriores), el bien arrendado presenta defectos que disminuyen significativamente la posibilidad de utilizarlo conforme a lo pactado, el inquilino tiene derecho a reclamar la resolución del contrato o una reducción del alquiler, a menos que los defectos le fueran conocidos o fácilmente cognoscibles (art. 1580 c.c.); además, el arrendador es responsable de los daños y perjuicios si no logra demostrar que ignoraba irreprochablemente los defectos en el momento de la entrega.

---

42 Art. 3, par. 6-*bis*, D.L. 6/2020, introducido par el art. 91 D.L. 18/2020 ('Cura Italia'), convertido en la L. 24 aprile 2020 n. 27, en cual v., *ex multis*, DE CRISTOFARO, GIOVANNI (2020), p 571 ss.; SCOGNAMIGLIO, CLAUDIO (2020), p. 159 ss.; y CARNEVALI, UGO (2021), p. 145 ss.

43 V. CARAPEZZA FIGLIA, GABRIELE (2020), p. 428. En el sentido opuesto v. CUFFARO, VINCENZO (2020), p 234; y ZACCHEO, MASSIMO (2020), p. 6 ss.

Sin embargo, se considera unánimemente que el concepto mismo de defecto se refiere a una anomalía en la estructura material de la mercancía, en el proceso de fabricación, ya sea en su composición o en su apariencia o en su funcionamiento, capaz de disminuir su potencial de uso[44]. Por estas razones, la jurisprudencia italiana más reciente ha sostenido que el concepto de «defecto» del art. 1578 c.c. no comprende el conjunto de supuestos en que el inmueble arrendado no cuente con las licencias o certificados administrativos que se requieren para su uso económicamente típico o pactado contractualmente; en tales casos, el arrendatario sólo tendrá derecho a invocar los recursos comunes contra el incumplimiento[45].

Aunque los estudiosos aún están divididos sobre si la garantía por vicios sobrevenidos prevista en el art. 1581 c.c. se aplica sólo a anomalías que ya afectaron a la mercancía en el momento de la entrega pero que fueron descubiertas sólo después[46], o también a anomalías ocurridas después de la entrega[47], podríamos considerar como punto de partida que el defecto sobrevenido nunca puede ser causado por un evento externo tal como el *factum principis* o la conducta de un tercero o un evento natural que constituya fuerza mayor[48].

Siempre que tales hechos no sean imputables al arrendador, el régimen aplicable no debe ser el de las garantías contra los defectos de los bienes arrendados, sino el de la imposibilidad de cumplir, previsto en la parte del código dedicada al derecho contractual en general. La cuestión es si un hecho como el cierre forzoso del local puede calificarse de hecho que imposibilita la ejecución.

---

44 V., por ejemplo, MIRABELLI, GIOVANNI (1972), p 417; PROVERA, GIUSEPPE (1980), p 211; y TABET, ANDREA (1972), p 493.

45 Sólo para mencionar la última decisión, v. Cass., 28 dicembre 2021, n. 41744, en *CED Cassazione*.

46 En este sentido, MIRABELLI, GIOVANNI (1972), p 420.

47 Esta opinión es sostenida por PROVERA, GIUSEPPE (1980), p 222; y TABET, ANDREA (1972), p 519.

48 PROVERA, GIUSEPPE (1980), p 222; pero la opinión contraria es defendida por TABET, ANDREA (1972), p 519.

La legislación que impone el cierre al público de locales comerciales pertenece sin duda al conjunto de hechos que pueden calificarse de fuerza mayor cuando, como en el caso de la pandemia, las causas del cierre no son imputables al arrendador o al inquilino. Más concretamente, se incluyen en el concepto del llamado *factum principis* los actos de la autoridad pública que interfieren en las relaciones contractuales privadas y hacen imposible el cumplimiento de una de las obligaciones allí contenidas[49].

Sin embargo, literalmente hablando, la legislación mencionada no imposibilita que el arrendador cumpla su obligación de permitir al inquilino utilizar el local alquilado. De hecho, el contenido de tal obligación es poner el local a disposición del inquilino y adecuado para el uso pactado o típico. Según el art. 1575 c.c., para cumplir con la obligación mencionada, el arrendador tiene el deber de preservar la propiedad arrendada para que siga siendo adecuada para el uso convenido (n. 2) y la obligación de conceder el uso pacífico de la misma durante toda la duración del contrato (n. 3). Tal doble obligación requiere un *facere*, una conducta activa del arrendador, como la realización de reparaciones y renovaciones, la subsanación de los defectos estructurales del inmueble arrendado, la iniciación de los procedimientos administrativos requeridos, la defensa del inmueble arrendado contra el delito acción de terceros a través de los recursos *ad hoc* previstos por la ley.

Sin embargo, la conclusión antes mencionada no implicaría para los juristas italianos la conclusión adicional de que el régimen previsto por el Código para la imposibilidad de cumplir no es aplicable. De hecho, si bien es cierto que el cumplimiento de la obligación para el arrendador todavía es posible, no es menos cierto que es imposible que el inquilino se beneficie plenamente del cumplimiento de dicha obligación.

---

49 V. ALPA, GUIDO (2020), p 57.

Debemos decir que el cumplimiento como actividad a realizar por el deudor sigue siendo posible, pero el cumplimiento como resultado de dicha actividad y cumplimiento del interés del obligante se ha vuelto imposible, aunque sólo parcialmente, como veremos más adelante[50]. En varios casos, aunque diferentes del presente, en los que el acreedor no podía beneficiarse de la prestación del deudor, el Tribunal de Casación italiano sostuvo que tal frustración del interés del obligante implicaba una falta posterior de la función económica concreta desempeñada por el contrato y, por tanto, tiene derecho a la extinción de la relación siguiendo el régimen previsto para los casos de fuerza mayor o imposibilidad de cumplimiento[51].

Volveremos sobre este punto más adelante. Antes de ello, conviene evaluar la aplicabilidad de otra doctrina que ha sido invocada a menudo en el presente caso: la llamada doctrina *rebus sic stantibus*, que en el derecho italiano ha sido codificada en las disposiciones sobre excesiva onerosidad de la prestación (*eccessiva onerosità sopravvenuta della prestazione*). Una parte de la jurisprudencia italiana de primera instancia, seguida por el Tribunal de Casación, llegó a la conclusión de que la mencionada doctrina se aplica al caso en cuestión, aunque no adjudicó al arrendatario la revisión judicial del contrato — por el motivo que tal recurso no está previsto en el

---

50 La concepción de la prestación como síntesis de los dos componentes proviene de la erudición alemana, que distingue entre la prestación como la actividad orientada al cumplimiento de un interés primario del obligante (*Leistungshandlung*) y prestación como resultado de esa actividad, es decir, el cumplimiento del interés (*Leistungserfolg*). V. WIEACKER, FRANZ (1965), p. 784 ss. En Italia la distinción ha sido analizada por MENGONI, LUIGI (1954), p 189, y ha sido aplicada por la doctrina italiana con el propósito de igualar la imposibilidad de actuar con la imposibilidad de beneficiarse de la prestación: v., *ex multis*, COTTINO, GASTONE (1948), p 446.

51 V. los *leading cases*: Cass, 24 luglio 2007, n. 16315, en *Foro italiano*, 2009, c. 214; y en *Giurisprudenza italiana*, 2008, p. 857; y p. 1133; y en *Danno e responsabilità*, 2008, p. 845; y en *Contratti*, 2008, p 241; así como Cass., 20 dicembre 2007, n. 26958, en *Contratti*, 2008, p. 786; y en *Corriere giuridico*, 2008, p. 921.

Código Civil italiano, sino el derecho a reclamar la renegociación del contrato[52].

Sin embargo, tal opinión — que no es compartida por todos los tribunales[53] — frente al sistema italiano, debe considerarse inexacta desde un punto de vista estrictamente jurídico, por las razones que se expondrán a continuación. Según el art. 1467 c.c. las partes tienen derecho a reclamar la rescisión del contrato — o, según la doctrina, basándose en el deber general de buena fe, la renegociación de las condiciones[54], con la esperanza de que algún día el legislador incluya en la disposición también la posibilidad de reclamar la revisión judicial[55] – si se cumplen los siguientes requisitos: 1) la relación en juego es un contrato sinalagmático y temporal; 2) la prestación de una de las partes se ha vuelto excesivamente gravosa; 3) dicha alteración depende de la ocurrencia de eventos excepcionales e impredecibles y trasciende el riesgo normal inherente al contrato.

El foco de la disposición, al menos según las teorías objetivas, está en la alteración del equilibrio entre la prestación y la contraprestación – el aumento o disminución bruta en el valor de una con referencia a la otra – en lugar de en el mero cambio de circunstan-

---

52 Trib. Roma, 27 agosto 2020, en *Giurisprudenza italiana*, 2020, p. 2443; Trib. Treviso, 21 dicembre 2020, en *Giurisprudenza italiana*, 2021, p. 589 ss.; Trib. Roma, 21 maggio 2021, en *Dejure.it*; y Trib. Palermo, 9 giugno 2021, *ivi*; y, en el mismo sentido, Corte Suprema di Cassazione, Ufficio del Massimario e del Ruolo, Relazione tematica 'Novità normative sostanziali del diritto "emergenziale" anti-Covid 19 in àmbito contrattuale e concorsuale', Roma, 8 luglio 2020.

53 Trib. Milano, 25 giugno 2021, cit.; Trib. Venezia, 2 ottobre 2020, en *Altalex.com*; Trib. Roma, 25 luglio 2020, en *Contratti*, 2021, p. 19 ss.; Trib. Roma, 29 maggio 2020, en *Archivio locazioni condominio*, 2020, p. 632.

54 Para una descripción general actualizada y exhaustiva del tema, consulte TUCCARI, EMANUELE (2018), *passim*; y PIRAINO, FABRIZIO (2019), p. 585 ss.

55 V. el proyecto de propuesta legislativa presentado al Senado italiano el 19 de marzo de 2019 (D.D.L. 1151/2019), sobre el cual v. AA.VV. (2019); así como el documento redactado por la Asociación de Civilistas Italianos: GENTILI, AURELIO (2020), p. 236 ss. Para una reflexión reciente *de jure condendo* y desde una perspectiva comparada, v. COPPO, LETIZIA (2022), p. 580 ss.

cias[56]. Esta característica es la que lleva a los estudiosos italianos a excluir la aplicación de la excesiva onerosidad en el caso Covid19: el cierre forzoso del local alquilado, aunque excepcional e impredecible, no altera la relación entre el valor de la prestación del propietario y del inquilino, no aumenta ni disminuye groseramente una u otra[57].

Como ya se ha señalado, el remedio aplicado por la jurisprudencia italiana a la falta de causa concreta es idéntico al previsto por la ley para la imposibilidad de cumplimiento por causa de fuerza mayor en virtud de los arts. 1256 y 1463 c.c.: la extinción automática e *ipso jure* de la obligación cuyo cumplimiento se ha vuelto imposible; la correspondiente exención de responsabilidad del deudor; y la terminación del contrato. Sin embargo, en los casos resueltos por la jurisprudencia italiana sobre la causa concreta, la imposibilidad de beneficiarse de la prestación era absoluta, mientras que en el caso del Covid19 la imposibilidad es sólo parcial[58].

De hecho, las medidas de contención adoptadas por el Gobierno no han prohibido el uso de los locales comerciales, sino que sólo han impuesto la suspensión de su apertura al público. Por lo tanto, el inquilino todavía puede utilizar el local para el almacenamiento

---

56 Las teorías objetivas identifican el fundamento de las provisiones por dificultades económicas en el defecto funcional del sinalagma, es decir, de la relación entre el desempeño esencial y el contra desempeño esencial; mientras que las teorías subjetivas se centran en el elemento voluntarista, la voluntad común de las partes de someter el contrato a una condición implícita de *rebus sic stantibus*, o a la alteración de la base de la transacción. Para una reconstrucción crítica de las diferentes teorías, v. FERRI, GIOVANNI BATTISTA (1988), p. 64 ss.; SCALFI, GIANGUIDO (1991), p. 12 ss.; GALLO, PAOLO (1991), p. 235 ss.; GALLO, PAOLO (1992), p. 182 ss.; SACCO, RODOLFO (1993), p 660. Más en general, sobre el remedio en cuestión, v., en particular, GABRIELLI, ENRICO (2006), p. 1809 ss.

57 Por ejemplo, SALANITRO, UGO (2020), p. 7 ss.; y CARAPEZZA FIGLIA, GABRIELE (2020), p 429.

58 Se refieren a la causa concreta en este ámbito BARBA, VINCENZO (2020), p. 82; y BELISARIO, ELENA (2020), p. 8 ss.

de bienes, herramientas y maquinaria y/o para el ejercicio de la actividad productiva en modo de trabajo remoto o inteligente[59]. Desde este punto de vista, el cumplimiento del interés del inquilino sólo se frustra parcialmente; todavía puede beneficiarse del mismo tipo de prestación, pero dicha prestación se reduce desde un punto de vista cualitativo.

Si el importe de la reducción es impugnado por el arrendador – lo que probablemente ocurra con frecuencia, dado que en casos de limitaciones cualitativas de la prestación es más difícil establecer el importe exacto, es decir, proporcionado, al que debe corresponder la contraprestación ser reducido – entonces la evaluación de la medida para la reducción será confiada al tribunal. Como se ha mencionado, en un caso reciente relacionado con el confinamiento, el Tribunal de Milán redujo el alquiler al 50%, en aplicación análoga de las disposiciones especiales de emergencia adoptadas para el alquiler de gimnasios, piscinas y centros deportivos de propiedad privada[60].

Sin embargo, la solución adoptada por el Tribunal no parece calificable de principio general. Lo que debería mantenerse como participación, en cambio, es que es necesaria una evaluación equitativa para identificar qué reducción sería proporcionada a la limitación cualitativa de la prestación y adecuada, en las circunstancias del caso, para reequilibrar la relación entre propietario e inquilino.

5. REFLEXIONES FINALES: EL PRINCIPIO DE SOLIDARIDAD Y EL DEBER DE INTERPRETACIÓN DEL DERECHO CIVIL PANDÉMICAMENTE ORIENTADO

El análisis del impacto del confinamiento en los contratos de obra y servicio, y en los contratos de arrendamiento comercial rea-

59 Sobre esto v. las observaciones de NAVARRETTA, EMANUELA (2020), p 87.

60 Trib. Milano, cit.

lizado en los dos apartados anteriores permite extraer algunas conclusiones sobre la relación entre la pandemia —u otras situaciones de emergencia de alcance sistémico y global — y la libertad de iniciativa económica bajo la óptica del derecho privado.

Como hemos visto, la doctrina y la jurisprudencia han intentado corregir los desequilibrios provocados por las medidas de contención, unas veces ampliando — o, mejor dicho, forzando — el ámbito de aplicación de las normas especiales dictadas para la emergencia, otras recurriendo a las instituciones clásicas previstas por el código civil para remediar las contingencias, lo que se suele llamar defectos funcionales del contrato. Si, por un lado, el legislador ha comprimido la libertad de iniciativa económica frente al derecho fundamental a la salud, por otro, los demás formantes del ordenamiento jurídico han buscado un equilibrio entre ambos derechos, caso por caso, encaminado a evitar que los efectos de las medidas de contención fueran desproporcionados con respecto a la necesidad de protección que las justificaba.

La piedra angular fue, y sigue siendo, la interpretación de todo el derecho contractual a la luz del canon de la buena fe ejecutiva y de los principios de cooperación y corrección que están en la base del derecho de las obligaciones, que se inspira en la lógica del *joint gain*, más que la del predominio de una parte sobre la otra. Precisamente estos cánones y principios han demostrado que el sistema ya contiene en sí los anticuerpos para hacer frente a situaciones de emergencia global como la pandemia, al tratarse de un sistema orientado a la solidaridad.

A la solidaridad en el derecho de las obligaciones, sin embargo, como hemos intentado demostrar, es necesario añadir también, en situaciones como la que nos ocupa, una forma más amplia de solidaridad, también global: la reconocida como valor universal por la Constitución y preámbulo de la Carta de Derechos Fundamentales de la Unión Europea. Una solidaridad que impregna todas las relaciones, incluso aquellas que atañen a la dimensión empresarial, una solidaridad que impone no sólo un excedente de protección a individuos que ocasionalmente se encuentran en una posición desventajosa, sino también un excedente de protección a categorías enteras que se encuentran en una posición de debilidad ante determinadas dinámicas.

Esta forma más amplia de solidaridad requiere resolver conflictos concretos entre la libertad de iniciativa económica y otros derechos fundamentales, como el derecho a la salud, teniendo en cuenta los efectos que las medidas restrictivas del primero pueden producir sobre las categorías involucradas y, más aún, en general, en el mercado en su conjunto.

Esta imposición se dirige, en primer lugar, al legislador. Si este último pretendiera adoptar de forma preventiva — como sería deseable, también desde una perspectiva deflacionaria de futuros litigios — medidas destinadas a hacer frente a emergencias como la sanitaria, debería realizar una evaluación similar a la realizada por el Tribunal de Derechos Humanos para verificar si un Estado ha violado los derechos previstos por el Convenio, es decir, para verificar si las medidas adoptadas son necesarias en una sociedad democrática y, sobre todo, para verificar si las medidas antes mencionadas son proporcionadas a los objetivos perseguidos o si existen otros menos invasivos.

En segundo lugar, el deber de solidaridad se dirige al intérprete: a la doctrina, que tiene la tarea de arrojar luz sobre el fundamento teórico de este deber, y a la jurisprudencia, que tiene la tarea de concretar este deber. Independientemente de la intervención del legislador, corresponderá al intérprete practicar la interpretación de las instituciones tradicionales del derecho civil de forma evolutiva, en particular de forma solidaria y pandémica.

6. BIBLIOGRAFÍA

ALPA, GUIDO (2020). “Note in margine agli effetti della pandemia sui contratti di durata”, en *Nuova giurisprudenza civile commentata*, 3/2020.

AA.VV. (2019). “Proposte di riforma del Codice Civile: prime riflessioni”, en *Corriere giuridico*, 5/2019.

AZZARITI, GAETANO (2000). "Forme e soggetti della democrazia pluralista. Considerazioni su continuità e trasformazioni dello Stato costituzionale", Giappichelli, Torino.

BALDASSARRE, ANTONIO (1971). "Iniziativa economica privata", en *Enciclopedia del diritto*, XXI, Giuffrè, Milano.

BARBA, Vincenzo (2020). "Las intervenciones del legislador italiano en relación con los aspectos de derecho civil para hacer frente a la emergencia del Covid-19", en *Revista de derecho civil*, 2/2020.

BELISARIO, ELENA (2020). "Covid-19 e (alcune) risposte immunitarie del diritto privato", en *Giustiziacivile.com*, 2020.

BETTI, EMILIO (1953). "Teoria generale delle obbligazioni, I, Prolegomeni: funzione economico-sociale dei rapporti d'obbligazione", Giuffrè, Milano.

BIANCA, CESARE MASSIMO (2012). "Diritto civile. 5. La responsabilità", 2, Giuffrè, Milano.

BRECCIA, UMBERTO (1991). "Le obbligazioni", en *Trattato di diritto privato* Iudica e Zatti, Giuffrè, Milano.

CABELLA PISU, LUCIANA (2002). "Dell'impossibilità sopravvenuta", Artt. 1463-1466, en *Commentario del Codice civile* Scialoja-Branca, Libro IV: Delle obbligazioni, Zanichelli-Società editrice del Foro italiano, Bologna-Roma.

CARAPEZZA FIGLIA, GABRIELE (2020). "Coronavirus e locazioni commerciali. Un diritto eccezionale per lo stato di emergenza?", en *Actualidad Jurídica Iberoamericana*, 12-bis/2020.

CARNEVALI, UGO (2021). "Emergenza Covid-19: un anno dopo", en *Contratti*, 2021.

CARNEVALI, UGO (2011). "L'impossibilità sopravvenuta", en *Trattato di diritto privato* Bessone, XIII, Utet, Torino.

CARTABIA, MARTA (2013). "I princìpi di ragionevolezza e proporzionalità nella giurisprudenza costituzionale italiana", en *Atti del seminario svoltosi in Roma, Palazzo della Consulta*, 24-26 ottobre 2013. Conferenza trilaterale delle Corte costituzionali italiana, portoghese e spagnola, Studi della Corte, en *www.cortecostituzionale.it*.

CECCHETTI, M. (2000). "Le limitazioni alla libertà di iniziativa economica privata durante l'emergenza", en *Rivista AIC*, 2000.

CHAMPEIL-DESPLATS, VÉRONIQUE (2018). "De quelques usages récents de la liberté d'entreprendre", en *Revue de Droit du Travail*, 2018.

CHAMPEIL-DESPLATS, VÉRONIQUE (2007). "La liberté d'entreprendre au pays des droits fondamentaux", en *Revue de Droit du Travail*, 2007.

CHESSA, OMAR (2016). "La Costituzione della moneta. Concorrenza. Indipendenza della banca centrale. Pareggio di bilancio", Jovene, Napoli.

CICALA, RAFFAELE (1968). *Obbligazione divisibile e indivisibile*, en *Novissimo Digesto italiano*, XI, Utet, Torino.

COCOZZA, FRANCESCO (1992). "Riflessioni sulla nozione di «costituzione economica»", en *Diritto dell'economia*, 1992.

COPPO, LETIZIA (2020). "Il diritto a rifiutare la prestazione parziale: una lettura solidaristica", en *Actualidad Jurídica Iberoamericana*, 12-bis/2020.

COPPO, LETIZIA (2022). "La gestione delle sopravvenienze: rivoluzioni e occasioni perse", en *Jus Civile*, 3/2022.

COPPO, LETIZIA (2023). *The Impact of Pandemics on the Landlord-Tenant Relationship: An Italian Reading of the German Federal Court's Solution*, en *European Review of Private Law*, 3/2023.

COTTINO, GASTONE (1948). "L'impossibilità di ricevere o di cooperare del creditore e l'impossibilità della prestazione", en *Rivista di diritto commerciale*, I, 1948.

COTTINO, GASTONE (1951). "Questioni in materia di impossibilità della prestazione", en *Rivista di diritto commerciale*, 1951.

CUFFARO, VINCENZO (2020). "Le locazioni commerciali e gli effetti giuridici dell'epidemia", en *Giustizia civile*, 2020.

DALLA MASSARA, TOMMASO (2010). "L'adempimento parziale", en AA.VV., *La struttura e l'adempimento*, en *Trattato delle obbligazioni*, I.5, Cedam, Padova.

DE CRISTOFARO, GIOVANNI (2020). "Rispetto delle misure di contenimento adottate per contrastare la diffusione del virus Covid-19 ed esonero del debitore da responsabilità per inadempimento (Art. 3, comma 6 bis, d.l. 23 febbraio 2020, n. 6, introdotto dall'art. 91, d.l. 17 marzo 2020, n. 18, conv. con modif. dalla l. 24 aprile 2020, n. 27)", en *Nuove leggi civili commentate*, 3/2020.

DI MAJO, ADOLFO (1994). "Dell'adempimento in generale", *sub* Artt. 1177-1200, en *Commentario del Codice civile* Scialoja-Branca, Libro IV: Delle obbligazioni, Zanichelli-Società editrice del Foro italiano, Bologna-Roma.

ESPOSITO, CARLO (1962). "La Costituzione italiana", Cedam, Padova.

FERRI, GIOVANNI BATTISTA (1988). "Dalla clausola «rebus sic stantibus» alla risoluzione per eccessiva onerosità", en *Quadrimestre*, 1988.

FONDRIESCHI, ALBA (2005). "La prestazione parziale", Giuffrè, Milano.

FRA – European Union Agency for Fundamental Rights (2015). "Freedom to conduct a business: exploring the dimensions of a fundamental right", Publications Office of the European Union, Luxemburg.

GABRIELLI, ENRICO (2006). "La risoluzione per eccessiva onerosità", en AA.VV., *I contratti in generale*, II, en *Trattato dei contratti* Rescigno e Gabrielli, Utet, Torino.

GALLO, PAOLO (1991). "Eccessiva onerosità sopravvenuta", en *Digesto delle discipline privatistiche sezione civile*, VII, Utet giuridica, Torino.

GALLO, PAOLO (1992). "Sopravvenienza contrattuale e problemi di gestione del contratto", Giuffrè, Milano.

GAMBINO, ALBERTO (2015). "Le obbligazioni. I. Il rapporto obbligatorio", en *Trattato di diritto civile* Sacco, Utet, Torino.

GENTILI, AURELIO (2020). "Una riflessione ed una proposta per la migliore tutela dei soggetti pregiudicati dagli effetti della pandemia", en *Jus Civile*, 2/2020.

GONZÁLES-TREVIJANO SANCHEZ, PEDRO (2024). "La libertad de empresa, una perspectiva de Derecho Comparado — España", Unidad Biblioteca de Derecho Comparado, Servicio de Estudios del Parlamento Europeo (EPRS).

GRASSI, UGO (1996). "I vizi della cosa venduta nella dottrina dell'errore. Il problema dell'inesatto adempimento", Edizioni scientifiche italiane, Napoli.

IRTI, NATALINO (1998). "L'ordine giuridico del mercato", Laterza, Bari, 1998.

LUCIANI, MASSIMO (1983). "La produzione economica privata nel sistema costituzionale", Cedam, Padova.

LUCIANI, MASSIMO (2014). "Unità nazionale e struttura economica. La prospettiva della Costituzione repubblicana", en AA.VV., *Costituzionalismo e Costituzione nella vicenda unitaria italiana*, Jovene, Napoli.

MAZZIOTTI, MANLIO (1956). "Il diritto al lavoro", Giuffrè, Milano.

MENGONI, LUIGI (1954). "Obbligazioni di risultato e obbligazioni di mezzi", en *Rivista di diritto commerciale*, I, 1954.

MIRABELLI, GIOVANNI (1972). "La locazione", en *Trattato di diritto civile italiano* Vassalli, VII, 4 Utet, Torino.

MOSCO, LUIGI (1970). "Impossibilità sopravvenuta della prestazione", en *Enciclopedia del diritto*, XX, Giuffrè, Milano.

NATOLI, UGO (1974). "L'attuazione del rapporto obbligatorio. I. Il comportamento del creditore", en *Trattato di diritto civile e commerciale* Cicu e Messineo, XVI, 1, Giuffrè, Milano.

NAVARRETTA, EMANUELA (2020). "CoViD-19 e disfunzioni sopravvenute dei contratti. Brevi riflessioni su una crisi di sistema", en *Nuova giurisprudenza civile commentata*, 3/2020.

NICOLÒ, ROSARIO (1980). "Adempimento (dir. civ.)", en Id., *Raccolta di scritti*, II, Giuffrè, Milano.

NIRO, RAFFAELLA (2006). "Art. 41", en AA.VV., *Commentario alla Costituzione*, I, Utet, Torino.

PACE, ALESSANDRO (1992). "Problematica delle libertà costituzionali. Parte speciale", Cedam, Padova.

PAGLIANTINI, STEFANO (2011). "Art. 1464", en AA.VV., *Dei contratti in generale*, en *Commentario del Codice civile* Gabrielli, Utet, Torino.

PALERMO, GIANFRANCO (2016). "Sein und Sollen", in AA.VV., *Diritto e crisi*, Giuffrè, Milano.

PERLINGIERI, PIETRO (2016). "Diritto e crisi", Convegno di studi per i trent'anni della Rivista giuridica sarda, en *Rassegna di diritto civile*, 2016.

PIRAINO, FABRIZIO (2019). "Osservazioni intorno a Sopravvenienze e rimedi nei contratti di durata", en *Europa e diritto privato*, 2019.

PROSPERETTI, MARCO (1980). "Adempimento parziale e liberazione del debitore", Jovene, Napoli.

PROVERA, GIUSEPPE (1980). "Locazione. Disposizioni generali", en *Commentario del codice civile* Scialoja-Branca, sub art. 1571-1606, Zanichelli-Società editrice del Foro italiano, Bologna-Roma.

REDENTI, ENRICO (1947). "L'offerta di riduzione ad equità", en *Rivista trimestrale di diritto e procedura civile*, 1947.

REIMER, FRANZ (2024). "Die unternehmerische Freiheit. Eine rechtsvergleichende Perspektive", Deutschland, Studie, EPRS, Wissenschaftlicher Dienst des Europäischen Parlaments, en *www.europarl.europa.eu/thinktank/de/home.html*.

SACCO, RODOLFO (1993). "Il contratto", en *Trattato di diritto civile* Sacco, II, Utet giuridica, Torino.

SALANITRO, UGO (2020). "La gestione del rischio nella locazione commerciale al tempo del Coronavirus", en *Giustiziacivile.com*, 2020.

SCALFI, GIANGUIDO (1991). "Risoluzione del contratto", en *Enciclopedia giuridica Treccani*, Treccani, Roma.

SCOGNAMIGLIO, CLAUDIO (2020). "L'emergenza Covid 19: quale ruolo per il civilista?", en *Giustiziacivile.com*, 2/2020.

SITZIA, LUCA (2017). "Il potere di scelta del creditore sulla prestazione incompleta", Edizioni scientifiche italiane, Napoli.

TABET, ANDREA (1972). "La locazione-conduzione", en *Trattato di diritto civile e commerciale* Cicu e Messineo, XXV, Giuffrè, Milano.

TUCCARI, EMANUELE (2018). "Sopravvenienze e rimedi nei contratti di durata", Cedam, Padova.

WIEACKER, FRANZ (1965). "Leistungshandlung und Leistungserfolg im bürgerlichen Schuldrecht", en *Festschrift für Nipperdey*, I, C.H. Beck, München-Berlin.

ZACCHEO, MASSIMO (2020). "Brevi riflessioni sulle sopravvenienze contrattuali alla luce della normativa sull'emergenza epidemiologica da COVID-19", en *Giustiziacivile.com*, 2/2020.

Capítulo 6

ESTADO AUTONÓMICO Y CORONAVIRUS: ANÁLISIS DE LA RESPUESTA CONSTITUCIONAL A LA PANDEMIA DEL COVID19 EN CLAVE TERRITORIAL

Chapter 6. *The Spanish decentralized State and the coronavirus: an analysis of the constitutional response to the Covid-19 pandemic from a territorial perspective*

Adrián García Ortiz
Profesor Ayudante Doctor de Derecho Constitucional
Universidad de Alicante
agarcia.ortiz@ua.es / https://orcid.org/0000-0002-5964-3903

RESUMEN: El presente capítulo analiza el impacto de la pandemia del Covid-19 sobre el Estado autonómico español, así como el régimen jurídico del estado de alarma en clave territorial. A partir de un estudio previo sobre la configuración jurídico-constitucional del derecho a la salud y del reparto competencial entre el Estado central y las comunidades autónomas en materia sanitaria, el trabajo aborda los tres escenarios en que se desarrolló la respuesta jurídica a la pandemia en España: un primer estado de alarma centralizador, en que los márgenes de actuación autonómicos se redujeron al mínimo; un periodo de *nueva normalidad* marcado por la confusión y la disparidad de criterios, en que las comunidades autónomas recuperaron el pleno ejercicio de sus competencias; y un ulterior estado de alarma de tipo descentralizado en que, a partir de unas indicaciones normativas básicas del Estado central, las comunidades autónomas tuvieron la potestad de concretar y modular las restricciones en función de las particulares condiciones en que actuaba la pandemia en su territorio. El capítulo culmina con un análisis de la respuesta del Tribunal Constitucional al estado de alarma descentralizado y con unas valoraciones sobre la oportunidad e idoneidad del recurso al estado de alarma frente al Derecho ordinario y sobre la reactivación y revitalización de los mecanismos de cooperación del Estado autonómico español a raíz de la pandemia.

Palabras clave: Covid-19 – Estado autonómico – estado de alarma – derecho a la salud – comunidades autónomas

ABSTRACT: This paper analyses the impact of the Covid-19 pandemic on the Spanish decentralized State, as well as the legal regime of the state of alarm from a territorial perspective. Based on a preliminary study of the legal-constitutional configuration of the right to health and the distribution of powers between the central State and the autonomous communities in health matters, the paper addresses the three scenarios in which the legal response to the pandemic developed in Spain: a first centralised state of alarm, in which the autonomous communities' margins for action were reduced to a minimum; a period of *new normality* marked by confusion and disparity of criteria, in which the autonomous communities recovered the full exercise of their competences; and a subsequent decentralised state of alarm in which, based on basic regulatory indications from the central State, the autonomous communities had the power to specify and modulate the restrictions according to the particular conditions in which the pandemic was developing in their territory. The chapter ends with an analysis of the Constitutional Court response to the decentralised state of alarm and with some evaluations on the convenience and suitability of the recourse to the state of alarm as opposed to ordinary Law and on the reactivation and revitalisation of the Spanish decentralized State's cooperation mechanisms due to the pandemic.

Keywords: Covid-19 – Spanish Decentralized State – state of alarm – right to health – autonomous communities

1. EL IMPACTO DEL CORONAVIRUS EN UN ESTADO AUTONÓMICO EN CONSTANTE CONSTRUCCIÓN

La pandemia del Covid19 impactó directamente en el *statu quo* social, económico, político y también jurídico. Por primera vez en décadas, el Derecho constitucional de excepción y la análoga normativa de emergencia tuvieron que activarse para hacer frente a una amenaza inédita en tiempos recientes: un virus altamente transmisible, mortal y de un origen y comportamiento desconocidos.

Si bien el análisis jurídico de la pandemia puede abordarse desde diferentes frentes (la alteración en la titularidad y el ejercicio de los derechos fundamentales, el equilibrio entre los poderes ejecutivo y legislativo, la normativa de respuesta adoptada desde diferentes ramas del ordenamiento, entre otros), nuestro objetivo en este trabajo será analizar las consecuencias de la pandemia del coronavirus sobre el modelo español de Estado descentralizado.

Como se sabe, desde la aprobación de la Constitución de 1978 (en adelante, CE), y a partir de unas previsiones mínimas ahora mayoritariamente obsoletas, el Estado autonómico español se ha desarrollado progresivamente a través de la aprobación y reforma de Estatutos de autonomía, de legislación estatal de delegación de competencias, de jurisprudencia constitucional o de sucesos más o menos disruptivos (destacando el *procés* independentista catalán sobre todos ellos). Existe un desacoplamiento entre las previsiones constitucionales sobre la distribución territorial del poder y la realidad material, que ha demandado nuevas respuestas jurídicas a los diferentes desafíos que han ido apareciendo. Una vez asentado relativamente el Estado autonómico tras casi cuarenta años de autogobierno, y reforzado institucionalmente a través de la oleada de reformas estatutarias emprendidas a partir del año 2006, uno de los retos que más ha podido influir recientemente en la evolución del Estado autonómico es la pandemia del Covid19.

La pandemia ha dado lugar a tres escenarios diferentes en su respuesta jurídica y territorial: un primer estado de alarma centralizador, en que los márgenes de actuación autonómicos se redujeron al mínimo; un periodo de *nueva normalidad* marcado por la confusión y la disparidad de criterios, en que las comunidades autónomas (en adelante, CCAA) recuperaron el pleno ejercicio de sus competencias; y un ulterior estado de alarma de tipo descentralizado en que, a partir de unas indicaciones normativas básicas del Estado central, las CCAA tuvieron la potestad de concretar y modular las restricciones en función de las particulares condiciones en que se desarrollaba la pandemia en su territorio.

El objetivo esencial del trabajo, pues, será analizar el régimen jurídico del estado de alarma en clave territorial. No obstante, con anterioridad al estudio de la *excepcionalidad pandémica*, consideramos conveniente realizar un primer análisis de la configuración jurídico-constitucional del derecho a la salud y del estado de *normalidad constitucional* previo a la pandemia, esto es, del reparto competencial entre el Estado central y las CCAA en materia sanitaria.

2. EL DERECHO A LA SALUD EN LA CONSTITUCIÓN ESPAÑOLA DE 1978

Como corresponde a su naturaleza de derecho social de tercera generación cuya efectividad requiere la implicación activa de los poderes públicos, el reconocimiento y garantía del derecho a la salud —entendiendo salud como aquel «estado de completo bienestar físico, mental y social y no solamente la ausencia de afecciones o enfermedades»[1]— se produce durante el desarrollo del constitucionalismo social a partir de la Segunda Guerra Mundial. En el ámbito de la Organización de las Naciones Unidas, se afirmará en el documento constitutivo de la Organización Mundial de la Salud de 1946 que «el goce del grado máximo de salud que se pueda lograr es uno de los derechos fundamentales de todo ser humano sin distinción de raza, religión, ideología política o condición económica o social». Dos años después, la Declaración Universal de Derechos Humanos declarará en su art. 25 que toda persona «tiene derecho a un nivel de vida adecuado que le asegure, así como a su familia, la salud y el bienestar, y en especial la alimentación, el vestido, la vivienda, la asistencia médica y los servicios sociales necesarios»[2].

La débil naturaleza jurídica del derecho a la salud como derecho social le impedirá aparecer en el Convenio Europeo de Derechos

---

1 Organización Mundial de la Salud (2014). *Constitución de la Organización Mundial de la Salud*. Recuperado de: https://www.who.int/es/about/governance/constitution.

2 Organización de las Naciones Unidas (1948). *Declaración Universal de Derechos Humanos*. Recuperado de: https://www.un.org/es/about-us/universal-declaration-of-human-rights.

Humanos (1950), mientras que la Carta de los Derechos Fundamentales de la Unión Europea (2007) proclamará en su art. 35 que «toda persona tiene derecho a acceder a la prevención sanitaria y a beneficiarse de la atención sanitaria». Este derecho, no obstante, ha de ser considerado como un simple principio rector, ya que la Carta otorga el mismo reconocimiento a los derechos civiles, políticos y sociales, todos «entendidos desde la concepción liberal de la no intervención» (DE CABO MARTÍN, 2010, p. 114). En efecto, dado que la Unión Europea no tiene una competencia sustantiva en esta materia y que lo social se imputa al Estado «sin que la Unión asuma como propia la defensa, promoción y garantía de los derechos sociales» (CAMISÓN YAGÜE, 2015, p. 950), el derecho a la salud del art. 35 de la Carta se reconoce «en las condiciones establecidas por las legislaciones y prácticas nacionales», aunque se establece que «al definirse y ejecutarse todas las políticas y acciones de la Unión se garantizará un nivel elevado de protección de la salud humana».

En este marco jurídico, la Constitución española de 1978 proclamará en el primer apartado de su art. 43 que «se reconoce el derecho a la protección de la salud», fijándose en su segundo apartado que «compete a los poderes públicos organizar y tutelar la salud pública a través de medidas preventivas y de las prestaciones y servicios necesarios. La ley establecerá los derechos y deberes de todos al respecto»[3].

Aunque pudiera considerarse *prima facie* que el constituyente diseñó en el primer apartado del art. 43 CE un auténtico derecho subjetivo invocable por la ciudadanía y en su segundo apartado un mandato de actuación a los poderes públicos, no debe olvidarse que la ubicación sistemática de este precepto en el tercer capítulo del título I de la Constitución obliga a tratar ambas previsiones como

---

3 El tercer apartado del art. 43 CE establece, como medida concreta para alcanzar el objetivo de salud pública, que «los poderes públicos fomentarán la educación sanitaria, la educación física y el deporte. Asimismo facilitarán la adecuada utilización del ocio».

«principios rectores de la política social y económica», pese a la vinculación de este derecho fundamental con la dignidad de la persona[4].

En definitiva, el precepto obliga a los poderes públicos —a todos, sin distinción del nivel territorial— a adoptar las medidas necesarias para proteger la salud de las personas, mediante medidas preventivas y prestaciones y servicios públicos, pero no atribuye a la ciudadanía un derecho subjetivo a la protección de la salud cuya vulneración pudiera habilitarle una actuación de reclamación ante aquellos poderes públicos.

3. EL ESTADO DE NORMALIDAD CONSTITUCIONAL PREVIO A LA PANDEMIA: EL REPARTO COMPETENCIAL EN MATERIA SANITARIA

El objetivo de proteger la salud y de organizar y tutelar la salud pública compete a todos los poderes públicos. Ahora bien, la modulación concreta de esta obligación dependerá de la distribución de competencias resultante del bloque de constitucionalidad. De acuerdo con el art. 149.1.16.ª CE, el Estado central tiene competencia exclusiva —es decir, plena: en la normación y en la ejecución (STC 252/1988, FJ 3[5])— sobre la *sanidad exterior*[6], así como para la aprobación de legislación sobre productos farmacéuticos.

---

4 Para SOLOZÁBAL ECHAVARRÍA (2006), el derecho a la salud del art. 43 CE es «un derecho fundamental en la medida de la relación de dicho derecho con la dignidad de la persona, de manera que alguien a quien no alcanzara una protección de su salud en grado suficiente debería considerarse como tratado indignamente y obstaculizado gravemente en su desarrollo como persona» (p. 16).

5 Tribunal Constitucional (Pleno). Sentencia 252/1988, de 20 de diciembre. BOE núm. 11, de 13 de enero de 1989. ECLI:ES:TC:1988:252. FJ 3.

6 El art. 38.2 de la Ley 14/1986, de 25 de abril, General de Sanidad (en adelante, LGS) califica las actividades de sanidad exterior como «todas aquellas que se realicen en materia de vigilancia y control de los posibles riesgos para

Por su parte, de acuerdo con el art. 148.1.21.ª CE, las CCAA pueden asumir competencia, junto al ámbito de la «higiene», sobre la *sanidad interior*, es decir, sobre «la sanidad dentro del territorio español» —por exclusión del término *sanidad exterior* (STC 32/1983, FJ 2[7])—. Ahora bien, la competencia que puede asumir la comunidad autónoma no es íntegra, en cuanto al Estado le corresponde el establecimiento de las bases y la coordinación general de la sanidad (art. 149.1.16.ª CE). En este sentido, no queda claro si *bases* y *coordinación general* son términos equivalentes, en el sentido de que la legislación *básica* estatal debe asegurar una *coordinación general* de las políticas sanitarias autonómicas o si, por el contrario, se trata de dos ámbitos competenciales distintos.

Como explica SÁENZ ROYO (2021b, pp. 381-382), el TC diferencia entre *colaboración* o *cooperación*, por un lado, y *coordinación*, por otro lado. La *colaboración* es un presupuesto básico de las competencias en las que, como la de sanidad interior, concurre tanto la actuación del poder central como la de los poderes autonómicos, y

---

la salud derivados de la importación, exportación o tránsito de mercancías y del tráfico internacional de viajeros». De una manera más amplia, el Tribunal Constitucional (en adelante, TC) señaló que la competencia de sanidad exterior «tiene por objetivo la vigilancia, prevención y eliminación de riesgos para la salud con ocasión del tráfico internacional de personas, mercancías, animales y especies vegetales a través de determinados lugares del territorio nacional, como es el caso de los puertos, aeropuertos y puestos fronterizos autorizados». Tribunal Constitucional (Pleno). Sentencia 329/1994, de 15 de diciembre. BOE núm. 15, de 18 de enero de 1995. ECLI:ES:TC:1994:329. FJ 2. El desarrollo legislativo de la competencia sobre sanidad exterior se realiza esencialmente en los arts. 38 a 40 LGS. Como indica ÁLVAREZ VÉLEZ (2023, pp. 108-109), de acuerdo con esta competencia únicamente le correspondería al Estado central el establecimiento de un control sanitario en la frontera para evitar la propagación de epidemias, en cuanto se trataría —como apuntó la STC 192/1990 (FJ 3)— de una «barrera sanitaria para tratar de impedir que la enfermedad entre en el territorio nacional». Tribunal Constitucional (Pleno). Sentencia 192/1990, de 29 de noviembre. BOE núm. 9, de 10 de enero de 1991. ECLI:ES:TC:1990:192.

7 Tribunal Constitucional (Pleno). Sentencia 32/1983, de 28 de abril. BOE núm. 117, de 17 de mayo de 1983. ECLI:ES:TC:1983:32.

supone la necesidad de articular mecanismos dirigidos al mejor desarrollo y ejecución de la correspondiente competencia en el marco del Estado descentralizado español. La *cooperación* se vincula a la voluntariedad y, por ende, su instrumentación y puesta en práctica «no permite alterar las competencias de los sujetos llamados a cooperar» (STC 194/2004, FJ 9[8]).

Por otra parte, la competencia estatal de *coordinación general*, «[a] unque constituye un reforzamiento o complemento de la noción de bases, es una competencia distinta a la de fijación de las bases» y ha de considerarse como aquélla que «persigue la integración de la diversidad de las partes o subsistemas en el conjunto o sistema, evitando contradicciones y reduciendo disfunciones que, de subsistir, impedirían o dificultarían respectivamente la realidad misma del sistema» (STC 32/1983, FJ 2). En concreto, en el ámbito sanitario «la coordinación general debe ser entendida como la fijación de medios y de sistemas de relación que hagan posible la información recíproca, la homogeneidad técnica en determinados aspectos y la acción conjunta de las autoridades sanitarias estatales y comunitarias en el ejercicio de sus respectivas competencias de tal modo que se logre la integración de actos parciales en la globalidad del sistema sanitario» (STC 32/1983, FJ 2).

Si bien la coordinación implica la unidad en un único sistema de diferentes regímenes autonómicos y, a diferencia de la cooperación, se vincula a la imposición y, por tanto, sí puede alterar el ejercicio de las competencias autonómicas, no las puede llegar a *desplazar*: «la competencia de coordinación general presupone lógicamente que hay algo que debe ser coordinado, esto es, presupone la existencia de competencias de las Comunidades en materia de sanidad, competencias que el Estado, al coordinarlas, debe obviamente respetar, pues nunca ni la fijación de bases ni la coordinación general deben llegar a tal grado de desarrollo que dejen vacías de contenido las co-

---

8 Tribunal Constitucional (Pleno). Sentencia 194/2004, de 4 de noviembre. BOE núm. 279, de 2 de diciembre de 2004. ECLI:ES:TC:2004:194.

rrespondientes competencias de las Comunidades» (STC 32/1983, FJ 2[9]).

Desde un primer momento quedaba claro, de esta manera, que la competencia de coordinación tenía una sustantividad propia —distinta a la mera colaboración y al establecimiento de la legislación básica— que, sin embargo, no permitía al Estado central desplazar o restringir la competencia propia de las CCAA. Así se confirma en la STC 82/2020[10], en la que el TC afirmará que la coordinación no supone una sustracción de las competencias de los entes sometidos a dicha coordinación, pero sí comporta un «cierto poder de dirección» derivado de la posición superior que ocupa el ente coordinador respecto del coordinado (FJ 6). En consecuencia, «el que ostenta atribuciones de aquella índole está legitimado, en línea de principio, para establecer unilateralmente medidas armonizadoras destinadas a la más eficaz concertación de la actuación de todos los entes involucrados», de modo que la coordinación constituye un límite al pleno ejercicio de las competencias de los entes coordinados (FJ 6).

La articulación competencial en materia sanitaria, pues, se basa en el esquema según el cual al Estado central le corresponde la garantía de un mínimo básico e igual en todo el territorio nacional[11], compatible con regímenes de mejora en las CCAA y supeditado

---

9 En esta misma línea, el TC afirmará posteriormente que «la competencia en materia de coordinación no autoriza al Estado para atraer hacia su órbita de actividad cualquier competencia de las Comunidades Autónomas por el mero hecho de que su ejercicio pueda incidir en el desarrollo de las competencias estatales sobre determinadas materias. La coordinación (…) no puede servir de instrumento para asumir competencias autonómicas, ni siquiera respecto de una parte del objeto material sobre el que recaen». Tribunal Constitucional (Sala Segunda). Sentencia 178/2015, de 7 de septiembre. BOE núm. 245, de 13 de octubre de 2015. ECLI:ES:TC:2015:178. FJ 9.

10 Tribunal Constitucional (Pleno). Sentencia 82/2020, de 15 de julio. BOE núm. 220, de 15 de agosto de 2020. ECLI:ES:TC:2020:82.

11 Los principales instrumentos legislativos considerados básicos en el ámbito sanitario son la LGS, la Ley 33/2011, de 4 de octubre, General de Salud Pública

a una coordinación general que, en ocasiones, puede desplazar el ejercicio de la competencia autonómica. Por su parte, a las CCAA les correspondería —además del cumplimiento de las medidas adoptadas por el Estado central en virtud de su competencia de coordinación general—, el desarrollo legislativo de las bases articuladas por el nivel estatal y su gestión y ejecución, esto es, las «instituciones, servicios sanitarios y (...) la coordinación hospitalaria» (ÁLVAREZ VÉLEZ, 2023, p. 118).

Sobre el significado del concepto de *bases* que las CCAA pueden desarrollar normativamente, el TC las define como «los principios normativos generales que informan u ordenan una determinada materia, constituyendo (...) el marco o denominador común de necesaria vigencia en el territorio nacional. Lo básico es, de esta forma, lo esencial, lo nuclear, o lo imprescindible de una materia, en aras de una unidad mínima de posiciones jurídicas que delimita lo que es competencia estatal y determina, al tiempo, el punto de partida y el límite a partir del cual puede ejercer la Comunidad Autónoma, en defensa del propio interés general, la competencia asumida en su Estatuto» (STC 98/2004, FJ 6[12])[13]. En el ámbito sanitario, lo básico se concretaría en, «además de las normas que establecen el diseño fundamental del sistema sanitario general, las actuaciones de carácter ejecutivo, siempre que estén previstas con

---

(en adelante, LGSP) y la Ley 16/2003, de 28 de mayo, de cohesión y calidad del Sistema Nacional de Salud (en adelante, LCCSNS).

12 Tribunal Constitucional (Pleno). Sentencia 98/2004, de 25 de mayo. BOE núm. 140, de 10 de junio de 2004. ECLI:ES:TC:2004:98.

13 REQUEJO RODRÍGUEZ (1998) diferencia en el concepto de bases entre una perspectiva material y una perspectiva formal. Para la primera (que es la que habría seguido la STC 98/2004), «lo básico es el común denominador normativo que, ofreciendo una regulación uniforme, esencial y directamente aplicable, protege el interés general» (p. 2). Por su parte, una perspectiva formal del concepto de bases supondría simplemente «aquello que el legislador define como tal, con independencia de su naturaleza, la importancia de sus contenidos, o aquello que pretenda asegurar» (p. 2).

anterioridad y con especificación de su carácter básico» (ÁLVAREZ VÉLEZ, 2023, p. 109).

En concreto, el TC ha establecido que corresponde al Estado central, en cuanto «pertenece al núcleo de lo básico», determinar los beneficiarios de las prestaciones sanitarias; las concretas prestaciones que «por integrarse en la "cartera común", permite[n] establecer un común denominador normativo dirigido a asegurar, de manera unitaria y en condiciones de igualdad, el acceso a la sanidad por parte de todos los ciudadanos incluidos en el ámbito subjetivo de la norma, con independencia de su lugar de residencia»; la definición de los diferentes tipos de prestaciones sanitarias (básicas, suplementarias o de servicios accesorios); y la fijación del sistema de financiación de la sanidad, «lo que incluye tanto la garantía general de financiación pública como, dentro de esta garantía, los supuestos en los que algunas prestaciones comunes que no son básicas (las "suplementarias" y de "servicios accesorios") pueden estar sujetas a una financiación adicional con cargo al usuario del servicio (tasa o "copago")» (STC 136/2012, FJ 5[14]).

A partir de este «margen de discrecionalidad para fijar los servicios sanitarios mínimos», que tendría el objetivo de que «todos los españoles gocemos de una igualdad básica en esta materia» (SÁENZ ROYO, 2021b, p. 127), las CCAA pueden regular su propio sistema de salud: «dichas bases habilitan un margen para el desarrollo, por parte de las Comunidades Autónomas, de su propia política sanitaria. Éstas podrán, respetando el mínimo formado por las carteras comunes, aprobar sus propias carteras de servicios (...), y establecer servicios adicionales para sus residentes. Es decir, las Comunidades Autónomas podrán mejorar el mínimo estatal, pero en ningún caso empeorarlo» (STC 136/2012, FJ 5).

---

14 Tribunal Constitucional (Pleno). Sentencia 136/2012, de 19 de junio. BOE núm. 163, de 9 de julio de 2012. ECLI:ES:TC:2012:136.

En consecuencia, las CCAA, respetando las condiciones de «mejor protección, título competencial propio, autonomía financiera y respeto del principio de solidaridad» (TORRES PÉREZ, 2017, p. 65), así como los «límites derivados de la supraterritorialidad y la eventual coordinación estatal» (NOGUEIRA LÓPEZ, 2022, p. 13), podrían complementar la legislación sanitaria estatal «añadiendo, por ejemplo, nuevas prestaciones sanitarias o medicamentos, siempre que se mantenga una coherencia y coordinación con los reconocidos estatalmente y sean financiados con sus propios recursos» (SÁENZ ROYO, 2020, p. 133).

Finalmente, debe apuntarse que, en la actualidad, a partir del modelo de provisión pública directa de servicios sanitarios y de la idea de servicio de salud universalizado (SÁENZ ROYO, 2020, p. 130), todas las CCAA han asumido competencia en materia sanitaria, lo que supone una «descentralización completa de la asistencia sanitaria del Sistema Nacional de Salud» (SÁENZ ROYO, 2020, p. 133). Además, ha de tenerse en cuenta que esta competencia sobre sanidad «incluye no sólo la vertiente asistencial de la curación de la enfermedad sino también una vertiente colectiva de prevención vinculada con el concepto de salud pública» (DE LA QUADRA-SALCEDO JANINI, 2020, p. 3).

4. EL RÉGIMEN JURÍDICO DEL ESTADO DE ALARMA EN CLAVE TERRITORIAL

Con el término *Derecho de excepción* se hace referencia a aquella situación excepcional —en su causa y en su respuesta— en que la *normalidad constitucional*, esto es, la plena vigencia de la Constitución y del Derecho ordinario, queda desplazada en los términos previstos en la propia Constitución. Como señala CANO BUESO (2020), el Derecho de excepción estaría conformado «por unas cláusulas habitualmente durmientes que solo se activan en situaciones de crisis» y que, por estar incorporadas al texto constitucional, «mantienen la vigencia formal de la misma y la garantía de la restauración de la normalidad constitucional tan pronto como desaparezca las causas que la provocan» (p. 84).

En la normativa española, la activación del Derecho de excepción produce una doble consecuencia: la posibilidad de que los derechos fundamentales reconocidos en la Constitución queden limitados (estado de alarma) o suspendidos (estados de excepción y sitio) y la alteración del régimen ordinario de funcionamiento y de relaciones entre el Gobierno —que en ningún caso pierde su responsabilidad (art. 116.6 CE)[15]— y las Cortes Generales.

Sin embargo, ambos efectos, que caracterizan e identifican a los estados excepcionales, no aparecen regulados en el precepto constitucional de referencia, el art. 116, que tras establecer en su primer apartado una reserva de ley orgánica para la regulación de los estados de alarma, excepción y sitio y de sus competencias y limitaciones (la Ley Orgánica 4/1981, de 1 de junio; en adelante, LOEAES), se limita esencialmente a regular la competencia para la declaración de cada uno de estos estados. En el estado de alarma, la declaración compete al Gobierno (mediante decreto acordado en Consejo de Ministros[16]), por un plazo máximo de quince días

---

15 La declaración de los estados excepcionales no altera el régimen de responsabilidad: los actos y disposiciones de la Administración pública serán impugnables en vía jurisdiccional y quienes como consecuencia de la aplicación de los actos y disposiciones adoptados durante la vigencia de estos estados sufran, de forma directa, o en su persona, derechos o bienes, daños o perjuicios por actos que no les sean imputables, tendrán derecho a ser indemnizados (art. 3 LOEAES).

16 El decreto declarativo del estado de alarma tiene, según el TC, rango o valor de ley. Todos los estados de emergencia suponen «excepciones o modificaciones *pro tempore* en aplicabilidad de determinadas normas del ordenamiento vigente, incluidas (...) determinadas disposiciones legales, que sin ser derogadas o modificadas pueden ver alterada su aplicabilidad ordinaria». Tribunal Constitucional (Pleno). Auto 7/2012, de 13 de enero. BOE núm. 36, de 11 de febrero de 2012. ECLI:ES:TC:2012:7ª. FJ 4. Por ello, la decisión gubernamental, «dado su contenido normativo y efectos jurídicos, debe entenderse que queda configurada en nuestro ordenamiento como una decisión o disposición con rango o valor de ley. Y, en consecuencia, queda revestida de un valor

y con dación de cuentas inmediata al Congreso de los Diputados[17] (único competente para prorrogarlo *ex* art. 116.2 CE). En el estado de excepción, la declaración debe ser realizada por el Gobierno (mediante decreto acordado en Consejo de Ministros) previa autorización del Congreso de los Diputados, por una duración que no puede exceder de treinta días, prorrogables por otro plazo igual (art. 116.3 CE). En el estado de sitio —único que no contempla previsión de plazo (art. 116.4 CE)—, la declaración corresponde

normativo equiparable, por su contenido y efectos, al de las leyes y normas asimilables cuya aplicación puede excepcionar, suspender o modificar durante el estado de alarma». Tribunal Constitucional (Pleno). Sentencia 83/2016, de 28 de abril. BOE núm. 131, de 31 de mayo de 2016. ECLI:ES:TC:2016:83. FJ 10. El rango de ley también se extiende al decreto de prórroga del estado de alarma; en este caso, con la peculiaridad de que «el decreto de prórroga constituye una formalización *ad extra* de la previa autorización del Congreso de los Diputados» (STC 83/2016, FJ 10). Esta jurisprudencia fue emitida con ocasión del único estado de alarma precedente al coronavirus, el relativo a la crisis de los controladores aéreos. Como protesta ante la intención del Gobierno de adoptar unas medidas que empeoraban, en un contexto de crisis económica, las condiciones salariales de los controladores aéreos, una parte numerosa de este colectivo abandonó su puesto de trabajo en las vísperas del puente de diciembre de 2010, lo que produjo el cierre del espacio aéreo español y la paralización de la actividad turística. El Gobierno reaccionó mediante el RD 1673/2010, de 4 de diciembre, por el que se declaraba el estado de alarma para la normalización del servicio público esencial del transporte aéreo, prorrogado por el RD 1717/2010, de 17 de diciembre. El estado de alarma, dictado ante una «paralización de servicios públicos esenciales para la comunidad» (art. 4.c) LOEAES), se extendió del 4 de diciembre de 2010 al 15 de enero de 2011 y sometió a la consideración de personal militar a todos los controladores de tránsito aéreo al servicio de AENA, en virtud de los arts. 9.1, 10.1 y 12.2 LOEAES, lo que suponía que quedaban sometidos a las órdenes directas del Jefe de Estado Mayor del Ejército del Aire y a las leyes penales y disciplinarias militares.

17 Esta dación de cuentas se configura como «un mecanismo de información que puede activar e impulsar, en el marco de la relación fiduciaria que ha de existir entre el Gobierno y el Congreso de los Diputados, un control político o de oportunidad sobre la declaración del estado excepcional y las medidas adoptadas al respecto, así como subsiguientemente, la puesta en marcha, en su caso, de los pertinentes instrumentos de exigencia de responsabilidad política» (STC 83/2016, FJ 8).

al Congreso de los Diputados, por mayoría absoluta y a propuesta exclusiva del Gobierno.

Como se desprende de una lectura literal del art. 116 CE, el constituyente no pensó en el posible encaje de los estados excepcionales en un modelo territorial fuertemente descentralizado como el que acabó deviniendo el Estado autonómico[18]. Para la Constitución de 1978, el Derecho de excepción podía alterar el régimen de competencia orgánica, pero no el de competencia territorial: así se explica la ubicación sistemática del precepto en el título V de la Constitución, relativo a las relaciones entre el Gobierno y las Cortes Generales. Y ello a pesar de que la propia Constitución reconoce, al exigir que la declaración de estado de alarma, excepción o sitio determine su correspondiente ámbito territorial, que la vigencia del estado excepcional pueda circunscribirse a un territorio concreto dentro del conjunto del Estado español.

Respecto a la primera consecuencia de la declaración de los estados excepcionales, arriba apuntada —la posible limitación o suspensión de derechos—, el silencio del art. 116 CE en este ámbito es suplido por el art. 55.1 CE, que permite al estado de excepción o de sitio suspender una serie de derechos constitucionales[19]. Nada

---

18 Como señala CANO BUESO (2020), la LOEAES «[f]ue concebida antes en clave de Estado unitario que de Estado descentralizado, dado que en el momento de ser aprobada solo dos comunidades autónomas (Cataluña y País Vasco) habían accedido a su autonomía y el modelo territorial delineado en la Constitución apenas comenzaba su despliegue» (p. 96). Por ello, esta ley orgánica resulta «muy parca en el establecimiento de técnicas cooperativas» (p. 97).

19 Se trata del derecho a la libertad y a la seguridad (art. 17 CE) —el derecho a ser informado de los derechos y razones de la detención y la asistencia letrada sólo pueden ser suspendidos en el estado de sitio (art. 17.3 CE)—, la inviolabilidad del domicilio (art. 18.2 CE), el secreto de las comunicaciones (art. 18.3 CE), el derecho de residencia y circulación (art. 19 CE), la libertad de expresión (art. 20.1.a) CE), la libertad de información (art. 20.1.d) CE), el secuestro de publicaciones sólo por resolución judicial (art. 20.5 CE), el derecho de reunión (art. 21 CE), el derecho de huelga (art. 28.2 CE) y el derecho de conflicto colectivo (art. 37.2 CE).

dice la Constitución respecto a la posibilidad de que el estado de alarma pueda limitar derechos, previsión que, en apoyo de la reserva de ley orgánica genérica del art. 81.1 CE para el desarrollo de los derechos fundamentales y de la específica del art. 116.1 CE, es desarrollada en la LOEAES.

Respecto a la segunda consecuencia —la alteración del régimen ordinario de relaciones entre el ejecutivo y el legislativo—, el art. 116.5 CE se limita a predicar la garantía del funcionamiento normal de todos los poderes constitucionales del Estado durante la vigencia de los estados excepcionales, sin posibilidad de interrupción, así como, en particular, la prohibición de la disolución del Congreso y la convocatoria automática de las Cortes si no estuvieran en periodo de sesiones. Además, durante la vigencia de los estados excepcionales no podrá iniciarse una reforma constitucional (art. 169 CE), ni (se entiende) tramitarse una reforma previamente iniciada.

Como hemos apuntado, la indeterminación y apertura de los estados excepcionales en la Constitución es concretada por la LOEAES, que vincula el recurso al Derecho de excepción a la concurrencia de «circunstancias extraordinarias [que] hiciesen imposible el mantenimiento de la normalidad mediante los poderes ordinarios de las Autoridades competentes» (art. 1.1 LOEAES). Son necesarios, por tanto, dos factores cumulativos: una circunstancia extraordinaria, imprevisible y/o no contemplada en la normativa ordinaria y la incapacidad para mantener la normalidad constitucional mediante el ejercicio de los poderes ordinarios. Las medidas a adoptar en cada estado y su duración deberán ser «las estrictamente indispensables para asegurar el restablecimiento de la normalidad» y su aplicación «proporcionada a las circunstancias» (art. 1.2 LOEAES).

En el caso concreto del estado de alarma, el art. 4 LOEAES fija las cuatro «alteraciones graves de la normalidad» que pueden habilitar al Gobierno a su declaración: catástrofes, calamidades o desgracias públicas como terremotos, inundaciones, incendios urbanos y forestales o accidentes de gran magnitud; crisis sanitarias, como epidemias y situaciones de contaminación graves; paralización de servicios públicos esenciales para la comunidad; y situaciones de desabastecimiento de productos de primera necesidad. El art. 11 LOEAES identifica las medidas que pueden adoptarse en este estado excepcional: limitar la circulación o permanencia de personas o vehículos en horas y lugares determinados; practicar requisas temporales e imponer prestaciones personales obligatorias; intervenir y ocupar transitoriamente locales de cualquier naturaleza, excepto domicilios privados; limitar o racionar el uso de servicios o el consumo de artículos de primera necesidad; e impartir las órdenes necesarias para asegurar el abastecimiento de los mercados y el funcionamiento de los servicios de los centros de producción. Además, en el caso de las crisis sanitarias, la autoridad competente puede adoptar también las medidas establecidas en las normas para la lucha contra las enfermedades infecciosas (art. 12.1 LOEAES), esto es, puede adoptar directamente las medidas previstas en la legislación sanitaria ordinaria, aunque la competencia pertenezca a las CCAA.

Con carácter general, la autoridad competente para adoptar las medidas oportunas en el estado de alarma será el Gobierno central (art. 7 LOEAES), lo que supone una doble concentración de poder orgánico y territorial[20]: por un lado, el estado de alarma atribuye al poder ejecutivo un papel prioritario en la adopción de actos y normas en detrimento del poder legislativo (la *extraordinaria y urgente necesidad* de los decretos leyes —por ejemplo, los destinados a mitigar los perjuicios sufridos en los sectores laboral y económico— quedará, además, plenamente justificada); por otro lado, el Gobierno central asumirá poderes que pueden corresponder en condiciones ordinarias a las instituciones de gobierno autonómicas, en cuanto pertenecientes a competencias asumidas por las CCAA en sus respectivos Estatutos de autonomía.

---

20 A la centralización de las competencias en el nivel central, TAJADURA TEJADA (2020) añade una segunda consecuencia del Derecho de excepción: una «estatalización» que implicaría el control por el poder público de recursos del sector privado.

Una vez declarado el estado de alarma, todas las autoridades civiles de la Administración pública del territorio afectado por la declaración (de cualquier nivel de gobierno), así como los integrantes de los Cuerpos de Policía de las CCAA y de las Corporaciones Locales y los demás funcionarios y trabajadores al servicio de las mismas, quedarán bajo las órdenes directas de la autoridad competente en cuanto sea necesario para la protección de personas, bienes y lugares, pudiendo imponerles servicios extraordinarios por su duración o naturaleza (art. 9.1 LOEAES).

Ahora bien, esto no significa que el estado de alarma suponga una alteración del régimen competencial previsto en los arts. 148 y 149 CE y, en general, en el bloque de constitucionalidad. El art. 1.4 LOEAES, como el art. 116.5 CE, establece que la declaración de los estados de alarma, excepción y sitio no interrumpe el normal funcionamiento de los poderes constitucionales del Estado, por lo que, en principio, no altera *per se* el régimen institucional y competencial de las CCAA. Como señala ÁLVAREZ VÉLEZ (2023), «[l]os títulos competenciales autonómicos no quedan directamente alterados por la situación de alarma, si bien el ejercicio ordinario de esas competencias queda parcialmente afectado» (p. 122). En virtud del estado de alarma el Gobierno no asume en bloque competencias propias de las CCAA que aquél pudiera considerar convenientes para la fundamentación jurídica de decisiones aptas para la resolución de la situación extraordinaria. Asume, por el contrario, la capacidad de adoptar decisiones, que las CCAA deberán respetar, en el marco de aquellas competencias —una extensión transitoria de las competencias autonómicas al nivel central—, siempre que se justifique su carácter indispensable para asegurar el restablecimiento de la normalidad y su proporcionalidad a las circunstancias (art. 1.2 LOEAES).

Las decisiones del Gobierno central no tienen carácter excluyente: siempre que respete las medidas adoptadas por la autoridad competente en el marco del estado de alarma (ÁLVAREZ VÉLEZ, 2023, p. 105), las instituciones autonómicas podrán seguir ejerciendo con normalidad sus propias competencias. No se trata, por tanto, de una mutación del régimen competencial, en cuanto las competencias no transitan de un nivel territorial al otro, sino de una *confusión temporal* que flexibiliza las fronteras competenciales en favor de la autoridad competente. Como explica CANO BUESO (2020), «[l]as medidas que adopta el Gobierno en la crisis pueden referirse "a cualquier materia", aun cuando la competencia para aprobarlas esté atribuida a las comunidades autónomas o a las corporaciones locales. Ello no significa que se suspenda el orden constitucional de competencias, sino que la potente competencia estatal gubernamental *concurre* con las competencias sectoriales autonómicas o locales» (p. 104).

Una situación diferente se produce cuando la *alteración grave de la normalidad* afecta exclusivamente a todo o parte del ámbito territorial de una comunidad autónoma determinada. En tal caso, la presidencia de la comunidad autónoma puede solicitar del Gobierno central la declaración del estado de alarma (art. 5 LOEAES), que a partir de ese momento seguirá sus cauces habituales en el nivel central (concentración de poder en el ejecutivo central y prórroga por el Congreso de los Diputados), salvo que el Gobierno delegue en la presidencia de la comunidad autónoma la condición de autoridad competente (art. 7 LOEAES). En este último caso, la declaración de estado de alarma seguirá en manos del Gobierno central y su prórroga en el Congreso, pero será el presidente o presidenta de la comunidad autónoma el competente para adoptar las medidas amparadas por el estado de alarma para hacer frente a la concreta amenaza, y podrá requerir la colaboración de los Cuerpos y Fuerzas de Seguridad del Estado, que actuarán bajo la dirección de sus mandos naturales (art. 9.2 LOEAES).

En este sentido, parece razonable concluir que, en aquella situación, la presidencia de la comunidad autónoma pudiera adoptar decisiones que trascendieran del ámbito competencial autonómico respectivo —de igual manera que la autoridad competente central puede invadir competencias autonómicas en el caso antes analizado—, siempre que se justifique por su carácter indispensable y proporcional (art. 1.1 LOEAES). En cualquier caso, se trata de una auténtica delegación de poderes del Gobierno central al presidente autonómico —representante ordinario del Estado en la comunidad autónoma (art. 152 CE)— y no una mera obligación de coordinación como se predica respecto del estado de excepción (art. 31 LOEAES).

5. EL PRIMER ESTADO DE ALARMA: LA CONCENTRACIÓN DE PODER EN EL GOBIERNO CENTRAL

Tras la elevación de la situación de emergencia de salud pública ocasionada por el Covid19 a la condición de pandemia internacional por parte de la Organización Mundial de la Salud el 11 de marzo de 2020, el Gobierno aprobó el 14 de marzo el Real Decreto 463/2020, por el que se declaraba el estado de alarma para la gestión de la situación de crisis sanitaria ocasionada por el Covid19[21]. Además, mediante este real decreto se ratificaron todas las disposiciones y medidas adoptadas previamente por las autoridades competentes de las CCAA y entidades locales (Disposición final primera del RD 463/2020), cuya legalidad no se discutió y que fueron consideradas adecuadas pero insuficientes[22].

---

21 La declaración del estado de alarma se fundamentó en que «[l]a rapidez en la evolución de los hechos, a escala nacional e internacional, requiere la adopción de medidas inmediatas y eficaces para hacer frente a esta coyuntura», así como que «[l]as circunstancias extraordinarias que concurren constituyen, sin duda, una crisis sanitaria sin precedentes y de enorme magnitud tanto por el muy elevado número de ciudadanos afectados como por el extraordinario riesgo para sus derechos» (preámbulo del RD 463/2020).

22 Con carácter previo a la declaración del estado de alarma, algunas CCAA ya habían adoptado medidas con fundamento en el art. 3 LOMESP —que será analizado en el apartado 10— o, en el caso de Cataluña, en las leyes autonómicas 4/1997, de 20 de mayo, de Protección Civil de Cataluña y 18/2009, de 22 de octubre, de salud pública: el aislamiento de un hotel de Tenerife

La declaración del estado de alarma, que afectaba a todo el territorio nacional (art. 2 RD 463/2020), se fundamentó, según el art. 1 RD 463/2020, tanto en el motivo de «crisis sanitarias» como en el de «situaciones de desabastecimiento de productos de primera necesidad» (art. 4.a) y d) LOEAES). Se atribuía la condición de *autoridad competente* al Gobierno central y la de *autoridades competentes delegadas*, en sus respectivas áreas de responsabilidad (art. 4.2 RD 463/2020)[23] y bajo la superior dirección del presidente del Gobierno, a los ministros de Defensa; Interior; Transportes, Movilidad y Agenda Urbana; y Sanidad, quien también asumía las áreas que no recayeran en ninguno de los tres anteriores ministerios[24].

Los ministros, como autoridades competentes delegadas, quedaban habilitados para dictar las órdenes, resoluciones, disposiciones e instrucciones interpretativas necesarias para garantizar la presta-

---

(Orden de la Consejera de Sanidad del Gobierno de Canarias de 24 de febrero de 2020, ratificada por el Juzgado de lo Contencioso-Administrativo nº 1 de Santa Cruz de Tenerife), la suspensión de la actividad lectiva en la Comunidad de Madrid (Orden 338/2020, de 9 de marzo, de la Consejería de Sanidad), el cierre perimetral de Igualada, Vilanova del Camí, Santa Margarita de Montbui y Òdena (Resolución INT/718/2020, de 12 de marzo, de la Conselleria de Interior de Catalunya) o el cierre perimetral de los municipios de Cartagena, San Javier, San Pedro, Mazarrón, Águilas, Los Alcázares y La Unión (Orden de la Consejería de Salud de 13 de marzo de 2020). Como indica CARMONA CONTRERAS (2022), se trataba de «actuaciones parciales y territorialmente circunscritas y que dejaron en evidencia los limitados efectos del despliegue de una estrategia de actuación pública fragmentada en el marco de un escenario de avance global de la enfermedad» (p. 149).

23 POMED SÁNCHEZ (2021, pp. 187-188) critica la delegación reflexiva del Gobierno en sus ministros, que actuaron «en sus respectivas áreas de responsabilidad», en vez de optar por la creación de una comisión interministerial o un gabinete de crisis.

24 Debe recordarse que, en condiciones ordinarias, al ministro de Sanidad le corresponde la gestión de alertas de carácter supraautonómico (art. 14.a) LGSP), así como la coordinación del Estado con las Administraciones públicas y los organismos competentes en el ejercicio de las actuaciones destinadas a la prevención y protección frente a riesgos ambientales para la salud (art. 31.1 LGSP).

ción de todos los servicios (ordinarios o extraordinarios) en orden a la protección de personas, bienes y lugares, mediante la adopción de cualquiera de las medidas propias del estado de alarma previstas en el art. 11 LOEAES (art. 4.3.I RD 463/2020). Ahora bien, las autoridades autonómicas y locales que tuvieran competencia en este ámbito de acuerdo con la legislación aplicable en cada caso podían solicitar motivadamente a las autoridades competentes delegadas la adopción de estos mismos actos, disposiciones y medidas (art. 4.3.II RD 463/2020), lo que constituía una suerte de colaboración entre, por un lado, quien debía adoptar la medida, y, por otro lado, quien por ostentar la competencia ordinaria estaba en mejor posición de conocer la realidad del respectivo ámbito competencial. Ello, además, sin necesidad de tramitar procedimiento administrativo alguno (art. 4.3.II RD 463/2020).

El decreto de estado de alarma adoptó una serie de medidas —que no analizaremos en detalle por no ser el lugar oportuno— en los siguientes ámbitos, entre otros: la limitación de la libertad de circulación de personas mediante el confinamiento domiciliario (art. 7 RD 463/2020); requisas temporales y prestaciones personales obligatorias (art. 8 RD 463/2020); suspensión de la actividad educativa presencial (art. 9 RD 463/2020); suspensión de la apertura al público de locales y establecimientos minoristas, equipamientos culturales, establecimientos y actividades recreativas y actividades de hostelería y restauración (art. 10 RD 463/2020); o la evitación de aglomeraciones en lugares de culto y ceremonias civiles y religiosas (art. 11 RD 463/2020).

Como se ha expuesto con anterioridad, la declaración del estado de alarma no privó a las CCAA de sus respectivas competencias, aunque sí produjo una evidente interferencia en su ejercicio[25]. Sólo

---

25 Para CARMONA CONTRERAS (2022), el «espíritu marcadamente centralizador» de este primer estado de alarma «rompe nítidamente con la dinámica precedente en la que el protagonismo para gestionar la crisis pandémica recayó sobre las CCAA» (p. 151). Según SOLOZÁBAL ECHAVARRÍA (2021b,

así puede entenderse la previsión del art. 6 RD 463/2020: sin perjuicio de lo dispuesto en el propio real decreto, «[c]ada Administración conservará las competencias que le otorga la legislación vigente en la gestión ordinaria de sus servicios para adoptar las medidas que estime necesarias en el marco de las órdenes directas de la autoridad competente a los efectos del estado de alarma»[26]. Es decir, precisamente porque las Administraciones no perdieron la gestión ordinaria de sus respectivas competencias, podían y debían ejercerlas para adoptar las medidas que estimaran necesarias para ejecutar las órdenes directas de los ministros designados como autoridades competentes delegadas.

Además, en el ámbito sanitario el art. 12.1 RD 463/2020 establecía que «[t]odas las autoridades civiles sanitarias de las administraciones públicas del territorio nacional y demás funcionarios y trabajadores al servicio de las mismas, quedarán bajo las órdenes directas del Ministro de Sanidad», pero no con carácter general y en todo caso, sino «en cuanto sea necesario para la protección de personas, bienes y lugares, pudiendo imponerles servicios extraordinarios por su duración o por su naturaleza». La competencia sanitaria autonómica no quedaba, por tanto, anulada: «las administraciones públicas autonómicas y locales mantendrán la gestión, dentro de su ámbito de competencia, de los correspondientes servicios sanitarios, asegurando en todo momento su adecuado funcionamiento», si bien «[e]l Ministro de Sanidad se reserva el ejercicio de cuantas facultades resulten necesarias para garantizar la cohesión y equidad

---

p. 65), tanto el decreto declarativo del estado de alarma como las órdenes dictadas en su ejecución desplazaron todo el Derecho autonómico.

26 En este sentido, el preámbulo del RD 487/2020 (segunda prórroga del estado de alarma) recalcó que «cada Administración conservó las competencias otorgadas por la legislación vigente en la gestión ordinaria de sus servicios». Asimismo, se afirmó que el objetivo del estado de alarma era movilizar todos los recursos humanos y materiales disponibles para contener la pandemia y mitigar sus efectos, pero también asegurar la «unidad de acción», si bien las autoridades competentes delegadas habían adoptado las disposiciones y actos necesarios «en estrecha colaboración con las administraciones públicas competentes».

en la prestación del referido servicio» (art. 12.2 RD 463/2020). En consecuencia, el ministro podía disponer de todas las autoridades civiles y empleados del ámbito de la salud pública (art. 12.3 RD 463/2020) y tenía la facultad de redistribuir en todo el territorio nacional todos los medios técnicos y personales, de acuerdo con las necesidades que se pusieran de manifiesto en la gestión de la crisis sanitaria (art. 12.4 RD 463/2020).

En palabras de CANO BUESO (2020), la declaración de estado de alarma habría producido un «*desplazamiento temporal* de la autoridad, que quedó parcialmente centralizada en aras de los principios de inmediatez y eficacia en la toma de decisiones», pero no un «desapoderamiento de las competencias autonómicas sobre las distintas materias ni la recentralización del Estado» (p. 105)[27]. No obstante, un importante sector doctrinal criticó que este estado excepcional, amparado en el *mando único*, sí supuso una concentración y desplazamiento de competencias al nivel central. Para TAJADURA TEJADA (2022), «[l]a declaración del estado de alarma implicó una recentralización temporal de diversas competencias. Sobre todo, en el ámbito sanitario dada la naturaleza de la crisis» (p. 95). Además, tampoco debe obviarse «la conveniencia, en el nivel simbólico o po-

---

27 Del mismo modo, para VELASCO CABALLERO (2020) «[l]a activación de la competencia estatal extraordinaria, derivada del art. 116 CE, puede dar lugar a decisiones que *concurran* con otras legítimamente adoptadas, antes o después del estado de alarma, por las Comunidades Autónomas o las entidades locales. (…) Dado que el estado de alarma no altera la distribución competencial, sino que simplemente activa una competencia latente del Estado, no se puede hablar aquí de hipotéticos conflictos competenciales, sino de dos o más competencias legítimas que, cuando dan lugar a decisiones incompatibles, se articulan mediante el principio constitucional de *prevalencia*» (p. 83). También sostiene esta postura DE LA QUADRA-SALCEDO JANINI (2020): «por ejemplo, las eventuales medidas de lucha contra la pandemia que se deban adoptar en los hospitales o en las residencias de ancianos no pasan a ser responsabilidad del Gobierno de la nación una vez declarado el estado de alarma, pues la competencia sobre la gestión hospitalaria y sobre la asistencia social sigue correspondiendo a las comunidades autónomas» (p. 25).

lítico, de ofrecer una imagen de unidad política en la crisis sanitaria, que exige una respuesta unitaria» (CANO BUESO, 2020, p. 64).

Al margen de estas previsiones, el RD 463/2020 incluía también otros mecanismos de colaboración entre el Estado central y las CCAA: desde la mera información[28] hasta la posibilidad de que las CCAA solicitaran de las autoridades competentes delegadas la adopción de decisiones en el marco del estado de alarma[29] e, incluso, una serie de previsiones (mínimas) que atribuían un poder directo a las CCAA y a los entes locales[30].

Como ha podido comprobarse, el RD 463/2020 no desconoce la naturaleza descentralizada del Estado español, ni tampoco ignora que muchas de las competencias afectadas —destacadamente la

---

28 De acuerdo con el art. 7.4.II RD 463/2020, cuando las medidas relativas a la limitación de la libertad de circulación de personas se adoptaran de oficio por las autoridades competentes delegadas, se debía informar con carácter previo a las administraciones autonómicas que ejercieran competencias de ejecución de la legislación estatal en materia de tráfico, circulación de vehículos y seguridad vial.

29 En concreto, las CCAA podían requerir la práctica de requisas temporales de todo tipo de bienes necesarios para el cumplimiento de los fines del estado de alarma (en particular, la prestación de los servicios de seguridad o de los operadores críticos y esenciales), así como al ministro de Transportes, Movilidad y Agenda Urbana que adoptara las medidas necesarias para establecer condiciones a los servicios de movilidad en orden a la protección de personas, bienes y lugares (art. 14.1.b) RD 463/2020).

30 Las autoridades autonómicas y locales con competencia en materia de transportes podían establecer directamente, sin previa autorización del ministro de Transportes, Movilidad y Agenda Urbana —que estaba igualmente legitimado— un porcentaje de reducción, así como otras condiciones específicas de prestación, de los servicios de transporte públicos de viajeros por carretera, ferroviarios y marítimo de competencia autonómica o local que estuvieran sometidos a contrato público u obligaciones de servicio público o que fueran de titularidad pública, en caso de que así lo aconsejara la situación sanitaria (art. 14.2.c).II RD 463/2020). Igualmente, las administraciones autonómicas y locales, junto con las autoridades competentes delegadas, podían exigir a los medios de comunicación social de titularidad pública y privada la inserción de mensajes, anuncios y comunicaciones (art. 19 RD 463/2020).

sanitaria— pertenecen a las CCAA. Ahora bien, al margen de los escasos mecanismos arriba apuntados, no establece instrumentos efectivos de coordinación entre las autoridades estatales —únicas legitimadas según la LOEAES en el marco del estado de alarma, dado el carácter supraautonómico de la amenaza sanitaria— y unas autoridades autonómicas que nunca perdieron sus propias competencias.

6. EL PLAN DE DESESCALADA Y LA DESCENTRALIZACIÓN DE LA RESPUESTA JURÍDICA A LA PANDEMIA

El 28 de abril de 2020, en un contexto de reclamación de mayor protagonismo por parte de las CCAA, durante la vigencia de la tercera prórroga del estado de alarma y siguiendo los principios marcados en la *Hoja de ruta común europea para el levantamiento de las medidas de contención de la COVID-19*[31], el Consejo de Ministros aprobó el *Plan para la desescalada de las medidas extraordinarias para hacer frente a la pandemia de COVID-19*[32]. En virtud de este Plan, las CCAA y las

---

31 Comisión Europea (2020). *Comunicación de la Comisión Europea "Hoja de ruta común europea para el levantamiento de las medidas de contención de la COVID-19"*. Diario Oficial de la Unión Europea C-126, de 17 de abril de 2020.

32 Ministerio de Sanidad del Gobierno de España (28 de abril de 2020). *Plan para la transición hacia una nueva normalidad.* Recuperado de: https://www.lamoncloa.gob.es/consejodeministros/resumenes/Documents/2020/PlanTransicionNuevaNormalidad.pdf. Este Plan de desescalada, que permitía que las personas pudieran desplazarse por el territorio de la provincia, isla o unidad territorial de referencia (art. 3 RD 514/2020), diseñaba un proceso de recuperación paulatina de la vida cotidiana y de la actividad económica en cinco fases, entre las cuales debía transcurrir un mínimo de dos semanas (periodo medio de incubación del virus): una fase 0 o de preparación para la desescalada (actividad deportiva individual sin contacto y paseos, apertura de locales y establecimientos con cita previa), una fase I o inicial (apertura del pequeño comercio, de terrazas de restauración con limitaciones de ocupación al 30% o de lugares de culto con limitación de aforo a un tercio), una fase II o intermedia (apertura del espacio interior de locales con una ocupación de un tercio

ciudades de Ceuta y Melilla, con arreglo a los principios de cooperación y colaboración (apdo. IV del preámbulo del RD 514/2020[33]), podían proponer al ministro de Sanidad, de conformidad con lo dispuesto posteriormente en la Orden SND/387/2020, de 3 de mayo, la progresión o la regresión de las correspondientes medidas aplicables, en función de la evolución de los indicadores sanitarios, epidemiológicos, sociales, económicos y de movilidad (art. 3 RD 514/2020).

El Plan de desescalada partía de una concepción del estado de alarma mucho más territorializada y respetuosa con el modelo de Estado autonómico: el Gobierno podía acordar conjuntamente con cada comunidad autónoma «la modificación, ampliación o restricción de las unidades de actuación y las limitaciones respecto a la libertad de circulación de las personas, de las medidas de contención y de las de aseguramiento de bienes, servicios, transportes y abastecimientos, con el fin de adaptarlas mejor a la evolución de la emergencia sanitaria en cada comunidad autónoma» (art. 4 RD 514/2020). Además, en caso de alcanzarse un acuerdo, estas medidas debían ser aplicadas por la presidencia de la comunidad autónoma.

Para RIDAO MARTÍN (2021b) esta etapa de cogobernanza permitió una «profundización de los mecanismos de coordinación pre-

---

del aforo, de centros educativos para actividades de refuerzo o la celebración de la EBAU, o de cines y teatros), una fase III o avanzada (flexibilización de la movilidad general, apertura comercial con limitación de aforo al 50%) y, finalmente, la *nueva normalidad*, en que terminaban las restricciones sociales y económicas pero se mantenía «la vigilancia epidemiológica, la capacidad reforzada del sistema sanitario y la autoprotección de la ciudadanía».

33 El RD 514/2020 prorrogó por cuarta vez el estado de alarma e incorporó por referencia el Plan de desescalada, siendo además la primera norma de excepción pandémica que contemplaba el *principio de cooperación con las comunidades autónomas*: su preámbulo expresaba que el proceso de desescalada se concebía de modo gradual, asimétrico y «coordinado con las comunidades autónomas», así como que para la elaboración del Plan de desescalada se habían celebrado reuniones e intercambiado propuestas con los responsables de las administraciones autonómicas y locales.

vistos en el ámbito sanitario (...) abriendo una nueva etapa de colaboración tanto interorgánica como internormativa para la adopción de medidas en materia de salud pública» (p. 8). Por el contrario, CARMONA CONTRERAS (2022) considera que la cogobernanza de este primer estado de alarma era «eminentemente testimonial y desprovista de efectivo contenido sustancial» (p. 182).

La sexta y última prórroga del estado de alarma[34] tuvo el objetivo de culminar el levantamiento gradual de las medidas de contención previstas en el Plan de desescalada y contempló una mayor participación de las CCAA, con la finalidad de «ahondar en la progresiva recuperación de sus competencias ya iniciadas en anteriores prórrogas» (apdo. IV del preámbulo del RD 555/2020). En particular, junto con el ministro de Sanidad, el presidente o presidenta de la comunidad autónoma se convertía durante la sexta prórroga en *autoridad competente delegada* para el ejercicio de las funciones previstas en el RD 463/2020 (art. 6.1 RD 555/2020).

En un ejercicio de plena cogobernanza y distribución de funciones, el art. 6.1 RD 555/2020 establecía que sólo la presidencia de la comunidad autónoma podía decidir la adopción, supresión, modulación y ejecución de medidas correspondientes a la fase III del Plan de desescalada, mientras que correspondía al ministro de Sanidad la decisión sobre las medidas vinculadas a la libertad de circulación que excedieran el ámbito de la unidad territorial determinada para cada comunidad autónoma. Además, la superación de

---

34 Con anterioridad, la quinta prórroga del estado de alarma había realizado importantes modificaciones en el régimen excepcional vigente hasta la fecha: entre otras medidas, alzó la suspensión de los plazos procesales, administrativos, de prescripción y caducidad (arts. 8 a 10 RD 537/2020); el ministro de Sanidad permaneció como la única autoridad competente delegada, bajo la dirección del presidente del Gobierno, pero «con arreglo al principio de cooperación con las comunidades autónomas» (art. 6 RD 537/2020); y estableció que la superación de todas las fases del Plan de desescalada dejaba sin efecto las medidas derivadas de la declaración del estado de alarma en las correspondientes provincias, islas o unidades territoriales (art. 5 RD 537/2020).

la fase III en las diferentes provincias, islas o unidades territoriales de la comunidad autónoma —que implicaba la pérdida de efectos de las medidas derivadas de la declaración del estado de alarma y la entrada, por tanto, en la *nueva normalidad*— era una función exclusiva de las CCAA (art. 6.2 RD 555/2020). Es decir, correspondía a cada comunidad autónoma la adopción de decisiones en la última fase del Plan de desescalada, así como la terminación de los efectos de este primer estado de alarma en todo o parte de su territorio.

7. LA NUEVA (TRUNCADA) NORMALIDAD: EL PERIODO ENTRE ESTADOS DE ALARMA

Una vez decaído el primer estado de alarma, del 21 de junio al 25 de octubre de 2020 las medidas para hacer frente a la pandemia se adoptaron al margen del Derecho de excepción, a partir de la coordinación estatal derivada del Real Decreto-ley 21/2020, de 9 de junio, de medidas urgentes de prevención, contención y coordinación para hacer frente a la crisis sanitaria ocasionada por el Covid19, que se concebía como un instrumento de transición entre la fase III del Plan de desescalada (y la consiguiente expiración del estado de alarma) y la *nueva normalidad*[35].

35 Entre las principales medidas de este instrumento legislativo se encontraba el uso obligatorio de mascarillas (art. 6 RDLey 21/2020), la adaptación de las condiciones de trabajo (art. 7 RDLey 21/2020), el establecimiento de medidas organizativas en centros docentes (art. 9 RDLey 21/2020) o la obligación de información para facilitar el seguimiento y la vigilancia epidemiológica (art. 23.1 RDLey 21/2020). Respecto a su consideración como norma coordinadora de las competencias sanitarias autonómicas, el Real Decreto-ley obligaba a los servicios de salud autonómicos a garantizar la realización de pruebas PCR a los casos sospechosos de Covid19 (art. 24.1 RDLey 21/2020), así como a comunicar al Ministerio de Sanidad la información sobre los casos y brotes y la capacidad asistencial y de necesidades de recursos humanos y materiales (arts. 24.2 y 30 RDLey 21/2020). Los protocolos de vigilancia aprobados en el seno del Consejo Interterritorial del Sistema Nacional de Salud (en adelante, CISNS) eran obligatorios en todo el territorio nacional, sin perjuicio de que las CCAA y Ceuta y Melilla pudieran adaptarlos a sus res-

El Real Decreto-ley confirmaba el orden competencial ordinario respecto a las funciones de vigilancia, inspección y control del correcto cumplimiento de las diferentes medidas que preveía. Ahora bien, excepcionalmente, cuando concurrieran motivos de extraordinaria gravedad o urgencia, la Administración General del Estado estaría habilitada para promover, coordinar o adoptar, «de acuerdo con sus competencias», las medidas que fueran necesarias para asegurar el cumplimiento del Real Decreto-ley, «con la colaboración de las comunidades autónomas» (art. 3.1 RDLey 21/2020).

En este periodo, las limitaciones de los derechos fundamentales se realizaron por las autoridades autonómicas con fundamento en el Derecho ordinario y de acuerdo con las *declaraciones de actuaciones coordinadas en salud pública* acordadas en el seno del CISNS (*vid.* apartado 11). Las medidas que, como la suspensión del ejercicio de actividades o el cierre de instalaciones, suponían una restricción a derechos constitucionales no fundamentales (y, por tanto, no reservadas a ley orgánica de acuerdo con el art. 81.1 CE), como el derecho de propiedad (art. 33 CE) o la libertad de empresa (art. 38 CE), se apoyaron en los arts. 26.1 LGS y 54 LGSP (*vid.* apartado 10), así como en su propia legislación autonómica.

Por su parte, las limitaciones a derechos fundamentales como la libertad de movimientos (art. 19 CE), a través de los confinamientos perimetrales, o el derecho de reunión, tenían que apoyarse, de acuerdo con el art. 81.1 CE, en una ley orgánica. Para ello, la cobertura jurídica que antes ofrecía el estado de alarma sería sustituida por la habilitación normativa del art. 3 de la Ley Orgánica 3/1986,

---

pectivas situaciones, «manteniendo siempre los objetivos mínimos acordados» (art. 24.3 RDLey 21/2020). Además, las CCAA debían garantizar la suficiente disponibilidad de profesionales sanitarios involucrados en la prevención y control de la enfermedad, su diagnóstico temprano, la atención a los casos y la vigilancia epidemiológica (art. 28 RDLey 21/2020); y tenían que aprobar planes de contingencia que garantizaran la capacidad de respuesta y la coordinación entre los servicios de Salud Pública, atención primaria y atención hospitalaria (art. 29 RDLey 21/2020).

de 14 de abril, de Medidas Especiales en Materia de Salud Pública (en adelante, LOMESP), que —sin perjuicio de los comentarios que realizaremos en el apartado 10— parecía permitir a las autoridades sanitarias autonómicas la adopción de las medidas que se consideraran necesarias en caso de riesgo de carácter transmisible.

Estas medidas, en cuanto que consideradas «urgentes y necesarias para la salud pública» y que implicaban «privación o restricción de la libertad o de otro derecho fundamental», necesitaban la autorización (previa) o la ratificación (posterior, en caso de medidas adoptadas de urgencia) de los Juzgados de lo Contencioso-Administrativo en virtud del art. 8.6.II de la Ley 29/1998, de 13 de julio, reguladora de la Jurisdicción Contencioso-administrativa (en adelante, LJCA).

La autorización de los Juzgados de lo Contencioso-Administrativo, sin embargo, estaba pensada únicamente para aquellos casos en que los destinatarios individualizados de la medida no la cumplían voluntariamente[36], pero no para «restricciones generalizadas de derechos fundamentales» como las que estaban realizando los Gobiernos autonómicos (SÁENZ ROYO, 2021a, p. 63). Para salvar este obstáculo, la Ley 3/2020, de 18 de septiembre, de medidas procesales y organizativas para hacer frente al Covid19 en el ámbito de la Administración de Justicia modificó la LJCA en un triple sentido. En primer lugar, circunscribió la autorización o ratificación por parte de los Juzgados de lo Contencioso-Administrativo a aquellas medidas que estuvieran «plasmadas en actos administrativos *singulares* que afecten únicamente a uno o varios particulares concretos

---

36 En efecto, como señala la STC 70/2022, del contexto de la LJCA «se infería que la intervención de los juzgados de lo contencioso-administrativo prevista en el art. 8.6 LJCA debía entenderse referida a las medidas para la protección de la salud pública acordadas por las administraciones públicas que afectasen a algún derecho fundamental de personas concretas, esto es, medidas singulares, en las que los destinatarios de las mismas están identificados individualmente». Tribunal Constitucional (Pleno). Sentencia 70/2022, de 2 de junio. BOE núm. 159, de 4 de julio de 2022. ECLI:ES:TC:2022:70. FJ 2.

e identificados de manera individualizada» (cursiva nuestra) (art. 8.6.II LJCA). En segundo lugar, si aquellas medidas —igualmente «urgentes y necesarias para la salud pública» y posiblemente lesivas para los derechos fundamentales— no tenían destinatarios identificados individualmente y eran adoptadas por «las autoridades sanitarias de ámbito distinto al estatal» (es decir, por las autoridades sanitarias autonómicas), requerían la autorización o ratificación de las Salas de lo Contencioso-Administrativo de los correspondientes Tribunales Superiores de Justicia (en adelante, TSJ) (art. 10.8 LJCA). En tercer lugar, si estas medidas no tenían destinatarios identificados individualmente y eran adoptadas por «la autoridad sanitaria estatal», debían contar con la autorización o ratificación de la Sala de lo Contencioso-administrativo de la Audiencia Nacional (art. 11.1.i) LJCA)[37].

En este periodo se produjo una «etapa de gran desconcierto, ya que cada comunidad autónoma, mediante órdenes autonómicas, utiliza[ba] criterios diferentes para establecer confinamientos perimetrales o limitaciones al derecho de reunión» (SÁENZ ROYO, 2021a, p. 61). Además, se observó una «sucesión de decisiones contradictorias entre los [TSJ] de unos y otros territorios» (LÓPEZ BASAGUREN, 2021, p. 42), con «pronunciamientos jurisprudenciales que igual amparaban las medidas que las denegaban» (SÁENZ ROYO, 2021b, p. 376). En efecto, numerosos TSJ rechazaron las medidas adoptadas por las autoridades autonómicas por falta de proporcionalidad[38], destacando, en particular, el caso de la Comunidad de Madrid, que dio lugar a la declaración de un nuevo estado de alarma exclusivamente para este territorio[39].

---

37 A estas reformas se añadiría la creación —mediante el RDLey 8/2021, de 4 de mayo— de un nuevo recurso de casación ante el Tribunal Supremo contra los autos dictados en aplicación de los arts. 10.8 y 11.1.i) LJCA (art. 87.1 bis LJCA).

38 *Vid.*, por ejemplo, los autos de la Salas de lo Contencioso-Administrativo de los TSJ de Madrid (128/2020, de 8 de octubre), Aragón (332/2020, de 10 de octubre) o País Vasco (32/2020, de 22 de octubre).

39 El CISNS aprobó el 30 de septiembre de 2020 una *declaración de actuaciones coordinadas en salud pública* que contó con el voto en contra de Andalucía, Ca-

Al margen de sus resultados prácticos, esta reforma, que entró en vigor el 20 de septiembre de 2020, despertó también recelos por parte de la doctrina por su difícil encaje con los principios constitucionales de legalidad y separación de poderes. Según NOGUEIRA LÓPEZ (2022), se trataba de una reforma «poco meditada» mediante la cual los TSJ asumían «una función de colegislador impropia de los órganos judiciales» (pp. 23-24)[40]. Del mismo modo, para SÁENZ ROYO (2021a) la atribución a los TSJ de la autorización de las medidas restrictivas de derechos fundamentales adoptadas por las CCAA vulneraba «la reserva de ley para las restricciones generalizadas de derechos y la reserva del contenido esencial (arts. 81 y 53.1 CE), además del principio de seguridad jurídica» (p. 64). Esta reforma suponía «un cambio radical de modelo de garantía de derechos fundamentales: se elude la garantía legal precisa desde la

---

taluña, Ceuta, Comunidad de Madrid y Galicia. En esencia, el acuerdo —con efectos obligatorios según los arts. 151.2.a) LRJSP y 65 LCCSNS— imponía la restricción de la entrada y salida en municipios, la limitación a seis personas en la participación de agrupaciones y limitaciones de aforos y horarios. El acuerdo fue ejecutado por la Comunidad de Madrid mediante la Orden 1273/2020, de 1 de octubre. Sin embargo, el auto de 8 de octubre de 2020 de la Sala de lo Contencioso-Administrativo del TSJ de Madrid no autorizó, en cuanto afectaba a derechos y libertades fundamentales, las medidas de limitación de entrada y salida de personas en los municipios, lo que condujo a que el Gobierno central declarara al día siguiente un nuevo estado de alarma (RD 900/2021), esta vez limitado a quince días y con el único objetivo de restringir la entrada y salida con carácter general de personas en los municipios de Alcobendas, Alcorcón, Fuenlabrada, Getafe, Leganés, Madrid, Móstoles, Parla y Torrejón de Ardoz (art. 5 RD 900/2020).

40 Según NOGUEIRA LÓPEZ (2022), la finalidad de la autorización judicial de medidas individuales del art. 8.6 LJCA era ratificar «medidas sanitarias urgentes que afectaban a derechos fundamentales porque había un acto sanitario y resistencia de individuos o grupos: transfusiones a Testigos de Jehová, alimentaciones forzosas, internamientos psiquiátricos (...)», de modo que los órganos judiciales «decidían sobre la afectación de derechos concretos de personas y sobre la proporcionalidad de las medidas sanitarias» (p. 24). Por el contrario, en la nueva autorización judicial de medidas generales del art. 10.8 LJCA, los TSJ podrían realizar «un examen judicial en abstracto de legalidad sin que nadie haya ejercitado una pretensión o planteado una lesión de derechos» (p. 24).

Constitución y se sustituye por una garantía jurisprudencial que lo único que puede dar lugar en nuestro ordenamiento jurídico es a la inseguridad jurídica» (p. 64).

En efecto, los arts. 10.8 y 11.1.i) LJCA fueron finalmente declarados inconstitucionales y nulos por la STC 70/2022, en cuanto «la autorización judicial de las medidas sanitarias de alcance general (...) provoca una reprochable confusión entre las funciones propias del Poder Ejecutivo y las de los tribunales de justicia, que menoscaba tanto la potestad reglamentaria como la independencia y reserva de jurisdicción del Poder Judicial, contradiciendo así el principio constitucional de separación de poderes, consustancial al Estado social y democrático de Derecho (arts. 1.1, 97, 106.1 y 117 CE)» (FJ 7). La atribución de la autorización judicial de las medidas generales adoptadas por las administraciones públicas competentes a los TSJ y a la Audiencia Nacional suponía atribuir a los órganos judiciales del orden contencioso-administrativo una «competencia ajena por completo a la función jurisdiccional» (FJ 7) en detrimento del poder reglamentario propio del Gobierno central y de los gobiernos autonómicos[41].

8. EL SEGUNDO ESTADO DE ALARMA: HACIA UN DERECHO DE EXCEPCIÓN DESCENTRALIZADO

Debido a la tendencia ascendente en el número de casos en toda Europa, a que todo el territorio español (excepto Canarias) estaba

---

41 El TC estableció en su sentencia 70/2022 que «[l]a potestad reglamentaria del Poder Ejecutivo deja de ser tal si las normas emanadas al amparo de esa potestad constitucional exclusiva quedan privadas de un atributo esencial como lo es el de desplegar efectos por sí mismas, sin la intervención de otro poder público. Al Poder Judicial corresponde, pues, una función revisora», y en ningún caso puede erigirse como «cogobernante o copartícipe del ejercicio de la potestad reglamentaria» (FJ 7).

alcanzando un nivel de riesgo alto o muy alto en los indicadores epidemiológicos, así como a la disparidad de criterios entre TSJ sobre la ratificación o no de las medidas restrictivas de derechos fundamentales, el Gobierno español declaró el 25 de octubre de 2020 un nuevo estado de alarma mediante el RD 926/2020[42], cuyo objetivo esencial sería reducir el considerado como principal foco de contagio: los encuentros familiares y sociales en espacios públicos y privados. No obstante, a diferencia del primero, en el nuevo marco jurídico excepcional debía regir, de acuerdo con el tenor literal de la declaración, un modelo de *cogobernanza*, lo que suponía un desplazamiento de la responsabilidad política desde el poder central al ámbito autonómico (CARMONA CONTRERAS, 2022, p. 173) y una «gestión fundamentalmente autonómica» (GONZÁLEZ PASCUAL, 2023, p. 145)[43].

---

42 Este estado de alarma fue prorrogado mediante el RD 956/2020 por seis meses, de una sola vez (algo ya anunciado en el preámbulo del RD 926/2020), aduciendo para justificar tal extensión de tiempo la tendencia en ascenso en el número de casos y, sobre todo, el posible empeoramiento y sobrecarga del sistema asistencial derivado de una «climatología adversa [otoño e invierno] que reduce la posibilidad de desempeñar actividades en espacios abiertos» (apdo. II del preámbulo del RD 956/2020). Esta prórroga introducía dos novedades relevantes. Por un lado, la *medida obligatoria* (el toque de queda) pasaba a ser una *medida modulable* y dependía, por tanto, de su adopción por la presidencia de la comunidad autónoma o ciudad con Estatuto de autonomía (Disposición final primera del RD 956/2020). Por otro lado, el RD 956/2020 introducía una nueva manifestación del principio de cooperación que debía regir en el marco de la cogobernanza del segundo estado de alarma: la posibilidad de que, una vez hayan transcurrido cuatro meses de vigencia de la prórroga, la Conferencia de Presidentes pudiera formular al Gobierno una propuesta de levantamiento del estado de alarma, previo acuerdo del CISNS y en función de la evolución de los indicadores sanitarios, epidemiológicos, sociales y económicos (nuevo art. 14 RD 926/2020, modificado por el RD 956/2020).

43 TUDELA ARANDA (2021) critica este modelo de *cogobernanza* en cuanto «parece que se ha huido de la complejidad para refugiarse en modelos simples de gestión unilateral. No puede denominarse cogobernanza a la mera referencia a las reuniones del Consejo Interterritorial de Salud, única previsión que se acerca a la colaboración» (p. 210). También de modo crítico, aunque en un sentido diferente, se muestra BALAGUER CALLEJÓN (2021), para quien

A pesar de que la declaración de estado de alarma afectaba a todo el territorio nacional (art. 3 RD 926/2020), el decreto asignó como *autoridad competente* al Gobierno central y atribuyó a los presidentes o presidentas de las CCAA o ciudades con Estatuto de autonomía la condición de *autoridad competente delegada* en su respectivo territorio (art. 2.1 y 2 RD 926/2020)[44]. Parte de la doctrina criticó esta delegación, que también se producía en la última prórroga del primer estado de alarma (RD 555/2020), apoyándose esencialmente en dos argumentos.

En primer lugar, la posibilidad de que las CCAA pudieran actuar como autoridades competentes delegadas no se ajustaba en sentido estricto al tenor literal del art. 7 LOEAES, que contempla tal habilitación autonómica en caso de que la declaración afecte «exclusivamente a todo o parte del territorio de una Comunidad». Se alegó en este sentido que en ningún momento la pandemia había afectado a solo una comunidad autónoma (SÁENZ ROYO, 2021b, p. 379). Además, algunos autores llegaron incluso a apuntar que esta delegación era «incompatible con uno de los principios esenciales vertebradores del Derecho de crisis: el mando único y la concentración

---

«no se entiende muy bien qué sentido tiene que Comunidades Autónomas con los mismos parámetros sanitarios adopten medidas diferentes respecto de la apertura o cierre de negocios, el toque de queda y su horario, el cierre perimetral de localidades y otros ámbitos. Estas decisiones no forman parte del autogobierno de la Comunidad Autónoma, entre otras cosas, porque deberían estar condicionadas por criterios científicos y no políticos» (p. 104). Por su parte, para MATIA PORTILLA (2021) «el hecho de que exista una autoridad central responsable (para adoptar las decisiones y para someterse al escrutinio del Congreso de los Diputados) no impone, obviamente, que se adopten medidas idénticas para los distintos territorios» (pp. 159-160).

44 Según POMED SÁNCHEZ (2021), el decreto declarativo del segundo estado de alarma «puede considerarse una ley habilitante de poderes a los presidentes autonómicos». De este modo, se habría transitado de un primer «estado de emergencia de efectos inmediatos, pero vigencia limitada en el tiempo, a otro de vigencia casi ilimitada pero cuyos efectos quedan sujetos a la condición suspensiva de la decisión de unas autoridades competentes delegadas en las que (...) se ha delegado el núcleo esencial del estado de alarma» (p. 198).

de competencias» (TAJADURA TEJADA, 2021, p. 168)[45]. En esta línea, para GARCÍA MAHAMUT (2021), se habría generado una «desigualdad de trato restrictiva de derechos fundamentales difícilmente comprensible para los ciudadanos» (p. 256). Por el contrario, para GÁLVEZ MUÑOZ (2022), «una interpretación finalista, sistemática y ajustada a la realidad actual (…) permit[ía] salvar el problema, y, más todavía, si tenemos en cuenta que no se transfiere la titularidad de la competencia y que se mantiene intacta la posición del Gobierno como autoridad competente y su control, por tanto, por el Congreso de los Diputados» (p. 87).

En segundo lugar, el modelo de estado de alarma descentralizado podía hacer desaparecer la rendición de cuentas que debía realizar el Gobierno ante el Congreso durante la vigencia de este estado excepcional, en cuanto aquél no puede rendir cuentas de medidas adoptadas por las CCAA (SÁENZ ROYO, 2021b, p. 379)[46]. Esto implicaba la desaparición de la *garantía política* del estado de alarma, pues los presidentes autonómicos no habrían estado sometidos «a

---

45 SÁENZ ROYO (2021b) considera al respecto que el Derecho de excepción español no permite a las CCAA «sustituir al Congreso de los Diputados en la fijación de las condiciones de la restricción de la libertad de circulación o del derecho de reunión» (p. 389-390). Según esta autora, los concretos criterios de restricción de los derechos fundamentales debían haber sido fijados por el Gobierno y, en la prórroga, por el Congreso de los Diputados. En cambio, las CCAA «adoptaron órdenes, resoluciones y disposiciones para fijar la restricción del derecho a la libertad de circulación y del derecho de reunión por delegación del Gobierno con una amplia libertad de decisión, provocando que en la práctica se manejaran criterios de decisión distintos, muchas veces contradictorios» (SÁENZ ROYO, 2021b, p. 390).

46 En efecto, el sistema de rendición de cuentas vigente durante la mayor parte del segundo estado de alarma —los seis meses de la prórroga— se basaba en la comparecencia del presidente del Gobierno ante el pleno del Congreso de los Diputados cada dos meses y en la del ministro de Sanidad ante la Comisión de Sanidad y Consumo del Congreso cada mes (art. 14 RD 926/2020, modificado por el RD 956/2020). No obstante, dado que las medidas eran adoptadas por las presidencias de las CCAA, el objeto de la comparecencia era simplemente informativo o descriptivo de la realidad de la pandemia y de las medidas adoptadas en los diferentes niveles para hacerle frente en cada momento.

ningún tipo de control político a la hora de establecer los confinamientos o cambiar el toque de queda» (SÁENZ ROYO, 2021b, pp. 391-392) o, en todo caso, al control previsto en cada comunidad autónoma ante su respectivo parlamento autonómico (CARMONA CONTRERAS, 2022, p. 174).

Los presidentes autonómicos quedaban habilitados para dictar las órdenes, resoluciones y disposiciones necesarias para aplicar las medidas de este segundo estado de alarma sin necesidad de tramitar ningún procedimiento administrativo y sin autorización judicial previa (art. 2.3 RD 926/2020). Todo ello, además, sin perjuicio de que cada Administración conservara sus competencias y la gestión de sus servicios y personal para adoptar las medidas que estimara necesarias (art. 12 RD 926/2020)[47].

El RD 926/2020 establecía cuatro medidas restrictivas de acuerdo con un modelo que FERNÁNDEZ ALLES (2022, pp. 84-85) califica de «dual» y SOLOZÁBAL ECHAVARRÍA (2021a, p. 27) de «círculos concéntricos»: una medida obligatoria y tres modulables. Además, cada medida preveía un régimen básico que podía ser posteriormente concretado por los presidentes autonómicos. Como medida obligatoria, con efectos en todo el territorio nacional desde la entrada en vigor del estado de alarma (salvo Canarias) (art. 9.2 RD 926/2020), se prohibía con carácter general la libertad de circulación en horario nocturno (toque de queda) entre las 23:00 y las 6:00, pero los presidentes autonómicos podían fijar la hora de comienzo de la restricción entre las 22:00 y las 00:00 horas

---

47 De hecho, el tercer apartado del preámbulo del RD 926/2020 establecía expresamente que «en una situación epidemiológica como la actual, resulta imprescindible combinar las medidas previstas en la legislación sanitaria [en concreto, se mencionaban la LOMESP, la LGS y la LGSP, así como la normativa autonómica correspondiente] con otras del ámbito del Derecho de excepción», por lo que las administraciones sanitarias competentes en salud pública —es decir, las autonómicas— debían continuar adoptando en lo no previsto en el decreto de estado de alarma las medidas necesarias para afrontar la situación de emergencia de salud pública ocasionada por la Covid19.

y la hora de finalización entre las 5:00 y las 7:00 horas (art. 5 RD 926/2020).

Adicionalmente, se preveían tres medidas que podían ser adoptadas, moduladas, flexibilizadas o suspendidas por cada presidente autonómico, con eficacia restringida al ámbito territorial correspondiente, «a la vista de la evolución de los indicadores sanitarios, epidemiológicos, sociales, económicos y de movilidad» (arts. 9.1 y 10 RD 926/2020)[48]. Se trataba, por un lado, de la restricción con carácter general de la entrada y salida de personas en el territorio de cada comunidad autónoma y ciudad con Estatuto de autonomía, pudiendo los presidentes autonómicos, además, limitar la entrada y salida en ámbitos territoriales geográficamente inferiores (art. 6 RD 926/2020). Por otro lado, la limitación de la permanencia de grupos de personas en espacios de uso privado y uso público, tanto cerrados como al aire libre, a un máximo de seis personas, salvo convivientes, pudiendo los presidentes autonómicos reducir dicho umbral y establecer excepciones respecto a personas menores o dependientes (art. 7 RD 926/2020). Finalmente, los presidentes autonómicos podían limitar la permanencia de personas en lugares de culto, fijando los aforos correspondientes para las reuniones, celebraciones y encuentros religiosos (art. 8 RD 926/2020)[49].

La configuración de un *estado de alarma descentralizado* como el diseñado en el RD 926/2020, que resulta mucho más acorde con la estructura territorial autonómica del Estado español y que VIVANCOS COMES (2023, p. 137) considera una «federalización» de la

---

48 La adopción de estas medidas debía comunicarse previamente al Ministerio de Sanidad y coordinarse con el CISNS, y su eficacia no podía ser inferior a siete días naturales (art. 9.1 RD 926/2020).

49 Además, los presidentes autonómicos, en cuanto *autoridades competentes delegadas*, estaban habilitadas, de conformidad con el art. 11.b) LOEAES, para imponer en su ámbito territorial «prestaciones personales obligatorias que resulten imprescindibles en el ámbito de sus sistemas sanitarios y sociosanitarios para responder a la situación de emergencia sanitaria» (art. 11 RD 926/2020).

lucha contra la pandemia, lleva a autores como RIDAO, MARTÍN y MORA (2022, p. 78) a cuestionarse si no hubiera sido posible implementar desde el principio del estado de alarma una articulación del poder diferente de la concentración en el Estado central, habida cuenta de que la flexibilización producida incluso antes de la finalización del primer estado de alarma demuestra que caben más interpretaciones posibles de cómo debe articularse el poder en España en casos como éste.

9. EL RECHAZO DEL TRIBUNAL CONSTITUCIONAL AL ESTADO DE ALARMA DESCENTRALIZADO

El TC se pronunció sobre el segundo estado de alarma y su modelo de *cogobernanza* en la STC 183/2021, de 27 de octubre de 2021[50], en un recurso de inconstitucionalidad interpuesto por el Grupo Parlamentario Vox del Congreso de los Diputados respecto de diversos preceptos del RD 926/2020 y su prórroga (RD 956/2020).

En su sentencia precedente sobre el primer estado de alarma (la STC 148/2021[51]), el TC había declarado inconstitucional el confinamiento domiciliario en cuanto supuso una suspensión, y no una mera limitación, del derecho de libertad de circulación (art. 19 CE), por lo que debía haberse decretado el estado de excepción[52].

---

50 Tribunal Constitucional (Pleno). Sentencia 183/2021, de 27 de octubre. BOE núm. 282, de 25 de noviembre de 2021. ECLI:ES:TC:2021:183.

51 Tribunal Constitucional (Pleno). Sentencia 148/2021, de 14 de julio. BOE núm. 182, de 31 de julio de 2021. ECLI:ES:TC:2021:148. Estando en prensa este trabajo se publicó la STC 136/2024, en que el TC modifica el criterio fijado en la STC 148/2021 y acepta que el estado de alarma sí pueda establecer «limitaciones de alta intensidad en los derechos fundamentales» (FJ 4.B.c.iii). Tribunal Constitucional (Pleno). Sentencia 136/2024, de 5 de diciembre. BOE núm. 294, de 6 de diciembre de 2024. ECLI:ES:TC:2024:136.

52 Según RÓDENAS CALATAYUD y RUIZ MANERO (2023), el TC erró en la selección del criterio a seguir para diferenciar entre *limitación* y *suspensión* de los

En cambio, en la STC 183/2021 el TC confirmó la constitucionalidad de las medidas limitativas de derechos fundamentales, pero declaró inconstitucional, por no razonable e infundada, la duración de seis meses de la prórroga del estado de alarma[53].

Adicionalmente, el TC concluyó que la designación *in genere* de los presidentes autonómicos como *autoridades competentes delegadas* del segundo estado de alarma vulneraba el Derecho constitucional de excepción. Primero, por contravención directa con el art. 7 LOEAES, en los términos arriba expuestos. Segundo, porque la delegación efectuada no respondía a las características de un acto de esta naturaleza: la delegación «implica que el delegante, en cuanto titular y res-

---

derechos fundamentales. Según el TC, el hecho de que el decreto declarativo del estado de alarma configurara la restricción de los derechos de circulación y residencia como una regla general de prohibición con excepciones permisivas impedía su calificación como una simple *limitación* y obligaba a considerarla una *suspensión* de derechos. Por el contrario, estos autores consideran que «la formulación en términos de regla general prohibitiva y excepciones permisivas es estrictamente equivalente a la formulación en términos de regla general permisiva y excepciones prohibitivas» (p. 153). Por ello, el criterio de *regla general-excepción* no es válido para distinguir entre limitación y suspensión de un derecho fundamental, como sí lo es el del rasgo de la *gradualidad*: mientras que en la suspensión de una norma no cabe la graduación (la norma deja de ser aplicable), la «limitación de la norma que expresa un derecho fundamental sí es graduable. Puede limitarse más o menos, en cuanto a las acciones que abarca y en cuanto a los sujetos que son afectados por la misma y por un ámbito espacial temporal mayor o menor» (p. 156). En cambio, «la suspensión de un derecho fundamental se asemeja más a un acto de derogación», salvo porque en la suspensión existe siempre una expectativa de que el derecho recuperará su vigencia cuando desaparezca la causa habilitante (p. 158). Dado que el estado de alarma restringió los derechos de circulación y residencia de una manera graduable (se permitieron unas acciones y se prohibieron otras), debe considerarse consiguientemente que se produjo una limitación y no una suspensión de dichos derechos fundamentales.

53 El TC afirmó que «la duración de la prórroga del estado de alarma se acordó sin fundamento discernible y en detrimento, por ello, de la irrenunciable potestad constitucional del Congreso de los Diputados para decidir en el curso de la emergencia, a solicitud del Gobierno, sobre la continuidad y condiciones del estado de alarma, intervención decisoria que viene impuesta por la Constitución (art. 116.2)» (STC 183/2021, FJ 8.E.e).

ponsable de la potestad atribuida, establezca, al menos, los criterios o instrucciones generales que deba seguir el delegado para la aplicación de las medidas aprobadas; para el control que haya de ejercer durante su aplicación; y, por último, para la valoración y revisión final de lo actuado» (FJ 10.D.a).ii), lo que no sucedió en este caso, pues el «Gobierno acordó inicialmente la delegación (…) sin reserva alguna de instrucciones, supervisión efectiva y eventual avocación a cargo del propio Gobierno, de lo que las "autoridades delegadas" pudieran actuar en sus respectivos ámbitos territoriales» (FJ 10.D.a).iii). Tercero, porque con esta delegación autonómica se privó al Congreso de los Diputados de su potestad de fiscalizar y supervisar la actuación de las autoridades gubernativas durante la prórroga, conforme a lo establecido en los arts. 116.5 CE y 1.4 y 8 LOEAES[54].

La interpretación efectuada por el TC no sólo desacredita la actuación de las CCAA y de la Conferencia de Presidentes durante la pandemia (GONZÁLEZ PASCUAL, 2023, p. 150), sino que excluye en el futuro, salvo modificación legislativa, cualquier tipo de estado de alarma descentralizado que permita a las CCAA participar en la adopción de medidas frente a amenazas comunes al Estado español, vulnerando con ello, en nuestra opinión, el principio constitucional de autonomía[55]. Se trata de una «interpretación ajena al

---

54 El TC señaló en este sentido que «[q]uien podría ser controlado por la Cámara (el Gobierno ante ella responsable) quedó desprovisto de atribuciones en orden a la puesta en práctica de unas medidas u otras. Quienes sí fueron apoderados en su lugar a tal efecto (los presidentes de las comunidades autónomas y ciudades con estatuto de autonomía) no estaban sujetos al control político del Congreso, sino, eventualmente, al de las asambleas legislativas respectivas» (FJ 10.D.a).iv).

55 La sentencia, como señala el magistrado Conde-Pumpido en su voto particular, realizó «una interpretación estricta y rigurosa del modelo diseñado en 1981» que podría cuestionar el principio de autonomía (art. 2 CE). Por el contrario, «la menor afectación posible del principio de autonomía que rige el modelo de organización territorial del Estado y la búsqueda de la mayor eficacia en la prioritaria lucha contra la pandemia, hacen que no sea constitucionalmente reprochable, en abstracto y *per se*, una gestión descentralizada del estado de alarma». En estos términos se pronuncia también la magistrada Balaguer Callejón en su voto particular: «una interpretación razonable de la LOEAES, debiera haber

tiempo en que se aplica la norma» (GONZÁLEZ PASCUAL, 2023, p. 151), basada en una lectura «extremadamente rígida» del art. 7 LOEAES (MONTILLA MARTOS, 2022, p. 90) que cierra la puerta a un modelo de Derecho de excepción que tenga en cuenta la realidad autonómica y que recupera la concepción decimonónica del estado de emergencia como recentralizador de competencias en un mando único gubernamental. Esta rígida interpretación hace urgente, como señala NOGUEIRA LÓPEZ (2022), una modificación de la LOEAES y, con ella, una «actualización del derecho de excepción constitucional que integre la naturaleza descentralizada de nuestro Estado y busque mecanismos de decisión participada ante crisis que requieren un esfuerzo administrativo de este calibre» (pp. 27-28).

10. ESTADO DE ALARMA VS. DERECHO ORDINARIO: UNA CONTRIBUCIÓN AL DEBATE DOCTRINAL DESDE LA PERSPECTIVA DE LA DISTRIBUCIÓN TERRITORIAL DE PODERES

En la doctrina se ha planteado un debate en torno a si la respuesta jurídica frente al coronavirus podría haberse articulado a partir de la legislación ordinaria, en la que el protagonismo recae en las CCAA (postura mantenida esencialmente por administrativistas), en vez del recurso al estado de alarma, que centraliza en el Gobierno la adopción de medidas extraordinarias (posición defendida en general por constitucionalistas).

Para cierto sector doctrinal[56], el Derecho constitucional español no «reservaría» las restricciones de derechos en caso de pandemia al

---

optado por priorizar una interpretación actualizada, evolutiva, del modelo de reparto territorial del poder, incluyendo en ese marco los poderes de excepción, en lugar de deducir de una opción del legislador de 1981, que ignoraba la evolución posterior del modelo territorial abierto de la Constitución de 1978, la interpretación actual que deba darse no solo a la ley, sino a la Constitución y a todo el modelo de derecho constitucional de excepción».

56 NOGUEIRA LÓPEZ (2022) se apoya en este sentido en la sentencia del Tribunal Supremo 719/2021, de 24 de mayo, en la que estableció que la res-

estado de alarma (LASAGABASTER HERRARTE, 2020, p. 135 y SÁENZ ROYO, 2021a, p. 71), sino que se produciría un «cierto solapamiento o redundancia competencial» (DOMÉNECH PASCUAL, 2020), de modo que «para estos escenarios, quepa conferir poderes de actuación a varias autoridades, a fin de mitigar el riesgo de que algunas de ellas se vean en la imposibilidad de ejercer sus competencias o, por las razones que sean no las ejerzan efectivamente como sería deseable» (DE LA QUADRA-SALCEDO JANINI, 2020, p. 22)[57].

De esta manera, el estado de alarma sería una solución válida para hacer frente a la pandemia, pero no la única[58]: se trataría de una alternativa que permitiría al Gobierno adoptar sin demora, y ante una situación extraordinaria y urgente, medidas que, de otro modo, podrían ser adoptadas igualmente por las CCAA en virtud de la normativa sanitaria ordinaria, como —defienden— ocurrió al término del estado de alarma (DE LA QUADRA-SALCEDO JANINI, 2020, p. 24). Siendo ambas opciones válidas, el recurso al Derecho administrativo (la normativa sanitaria o de emergencias) o al Derecho constitucional de excepción dependería del enfoque que pretendiera adoptarse en la solución a la concreta amenaza: descentralizado en el primero y centralizado en el segundo (NOGUEIRA LÓPEZ, 2022, pp. 16-17 y SÁENZ ROYO, 2021a, p. 70).

---

tricción de derechos fundamentales en el marco de la pandemia «no exige siempre y necesariamente la cobertura del estado de alarma», siendo posible acudir a la legislación sanitaria y a la actuación autonómica (pp. 18-19). Tribunal Supremo (Sección Cuarta de la Sala de lo Contencioso-Administrativo). Sentencia 719/2021, de 24 de mayo. ECLI:ES:TS:2021:2178.

57 Del mismo modo, para RIDAO MARTÍN (2021a), «el estado de alarma no ha otorgado, a los efectos de enfrentar una pandemia como la de la COVID-19, el poder de adoptar medidas restrictivas de los derechos fundamentales que no se pudieran adoptar en virtud del art. 3 LOMESP» (p. 171).

58 Para MUÑOZ MACHADO (2021) la referencia a la legislación sanitaria del art. 12.1 LOEAES demuestra que «la utilización del estado de alarma como respuesta a las epidemias y crisis sanitarias se concibió por el legislador como un complemento de las actuaciones de necesidad previstas en la legislación sanitaria. No ha pretendido sustituirla» (p. 126).

Por el contrario, en nuestra opinión la declaración del estado de alarma para hacer frente a la pandemia del Covid19 no sólo fue adecuada en términos constitucionales sino también la única solución posible, pudiéndose aportar para sostener esta postura tres argumentos. En primer lugar, concurría la circunstancia de «crisis sanitarias, como epidemias» prevista en el art. 4 LOEAES. Se trata de una causa habilitante del Derecho de excepción (sobrevenida, amenazante e imprevisible) que permitía el desplazamiento del Derecho ordinario. La pandemia del coronavirus fue un hecho extraordinario y excepcionalmente grave, tanto por su imprevisibilidad como por la elevada propagación y mortandad del virus[59]. Ello suponía que la respuesta debía ser también igualmente extraordinaria, lo que en un Estado democrático sólo puede canalizarse a través del Derecho constitucional de excepción. No empaña la anterior conclusión el hecho de que exista normativa ordinaria frente a las epidemias, pues la pandemia del coronavirus no sólo fue una circunstancia extraordinaria (como cualquier epidemia), sino, además, *excepcional*: una alteración grave de la normalidad (art. 4 LOEAES) que, a diferencia de las restantes epidemias (gripe, viruela símica, sida), probablemente no hubiera podido restablecerse mediante los poderes ordinarios de las autoridades competentes (art. 1.1 LOEAES).

Debe tenerse en cuenta que el estado de alarma supone *algo más* que la mera respuesta sanitaria —que, en cuanto competencia pro-

---

59 Por ello, no coincidimos con RIDAO MARTÍN (2021a), para quien «no procede acudir al estado de alarma para el control de una epidemia (...) cuando la legislación de derecho ordinario, tanto estatal como autonómica, permitía a las autoridades públicas afrontar la situación existente con sus poderes ordinarios, esto es, con arreglo a las reglas ordinarias de distribución de competencias» (p. 176). En nuestra opinión, sí concurrió la circunstancia que el propio autor señala: «solo debería acudirse a la declaración de un estado de alarma cuando fuese imprescindible, en particular, como expresa el art. 4 LOEAES, cuando se trate de crisis sanitarias que produjesen "alteraciones graves de la normalidad", en todo o en parte del territorio del Estado, que demanden una actuación centralizada de la crisis en los territorios afectados y la necesidad de contar con los instrumentos específicos previstos en el art. 11 LOEAES» (p. 176).

pia, podría ser articulada por las CCAA—, porque la amenaza habilitante es *algo más* que un simple hecho extraordinario de tipo sanitario. En este sentido, CAMISÓN YAGÜE (2023) califica a la pandemia de *acontecimiento*, categoría que lleva implícita una *singular imprevisibilidad*: «conllevó en todo el planeta un cambio significativo en el modo y manera de interpretar y comprender el mundo y las relaciones sociales» (pp. 209-210). Del mismo modo, para BALAGUER CALLEJÓN (2021) no debe confundirse el origen del problema con el modo de resolverlo: «[e]l origen es sanitario, pero no se resuelve solo en los hospitales ni siquiera primariamente en los hospitales, porque lo que hay que evitar es el contagio y eso no tiene nada que ver con la gestión sanitaria sino con otras variables que afectan al comportamiento de los individuos y de la sociedad» (p. 101) y que requieren de medidas ajenas a las competencias autonómicas de gestión sanitaria como el «distanciamiento social y otras de carácter socioeconómico y de alcance internacional y europeo» (p. 95).

Ese *algo más* que supone el estado de alarma para hacer frente a «alteraciones graves de la normalidad» no sólo se refiere a la posibilidad de restringir derechos fundamentales en dichas circunstancias extraordinarias, sino también a la centralización de la respuesta —al menos inicialmente— en una única autoridad: el Gobierno central. Bien podría aplicarse en estas situaciones una suerte de extensión del *principio de subsidiariedad* del art. 5.3 del Tratado de la Unión Europea: como regla general, las decisiones deben adoptarse en el nivel más próximo a la ciudadanía, de modo que, a salvo de la actuación de la Unión Europea —que podría actuar como instancia primera y superior en caso de que tuviera competencia para limitar derechos fundamentales—, el Estado debería intervenir sólo en caso de que, y en la medida en que, los objetivos de la acción pretendida no puedan ser alcanzados de manera suficiente por las CCAA, sino que puedan lograrse mejor, debido a la dimensión o a los efectos de la acción pretendida, a escala estatal. En virtud de este principio, la lucha contra la pandemia podía canalizarse mejor, por su carácter transfronterizo, en el nivel de ejercicio de poder más elevado posible (el estatal o, incluso, el europeo), sin perjuicio de la necesaria coordinación con las instancias que, en circunstancias normales, ejercen las competencias afectadas.

Como segundo argumento que permite sostener que el estado de alarma fue la única respuesta jurídica posible para hacer frente al coronavirus puede señalarse que, al regular los estados excepcionales en el art. 116 CE y mediante su remisión a la LOEAES, el constituyente quiso que la restricción (limitación o suspensión) de derechos fundamentales en circunstancias extraordinarias se hiciera «de manera exclusiva y excluyente» (DE LA QUADRA-SALCEDO JANINI, 2020: 21) con las garantías propias de dicho Derecho de excepción. Como se ha visto, no se trata simplemente de que el estado de alarma permita una alteración del régimen de competencia orgánica entre los poderes ejecutivo y legislativo —con un protagonismo de la instancia central—, sino de respaldar constitucionalmente la propia restricción generalizada de derechos.

Por último, es posible apuntar un tercer argumento desde el punto de vista de la técnica jurídica: incluso superando los obstáculos anteriores, no hubiera sido posible la restricción generalizada de derechos fundamentales mediante el empleo de la legislación ordinaria u orgánica sanitaria o de protección civil[60]. Una primera opción en este sentido hubiera sido considerar el art. 3 LOMESP, que establece que: «[c]on el fin de controlar las enfermedades transmisibles, la autoridad sanitaria, además de realizar las acciones preventivas generales, podrá adoptar las medidas oportunas para el control de los enfermos, de las

---

60 A este respecto, el Gobierno explicó en el tercer apartado del preámbulo del RD 514/2020 (cuarta prórroga del primer estado de alarma) que «no existe alternativa jurídica que permita limitar a nivel nacional el derecho fundamental contenido en el artículo 19 de la Constitución Española, toda vez que la legislación ordinaria resulta insuficiente por sí sola para restringir este derecho fundamental». En concreto, «la aplicación del régimen jurídico ordinario previsto, entre otras, fundamentalmente en la [LOMESP], la [LGS] y la [LGSP], tan solo permitiría establecer medidas limitativas de ámbito subjetivo y territorial mucho más restringido e inadecuadas para contener de forma eficaz la propagación de la enfermedad en atención a ese carácter» (preámbulo del RD 537/2020 y prórrogas posteriores).

personas que estén o hayan estado en contacto con los mismos y del medio ambiente inmediato, así como las que se consideren necesarias en caso de riesgo de carácter transmisible». Algunos autores consideran que este precepto podría permitir a las CCAA adoptar cualquier medida para proteger la salud pública frente al coronavirus (RIDAO MARTÍN, 2021a, p. 171)[61], incluyendo restricciones generalizadas de derechos como el confinamiento (DE LA QUADRA-SALCEDO JANINI, 2020, p. 14), «siempre que hubiese riesgo de contagio» (VIDAL PRADO, 2023, p. 113)[62].

No obstante, creemos —con SÁENZ ROYO (2021a, p. 62)— que, por un lado, si bien la habilitación del art. 3 LOMESP está contemplada en una ley orgánica —con lo que se satisfaría la exigencia del art. 81.1 CE—, el precepto no concreta los derechos fundamentales que pueden ser restringidos ni tampoco las garantías de esta restricción. De este modo, no se cumpliría con la exigencia marcada por el TC de que los requisitos y el alcance de la restricción de los derechos fundamentales estén suficientemente precisados en la ley (STC 76/2019, FJ 5[63]). No posee, como señala DE LA QUADRA-SALCEDO JANINI (2020), «el suficiente grado de certeza y previsibilidad en los propios límites que cabe imponer a los derechos y en su modo de aplicación» (p. 16)[64].

Por otro lado, junto a las acciones preventivas, que no implican restricción de derechos fundamentales y sí pueden ser generales, el art. 3 LOMESP parece dirigirse exclusivamente a restricciones individualizadas de derechos, pues la cláusula residual («así como las

---

61 En apoyo de su argumento, RIDAO MARTÍN (2021a, p. 171) recuerda que las medidas de contención previas a la declaración del estado de alarma se adoptaron con fundamento en el art. 3 LOMESP.

62 Esta interpretación se podría haber visto reforzada si el TC, en la STC 70/2022, no hubiera anulado la reforma de la LJCA realizada por la Ley 3/2020 (*vid.* apartado 7).

63 Tribunal Constitucional (Pleno). Sentencia 76/2019, de 22 de mayo. BOE núm. 151, de 25 de junio de 2019. ECLI:ES:TC:2019:76.

64 Este inconveniente podría solucionarse si, como indica SÁENZ ROYO (2021a, p. 71), se modifica el art. 3 LOMESP en el sentido de incorporar los derechos fundamentales que pueden ser limitados por las CCAA, las condiciones de la limitación y las sanciones.

que se consideren necesarias en caso de riesgo de carácter transmisible») aparece a continuación de las medidas oportunas a adoptar en caso de «control de los [concretos] enfermos, de las personas [individualizables] que estén o hayan estado en contacto con los mismos y del medio ambiente inmediato». Previa autorización judicial (art. 8.6 LJCA), el art. 3 LOMESP cubriría las medidas que afecten a «individuos o grupos individualizables de personas (una familia, una comunidad, una sección de un barrio…)» (BARNES VÁZQUEZ, 2020), pero no aquellas que se dirigen a «una pluralidad indeterminada de personas (un municipio, una comarca, una provincia…)» (DE LA QUADRA-SALCEDO JANINI, 2020, p. 11[65]).

Una segunda respuesta de Derecho ordinario alternativa al estado de alarma podría haber procedido del art. 26 LGS[66]. No obstante, aunque pudiera considerarse que el segundo apartado de este precepto[67] satisface «la exigencia relativa a la calidad de la ley» (DE LA QUADRA-SALCEDO JANINI, 2020, p. 18), debe descartarse también su aplicación, así como la del art. 54 LGSP[68], para la

---

65 Del mismo modo, CARMONA CONTRERAS (2020) considera que, mientras que la legislación ordinaria permite adoptar medidas restrictivas a personas y casos individualizados (con autorización judicial previa), la «limitación de derechos fundamentales cuyos destinatarios no son individuos concretos, sino todos aquellos que residen en los territorios afectados, exigiría declarar el estado de alarma en dicho ámbito geográfico» (p. 21).

66 Según el primer apartado del art. 26 LGS, «[e]n caso de que exista o se sospeche razonablemente la existencia de un riesgo inminente y extraordinario para la salud, las autoridades sanitarias adoptarán las medidas preventivas que estimen pertinentes, tales como la incautación o inmovilización de productos, suspensión del ejercicio de actividades, cierres de empresas o sus instalaciones, intervención de medios materiales y personales y cuantas otras se consideren sanitariamente justificadas».

67 El segundo apartado del art. 26 LGS establece que «[l]a duración de las medidas a que se refiere el apartado anterior, que se fijarán para cada caso, sin perjuicio de las prórrogas sucesivas acordadas por resoluciones motivadas, no excederá de lo que exija la situación de riesgo inminente y extraordinario que las justificó».

68 El art. 54 LGSP permite —con carácter excepcional, cuando así lo requieran motivos de extraordinaria gravedad o urgencia, de manera motivada y respetando el principio de proporcionalidad—, adoptar medidas como la inmovili-

adopción de medidas como el confinamiento domiciliario, ya que, al constituir una restricción de un derecho fundamental (art. 19 CE), requieren su previsión en una ley orgánica.

Finalmente, una última opción podría haber venido representada por el recurso a la legislación de protección civil, en cuanto la pandemia podría calificarse de *emergencia de protección civil* (LARA ORTIZ, 2021, p. 158; OCHOA MONZÓ, 2022, p. 12), ya que supondría una «[s]ituación de riesgo colectivo sobrevenida por un evento que pone en peligro inminente a personas o bienes y exige una gestión rápida por parte de los poderes públicos para atenderlas y mitigar los daños y tratar de evitar que se convierta en una catástrofe» (art. 2.5 de la Ley 17/2015, de 9 de julio, del Sistema Nacional de Protección Civil).

Según LARA ORTIZ (2021), al tratarse de una emergencia sanitaria, su gestión debería atender primero a la distribución competencial sobre emergencias de protección civil y, posteriormente, en la medida en que sea necesario implicar recursos sanitarios, a aquélla sobre salud y sanidad (p. 163), prevaleciendo la competencia de seguridad pública sobre la sanitaria en caso de conflicto (FERNÁNDEZ FARRERES, 1985, p. 204). La crítica a esta solución la apunta la propia autora: para que fuera jurídicamente factible, debería aprobarse una ley orgánica que regulara las posibles restricciones de derechos fundamentales y los criterios objetivos requeridos para la adopción de dichas medidas restrictivas (LARA ORTIZ, 2021, p. 176). Ahora bien, como señala OCHOA MONZÓ (2022), nada impediría que, con este ajuste normativo, el Sistema Nacional de Protección Civil pudiera convertirse en un sistema único de protección de las personas y bienes que garantizara «una respuesta adecuada ante los distintos tipos de emergencias y catástrofes originadas por causas naturales o derivadas de la acción humana, sea ésta accidental o intencionada, incluyendo las epidemias o crisis sanitarias» (p. 7).

---

zación y decomiso de productos y sustancias; la intervención de medios materiales o personales; el cierre preventivo de las instalaciones, establecimientos, servicios e industrias; o la suspensión del ejercicio de actividades.

11. REACTIVACIÓN Y REVITALIZACIÓN DE LOS MECANISMOS DE COOPERACIÓN DEL ESTADO AUTONÓMICO ESPAÑOL

La pandemia del coronavirus supuso una importante reactivación de dos órganos de cooperación multilateral entre el Estado central y las CCAA: la Conferencia de Presidentes y el Consejo Interterritorial del Sistema Nacional de Salud (CISNS). La Conferencia se reunió, sólo en 2020, en 17 ocasiones (14 de ellas con carácter extraordinario); la primera, de hecho, el 15 de marzo de 2020, sólo un día después de la entrada en vigor del decreto de estado de alarma). En ese mismo año el pleno del CISNS se reunió 68 veces[69].

Tanto la Conferencia de Presidentes como el CISNS son órganos de creación legislativa, ya que, como corresponde a un modelo más preocupado por la creación del Estado autonómico que por su desarrollo y consolidación, el texto constitucional español, siguiendo un cierto principio de «desconfianza constitucional» (RIDAO, MARTÍN y MORA, 2022, p. 58), contempló con recelo (MONTERO CARO, 2021, p. 85) y no incorporó mecanismos de coordinación y cooperación vertical, esto es, entre el Estado y las CCAA (MONTILLA MARTOS, 2022, p. 26)[70]. Y ello a pesar de que la propia configuración del sistema competencial español demandaba algún tipo de cooperación o coordinación en las competencias atribuidas «en

---

69 Además, durante la pandemia se convocaron por primera vez conferencias intersectoriales, que permiten la reunión de responsables políticos de diferentes áreas a través de la ficción de que una conferencia sectorial invita a otra: así se realizó para la aprobación de protocolos en los centros educativos (CISNS junto a la Conferencia Sectorial de Educación) o con la reunión conjunta de la Conferencia Sectorial de Igualdad y la Conferencia Sectorial de Infancia y Adolescencia (GONZÁLEZ PASCUAL, 2023, p. 153).

70 En cualquier caso, ha de tenerse en cuenta que la cooperación necesaria para el funcionamiento de un Estado descentralizado no necesariamente debe estar articulada constitucionalmente, pues «la cooperación tiene más que ver con la cultura política de un país que con el deber ser de un principio constitucional» (CAAMAÑO DOMÍNGUEZ, 2022, p. 18).

régimen de compartición» (RIDAO, MARTÍN y MORA, 2022, p. 60)[71]. El TC estableció tempranamente al respecto que el principio de cooperación «se encuentra implícito en la propia esencia de la forma de organización territorial del Estado que se implanta en la Constitución» (STC 18/1982, FJ 14[72]), dado que entronca con «la necesidad de hacer compatibles los principios de unidad y autonomía» (STC 76/1983, FJ 13)[73].

La Conferencia de Presidentes es un órgano de cooperación multilateral[74] integrado por el presidente del Gobierno, que actúa como presidente de la Conferencia, y por los presidentes y presidentas de las CCAA y ciudades con Estatuto de autonomía (art. 146 de la Ley 40/2015, de 1 de octubre, de Régimen Jurídico del Sector Público; en adelante, LRJSP). Se trata del «máximo órgano de cooperación política entre el Gobierno de España y los Gobiernos de las comunidades autónomas y las ciudades de Ceuta y Melilla», regido por el principio de lealtad institucional (art. 1 del Reglamento de la Conferencia de Presidentes[75]). Su objetivo es la delibe-

---

71 La colaboración entre instancias de poder es necesaria, en particular, para hacer efectiva la obligación constitucional de coordinación y adaptación de las CCAA a la actuación o normación estatal derivada del ejercicio por el Estado central de una competencia propia, como la de realización de una coordinación general en el ámbito financiero (art. 156 CE), económico (art. 149.1.13.ª CE), de la investigación científica y técnica (art. 149.1.15.ª CE) o de la sanidad (art. 149.1.16.ª CE).

72 Tribunal Constitucional (Pleno). Sentencia 18/1982, de 4 de mayo. BOE núm. 118, de 18 de mayo de 1982. ECLI:ES:TC:1982:18.

73 Tribunal Constitucional (Pleno). Sentencia 76/1983, de 5 de agosto. BOE núm. 197, de 18 de agosto de 1983. ECLI:ES:TC:1983:76.

74 Sobre la naturaleza de este órgano de cooperación, CARRANZA (2023) considera que el propio hecho de que el nacimiento de la Conferencia de Presidentes fuera impulsado por el presidente del Gobierno (Rodríguez Zapatero) y no por las CCAA denota que, a diferencia de las conferencias territoriales que tomó como referencia (la alemana y la austríaca), «su naturaleza es la de órgano de cooperación vertical, si se apura, multilateral, pero no de cooperación horizontal» (p. 488).

75 Reglamento aprobado el 13 de marzo de 2022 en la XXVI Conferencia de Presidentes (Conferencia de la Palma). Orden TER/257/2022, de 29 de mar-

ración de asuntos y la adopción de acuerdos de interés para el Estado y las CCAA, a fin de «institucionalizar un espacio de encuentro» de «una inmensa utilidad en países con modelos descentralizados de toma de decisiones» (apdo. 1 del preámbulo del Reglamento). Su finalidad última sería, según AJA FERNÁNDEZ (2005), «integrar la dinámica de las CCAA en las decisiones generales, tanto del Estado como de la Unión Europea» (p. 790).

Desde su creación en el año 2004, la Conferencia de Presidentes ha celebrado 27 reuniones; la última el 13 de diciembre de 2024. En principio, la Conferencia debe reunirse al menos dos veces al año (art. 4.1 del Reglamento), exigencia que desde la entrada en vigor del nuevo Reglamento no se ha cumplido, pues sólo se reunió una vez en 2022 y en 2024 y ninguna en 2023. Pero tampoco la cumplió cuando, conforme al antiguo Reglamento de 2009[76], debía reunirse una vez al año, ya que de 2004 a 2017 sólo se reunió en seis ocasiones.

Por su parte, el CISNS es una de las actuales cuarenta y tres conferencias sectoriales[77] y se encuentra regulado en los arts. 69 a 75 LCCSNS. Las conferencias sectoriales son órganos de cooperación en ámbitos materiales determinados que se integran por el miembro del Gobierno central que resulte competente por razón de la materia y por los correspondientes miembros de los Consejos de Gobierno de las CCAA y las ciudades de Ceuta y Melilla (art. 147.1 LRJSP). El CISNS, como conferencia sectorial sanitaria[78], fue constituido en 1987 y está integrado por el ministro de Sanidad, que

---

zo, por la que se dispone la publicación del Reglamento de la Conferencia de Presidentes. BOE núm. 79, de 2 de abril de 2022.

76 El primer reglamento de la Conferencia fue aprobado en su cuarta reunión, el 14 de diciembre de 2009. BOE núm. 305, de 19 de diciembre de 2009.

77 Ministerio de Política Territorial y Memoria Democrática del Gobierno de España (2024). *Conferencias Sectoriales existentes*. Recuperado de: https://mpt.gob.es/politica-territorial/autonomica/coop_autonomica/Conf_Sectoriales/Conf_Sect_Constituidas.html.

78 La lucha contra la pandemia no sólo centró las reuniones del CISNS: también las conferencias sectoriales de Igualdad (violencia de género), Educación (adaptación de aulas, brecha digital) o Empleo y Asuntos Laborales (reparto

ostenta su presidencia, y por los consejeros competentes en materia de sanidad de las CCAA (art. 70 LCCSNS), siendo su finalidad la de «promover la cohesión del Sistema Nacional de Salud a través de la garantía efectiva y equitativa de los derechos de los ciudadanos en todo el territorio del Estado» (art. 69.1 LCCSNS).

Como órgano no sólo de colaboración interadministrativa sino también de coordinación en materia sanitaria[79], el CISNS puede aprobar *declaraciones de actuaciones coordinadas en salud pública* (art. 65 LCCSNS, modificado por el RDLey 21/2020). Las declaraciones son adoptadas formalmente por el ministro de Sanidad previo acuerdo del CISNS y con audiencia de las comunidades directamente afectadas (o incluso sin ella en situaciones de urgente necesidad). Estas declaraciones obligan a todas las partes implicadas (art. 65 LCCSNS), incluso aunque hubieran votado en contra (art. 151.2.a) LRJSP), pues responden al ejercicio de la competencia estatal de coordinación del art. 149.1.16.ª CE[80]. De este modo, el Estado (el ministro de Sanidad) puede adoptar decisiones en materias de competencia autonómica imponiendo una medida en contra del criterio de alguna comunidad autónoma, lo que, al menos en teoría, supone una afectación y limitación de las competencias autonómicas (SÁENZ ROYO, 2021b, pp. 381-383). En cualquier caso, como apuntan RIDAO, MARTÍN y MORA (2022, p. 74), estas decisiones, que

---

de fondos para políticas activas de empleo) abordaron la pandemia desde sus respectivas competencias (MONTERO CARO, 2021, pp. 93-94).

79 ÁLVAREZ VÉLEZ (2023, pp. 115-116) considera que el hecho de que el CISNS ejerza una función propia de coordinación impide su consideración como conferencia sectorial, pues ésta se limita, en principio, a actuar como lugar de encuentro colaborativo entre el Gobierno central y las CCAA.

80 En efecto, el ejercicio de la facultad estatal de coordinación puede dar lugar a decisiones obligatorias para las CCAA en el marco de los acuerdos adoptados en las conferencias sectoriales: según el art. 151.2.a) LRJSP, «[c]uando la Administración General del Estado ejerza funciones de coordinación, de acuerdo con el orden constitucional de distribución de competencias del ámbito material respectivo, el Acuerdo que se adopte en la Conferencia Sectorial (...) será de obligado cumplimiento para todas las Administraciones Públicas integrantes de la Conferencia Sectorial, con independencia del sentido de su voto».

se aprobaron por primera vez con ocasión de la gestión de la pandemia[81], no tienen carácter normativo vinculante para terceros y no disponen de base legal suficiente para imponer por sí mismas restricciones de derechos, por lo que requieren su ejecución por las CCAA.

De acuerdo con la doctrina mayoritaria, las reuniones de estos órganos de cooperación multilateral —en particular las de la Conferencia de Presidentes— tuvieron un «carácter meramente informativo» (SÁENZ ROYO, 2021b, p. 378) y una «efectividad muy reducida» (CARMONA CONTRERAS, 2022, p. 155), dado que en muchas ocasiones en las reuniones únicamente se informaba a las CCAA de unas decisiones que ya se habían adoptado previamente de manera unilateral por la instancia central[82]. Para ROIG MOLÉS (2022, pp. 42-43) y RIDAO, MARTÍN y MORA (2022, pp. 83-84), la Conferencia de Presidentes mejoró relativamente el clima político en determinados momentos, pero no llegó a erigirse en un instrumento efectivo de participación de las CCAA en el proceso de toma de decisiones durante la pandemia y se limitó a aspectos esencialmente organizativos; de hecho, la Conferencia no adoptó prácticamente ningún acuerdo o recomendación[83].

---

81 Las nuevas *declaraciones de actuaciones coordinadas* posteriores a la reforma operada por el RDLey 21/2020 fueron adoptadas por primera vez en agosto y septiembre de 2020: sobre el control del ocio nocturno (14 de agosto), sobre el inicio del curso escolar (27 de agosto) o sobre la vacunación y coordinación con las entidades locales (9 de septiembre) (SÁENZ ROYO, 2021b, pp. 382-383).

82 Como señala LASAGABASTER HERRARTE (2020), en las reuniones de la Conferencia de Presidentes, celebradas los domingos por la mañana, se trataban temas ya desvelados a la prensa, de modo que constituían «reuniones protocolarias, donde los presidentes autonómicos ni decidían nada ni eran informados de algo que no conocieran» (p. 142). Efectivamente, para LÓPEZ BASAGUREN (2021), «en general se trataban de reuniones puramente informativas de carácter vertical, del presidente del Gobierno a los presidentes de las CCAA» (p. 48).

83 Para RIDAO MARTÍN (2021a, p. 257), la inusitada frecuencia y la ausencia de consecuencias políticas y jurídicas de los encuentros evidencia la instrumentalización de la Conferencia en términos de imagen y la ausencia de voluntad de

Ahora bien, existiría una diferencia en el éxito de estos mecanismos colaborativos que obedecería a la naturaleza técnica o política de cada uno: como explica LÓPEZ BASAGUREN (2021), si en el CISNS se apreció una «relativa facilidad para establecer un funcionamiento suficientemente adecuado en el ámbito de la cooperación técnica, en el ámbito de la ejecución, que permite llegar a acuerdos amplios, que tienen una gran importancia práctica», la Conferencia de Presidentes, por el contrario, se caracterizó por «la enorme dificultad para adoptar formas de funcionamiento adecuadas en el ámbito de los órganos o foros de carácter más elevadamente políticos y para adoptar acuerdos en este ámbito» (p. 49). De hecho, para CARMONA CONTRERAS (2022), «el reforzamiento experimentado por el Consejo Interterritorial resulta directamente proporcional al declive sufrido por la Conferencia de Presidentes» (p. 164).

12. VALORACIONES CONCLUSIVAS. LA PANDEMIA COMO REFUERZO DEL AUTONOMISMO

Como se ha expuesto en el trabajo, de acuerdo con el régimen jurídico del Derecho de excepción español, la declaración del estado de alarma no altera el sistema ordinario de distribución de competencias entre el Estado central y las CCAA. Ante una situación imprevisible e inusualmente grave, la LOEAES prevé una concentración de facultades en el poder ejecutivo —cuya actuación es, en principio, más ágil que la del resto de poderes—, pero esto no significa una sustracción de las competencias autonómicas, que, como la sanitaria, pueden seguir ejerciéndose con normalidad en la medida en que no afecten a las decisiones estatales adoptadas en el marco del estado de alarma.

---

que funcionara realmente como un instrumento de colaboración interterritorial.

Es cierto que la LOEAES no prevé —por la fecha en que fue aprobada— la adecuación del estado de alarma a la realidad autonómica contemporánea, si bien ello no es óbice para que, mediante una interpretación evolutiva (en particular y entre otros preceptos, del art. 7 LOEAES), se pueda adaptar este estado excepcional a, por un lado, las exigencias de la concreta amenaza, y, por otro lado, la realidad competencial de las materias implicadas en su respuesta. Esto es, no existe un modelo *puro* de estado de alarma que comporte la suspensión de la autonomía de los entes subestatales, de modo que el segundo estado de alarma dictado durante la pandemia hubiera sido un *artificio* contrario a la LOEAES —como parece apuntar la respuesta del TC—. Al contrario, el estado de alarma sería una figura dúctil capaz de adaptarse a las concretas circunstancias a las que debe dar respuesta (POMED SÁNCHEZ, 2021, p. 178). Sería conveniente, en cualquier caso, una reforma legislativa que actualizara la LOEAES en este sentido y que salvara los obstáculos impuestos por la STC 183/2021 (VIVANCOS COMES, 2023, p. 158).

En la concreta circunstancia excepcional a la que el mundo tuvo que hacer frente especialmente en el periodo 2020-2021, podemos concluir que, en España, el estado de alarma fue el único régimen jurídico posible para hacer frente a la pandemia del coronavirus. No existe en la legislación orgánica —ni, por supuesto, en la ordinaria, que queda descartada en cuanto no puede amparar la limitación de derechos fundamentales *ex* art. 81.1 CE— precepto alguno que, con la especificidad y densidad requerida por el TC, habilite la modulación del ejercicio ordinario de derechos fundamentales. El estado de alarma permite hacer frente a una amenaza *excepcional* con instrumentos *excepcionales* que cuentan, además, con la mayor de las garantías normativas posibles: la del propio Derecho constitucional de excepción (CANO BUESO, 2020, p. 84).

El concreto estado de alarma decretado fue, además, adecuado desde el punto de vista del equilibrio entre el respeto a la naturaleza descentralizada del Estado autonómico español y la eficacia de las medidas a adoptar contra la pandemia, pues en estas situaciones una respuesta única y centralizada está llamada, en principio, a ser más efectiva que una diversidad de centros de toma de decisión. Ahora bien, como apunta NOGUEIRA LÓPEZ (2022), esta centralización no ha de ser considerada como «un fin en sí mismo, sino que debe ser funcional a una mejor gestión contra el coronavirus» (p. 33). En cualquier caso, tampoco cabe establecer una vinculación estricta entre eficacia y respuesta centralizada (CATALÀ I BAS, 2023, p. 34) o descentralizada (NOGUEIRA LÓPEZ, 2022, p. 13)[84]: como demuestra la experiencia comparada, los resultados han sido muy similares en Estados centralizados como Francia y descentralizados como Alemania (BIGLINO CAMPOS, 2021, p. 16).

Los estados de alarma decretados para hacer frente a la pandemia no desconocieron la realidad territorial y competencial de España, y fueron transitando —ya desde el primero— de una concentración de poder en el Gobierno central a una mayor flexibilidad y capacidad de actuación por parte de las CCAA, en un modelo —según el Gobierno— de «gobernanza compartida»[85]. Cada uno de los dos estados de alarma se ajustan al momento en que fueron declarados (GÁLVEZ MUÑOZ, 2022, p. 87): la concentración de poder en el Gobierno central del primero se justifica por la necesidad de hacer frente con la mayor eficacia posible a una amenaza desconocida; la cogobernanza del segundo se justifica por la mayor experiencia adquirida en la lucha jurídica y sanitaria contra la pandemia y en

84 Para NOGUEIRA LÓPEZ (2022), la eficacia se consigue precisamente desde la multiplicidad de centros de poder: «la existencia de varios niveles competenciales y de un cierto solapamiento puede facilitar la gestión de problemas complejos como una pandemia», pues «[p]ermite enfoques complementarios, reparte el esfuerzo y refuerza la respuesta si hay fallos en algún nivel» (p. 13).

85 De acuerdo con el Gobierno, «[l]a gobernanza compartida practicada en esta crisis sanitaria nos ha mostrado el camino a seguir en la profundización de nuestro modelo territorial basado en el Estado de las autonomías». Acuerdo de 4 de julio de 2023, por el que se declaraba la finalización de la situación de crisis sanitaria ocasionada por la Covid19 (Orden SND/726/2023, de 4 de julio).

la necesidad de conciliar la realidad competencial autonómica con una situación cada vez menos excepcional por su prolongación en el tiempo. En este sentido, consideramos que no existió una radical contraposición entre los dos estados de alarma decretados para hacer frente a la pandemia, en cuanto el segundo supuso una continuación natural del proceso de descentralización que ya se estaba produciendo en las últimas prórrogas del primero.

En un sentido más amplio, podemos afirmar que la pandemia del Covid19 ha permitido constatar que el Estado autonómico español funciona correctamente, pero que todavía queda un importante margen de mejora, y precisamente la pandemia ha revelado las insuficiencias y carencias de los «mecanismos relacionales» entre el Estado central y las CCAA (CATALÀ I BAS, 2023, p. 33). La ciudadanía confió en sus instituciones autonómicas y éstas respondieron, en mayor o menor medida, con rigurosidad y eficacia, demostrando una alta capacidad de gestión sanitaria (LÓPEZ BASAGUREN, 2021, p. 40) y conciliando las necesidades de su territorio con la obligada coordinación supraautonómica.

Ahora bien, a cinco años de distancia desde la declaración del primer estado de alarma, podemos apreciar que no se ha utilizado la «inercia cooperativa» generada durante la pandemia (GONZÁLEZ PASCUAL, 2023, p. 146) para reforzar la cooperación interterritorial. Desde el punto de vista jurídico, hubiera sido conveniente modificar la LOEAES para configurar un estado de alarma adaptado a la realidad autonómica; reforzar la Conferencia de Presidentes como órgano de cooperación multilateral e institucionalizar y formalizar jurídicamente las prácticas colaborativas propiciadas por la pandemia (NOGUEIRA LÓPEZ, 2022, p. 33); así como, finalmente, haber permitido a las instituciones autonómicas participar en las decisiones estatales, algo que no sucedió (ROIG MOLÉS, 2022, p. 44).

Desde el punto de vista político, es necesario avanzar hacia una normalización de la realidad autonómica, en que las instituciones de autogobierno ejerzan sus poderes en el marco de sus competencias y para la defensa de sus propios intereses territoriales. No pueden erigirse las CCAA en oposición al Gobierno central por criterios que nada tienen que ver con la defensa de sus propios intereses, confundiendo así el pluralismo político y el pluralismo territorial[86]. Se ha perdido la oportunidad —especialmente por parte del Gobierno central— de encontrar en la Conferencia de Presidentes un verdadero foro político-territorial que venga a realizar las funciones de cámara de representación territorial que la Constitución atribuye, sin éxito, al Senado.

La solvente actuación de las CCAA durante la gestión de la pandemia ha reforzado el autonomismo español y ha consolidado la confianza de la ciudadanía en sus instituciones de autogobierno, pero también ha puesto de manifiesto las carencias de un modelo territorial no cerrado en la Constitución. El coronavirus ha demostrado que una forma de Estado descentralizada puede ser eficaz sin renunciar a la igualdad de derechos ni a la solidaridad interterritorial. Aprovechemos la experiencia pandémica para hacer evolucionar el Estado autonómico español hacia un modelo federal que permita responder a los problemas evidenciados estos últimos años, a través de un reparto competencial claro, un sistema de financiación autonómica justo y la constitucionalización de instrumentos efectivos de colaboración multilateral que mejoren la gobernanza territorial y que permitan el pleno desarrollo del principio de autonomía en armonía con el de lealtad institucional.

86 La confusión entre pluralismo político y territorial se produce cuando, según BALAGUER CALLEJÓN (2021), «los dirigentes autonómicos no se limitan a gestionar los intereses de sus territorios (como correspondería a la realización de un principio de pluralismo territorial) sino que actúan defendiendo intereses políticos específicos de sus partidos (en el marco del pluralismo político) aunque con ello puedan perjudicar los intereses de sus territorios y de su ciudadanía» (p. 102).

13. BIBLIOGRAFÍA

AJA FERNÁNDEZ, ELISEO (2005). "La Conferencia de Presidentes del Estado Autonómico", *Informe Comunidades Autónomas 2005*.

ÁLVAREZ VÉLEZ, MARÍA ISABEL (2023). "Reparto competencial en materia sanitaria y las complicaciones surgidas durante el estado de alarma en España", *Revista Española de Derecho Constitucional*, 128.

BALAGUER CALLEJÓN, FRANCISCO (2021). "La pandemia y el Estado autonómico", en JOSÉ TUDELA ARANDA (coord.), *Estado autonómico y COVID-19. Un ensayo de valoración general*, Fundación Manuel Giménez Abad, Zaragoza.

BARNES VÁZQUEZ, JAVIER (2020; 14 de agosto). "Un falso dilema", *El País*. Recuperado de: https://elpais.com/opinion/2020-08-13/un-falso-dilema.html.

BIGLINO CAMPOS, PALOMA (2021). "El impacto de la COVID en la distribución de competencias", en JOSÉ TUDELA ARANDA (coord.), *Estado autonómico y COVID-19. Un ensayo de valoración general*, Fundación Manuel Giménez Abad, Zaragoza.

CAAMAÑO DOMÍNGUEZ, FRANCISCO (2022). "Encuesta sobre la cooperación en el estado autonómico", *Teoría y Realidad Constitucional*, 49.

CABO MARTÍN, CARLOS DE (2010). *Dialéctica del sujeto, dialéctica de la Constitución*, Trotta, Madrid.

CAMISÓN YAGÜE, JOSÉ ÁNGEL (2015). "El proceso de integración europeo en la obra del profesor Carlos de Cabo: hacia la construcción de un constitucionalismo europeo crítico", en MIGUEL ÁNGEL GARCÍA HERRERA, JOSÉ ASENSI SABATER y FRANCISCO BALAGUER CALLEJÓN (coords.), *Constitucionalismo crítico. Liber amicorum Carlos de Cabo Martín*, Tirant lo Blanch, València.

CAMISÓN YAGÜE, JOSÉ ÁNGEL (2023). "La pandemia de la Covid 19 como (des)acontecimiento jurídico constitucional", *Eunomía. Revista en Cultura de la Legalidad*, 25.

CANO BUESO, JUAN (2020). "El estado de alarma en el ordenamiento del Estado autonómico", *Teoría y Derecho. Revista de Pensamiento Jurídico*, 28.

CARMONA CONTRERAS, ANA (2020; 16 de julio). "El fin no justifica los medios", *El País*. Recuperado de: https://elpais.com/opinion/2020-07-15/el-fin-no-justifica-los-medios.html.

CARMONA CONTRERAS, ANA (2022). "La gestión de la pandemia en clave territorial: Estado autonómico y crisis sanitarias", en ANA CARMONA CONTRERAS y BLANCA RODRÍGUEZ RUIZ (coords.), *Constitución y pandemia. El Estado ante crisis sanitarias*, Tirant lo Blanch, València.

CARRANZA, GONZALO GABRIEL (2023). "Evolución del régimen jurídico de la Conferencia de Presidentes: ¿hacia una cooperación encorsetada?", *Teoría y Realidad Constitucional*, 51.

CATALÀ I BAS, ALEXANDRE H. (2023). "COVID-19: Crisis en nuestro Estado autonómico de Derecho, no de nuestro Estado autonómico de Derecho", en ALEXANDRE H. CATALÀ I BAS (coord.), *Anomalías jurídicas durante la pandemia del COVID-19. Un análisis constitucional*, Tirant lo Blanch, València.

DOMÉNECH PASCUAL, GABRIEL (2020; 21 de julio). "Comunidades autónomas, derechos fundamentales y covid-19", *Almacén de Derecho*. Recuperado de: https://almacendederecho.org/comunidades-autonomas-derechos-fundamentales-y-covid-19.

FERNÁNDEZ ALLES, JOSÉ JOAQUÍN (2022). "Encuesta sobre la cooperación en el estado autonómico", *Teoría y Realidad Constitucional*, 49.

FERNÁNDEZ FARRERES, GERMÁN (1985). "Sobre la distribución de competencias en materia de seguridad pública entre el Estado y las comunidades autónomas a la luz de la jurisprudencia de conflictos del Tribunal Constitucional", *Revista Española de Derecho Constitucional*, 14.

GÁLVEZ MUÑOZ, LUIS (2022). "Encuesta sobre la cooperación en el estado autonómico", *Teoría y Realidad Constitucional*, 49.

GARCÍA MAHAMUT, ROSARIO (2021). "La problemática jurídico-constitucional que plantea el segundo estado de alarma y el final de su vigencia: ¿una vulneración reiterada de derechos fundamentales en la España autonómica?", *Teoría y Realidad Constitucional*, 48.

GONZÁLEZ PASCUAL, MARÍA ISABEL (2023). "La cooperación como respuesta a la pandemia: la necesidad de un cambio de paradigma en el Estado autonómico", en MARÍA ISABEL ÁLVAREZ VÉLEZ (dir.), *El Estado constitucional pospandemia: ¿Crisis o fortalecimiento?*, Tirant lo Blanch, València.

LARA ORTIZ, MARÍA LIDÓN (2021). "Replanteando la gestión de emergencias sanitarias", *Revista Española de Derecho Constitucional*, 122.

LASAGABASTER HERRARTE, IÑAKI (2020). "La respuesta a la pandemia del Covid19 y el estado de las autonomías", *Eunomía. Revista en Cultura de la Legalidad*, 19.

LÓPEZ BASAGUREN, ALBERTO (2021). "La coordinación y la cooperación como ejes de funcionamiento del Estado autonómico. El ejemplo de la pandemia", en CÉSAR COLINO (coord.), *Retos de la gobernanza multinivel y la coordinación del Estado autonómico: de la pandemia al futuro*, Instituto Nacional de Administración Pública, Madrid.

MATIA PORTILLA, FRANCISCO JAVIER (2021). "Ensayo de aproximación a las cuestiones planteadas por la crisis sanitaria en relación con el Estado autonómico", en JOSÉ TUDELA ARANDA (coord.), *Estado autonómico y COVID-19. Un ensayo de valoración general*, Fundación Manuel Giménez Abad, Zaragoza.

MONTERO CARO, MARÍA DOLORES (2021). "La cooperación entre el Gobierno central y los gobiernos autonómicos ante la pandemia del Covid-19", en ANDRÉS IVÁN DUEÑAS CASTRILLO, DANIEL FERNÁNDEZ CAÑUETO, PABLO GUERRERO VÁZQUEZ y GABRIEL MORENO GONZÁLEZ (coords.), *La Constitución en tiempos de pandemia*, Ediciones Universidad de Valladolid y Dykinson, Madrid.

MONTILLA MARTOS, JOSÉ ANTONIO (2022). "Encuesta sobre la cooperación en el estado autonómico", *Teoría y Realidad Constitucional*, 49.

MUÑOZ MACHADO, SANTIAGO (2021). "El poder y la peste de 2020", *El Cronista del Estado Social y Democrático de Derecho*, 90-91.

NOGUEIRA LÓPEZ, ALBA (2022). "Paisaje jurídico después de la pandemia: colaboración y/o conflicto entre el Estado y las comunidades autónomas", en JOAN RIDAO (coord.), *Col·laboració i conflicte entre l'Estat i les comunitats autònomes en temps de pandemia*, Institut d'Estudis de l'Autogovern, Barcelona.

OCHOA MONZÓ, JOSEP (2022). "Pandemias y protección civil: la necesidad de un sistema único y ordinario de gestión de emergencias", *Revista General de Derecho Administrativo*, 61.

POMED SÁNCHEZ, LUIS (2021). "Algunas notas sobre los sucesivos estados de alarma declarados en 2020", en JOSÉ TUDELA ARANDA (coord.), *Estado autonómico y COVID-19. Un ensayo de valoración general*, Fundación Manuel Giménez Abad, Zaragoza.

QUADRA-SALCEDO JANINI, TOMÁS DE LA (2020). "Estado Autonómico y lucha contra la pandemia", en PALOMA BIGLINO CAMPOS y JUAN FERNANDO DURÁN ALBA (dirs.), *Los efectos horizontales de la COVID sobre el sistema constitucional: estudios sobre la primera oleada*, Fundación Manuel Giménez Abad, Zaragoza.

REQUEJO RODRÍGUEZ, PALOMA (1998). "Rango normativo y legislación básica (A propósito de la Jurisprudencia del Tribunal Constitucional en torno al principio de preferencia de ley)", *Repertorio Aranzadi del Tribunal Constitucional*, 4.

RIDAO MARTÍN, JOAN (2021a). *Derecho de crisis y Estado autonómico. Del estado de alarma a la cogobernanza en la gestión de la COVID-19*, Marcial Pons, Madrid.

RIDAO MARTÍN, JOAN (2021b). "Carencias y problemáticas de las relaciones de colaboración entre el Estado y las comunidades autónomas durante la gestión de la Covid-19", *Revista Iberoamericana de Relaciones Intergubernamentales*, 2.

RIDAO, JOAN; MARTÍN, GERARD y MORA, HELENA (2022). "Les relacions intergovernamentals en l'Estat autonòmic durant la crisi sanitària de la COVID-19", en JOAN RIDAO (coord.), *Col·laboració i conflicte entre l'Estat i les comunitats autònomes en temps de pandemia*, Institut d'Estudis de l'Autogovern, Barcelona.

RÓDENAS CALATAYUD, ÁNGELES y RUIZ MANERO, JUAN (2023). "Poderes excepcionales. Suspender y limitar derechos fundamentales. A propósito de la STC 148/2021, de 14 de julio", *Eunomía. Revista en Cultura de la Legalidad*, 25.

ROIG MOLÉS, EDUARD (2022). "Coordinació i cogovernança en temps de pandèmia a l'Estat de les autonomies", en JOAN RIDAO (coord.),

Col·laboració i conflicte entre l'Estat i les comunitats autònomes en temps de pandemia, Institut d'Estudis de l'Autogovern, Barcelona.

SÁENZ ROYO, EVA (2020). "La prestación sanitaria en el Estado autonómico: las incongruencias entre el modelo competencial y su financiación", *Revista Española de Derecho Constitucional*, 119.

SÁENZ ROYO, EVA (2021a). "Cooperación y coordinación en el Estado autonómico: La experiencia pandémica, déficits y posibles reformas", en CÉSAR COLINO (coord.), *Retos de la gobernanza multinivel y la coordinación del Estado autonómico: de la pandemia al futuro*, Instituto Nacional de Administración Pública, Madrid.

SÁENZ ROYO, EVA (2021b). "Estado autonómico y COVID-19", *Teoría y Realidad Constitucional*, 48.

SOLOZÁBAL ECHAVARRÍA, JUAN JOSÉ (2006). *Bases constitucionales de una posible política sanitaria en el Estado autonómico*, Fundación Alternativas, Documento de trabajo 89/2006.

SOLOZÁBAL ECHAVARRÍA, JUAN JOSÉ (2021a). "El estado de alarma y el Derecho de crisis en nuestro sistema constitucional", *Anuario de la Facultad de Derecho de la Universidad Autónoma de Madrid*, extra 1.

SOLOZÁBAL ECHAVARRÍA, JUAN JOSÉ (2021b). "La crisis del coronavirus tras el primer estado de alarma", en JOSÉ TUDELA ARANDA (coord.), *Estado autonómico y COVID-19. Un ensayo de valoración general*, Fundación Manuel Giménez Abad, Zaragoza.

TAJADURA TEJADA, JAVIER (2020; 20 de marzo). "Derecho de crisis y Constitución", *El País*. Recuperado de: https://elpais.com/elpais/2020/03/16/opinion/1584364474_350250.html.

TAJADURA TEJADA, JAVIER (2021). "El Estado de Derecho frente al COVID: reserva de ley y derechos fundamentales", *Revista Vasca de Administración Pública*, 120.

TAJADURA TEJADA, JAVIER (2022). "Encuesta sobre la cooperación en el estado autonómico", *Teoría y Realidad Constitucional*, 49.

TORRES PÉREZ, AIDA (2017). "Autonomía política y Estado social ante la crisis económica: la tendencia a la uniformidad territorial en menoscabo de la diversidad de políticas sociales", *Revista Vasca de Administración Pública*, 109(II).

TUDELA ARANDA, JOSÉ (2021). "El Estado autonómico y la COVID-19", en JOSÉ TUDELA ARANDA (coord.), *Estado autonómico y COVID-19. Un ensayo de valoración general*, Fundación Manuel Giménez Abad, Zaragoza.

VELASCO CABALLERO, FRANCISCO (2020). "Estado de alarma y distribución territorial del poder", *El Cronista del Estado Social y Democrático de Derecho*, 86-87.

VIDAL PRADO, CARLOS (2023). "¿Permiten los estados excepcionales 'excepcionar' el Estado autonómico?", en ALEXANDRE H. CATALÀ I BAS (coord.), *Anomalías jurídicas durante la pandemia del COVID-19. Un análisis constitucional*, Tirant lo Blanch, València.

VIVANCOS COMES, MARIANO (2023). "Problemáticas territoriales en tiempos de pandemia", en ALEXANDRE H. CATALÀ I BAS (coord.), *Anomalías jurídicas durante la pandemia del COVID-19. Un análisis constitucional*, Tirant lo Blanch, València.

Capítulo 7

LA REDEFINICIÓN DE LOS PRINCIPIOS DEL ORDENAMIENTO JURÍDICO-FINANCIERO POR LA CRISIS DEL COVID19: LA ESTABILIDAD PRESUPUESTARIA Y LA TRIBUTACIÓN SEGÚN LA CAPACIDAD ECONÓMICA

Chapter 7. *Rethinking the Principles of Finance and Tax Law in Light of the Covid-19 Crisis: Budget Stability and the Ability-to-Pay Principle*

Luis Alfonso Martínez Giner
Catedrático de Derecho Financiero y Tributario
Universidad de Alicante
la.martinez@ua.es

RESUMEN: La respuesta que el ordenamiento jurídico-financiero ha dado a los retos que ha plateado la pandemia derivada de la Covid-19 ha cuestionado el tradicional equilibrio de los principios que informan al mismo. Y ello tanto en el ámbito jurídico-financiero como en la esfera jurídico-tributaria. Por un lado, nos hemos encontrado ante una situación que ha llevado a repensar la aplicación de los principios presupuestarios en relación con el cumplimiento de las normas de estabilidad presupuestaria y sostenibilidad financiera en situaciones excepcionales como la que hemos vivido. Y ello ha generado igualmente una situación de agotamiento de los recursos públicos que ha colocado a las finanzas públicas españolas en una situación de déficit púbico que puede desplazar el principio de justicia en materia de gasto público y poner en cuestión la asignación equitativa de los recursos públicos.

Del mismo modo, en la esfera jurídico-tributaria nos encontramos con medidas tributarias que tratan de ajustar la verdadera capacidad económica de los contribuyentes a una carga fiscal proporcional, debiendo analizarse cómo se sitúan en este contexto los principios tributarios y qué peso tienen cada uno de ellos. La necesidad de obtención de recursos público por parte de las Administraciones Públicas hace ahora más que nunca imprescindible colocar en el centro de toda actuación del legislador el principio de capacidad económica. El deber de contribuir al sostenimiento de los gastos aún en tiempos excepcionales debe atender a una finalidad fiscal y atender a las exigencias de los principios constitucionales en materia tributaria. Ahora más que nunca debe fortalecerse el principio de capacidad económica

Palabras clave: Estabilidad presupuestaria, sostenibilidad financiera, capacidad económica, imposición sobre grandes fortunas, tributación de beneficios caídos del cielo.

ABSTRACT: Legal-financial system response given to the challenges posed by Covid-19 has questioned the traditional balance of the principles that inform it, both in the legal-financial field and in the legal-tax sphere. On the one hand, we have had a situation that has led us to rethink the application of budgetary principles in relation to compliance with the rules of budgetary stability and financial sustainability in exceptional situations (Covid-19). It has been generated a situation of depletion of public resources that has placed Spanish public finances in a situation of budget deficit that has compromised the principle of justice in matters of public spending and the equitable allocation of public resources.

Likewise, in tax framework we find tax measures that try to adjust the true ability to pay of taxpayers to a proportional tax burden. The need to obtain public resources by Public Administrations makes it now more than ever essential to place the ability to pay principle at the core of tax policy. The ability to pay principle must be strengthened in this exceptional context.

Keywords: budgetary stability, financial sustainability, ability to pay principle, wealth tax, windfall tax.

1. INTRODUCCIÓN

La respuesta que el ordenamiento jurídico-financiero ha dado a los retos que ha plateado la pandemia derivada de la Covid19 ha cuestionado el tradicional equilibrio de los principios que informan al mismo. Y ello tanto en el ámbito jurídico-financiero como en la esfera jurídico-tributaria.

Es decir, las decisiones jurídico-financieras y tributarias que los Estados han adoptado en situaciones excepcionales han supuesto un reequilibrio, una redefinición de los principios clásicos que informan la actividad financiera de los Estados y, en este sentido, podemos avanzar que es precisamente en ese contexto donde van a emerger con fuerza los principios de justicia tanto en materia de gasto como en materia de ingresos tributarios concretado en el principio de capacidad económica.

Por un lado, nos hemos encontrado ante una situación que ha llevado a repensar la aplicación de los principios presupuestarios en relación con el cumplimiento de las normas de estabilidad presupuestaria y sostenibilidad financiera en situaciones excepcionales como la que hemos vivido. Y ello ha generado igualmente una situación de agotamiento de los recursos públicos que ha colocado a las finanzas públicas españolas en una situación de déficit público que habría podido cuestionar definitivamente el principio de justicia en materia de gasto público y poner en cuestión la asignación equitativa de los recursos públicos. No obstante, lo que ha ocurrido es que en ese contexto, se ha repensado la propia justicia en materia de gasto público y se han ignorado los principios básicos de estabilidad presupuestaria para poder atender las excepcionales situaciones derivadas de la pandemia.

Del mismo modo, en la esfera jurídico-tributaria nos encontramos con medidas tributarias que han tratado de ajustar la verdadera capacidad económica de los contribuyentes a una carga fiscal proporcional, debiendo analizarse cómo se sitúan en este contexto los principios tributarios y qué peso tienen cada uno de ellos. La necesidad de obtención de recursos público por parte de las Administraciones Públicas ha hecho, ahora más que nunca, imprescindible colocar en el centro de toda actuación del legislador el principio de capacidad económica. El deber de contribuir al sostenimiento de los gastos aún en tiempos excepcionales debe atender a una finalidad fiscal y cohonestarse perfectamente con las exigencias de los principios constitucionales en materia tributaria. Es precisamente en esas situaciones en las que debe fortalecerse el respeto al principio de capacidad económica.

La aparición de nuevas figuras tributarias planteadas para compensar los efectos de la situación excepcional es un elemento que igualmente pone de manifiesto la versatilidad del sistema tributario y de las políticas tributarias. En este sentido debemos tener en cuenta por un lado los intentos de gravamen de los contribuyentes con grandes fortunas patrimoniales, así como la tributación que los llamados beneficios caídos del cielo generan en los supuestos en los que una situación de excepcionalidad motiva la generación de un beneficio rápido e inesperado.

El objeto de este trabajo consiste en dar a conocer los principales problemas suscitados como consecuencia de la crisis del Covid19 en el ámbito de la estabilidad presupuestaria y sostenibilidad financiera, así como en el ámbito de la tributación. Fundamentalmente trataremos en relación con la actividad financiera de gasto, la crisis de los principios presupuestarios tradicionales y las excepciones al cumplimiento de las reglas fiscales; por otro lado y en relación con la vertiente de los ingresos tributarios analizaremos las medidas fiscales adoptadas tanto en el ámbito procedimental como en el de la tributación para afrontar la regresividad que ha implicado la pandemia por Covid19, así como la aparición de nuevas figuras tributarias que tiene como objetivo el aseguramiento de la recaudación tributaria, teniendo como ejemplos el impuesto temporal sobre grandes fortunas así como los gravámenes que someten a tributación los denominados "beneficios caídos del cielo".

2. EL DERECHO DE LOS GASTOS PÚBLICOS EXTRAORDINARIO[1]

La pandemia por Covid19 ha generado una crisis económica sin precedentes que supuso la adopción de medidas que afectaron a la libertad de movimientos de las personas y al propio ejercicio de la

---

1 Esta denominación entronca con la expresión "Derecho de los Gastos Públicos de la crisis", acuñada por AGULLÓ AGÜERO, A.: "Quo vadis? ¿Hacia dónde va el Derecho del gasto público?" en *Disciplina presupuestaria, colaboración público-privada y gasto público,* Tirant lo Blanch 2016, pág. 31.

actividad económica de las empresas. Ello provocó que durante el año 2020 se produjera una pérdida del 5.2% del PIB en el primer trimestre y de un 18,5% en el segundo[2].

Esta situación afectó a muchos ámbitos y supuso un auténtico desafío para los poderes públicos. En este sentido la política fiscal se convirtió en la herramienta más adecuada para mitigar los efectos nocivos de la crisis económica, tratando de ofrecer liquidez a los agentes económicos y de apoyar a las rentas.

La pandemia supuso un gran impacto en las cuentas públicas españolas particularmente en dos de los parámetros más relevantes en el ámbito de la UE: el déficit público y el nivel de endeudamiento. El déficit público llegó al 10% del PIB en 2020 mientras que la deuda pública llegó al 125% del PIB en el primer trimestre de 2021.

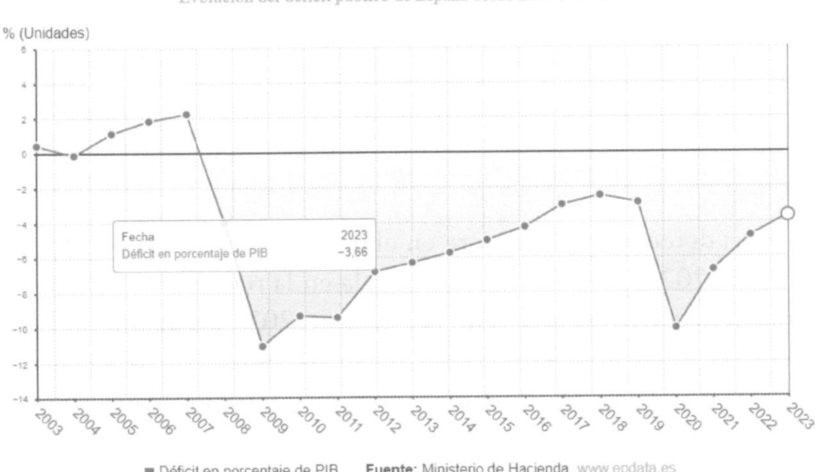

Se observa una reducción considerable del déficit público en España pasando en del 10,09% del PIB en 2020 al 3,66% del PIB en

2 Según datos de variación trimestral del PIB del INE.

2023, consolidándose la progresiva reducción del déficit iniciada en 2021 (6,76%) y 2022 (4,8%).

El nivel de endeudamiento alcanzó en España su nivel más alto en el primer trimestre de 2021 con un 125,7% del PIB

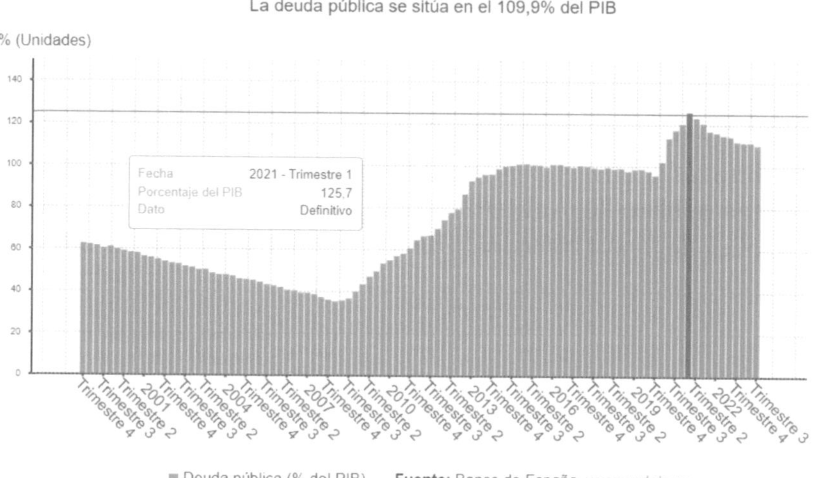

Se ha detectado una mejora en el desequilibrio presupuestario a partir de 2021 que se ha visto reflejada en la reducción de la deuda pública. Esta cifra supone que la deuda en 2023 alcanzó el 107,7% del PIB de España, una caída de 3,9 puntos respecto a 2022, cuando la deuda fue el 111,6% del PIB. España está entre los países con más deuda respecto al PIB del mundo.

2.1. Las reglas fiscales

La necesidad de asegurar en el ámbito de la UE un entorno económico saneado y seguro para la introducción de una moneda única permitió alcanzar un Pacto de Estabilidad y Crecimiento (PEC).

El Derecho primario de la Unión establece la principal base jurídica para el PEC en los artículos 121 (supervisión multilateral) y 126 (procedimiento aplicable en caso de déficit excesivo) del TFUE, y en el Protocolo (nº 12) sobre el procedimiento aplicable en caso de déficit excesivo. El Derecho derivado de la Unión dispone, de forma más detallada, cómo se tienen que aplicar las normas y los procedimientos establecidos en el TFUE. El 13 de diciembre de 2011 entró en vigor el primer conjunto de medidas de gobernanza económica (conocido como «paquete de seis medidas»), que reforma y modifica las normas del PEC, el cual en su versión modificada establece los principales instrumentos para la supervisión de las políticas presupuestarias de los Estados miembros (vertiente preventiva) y para la corrección del déficit excesivo (vertiente correctora). En su forma actual, el PEC está compuesto por las siguientes medidas:

— el Reglamento (CE) nº 1466/97 del Consejo, de 7 de julio de 1997, relativo al reforzamiento de la supervisión de las situaciones presupuestarias y a la supervisión y coordinación de las políticas económicas, modificado por el Reglamento (CE) nº 1055/2005 del Consejo, de 27 de junio de 2005, y el Reglamento (UE) nº 1175/2011, de 16 de noviembre de 2011, que constituye la vertiente preventiva;

— el Reglamento (CE) nº 1467/97 del Consejo, de 7 de julio de 1997, relativo a la aceleración y clarificación del procedimiento de déficit excesivo, modificado por el Reglamento (CE) nº 1056/2005 del Consejo, de 27 de junio de 2005, y el Reglamento (UE) nº 1177/2011 del Consejo, de 8 de noviembre de 2011, que constituye la vertiente correctora;

— el Reglamento (UE) nº 1173/2011 del Parlamento Europeo y del Consejo, de 16 de noviembre de 2011, sobre la ejecución efectiva de la supervisión presupuestaria en la zona del euro.

En términos formales, "el Pacto constaba originalmente de una Resolución del Consejo Europeo (adoptada en 1997) y dos Reglamentos del Consejo, de 7 de julio de 1997, que establecían disposiciones técnicas detalladas (uno sobre la supervisión de las posiciones presupuestarias y la coordinación de políticas económicas y otro sobre la aplicación del procedimiento de déficit excesivo del artículo 126 TFUE)"[3].

A partir de la crisis 2008, se reforzó la normativa sobre gobernanza económica de la UE mediante ocho reglamentos de la UE y un tratado internacional:

Por un lado, se aprobó el *Six Pack*, el paquete de seis medidas (que introdujo un sistema de supervisión de políticas económicas más amplias con el objeto de detectar problemas a tiempo, como las burbujas inmobiliarias o la reducción de la competitividad);

Por otro lado, se aprobó el *Two Pack*, el paquete de dos medidas (un nuevo ciclo de control para la zona del euro con la presentación de los proyectos de planes presupuestarios de los países —salvo los que cuenten con programas de ajustes macroeconómicos— a la Comisión Europea cada otoño);

Finalmente se aprobó el Tratado de Estabilidad, Coordinación y Gobernanza de 2012 («pacto presupuestario») que incorpora unas disposiciones fiscales más estrictas que el PEC.

Esta reforma del Pacto de estabilidad y Crecimiento llevada a cabo en 2011 y 2013 "supuso un claro endurecimiento de la disciplina presupuestaria europea, e aras a reducir unos niveles de déficit y deuda pública que en algunas Estados miembros habían alcanzado porcentajes tan elevados que hacían peligrar la estabilidad de la zona euro en su conjunto[4]"

---

3 MARTÍNEZ SÁNCHEZ, C.: "Las reglas fiscales tras la COVID-19", en *Anuario de la Facultad de Derecho de la Universidad Autónoma de Madrid, extraordinario*, 2021, pág.393.

4 MARCO PEÑAS, E.: "Disciplina presupuestaria en la UE: la crisis de la COVID-19 como catalizador de reformas latentes", en *Retos actuales del Derecho*

El conjunto de estas medidas se integra en la actualidad en el llamado Semestre Europeo, que es el mecanismo de coordinación de la política económica de la UE[5]. El Semestre Europeo es un ejercicio anual para coordinar la política económica, presupuestaria, de empleo y social en la Unión Europea. El Semestre Europeo forma parte del marco de gobernanza económica de la Unión Europea. Durante el Semestre Europeo, los Estados miembros ajustan sus políticas presupuestarias y económicas a las normas acordadas a escala de la UE.

El Semestre establece un calendario claro con arreglo al cual los Estados miembros reciben asesoramiento a escala de la UE («orientación») y posteriormente presentan sus planes de actuación («programas nacionales de reformas» y «programas de estabilidad o de convergencia») para su evaluación a escala de la UE. El Semestre Europeo comienza cada año en otoño con la presentación de las prioridades de la Comisión. Finaliza en octubre del año siguiente, cuando los Estados miembros de la UE presentan sus planes presupuestarios.

Todo este aparataje jurídico europeo se ha plasmado en la normativa propia de los Estados miembros. En este sentido debe señalarse que la situación crítica provocada por la crisis de 2008 condujo a una importante reforma de las reglas fiscales de nuestro país. En agosto de 2011 se inició la reforma del artículo 135 de la Constitución, que se sometió a la aprobación del Parlamento por vía de urgencia y lectura única.

En esta reforma se elevó a rango constitucional la norma que limita el déficit público de carácter estructural y se referenció el nivel de endeudamiento público al valor establecido en el Tratado Funcionamiento de la UE. Y todo ello fue la respuesta a la insuficiencia de los mecanismos de disciplina presupuestaria vigentes que reclamaban mayor supervisión y vigilancia en materia presupuestaria.

Financiero y Tributario. Documentos de Trabajo del Instituto de Estudios Fiscales, nº 8, 2022, pág.322

5 MARTÍNEZ SÁNCHEZ, C.: "Las reglas fiscales tras la COVID-19", ob. Cit. 393.

Esta situación provocada por la crisis económica ha supuesto la conformación de un nuevo marco jurídico-financiero que "tiene, a nuestro juicio, dos elementos fundacionales, en el sentido de estructuralmente básicos, de singular importancia: la constitucionalización de los límites europeos a la deuda y al déficit, con los efectos que ello conlleva sobre la configuración del derecho del gasto público y, en particular, sobre su sistema de fuentes, principios aplicables y ámbito objetivo de aplicación; y la eclosión de la disciplina presupuestaria, cuya trascendencia conceptual y metodológica para esta rama del derecho resulta innegable"[6].

En lo tocante a las reglas fiscales, el nuevo tenor del artículo 135 CE estableció lo siguiente:

i) El Estado y las comunidades autónomas no podrán incurrir en un déficit estructural que supere los márgenes establecidos, en su caso, por la Unión Europea para sus Estados Miembros (un 3% del PIB).

ii) Las entidades locales deberán presentar equilibrio presupuestario

La Constitución remitió a una ley orgánica la regulación de la distribución de los límites de déficit y de deuda entre las distintas Administraciones públicas, los supuestos excepcionales de superación de los mismos y la forma y plazo de corrección de las desviaciones que sobre uno y otro pudieran producirse; la metodología y el procedimiento para el cálculo del déficit estructural; y la responsabilidad de cada Administración pública en caso de incumplimiento de los objetivos de estabilidad presupuestaria. En cumplimiento del mandato constitucional que se acaba de referir, se aprobó la Ley Orgánica 2/2012, de 27 de abril, de Estabilidad Presupuestaria y Sostenibilidad Financiera (LOEPSF)

---

6 AGULLÓ AGÜERO, A.: "Quo vadis? ¿Hacia dónde va el Derecho del gasto público?", ob. Cit. Pág. 21.

El artículo 135 CE realizó una remisión al Derecho de la Unión Europea en lo referente a los límites de déficit y deuda públicos. El artículo 11 LOEPSF regula con algo más de rigor el régimen previsto en el artículo 135.2 CE que únicamente estableció que no se podía incurrir "en un déficit estructural que supere los márgenes establecidos, en su caso, por la Unión Europea para sus Estados Miembros". En este sentido el referido artículo de la LOEPSF resulta más preciso al señalar que "ninguna Administración Pública podrá incurrir en déficit estructural, definido como déficit ajustado del ciclo, neto de medidas excepcionales y temporales".

Sin embargo, esa regulación ya fue en su momento suavizada al considerar el artículo 11.2 LOEPSF que "en caso de reformas estructurales con efectos presupuestarios a largo plazo, de acuerdo con la normativa europea, podrá alcanzarse en el conjunto de Administraciones Públicas un déficit estructural del 0,4 por ciento del Producto Interior Bruto nacional expresado en términos nominales, o el establecido en la normativa europea cuando este fuera inferior". Del mismo modo se fijó en la disposición transitoria primera el cumplimiento de este objetivo en el entonces ejercicio 2020.

Todo este marco jurídico de control presupuestario conforma una nueva visión del Derecho de los gastos públicos, que podemos denominar extraordinario o, en palabras de Agulló Agüero, de la crisis. Esta nueva concepción de este sector del ordenamiento jurídico-financiero "presenta unos rasgos y unos caracteres propios, profundamente innovadores respecto de la situación anterior, aunque no totalmente nuevos, dotados de una clara vocación de permanencia.

De ahí que resulte válido afirmar que la crisis ha alumbrado un nuevo tipo de derecho del gasto público en Europa en general y en nuestro país en particular; pues la crisis, en definitiva, pasará, pero sus efectos en el terreno jurídico han llegado para quedarse. Unos efectos que tienen lugar en los planos sustantivo y metodológico, que afectan a la configuración del sector público y a la configuración de los instrumentos para su análisis y ordenación, y que hacen del derecho del gasto público de la crisis el germen transformador del derecho del gasto público de esta primera etapa del siglo XXI"[7].

El ordenamiento jurídico procedió a regular con el detalle necesario a través de la Ley Orgánica 2/2012, de 27 de abril, de estabilidad presupuestaria y sostenibilidad financiera, las reglas de disciplina fiscal que resultan aplicables para asegurar la estabilidad económica y su crecimiento sostenible.

El Capítulo III de la LOEPSF, dedicado precisamente a estos dos principios, introdujo novedades significativas en nuestra legislación:

> "— Todas las Administraciones Públicas deben presentar equilibrio o superávit, sin que puedan incurrir en déficit estructural; salvo determinados casos excepcionales en los que se admite que el Estado y las CC.AA puedan tener déficit estructural, como son las situaciones de catástrofes naturales, recesión económica o emergencia extraordinaria, situaciones que deberán ser apreciadas por la mayoría absoluta del Congreso de los diputados.
>
> — Se incorpora, además, la regla de gasto establecida en la normativa europea, según la cual el gasto de las Administraciones Públicas no podrá aumentar por encima de la tasa de crecimiento de referencia del Producto Interior Bruto (PIB). Y esta regla se completa con el mandato relativo a que cuando se obtengan mayores ingresos de los previstos, éstos no se destinen a financiar nuevos gastos, sino que sirvan para una menor apelación al endeudamiento.
>
> — Asimismo, como es sabido, se fija el límite de deuda del conjunto de las Administraciones Públicas, que no podrá superar el valor de referencia del 60% del PIB establecido en la normativa europea, salvo en las mismas circunstancias excepcionales en que se puede presentar déficit estructural (caso en el que deberá aprobarse un plan de reequilibrio que permita alcanzar el límite de deuda). Este límite se distribuye de acuerdo con los siguientes porcentajes (expresados en términos nominales del PIB nacional): 44% para la Administración Central, 13% para el conjunto de las CC.AA y 3% para las Corporaciones Locales"[8].

---

7 AGULLÓ AGÜERO, A.: "Quo vadis? ¿Hacia dónde va el Derecho del gasto público?", ob. Cit. Pág. 18. ARURIOA 313

8 RIBES RIBES, A.: "Reflexiones sobre la seguridad económica y financiera en un contexto de crisis", en *La seguridad de los Estados en el contexto de las incertidumbres: una visión poliédrica*, Thomson-Aranzadi, 2021, pág. 314

Finalmente, la regla de gasto constituye otro de los elementos que conforman las reglas fiscales de disciplina presupuestaria que supone la limitación de la evolución del gasto público vinculado a la previsión de crecimiento del PIB. Así el artículo 12 LOEPSF establece que "*La variación del gasto computable de la Administración Central, de las Comunidades Autónomas y de las Corporaciones Locales, no podrá superar la tasa de referencia de crecimiento del Producto Interior Bruto de medio plazo de la economía española*".

El incumplimiento de esta regla implica que "la Administración incumplidora formulará un plan económico-financiero que permita en el año en curso y el siguiente el cumplimiento de los objetivos o de la regla de gasto[9]".

Del mismo modo el artículo 12.5 LOEPSF se refiere al destino que debe tener el superávit de las Administraciones públicas, señalando que "Los ingresos que se obtengan por encima de lo previsto se destinarán íntegramente a reducir el nivel de deuda pública".

Se prevén medidas preventivas, correctivas y coercitivas para garantizar, corregir y obligar a través de una comisión de expertos al cumplimiento forzoso de las reglas fiscales y las medidas que las acompañan.

La relevancia de todas estas reglas de gasto en el ámbito de la Unión Europea y en el ámbito nacional se justifican en la necesidad de tener un entorno económico estable que garantice un crecimiento homogéneo de las diferentes economías y asegure una zona de estabilidad económica.

En este contexto el Gobierno debe fijar los objetivos de estabilidad presupuestaria y deuda pública tal y como señala el artículo en el artículo 15 LOEPSF donde se establece que el Gobierno, "mediante acuerdo del Consejo de Ministros, ha de fijar los objetivos de estabilidad presupuestaria (en términos SEC 2010) y el objetivo de

---

9 Artículo 21 LOEPSF.

deuda pública referidos a los tres ejercicios siguientes, tanto para el conjunto de Administraciones públicas como para cada uno de sus subsectores. Ese acuerdo del Consejo de Ministros (en el que también se ha de incluir el límite de gasto no financiero del Presupuesto del Estado) ha de ser remitido a las Cortes Generales acompañado de las recomendaciones y del informe correspondiente. (...) Junto con lo anterior, al Gobierno también le corresponde, previo informe de la Autoridad Independiente de Responsabilidad Fiscal (AIReF) y del Consejo de Política Fiscal y Financiera, fijar los objetivos de estabilidad presupuestaria y de deuda pública para cada una de las comunidades autónomas (art. 16 LOEPSF).[10]"

2.2. La Suspensión de las Reglas Fiscales y la Justicia en el Gasto Público

Todo ese planteamiento de estabilidad y control que se presenta como una exigencia en el ámbito de la Unión Europea, queda alterado y se pone en cuestión con la aparición de circunstancias excepcionales que alteran las condiciones establecidas previamente por el propio Parlamento.

En este sentido el artículo 5.1 del Reglamento CE nº 1466/1997 de 7 de julio de 1997 relativo al reforzamiento de la supervisión de las situaciones presupuestarias y a la supervisión y coordinación de las políticas económicas, tras su reforma de 2011 previó una cláusula de salvaguardia según la cual "*En caso de acontecimiento inusitado que esté fuera del control del Estado miembro afectado y que tenga una gran incidencia en la situación financiera de las administraciones públicas, o en períodos de crisis económica grave en la zona del euro o en el conjunto de la Unión, se podrá permitir a los Estados miembros que se aparten temporalmente de la trayectoria de ajuste hacia el objetivo presupuestario a medio plazo a la que se hace referencia en el párrafo tercero, siempre que dicha desviación no ponga en peligro la sostenibilidad presupuestaria a medio plazo*".

---

10 MARTÍNEZ SÁNCHEZ, C.: "Las reglas fiscales tras la COVID-19", ob. Cit. 396.

Además, esta cláusula que se activó por la UE mediante Comunicación de la Comisión relativa a la activación de la cláusula general de salvaguardia del Pacto de Estabilidad y crecimiento de 20 de marzo de 2020, lo cual suponía que los Estados podrían desviarse de los objetivos de déficit público y de endeudamiento[11].

La necesidad de afrontar el impacto económico de la crisis provocada por el Covid19 llevó a la UE aprobó un régimen de excepcionalidad en materia de ayudas de estado, mediante el "Marco temporal relativo a las medidas de ayuda estatal destinadas a respaldar la economía en el contexto del actual brote de COVID-19", (Comunicación de la Comisión de 19 de marzo de 2020).

Del mismo modo se adoptaron mecanismos de apoyo financiero a los Estados miembros a través, entre otros, del Instrumento Next Generation UE que se aprobó a través del Reglamento de 14 de diciembre de 2020 UE nº 2020/2094 y que como instrumento de recuperación ponía a disposición de la UE un máximo de 750.000 millones de euros hasta 2026, de los cuales 360.000 millones podían utilizarse para concederé prestamos mientras que los 390.000 millones restantes podían destinarse a financiar gastos.

Este instrumento Next Generation UE se integra por 7 programas siendo el principal el Mecanismo de recuperación y resiliencia que se aprobó por el Reglamento nº 241/2021, de 12 de febrero pretendiendo movilizar inversión con la finalidad de ser apoyo financiero durante la recuperación de los Estados. La dotación de este Mecanismo es de 672.500 millones de euros, de los cuales 312.500 millones son subvenciones y 360.000 millones son préstamos.

Todo ese paquete de ayudas financieras a los Estados miembros tiene como punto de partida inexorable la suspensión de las reglas fiscales.

---

11 MARCO PEÑAS, E.: "Disciplina presupuestaria en la UE: la crisis de la COVID-19 como catalizador de reformas latentes", ob. Cit. Pág. 325.

En el ámbito nacional, la rigidez de la disciplina fiscal que se deriva del artículo 135 CE y de la Ley Orgánica de Estabilidad presupuestaria y sostenibilidad financiera contrasta con la posibilidad legalmente establecida de flexibilizar la misma. En este sentido, muy relevante es la cláusula de salvaguardia recogida en el artículo 11.3 LOEPSF —similar a la prevista en el artículo 135.4 CE— en virtud de la cual el Estado y las comunidades autónomas podrán incurrir en déficit estructural en caso de "catástrofes naturales, recesión económica grave o situaciones de emergencia extraordinaria que escapen al control de las Administraciones públicas y perjudiquen considerablemente su situación financiera o su sostenibilidad económica o social, apreciadas por la mayoría absoluta de los miembros del Congreso de los Diputados".

Por otro lado, el artículo 13.1 LOEPSF establece, tal y como hemos comentado, que el volumen de deuda pública del conjunto de Administraciones públicas no podrá superar el 60 % del PIB, tal y como se dispone en el Protocolo núm. 12 del TFUE. La norma realiza un reparto de ese límite distribuyéndolo, tal y como se ha comentado, en un 44 % para la Administración central, 13 % para el conjunto de comunidades autónomas y 3 % para el conjunto de corporaciones locales. Además, se estableció expresamente que "el límite de deuda pública de cada una de las Comunidades Autónomas no podrá superar el 13 por ciento de su Producto Interior Bruto regional".

Estos objetivos de deuda pública son excepcionados por la propia normativa al entender, del mismo modo que en el caso de los objetivos de estabilidad, que "Excepcionalmente, el Estado y las Comunidades Autónomas podrán incurrir en déficit estructural en caso de catástrofes naturales, recesión económica grave o situaciones de emergencia extraordinaria que escapen al control de las Administraciones Públicas y perjudiquen considerablemente su situación financiera o su sostenibilidad económica o social, apreciadas por la mayoría absoluta de los miembros del Congreso de los Diputados. Esta desviación temporal no puede poner en peligro la sostenibilidad fiscal a medio plazo".

En España, justo antes de la declaración del estado de alarma como consecuencia de la pandemia[12], se aprobaron los objetivos de estabilidad presupuestaria y de deuda pública para el año 2020.

Mediante acuerdo de 27 de febrero de 2020, el Congreso de los Disputados adoptó por mayoría simple, el Acuerdo aprobado por el Consejo de Ministros el 11 de febrero en el que se estableció un objetivo de déficit para el conjunto de las Administraciones Públicas del 1,8% del PIB en 2020.

Para la Administración Central, el límite fue del 0,5%; para las Comunidades Autónomas quedaba fijado en el 0,2%; para la Seguridad Social en el 1,1% y equilibrio presupuestario para las entidades locales.

De esta forma, el mayor esfuerzo fiscal lo realizaría la Administración Central, que debería reducir su déficit desde el 1,32% registrado en 2018, al 0,5%. Es decir, una disminución de ocho décimas en dos ejercicios. La Seguridad Social tenía que rebajar su déficit del 1,44% al 1,1%, lo que supondría una reducción de tres décimas. Por último, el esfuerzo exigido a las Comunidades Autónomas era menor y bastaba con reducir una décima su déficit.

Del mismo modo, en relación con el nivel de endeudamiento se fijó un objetivo de deuda pública para 2020 en el conjunto de las Administraciones Públicas del 94,6% que se debería reducir hasta quedar por debajo del 90% (89,8%) en 2023.

Todas estas previsiones quebraron pocos días después con la proclamación del Estado de alarma y su prórroga hasta el 21 de junio de 2020.

Con todo ello no fue hasta seis meses después cuando, el pleno del Congreso de los Diputados en su sesión de 20 de octubre de

---

12 Real Decreto 463/2020, de 14 de marzo, por el que se declara el estado de alarma para la gestión de la situación de crisis sanitaria ocasionada por el COVID-19.

2020 apreció la situación de emergencia extraordinaria y activó la cláusula del artículo 11.3 LOEPSF para suspender la aplicación de las reglas fiscales en el año 2020 y 2021, al entender que resultaba de aplicación lo establecido en el referido precepto:

> *"Excepcionalmente, el Estado y las Comunidades Autónomas podrán incurrir en déficit estructural en caso de catástrofes naturales, recesión económica grave o situaciones de emergencia extraordinaria que escapen al control de las Administraciones Públicas y perjudiquen considerablemente su situación financiera o su sostenibilidad económica o social, apreciadas por la mayoría absoluta de los miembros del Congreso de los Diputados. Esta desviación temporal no puede poner en peligro la sostenibilidad fiscal a medio plazo.*
>
> *A los efectos anteriores la recesión económica grave se define de conformidad con lo dispuesto en la normativa europea. En cualquier caso, será necesario que se dé una tasa de crecimiento real anual negativa del Producto Interior Bruto, según las cuentas anuales de la contabilidad nacional.*
>
> *En estos casos deberá aprobarse un plan de reequilibrio que permita la corrección del déficit estructural teniendo en cuenta la circunstancia excepcional que originó el incumplimiento."*

En atención a la situación de emergencia extraordinaria el Consejo de Ministros acordó la suspensión del Acuerdo del Consejo de Ministros de 11 de febrero de 2020 por el que se adecuaban los objetivos de estabilidad presupuestaria y de deuda pública para el conjunto de las Administraciones Públicas y de cada uno de los subsectores para el año 2020 para su remisión a las Cortes Generales, y se fijaba el límite de gasto no financiero del presupuesto del Estado para 2020, y del Acuerdo del Consejo de Ministros de 11 de febrero de 2020 por el que se fijan los objetivos de estabilidad presupuestaria y de deuda pública para el conjunto de Administraciones Públicas y cada uno de los subsectores para el período 2021-2023 para su remisión a las Cortes Generales, y el límite de gasto no financiero del presupuesto del Estado para 2021.

La Comisión europea el 2 de junio de 2021 decidió seguir aplicando la cláusula de salvaguardia en el ámbito de la UE, siguiendo este proceder el Reino de España mediante acuerdos por el Consejo de Ministros el 27 de julio de 2021, y por el Congreso de los Diputados de 13 de septiembre de 2021. De esta manera quedaban suspendidas las reglas fiscales para el ejercicio 2022.

En relación con el ejercicio 2023 el Consejo de Ministros acordó el 26 de julio de 2022 solicitar del Congreso de los Diputados la «apreciación de que España está sufriendo las consecuencias del estallido de la guerra en Europa y de una crisis energética sin precedentes, lo que supone una situación de emergencia extraordinaria, a aquellos efectos», al objeto de ampliar a 2023 la aplicación de la cláusula de salvaguardia. Finalmente el Congreso de los Diputados mediante Acuerdo de 22 de septiembre de 2022 Congreso de los Diputados, a petición del Gobierno, ha respaldado que en España se mantienen las condiciones de excepcionalidad que aconsejan y justifican mantener la suspensión de las reglas fiscales, en línea con la recomendación de la Comisión Europea, que también ha decidido extender la cláusula de salvaguarda del Pacto de Estabilidad y Crecimiento ante la crisis desatada por el encarecimiento de precios derivados de la invasión rusa de Ucrania.

Finalmente la reactivación de las reglas fiscales y la disciplina presupuestaria en el ámbito de la UE ha tenido lugar a través de la Comunicación al Consejo sobre orientaciones de la política presupuestaria para 2024[13], en la que se recoge, entre otros extremos la desactivación de la cláusula general de salvaguardia a partir de finales de 2023, el mantenimiento de los límites que estableció el Tratado de Funcionamiento de la UE de déficit público y de deuda pública, del 3% y del 60% del PIB, respectivamente, así como las normas vigentes para la apertura y el cierre de un Procedimiento

13 Comunicación de la Comisión al Consejo. Orientaciones de la política presupuestaria para 2024 COM (2023) 141 final 8 de marzo de 2023. "Son necesarios principios clave para orientar a los Estados miembros en la preparación de sus programas de estabilidad y convergencia en el contexto de la desactivación de la cláusula general de salvaguardia a partir de 2024 y de la necesidad de establecer políticas presupuestarias prudentes", pág. 8.

de Déficit Excesivo. Es decir, se vuelve en 2024 a la senda de la disciplina presupuestaria.

El acuerdo del consejo de Ministros de 12 de diciembre de 2023 reestableció las reglas fiscales para 2024 acabando con la suspensión de las mismas al desactivar la cláusula de salvaguardia y estableció mediante acuerdo los objetivos de estabilidad presupuestaria que deben ser cumplidos por los diferentes subsectores.

Senda de estabilidad por subsectores (2024-2026) en % de PIB

	2024	2025	2026
Administración central	-2,7	-2,6	-2,5
Comunidades Autónomas	-0,1	0,0	0,0
Entidades Locales	0,0	0,0	0,0
Seguridad Social	-0,2	-0,1	0,0
Total Administraciones Públicas	**-3,0**	**-2,7**	**-2,5**

No obstante, esta propuesta —aprobada por el Congreso de los Diputados en su sesión de 10 de enero—, fue rechazada por el Senado, el 7 de febrero de 2024. El Gobierno, siguiendo lo estipulado en el artículo 15.6 de la Ley Orgánica de Estabilidad presupuestaria y sostenibilidad financiera, volvió a aprobar el 13 de febrero de 2024, los objetivos de estabilidad, que obtuvieron de nuevo el respaldo en el Congreso y fueron rechazados en el Senado por segunda vez el 6 de marzo de 2024.

Esto provocó que la activación de las reglas fiscales supusiera que se aplicaran —ante la falta de aprobación por el Parlamento español de los objetivos de déficit y deuda pública— los objetivos contemplados en el Programa de Estabilidad que el Gobierno remitió en abril de 2023 a la Comisión Europea, al haber contado con la aprobación de esta por considerar que tales previsiones avanzaban hacia el objetivo de equilibrio presupuestario.

No obstante, la diferencia de los objetivos del Programa de Crecimiento aplicables, frente a la propuesta presentada por el Consejo de Ministros y finalmente no aprobada por el Parlamento es evidente:

	2024
Administración Central	-3%
Comunidades Autónomas	0%
Entidades Locales	+0,2%
Seguridad Social	-0.2%

Una de las cuestiones que se han planteado en este punto es la del alcance de la suspensión de las reglas fiscales. Esto es si la misma afectaba únicamente al objetivo de déficit público y de deuda pública o si también afectaba a la regla de gasto y al destino del superávit[14].Y ello porque el artículo 11.3 LOEPSF se refiere expresamente a la posibilidad de incurrir en déficit estructural, mientras que el artículo 13.3 LOEPSF referido al límite de endeudamiento realiza una remisión al artículo 11.3 LOEPSF, no existiendo una previsión similar ni para la regla de gasto[15] ni para el destino obligatorio del superávit[16].

En este sentido el artículo 135.4 CE sólo se refiere a la flexibilización de los límites de déficit público y de endeudamiento porque en el momento de la reforma del artículo 135 CE no existía ni la regla de gasto ni la previsión del destino obligatorio del superávit que se introdujeron por la propia LOEPSF.

Esta situación ha llevado a repensar la aplicación de los principios presupuestarios en relación con el cumplimiento de las

14 MARTÍNEZ SÁNCHEZ, C.: "Las reglas fiscales tras la COVID-19", ob. Cit. 400.

15 La regla de gasto se regula en el artículo 12 LOEPSF: *"1. La variación del gasto computable de la Administración Central, de las Comunidades Autónomas y de las Corporaciones Locales, no podrá superar la tasa de referencia de crecimiento del Producto Interior Bruto de medio plazo de la economía española"*.

16 Establece el artículo 12.5 LOEPSF: "*5. Los ingresos que se obtengan por encima de lo previsto se destinarán íntegramente a reducir el nivel de deuda pública"*.

normas de estabilidad presupuestaria y sostenibilidad financiera en situaciones excepcionales como la que hemos vivido. Es decir, la situación de excepcionalidad permite cuestionar la rigidez de las normas de disciplina presupuestaria poniendo el acento en la conveniencia de disponer al menos coyunturalmente de liquidez en las Administraciones para afrontar los problemas económicos serios que la situación de excepcionalidad provoca. La necesidad de afrontar los gastos perentorios en tales situaciones ha generado igualmente una situación de agotamiento de los recursos públicos que ha colocado a las finanzas públicas españolas en una situación de déficit público. En el año 2020 el déficit público en España fue de un –10,09%, en el año 2021 fue de –6,76% y en el año 2022 fue de –4,8%.

Esta situación puede desplazar el principio de justicia en materia de gasto público y poner en cuestión la asignación equitativa de los recursos públicos. En situaciones como la descrita el principio de justicia en el gasto público recogido en el artículo 31.2 CE cuando establece que "*El gasto público realizará una asignación equitativa de los recursos públicos, y su programación y ejecución responderán a los criterios de eficiencia y economía*", adquiere mayor relevancia. La asignación equitativa de los recursos debe más que nunca ajustarse a aquellas personas y a aquellas situaciones que más lo necesiten. Es decir que la excepcionalidad ha permitido repensar la propia justicia en materia de gasto público e ignorándose los principios básicos de estabilidad presupuestaria para poder atender las excepcionales situaciones derivadas de la pandemia. La justicia se centra en atender las situaciones económicas más necesitadas, es decir cubrir las necesidades públicas y colectivas más urgentes por un lado y a las personas con menor capacidad económica.

Se produce así un reequilibrio en la balanza de los principios del gasto, en estas situaciones, cediendo y suspendiéndose los principios de estabilidad presupuestaria y sostenibilidad financiera y primando el principio de justifica en materia de gasto público mediante una asignación equitativa de los recursos públicos.

En definitiva, la propia estabilidad presupuestaria y los límites de endeudamiento han de venir asentados en el principio de justicia en materia de gasto público. Es decir, que, en un escenario de recursos limitados, debe considerarse una mejor elección de las necesidades públicas a satisfacer, estableciendo una prioridad clara en la ejecución del gasto público[17]. Y ello se refuerza aún más en un contexto en el que se suspenden y deja de aplicarse el marco jurídico de limitación de déficit y endeudamiento, elevando como pilar esencial de la actividad financiera la asignación equitativa de los recursos públicos.

3. LA TRIBUTACIÓN EN TIEMPOS DE CRISIS Y EL PRINCIPIO DE CAPACIDAD ECONÓMICA

La necesidad de obtención de recursos públicos por parte de las Administraciones Públicas en un contexto de crisis sanitaria que viene acompañada de una suspensión de la actividad económica hizo, como nunca antes había ocurrido, imprescindible colocar en el centro de toda actuación del legislador el principio de capacidad económica. El deber de contribuir al sostenimiento de los gastos aún en tiempos excepcionales debe atender a una finalidad fiscal y atender a las exigencias de los principios constitucionales en materia tributaria, sobre todo en momentos en los que es necesario un aumento de los ingresos públicos. La justicia en el ingreso, al igual que la justicia en el gasto, resurge como un pilar esencial de la política tributaria de la excepcionalidad.

En ese contexto de crisis es en el que debe fortalecerse el principio de capacidad económica. En este sentido debe atenderse a la equidad, puesto que la propia crisis es, por naturaleza, regresiva y, por lo tanto, es importante evitar que las medidas tributarias que se adopten tengan ese efecto regresivo en la ciudadanía. Además, debe

---

[17] RIBES RIBES, A.: "Reflexiones sobre la seguridad económica y financiera en un contexto de crisis", ob. Cit. Pág. 318.

delimitarse qué medidas deben ser transitorias y cuáles deben ser permanentes. La política tributaria, por su parte, se convierte así en la principal herramienta con la que se cuenta para diseñar la política económica por parte de los Estados.

La aparición de nuevos gravámenes, temporales o permanentes, así como la adopción de medidas tributarias de carácter formal para favorecer el cumplimiento de las obligaciones tributarias por parte de los contribuyentes en el contexto del estado de alarma provocado por la Covid19 son claros ejemplos de la primacía que el principio de capacidad económica ha desplegado tanto en la carga tributaria como en la relación jurídico-tributaria[18].

En este sentido deben ser objeto de análisis las nuevas figuras impositivas que se han incorporado a nuestro sistema tributario para paliar la situación de crisis económica, e incluso valorar la necesidad de incorporar otras ideas-fuerza que permitan situar al principio de capacidad económica en el centro del deber de contribuir. Debemos tener en cuenta igualmente, la tributación que los llamados beneficios caídos del cielo —esto es, beneficios inesperados— generan en los supuestos en los que una situación de excepcionalidad motiva la generación de un beneficio rápido e imprevisto.

3.1. Medidas Fiscales adoptadas

Las medidas fiscales que se adoptaron durante el periodo de crisis por la Covid19 vinieron influenciadas por la declaración del estado de alarma, la limitación de circulación y movimientos de los ciudadanos y la suspensión de cierta actividad económica que requería de presencialidad.

---

[18] LUCAS DURÁN, M.: "Efectos de la Pandemia por COVID-19 en la Fiscalidad", en *Derechos y Garantías: el COVID-19 en el ámbito jurídico"*, Centro de Estudios Andaluces, 2021, pág. 23. En palabras de este autor las relaciones entre los ciudadanos y las empresas y las Administraciones se modificaron irreversiblemente.

A diferencia de lo que han hecho otros países de nuestro entorno más arriesgados, la mayor parte de las medidas tributarias adoptadas en España se han limitado, por un lado, a la suspensión del cómputo de algunos plazos y, por otro lado, a la flexibilización de los aplazamientos del pago de impuestos para pymes y autónomos.

Todas estas medidas pueden solucionar necesidades puntuales de liquidez; pero si tenemos en cuenta que los efectos económicos de esta crisis se prolongaron en el tiempo, nuestro legislador debió afrontar una reforma del sistema fiscal de mayor calado que no afectara únicamente a los procedimientos tributarios, sino también a las figuras clave (IRPF, IS o IVA) de nuestro sistema tributario.

Así, entre otras opciones, una primera aproximación nos llevaría a considerar la conveniencia de flexibilizar los pagos de deudas relativas a retenciones o cotizaciones a la seguridad social; la posibilidad de planear la concesión de incentivos fiscales a trabajadores vinculados a la salud o ámbito sanitario; debe tenerse especial consideración en materia de IVA o derechos aduaneros en la importación de determinados productos de necesario consumo en este momento; debe, igualmente, valorarse la posibilidad de pensar una flexibilización de la compensación de bases imponibles negativas para las empresas que generen pérdidas en esta crisis.

Toda esta reflexión ha puesto de manifiesto el amplio margen de actuación del que disponen los Estados para conseguir la mejor redistribución de la renta con políticas tributarias progresivas y que permitan el máximo respeto al principio de capacidad económica.

En este sentido, la OCDE ha planteado una política fiscal de emergencia como respuesta a la pandemia por Covid19 para limitar al máximo el daño económico en el tejido productivo y proteger así a las personas más vulnerables[19].

---

19 *Tax and Fiscal Policy in Response to the Coronavirus Crisis: Strengthening Confidence and Resilience*, OECD, 2020.

Entre otras medidas, se ha propuesto proporcionar temporalmente y de manera más generosa pagos de asistencia social y apoyo a los ingresos, incluso a través de beneficios tributarios, a personas y trabajadores, incluidos aquellos que normalmente no tienen derecho a dichos pagos; del mismo modos se ha planteado la renuncia o aplazamiento de las contribuciones a la seguridad social de los empleadores y autónomos, así como de los impuestos relacionados con la nómina; igualmente se recomienda proporcionar concesiones fiscales para los trabajadores de la salud y otros sectores relacionados con emergencias; también se propone aplazar los pagos de IVA, aduanas o impuestos especiales para artículos importados (por ejemplo, alimentos, medicinas, bienes de capital); muy relevante para poner en circulación el dinero necesario es acelerar las devoluciones del exceso del IVA soportado así como simplificar los procedimientos para solicitar la desgravación del IVA sobre deudas incobrables. La relevancia de la capacidad económica se manifiesta en la necesidad ajustar los pagos anticipados requeridos sobre la base de una obligación tributaria esperada que se aproxima más a la probable obligación tributaria final del contribuyente. Aplazar o renunciar a impuestos que se recaudan sobre una base imponible que no varía con el ciclo económico inmediato, así como la posibilidad de incrementar la generosidad de las provisiones para compensar pérdidas son igualmente medidas que plantea la OCDE[20].

En definitiva, la OCDE plantea que, si bien el enfoque inmediato es mantener la liquidez y brindar apoyo a los ingresos, los gobiernos deben prepararse para un cuidadoso equilibrio entre el estímulo fiscal y la consolidación fiscal una vez que la pandemia disminuya[21].

El impacto que el Covid19 y la situación de emergencia ha supuesto en materia tributaria la podemos cifrar de la siguiente ma-

---

20 *Emergency tax policy responses to the Covid-19 pandemic: Limiting damage to productive potential and protecting the vulnerable*, OECD, 2020.

21 *Tax and Fiscal Policy in Response to the Coronavirus Crisis: Strengthening Confidence and Resilience*, OECD, 2020, pág. 27.

nera. En una aproximación inicial podríamos decir que las medidas se centraron inicialmente en el retraso o aplazamiento del pago de los tributos y en la concesión de fraccionamientos, en algunos casos incluso sin necesidad de avales. Con carácter general no se han establecido grandes bonificaciones o exenciones especiales debido a la pandemia, excepto en el ámbito local en el que eso sí que ha ocurrido.

El Derecho Tributario extraordinario ha tenido que conjugar las necesidades de ingresos con las de gastos teniendo en cuenta las diferentes necesidades que se han planteado. Así ante la paralización de la actividad económica se han previsto nuevos plazos de declaración, suspensión de plazos de caducidad y de prescripción, así como el aplazamiento de las cuotas de IVA, IS e IAE.

Frente a la situación de cese en la obtención de ingresos, se ha modificado el sistema de cálculo de los pagos fraccionados, se ha previsto la posibilidad de renuncia al sistema de estimación objetiva para que fuera una estimación real, y se ha permitido los rescates de planes de pensiones. Finalmente, ante la urgente necesidad de material sanitario se ha previsto la reducción de tipos de gravamen de IVA.

En definitiva, se han adoptado medidas de relajación del cumplimiento de obligaciones tributarias, fundamentalmente en cuanto a los plazos y a su suspensión temporal, aprobación de algunos beneficios fiscales e implementación de medidas de gestión tributaria para facilitar la relación de los contribuyentes con las Administraciones tributarias. Debe destacarse que en el ámbito municipal sí que se ha llevado a cabo la aprobación de bonificaciones fiscales generosas en el IBI, el IAE y en las tasas por aprovechamientos especiales o usos privativos del dominio público.

En cuanto a los plazos tributarios, el RD 463/2020, de 14 marzo por el que se declara el estado de alarma para la gestión de la situación de crisis sanitaria ocasionada por el Covid19, no estableció ninguna norma especial sobre los plazos de cumplimiento de las obligaciones tributarias por parte de los contribuyentes, lo que abrió un debate sobre si la suspensión general de los procedimientos administrativos afectaba de algún modo a dichos plazos.

En efecto, "con el Real Decreto 463/2020, de 14 de marzo, no sólo se suspendieron plazos procesales (disposición adicional segunda), para todas aquellas actuaciones judiciales pendientes en el momento de la declaración del estado de alarma, sino también los plazos administrativos (disposición adicional tercera) —aunque sin resultar de aplicación a los plazos tributarios, lo cuales ( ) se regularon por otras disposiciones— y los plazos de prescripción y caducidad (disposición adicional cuarta). En puridad, y más allá de la suspensión de los plazos procesales, de prescripción y caducidad —en lo que afectaran a procedimientos y procesos tributarios—, prácticamente no hubo medidas adoptadas en ese Real Decreto de declaración del estado de alarma en el ámbito que ahora se estudia[22]".

Fue por lo tanto el RD 463/2000, de 14 de marzo el que reguló por vez primera en sus disposiciones adicionales tercera y cuarta medidas que afectaban de alguna manera, con mayor o menor intensidad al ámbito tributario.

En este sentido la Disposición Adicional 3ª de este Real Decreto, titulada «Suspensión de plazos administrativos», establecía en su apartado primero que "*Se suspenden términos y se interrumpen los plazos para la tramitación de los procedimientos de las entidades del sector público. El cómputo de los plazos se reanudará en el momento en que pierda vigencia el presente real decreto o, en su caso, las prórrogas del mismo*". Por su parte, la Disposición Adicional 4ª, bajo la rúbrica "Suspensión de plazos de prescripción y caducidad", disponía que "*los plazos de prescripción y caducidad de cualesquiera acciones y derechos quedarán suspendidos durante el plazo de vigencia del estado de alarma y, en su caso, de las prórrogas que se adoptaren*".

---

22 LUCAS DURÁN, M.: "Efectos de la Pandemia por COVID-19 en la Fiscalidad", en *Derechos y Garantías: el COVID-19 en el ámbito jurídico"*, ob. Cit. Pág. 23.

Con todo ello tales disposiciones adicionales resultaban aplicables con carácter general a todos los procedimientos tributarios, a los procedimientos de revisión de actos tributarios en vía administrativa y a los plazos de prescripción y caducidad de la Ley General Tributaria[23].

No obstante, el Gobierno zanjó el debate con la aprobación del RD 465/2020, de 17 marzo, por el que se modifica el RD 463/2020, de 14 marzo, por el que se declara el estado de alarma para la gestión de la situación de crisis sanitaria ocasionada por el Covid19 en cuyo artículo único, apartado cuatro, se añade un apartado 6 a la Disposición Adicional 3 del RD 463/2020, en el que expresamente se establece que la suspensión de los términos y la interrupción de los plazos administrativos «*no será de aplicación a los plazos tributarios, sujetos a normativa especial, ni afectará, en particular, a los plazos para la presentación de declaraciones y autoliquidaciones tributarias*».

Esta norma excluyó expresamente a los procedimientos tributarios del ámbito de aplicación del apartado 1 de la Disposición Adicional 3ª del Real Decreto 463/2020, no así de la Disposición Adicional 4ª de esa misma norma. El efecto más inmediato, dejando al margen los plazos de presentación de declaraciones y autoliquidaciones, fue que todos los plazos de los procedimientos tributarios dejaron de estar suspendidos, continuando su cómputo.

La maraña normativa de suspensión de plazos se completó con el Real Decreto Ley 8/2020, de 17 marzo, de medidas urgentes extraordinarias para hacer frente al impacto económico y social del Covid19, en cuyo artículo 33.5 disponía lo siguiente: *"El período*

---

23 "En virtud de ambas disposiciones adicionales, todos los plazos para cumplimentar trámites, los plazos máximos de duración de procedimientos tributarios, los plazos de interposición de recursos de reposición y reclamaciones económico-administrativas, y los plazos de prescripción y caducidad regulados en la LGT, quedaron suspendidos desde el 14 de marzo" (VALLES MÉNDEZ/ DE VICENTE BENITO: "Derecho tributario en Estado de alarma: efectos en el desarrollo y duración de los procedimientos tributarios y en los plazos de prescripción regulados en la Ley General Tributaria", en *El Derecho. Lefevbre,* 2020).

comprendido desde la entrada en vigor del presente real decreto-ley hasta el 30 de abril de 2020 no computará a efectos de la duración máxima de los procedimientos de aplicación de los tributos, sancionadores y de revisión tramitados por la Agencia Estatal de Administración Tributaria, si bien durante dicho período podrá la Administración impulsar, ordenar y realizar los trámites imprescindibles".

El precepto establece, por tanto, una suerte de interrupción justificada de actuaciones que permite retrasar en el tiempo el *dies ad quem* del plazo máximo de resolución de los procedimientos, evitando así los efectos de dicho incumplimiento: la no interrupción de la prescripción, el carácter espontáneo de las autoliquidaciones complementarias presentadas una vez iniciado el procedimiento, y el cese de devengo de intereses de demora en el caso del procedimiento inspector (art.150.6 LGT); la caducidad del procedimiento y la no interrupción de la prescripción en el caso de los procedimientos de gestión, de derivación de responsabilidad y sancionadores (art.104 LGT), además de la imposibilidad de iniciar un nuevo procedimiento en el caso de los procedimientos sancionadores; el no devengo de intereses de demora (si la deuda estaba suspendida) transcurrido un mes en el caso del recurso de reposición (art.225.4 LGT)[24].

Ahora bien, pese a que este periodo —del 18 de marzo al 30 de mayo— queda excluido del cómputo del plazo máximo de duración de los procedimientos administrativos, eludiendo así la Administración los efectos perjudiciales de su eventual incumplimiento, la norma no impone a la Administración la obligación de no actuar, ya que expresamente le permite realizar trámites "imprescindibles", e incluso aquellos trámites que, no siendo imprescindibles, cuenten con el consentimiento del contribuyente.

---

24 VALLES MÉNDEZ/ DE VICENTE BENITO: "Derecho tributario en Estado de alarma: efectos en el desarrollo y duración de los procedimientos tributarios y en los plazos de prescripción regulados en la Ley General Tributaria", en *El Derecho. Lefevbre,* 2020.

En el desarrollo de estas medidas debemos destacar igualmente el Real Decreto-Ley 11/2020, de 31 marzo, por el que se adoptan medidas urgentes complementarias en el ámbito social y económico para hacer frente al Covid19. El artículo 53 de esa norma establece que las normas contenidas en el artículo 33 del Real Decreto Ley 8/2020 serían también aplicables a las CCAA y a las entidades locales.

Por su parte la Disposición Adicional 8ª del Real Decreto Ley 11/2020 establece lo siguiente en relación con el cómputo de los plazos de interposición de reclamaciones económico-administrativas:

> *"En particular, en el ámbito tributario, desde la entrada en vigor del Real Decreto 463/2020 de 14 de marzo —EDL 2020/6230—, por el que se declara el estado de alarma para la gestión de la situación de crisis sanitaria ocasionada por el Covid19, hasta el 30 de abril de 2020, el plazo para interponer recursos de reposición o reclamaciones económico administrativas que se rijan por la Ley 58/2003, de 17 de diciembre, General Tributaria —EDL 2003/149899—, y sus reglamentos de desarrollo empezará a contarse desde el 30 de abril de 2020 y se aplicará tanto en los supuestos donde se hubiera iniciado el plazo para recurrir de un mes a contar desde el día siguiente a la notificación del acto o resolución impugnada y no hubiese finalizado el citado plazo el 13 de marzo de 2020, como en los supuestos donde no se hubiere notificado todavía el acto administrativo o resolución objeto de recurso o reclamación. Idéntica medida será aplicable a los recursos de reposición y reclamaciones que, en el ámbito tributario, se regulan en el texto refundido de la Ley Reguladora de las Haciendas Locales, aprobado por Real Decreto Legislativo 2/2004, de 5 de marzo".*

La fecha del 30 de abril fue posteriormente demorada al 30 de mayo por el Real Decreto Ley 15/2020. El precepto no puede ser más claro: si el plazo de un mes para recurrir un determinado acto no había concluido el 13 de marzo, se concede un nuevo plazo de un mes para recurrir que comienza a computar el 30 de mayo. La misma regla se aplica a los actos notificados entre el 14 de marzo y el 30 de mayo[25].

---

25 VALLES MÉNDEZ/ DE VICENTE BENITO: "Derecho tributario en Estado de alarma: efectos en el desarrollo y duración de los procedimientos tributa-

En otro orden de cosas se adoptaron medidas para facilitar el cumplimiento de las obligaciones tributarias de los contribuyentes. Así mediante Decreto-Ley 7/2020, de 12 de marzo, por el que se aprueban medidas económicas urgentes para responder al impacto económico del Covid19, se regula la concesión genérica de un aplazamiento del ingreso de la deuda tributaria, en el ámbito de las competencias de la Administración tributaria del Estado, de 6 meses —los primeros 4 meses sin intereses— respecto de las declaraciones-liquidaciones y autoliquidaciones (incluso las relativas a retenciones, tributos repercutidos o pagos fraccionados) cuyo plazo de presentación e ingreso finalizara desde el 13 de marzo de 2020 hasta el 30 de mayo de 2020, siempre que se hayan solicitado por cuantía inferior a 30.000 euros y el volumen de operaciones del solicitante no excediera de 6.010.121,04 euros en el año 2019. Con ello se pretendía evitar una denegación del aplazamiento solicitado de las deudas tributarias por silencio administrativo, habida cuenta del cierre prácticamente total de las Administraciones durante varios meses[26].

Finalmente, el Gobierno de la Nación aprobó una medida relativa a los plazos de presentación de declaraciones y autoliquidaciones tributarias mediante el Real Decreto Ley 14/2020, de 14 abril por el que se extiende el plazo para la presentación e ingreso de determinadas declaraciones y autoliquidaciones tributarias. Según su artículo único, dicha medida sólo afecta a los obligados tributarios que no superen los 600.000 euros de volumen de operaciones en 2019, respecto de las declaraciones y autoliquidaciones cuyo vencimiento se produzca desde el 15 de abril hasta el 20 de mayo de 2020, extendiéndose los plazos de presentación hasta esta última fecha. Esta extensión del plazo no se aplicaba a las declaraciones en materia aduanera[27].

---

rios y en los plazos de prescripción regulados en la Ley General Tributaria", en *El Derecho. Lefevbre,* 2020.

26 LUCAS DURÁN, M.: "Efectos de la Pandemia por COVID-19 en la Fiscalidad", en *Derechos y Garantías: el COVID-19 en el ámbito jurídico",* ob. Cit. Pág. 234

27 "1. En el ámbito de las competencias de la Administración tributaria del Estado, los plazos de presentación e ingreso de las declaraciones y autoliquidacio-

En línea con las anteriores medidas, se puede señalar que el Real Decreto-Ley 15/2020, de 21 abril, de medidas urgentes complementarias para apoyar la economía y el empleo, estableció en su artículo 12 que no se iniciaría el periodo ejecutivo cuando se hubiera concedido la financiación a que se refiere el artículo 29 del Real Decreto-Ley 8/2020, de 17 marzo, de medidas urgentes extraordinarias para hacer frente al impacto económico y social del Covid19[28], para el pago de las deudas tributarias resultantes de las

---

nes tributarias de aquellos obligados con volumen de operaciones no superior a 600.000 euros en el año 2019 cuyo vencimiento se produzca a partir de la entrada en vigor de este real decreto-ley y hasta el día 20 de mayo de 2020 se extenderán hasta esta fecha. En este caso, si la forma de pago elegida es la domiciliación, el plazo de presentación de las autoliquidaciones se extenderá hasta el 15 de mayo de 2020. No obstante, lo anterior, en el caso de los obligados que tengan la consideración de Administraciones públicas, incluida la Seguridad Social, será requisito necesario que su último presupuesto anual aprobado no supere la cantidad de 600.000 euros. Lo dispuesto en este artículo no resultará de aplicación a los grupos fiscales que apliquen el régimen especial de consolidación fiscal regulado en el capítulo VI del título VII de la Ley 27/2014, de 27 de noviembre, del Impuesto sobre Sociedades, con independencia de su importe neto de la cifra de negocios, ni a los grupos de entidades que tributen en el régimen especial de grupos de entidades del Impuesto sobre el Valor Añadido regulado en el capítulo IX del título IX de la Ley 37/1992, de 28 de diciembre, del Impuesto sobre el Valor Añadido, con independencia de su volumen de operaciones.
Lo dispuesto en este artículo no será aplicable en relación con la presentación de declaraciones reguladas por el Reglamento (UE) n.º 952/2013 del Parlamento Europeo y del Consejo, de 9 de octubre de 2013, por el que se aprueba el código aduanero de la Unión y/o por su normativa de desarrollo".

28 Artículo 29 Real Decreto-Ley 8/2020. Aprobación de una Línea para la cobertura por cuenta del Estado de la financiación otorgada por entidades financieras a empresas y autónomos.
"*1. Para facilitar el mantenimiento del empleo y paliar los efectos económicos del COVID-19, el Ministerio de Asuntos Económicos y Transformación Digital otorgará avales a la financiación concedida por entidades de crédito, establecimientos financieros de crédito, entidades de dinero electrónico, entidades de pagos a empresas y autónomos para atender necesidades derivadas, entre otras, de la gestión de facturas, pago de nóminas y a proveedores, necesidad de circulante, vencimientos de obligaciones financieras o tributarias u otras necesidades de liquidez. También se podrán destinar los avales a la Compañía Española de Reafianzamiento, Sociedad Anónima (CERSA) así como a paga-*

declaraciones-liquidaciones y autoliquidaciones. Este supuesto, no es en puridad una prolongación de los plazos de declaración-liquidación o autoliquidación, que deben cumplimentarse en plazo, sino un tipo de aplazamiento hasta que se conceda la financiación para el pago de las deudas tributarias y con el límite máximo de un mes[29].

Otra de las medidas aprobadas para tratar de conjugar el cumplimiento temporáneo de las obligaciones tributarias con el alivio a la maltrecha liquidez de los contribuyentes ha sido la flexibilización a PYMES y autónomos de los aplazamientos y fraccionamientos de determinadas deudas tributarias.

En este sentido, el artículo 14 del Real Decreto-Ley 7/2020, de 12 marzo por el que se adoptan medidas urgentes para responder al impacto económico del Covid19, introduce la posibilidad, en el ámbito de competencias de la AEAT, de solicitar aplazamientos de concesión automática por un plazo de 6 meses, sin aportar garantías y sin que se devenguen intereses de demora durante los tres pri-

---

rés incorporados al Mercado de Renta Fija de la Asociación de Intermediarios de Activos Financieros (AIAF) y al Mercado Alternativo de Renta Fija (MARF).
2. El Ministerio de Asuntos Económicos y Transformación Digital podrá conceder avales por un importe máximo de 100.000 millones de euros, hasta el 30 de junio de 2022. Las condiciones aplicables y requisitos a cumplir, incluyendo el plazo máximo para la solicitud del aval, se establecerán por Acuerdo de Consejo de Ministros, sin que se requiera desarrollo normativo posterior para su aplicación.
3. Los avales regulados en esta norma y las condiciones desarrolladas en el Acuerdo de Consejo de Ministros cumplirán con la normativa de la Unión Europea en materia de Ayudas de Estado."

29 NOGUEIRA DE ZAVALA/CAGIGA MATA: "Derecho Tributario en el Estado de alarma: plazos de cumplimiento de las obligaciones tributarias", *El Derecho. Lefebvre*, 2020. Según estos autores: "*Para beneficiarse de la medida, deben concurrir una serie de requisitos: a) solicitud de la financiación dentro del plazo de declaración o autoliquidación; b) aportación en el plazo de 5 días de certificado de la entidad financiera; c) concesión de la solicitud de financiación por, al menos, el importe de las deudas tributarias; y d) satisfacción de las deudas en el momento de concesión y, en todo caso, dentro del mes siguiente a la finalización del plazo de declaración o autoliquidación. En caso de incumplimiento de cualquiera de los requisitos no se habrá entendido impedido el inicio del periodo ejecutivo.*

meros meses, siempre que se reúnan conjuntamente los siguientes requisitos: (i) que el deudor sea una persona o entidad con un volumen de operaciones en 2019 inferior a 6.010.121,04 euros; (ii) que el importe total conjunto de la deuda aplazada por deudor no exceda de 30.000 euros y (iii) que el período de autoliquidación de las deudas cuyo aplazamiento se solicita quede comprendido entre el 13 de marzo y el 30 de mayo de 2020.

Este tipo de aplazamientos presentan unas características especiales que interesa destacar, como es el hecho de que se permita el aplazamiento de retenciones o ingresos a cuenta, cuotas de tributos que deban ser legalmente repercutidos, así como los pagos fraccionados del IS, deudas todas ellas que con carácter general resultan inaplazables por imperativo legal desde la reforma operada en la Ley General Tributaria en el año 2015[30].

Finalmente debe destacarse la posibilidad de disponer de los planes de pensiones en caso de desempleo o cese de actividad derivados de la situación de crisis sanitaria ocasionada por el Covid19[31], así como el aumento de los porcentajes de la deducción prevista en el IRPF para incentivos al mecenazgo, con el probable objeto de reconocer las donaciones realizadas a entidades sin fines lucrativos durante el tiempo de la pandemia[32].

Del mismo modo y con la intención de paliar el efecto negativo que tendría la aplicación del sistema de estimación objetiva en el IRPF en aquellas actividades afectadas por la paralización económica, el Real Decreto Ley 35/2020 de 22 de diciembre estableció la posibilidad de renunciar de forma temporal y excepcional al sistema de estimación objetiva y determinar su base imponible de acuerdo con el sistema de estimación directa, con la posibilidad de revocar la renuncia el año 2021, en lugar de mantener la renuncia

---

30 NOGUEIRA DE ZAVALA/CAGIGA MATA: "Derecho Tributario en el Estado de alarma: plazos de cumplimiento de las obligaciones tributarias", ob. Cit.

31 Disposición Adicional Vigésima del Real Decreto-Ley 11/2020, de 31 de marzo.

32 Disposición Adicional segunda del Real Decreto-Ley 17/2020, de 5 de mayo.

durante tres años, e igualmente incluyó la previsión de eliminar del cómputo en cada trimestre de los días naturales en los que hubiera estado declarado el estado de alarma con suspensión de actividad económica[33].

En materia de IVA debe recordarse el conjunto de normas que han implantado el tipo cero para determinados bienes sanitarios recogidos en los anexos de las diferentes normas. Así el Real Decreto Ley 15/2020, de 21 de abril, de medidas urgentes complementa-

---

33 Artículo 15 del Real Decreto Ley 35/2020, de 22 de diciembre, de medidas urgentes de apoyo al sector turístico, la hostelería y el comercio y en materia tributaria: "1.-Los contribuyentes del Impuesto sobre la Renta de las Personas Físicas que desarrollen actividades económicas cuyo rendimiento neto se determine con arreglo al método de estimación directa por haber renunciado para el ejercicio 2020 al método de estimación objetiva en la forma prevista en la letra b) del apartado 1 del artículo 33 del Reglamento del Impuesto sobre la Renta de las Personas Físicas, aprobado por el Real Decreto 439/2007, de 30 de marzo, o en el momento de presentar la declaración censal en caso de inicio de la actividad a partir de 1 de abril de 2020, podrán volver a determinar el rendimiento neto de su actividad económica con arreglo al método de estimación objetiva en el ejercicio 2021 o 2022, siempre que cumplan los requisitos para su aplicación y revoquen la renuncia al método de estimación objetiva en el plazo previsto en la letra a) del apartado 1 del artículo 33 del Reglamento del Impuesto sobre la Renta de las Personas Físicas o mediante la presentación en plazo de la declaración correspondiente al pago fraccionado del primer trimestre del ejercicio 2021 o 2022, según corresponda, en la forma dispuesta para el método de estimación objetiva.
2. Los contribuyentes del Impuesto sobre la Renta de las Personas Físicas que desarrollen actividades económicas cuyo rendimiento neto se determine con arreglo al método de estimación objetiva y renuncien a la aplicación del mismo para el ejercicio 2021, en las formas previstas en el apartado 1 del artículo 33 del Reglamento del Impuesto sobre la Renta de las Personas Físicas, podrán volver a determinar el rendimiento neto de su actividad económica con arreglo al método de estimación objetiva en el ejercicio 2022, siempre que cumplan los requisitos para su aplicación y revoquen la renuncia al método de estimación objetiva en el plazo previsto en la letra a) del apartado 1 del artículo 33 del Reglamento del Impuesto sobre la Renta de las Personas Físicas o mediante la presentación en plazo de la declaración correspondiente al pago fraccionado del primer trimestre del ejercicio 2022 en la forma dispuesta para el método de estimación objetiva".

rias para apoyar la economía y el empleo en su artículo 8 estableció por vez primera ese tipo cero al regular "*hasta el 31 de julio de 2020, se aplicará el tipo del 0 por ciento del Impuesto sobre el Valor Añadido a las entregas de bienes, importaciones y adquisiciones intracomunitarias de bienes referidos en el Anexo de este real decreto-ley cuyos destinatarios sean entidades de Derecho Público, clínicas o centros hospitalarios, o entidades privadas de carácter social a que se refiere el apartado tres del artículo 20 de la Ley 37/1992, de 28 de diciembre, del Impuesto sobre el Valor Añadido. Estas operaciones se documentarán en factura como operaciones exentas*".

Posteriormente la disposición adicional séptima del Real Decreto-ley 28/2020, de 22 de septiembre, de trabajo a distancia reguló la misma previsión "*Con efectos desde la entrada en vigor del Real Decreto-ley 15/2020, de 21 de abril, de medidas urgentes complementarias para apoyar la economía y el empleo, y vigencia hasta el 31 de octubre de 2020*", y en relación con los bienes recogidos en su correspondiente Anexo.

Finalmente fue el Real Decreto-ley 34/2020, de 17 de noviembre, de medidas urgentes de apoyo a la solvencia empresarial y al sector energético, y en materia tributaria recoge en su artículo 6 que "*Con efectos desde el 1 de noviembre de 2020 y vigencia hasta el 30 de abril de 2021, se aplicará el tipo del 0 por ciento del Impuesto sobre el Valor Añadido a las entregas de bienes, importaciones y adquisiciones intracomunitarias de bienes referidos en el anexo de este Real Decreto-ley cuyos destinatarios sean entidades de Derecho Público, clínicas o centros hospitalarios, o entidades privadas de carácter social a que se refiere el apartado tres del artículo 20 de la Ley 37/1992, de 28 de diciembre, del Impuesto sobre el Valor Añadido*". Este mismo precepto introduce la aplicación del tipo de gravamen superreducido del 4% a las mascarillas quirúrgicas desechables[34].

---

[34] Artículo 7 del Real Decreto-Ley 34/2020. Aplicación del tipo del 4 por ciento del Impuesto sobre el Valor Añadido a las entregas, importaciones y adquisiciones intracomunitarias de mascarillas. "*Con efectos desde la entrada en vigor de este Real Decreto-ley y vigencia hasta el 31 de diciembre de 2021, se aplicará el*

3.2. La imposición sobre las Grandes Fortunas

La necesidad de afrontar gastos extraordinarios ha motivado la aparición de impuestos extraordinarios que con una justificación a veces cuestionable trata de incrementar la recaudación exigiendo un mayor esfuerzo a los contribuyentes con grandes patrimonios y revitalizando así, de algún modo, el principio de capacidad económica.

Resulta evidente constatar que la pandemia por Covid19 ha potenciado las desigualdades sociales y económicas entre las personas incrementando, particularmente en algunos territorios, las diferencias entre ricos y pobres. El efecto regresivo de la crisis como consecuencia de la merma de ingresos públicos y la necesidad de incrementar el gasto público en determinados sectores es un buen ejemplo de las graves consecuencias que ha supuesto la referida crisis.

Algunos datos que se derivan del Informe Oxfam relativo al gravamen de la riqueza para combatir la desigualdad indican que *"desde 2020, el 1% más rico ha acaparado casi dos terceras partes de la nueva riqueza generada en el mundo, casi el doble que el 99 % restante. Igualmente, la fortuna de los milmillonarios aumenta en 2700 millones de dólares cada día, mientras que los salarios de al menos 1700 millones de trabajadoras y trabajadores, más que la población de India, crecen por debajo de lo que sube la inflación*[35]*"*.

---

tipo del 4 por ciento del Impuesto sobre el Valor Añadido a las entregas, importaciones y adquisiciones intracomunitarias de las mascarillas quirúrgicas desechables referidas en el Acuerdo de la Comisión Interministerial de Precios de los Medicamentos, de 12 de noviembre de 2020, por el que se revisan los importes máximos de venta al público, en aplicación de lo previsto en el artículo 94.3 del texto refundido de la Ley de garantías y uso racional de los medicamentos y productos sanitarios, aprobado por Real Decreto Legislativo 1/2015, de 24 de julio, publicado por la Resolución de 13 de noviembre de 2020, de la Dirección General de Cartera Común de Servicios del Sistema Nacional de Salud y Farmacia".

35 OXFAM: Informe *La Ley del más rico. Gravar la extrema riqueza para acabar con la desigualdad*. Enero 2023, pág. 4.

Es cierto que tradicionalmente se ha venido sosteniendo que la mejor forma de acabar con la desigualdad provocada por las crisis es combatir la pobreza. Sin embargo, la situación crítica provocada por la pandemia ha evidenciado que también es necesario actuar sobre la riqueza. En muchas ocasiones los problemas de desigualdad no son debidos a la escasez de recursos, sino a su incorrecta distribución. Coincidimos en señalar que "la fiscalidad está llamada a jugar un papel clave en la lucha contra la desigualdad y la erradicación de la pobreza[36]", y por supuesto en la redistribución de la riqueza.

Es en este contexto en el que cobra especial interés la propuesta de los economistas Zucman, Sáez y Landais de crear un impuesto temporal a nivel europeo para las grandes fortunas para hacer frente a la crisis del Covid19[37]. Ello plantea, en el fondo, la reforma de la imposición patrimonial.

Esta cuestión se ha planteado con cierto interés en EEUU, y en Europa donde en Alemania, por ejemplo, tras la supresión del Impuesto sobre el Patrimonio por su Tribunal Constitucional en 1995 se está planteando implantar un nuevo impuesto sobre el patrimonio para situaciones excepcionales en las que podría encajar la pandemia por Covid19.

Debemos recordar que, en el ámbito de la Unión Europea, únicamente aplican un impuesto global sobre el patrimonio España y Holanda, si bien en este último caso se sometía a gravamen únicamente determinados activos financieros y se incluía como parte del impuesto sobre ganancias de capital. En el contexto europeo Noruega y Suiza sí que tienen un impuesto sobre el patrimonio neto.

---

36 RIBES RIBES, A.: "La imposición de las grandes fortunas en Latinoamérica", en *Revista de Fiscalidad internacional y de los negocios trasnacionales*, nº 26, 2024.

37 ZUCMAN, G./ SAEZ, E./ LANDAIS, C.:"*A progressive European wealth tax to fund the European COVID response*", VOX CEPR Palie-y Portal, 03 April 2020. Accesible en: https:/ /voxeu,org/article/progressive-european-wealth-tax-fund-european-covid-response.

Así, podemos señalar que mientras que 12 países de la Organización para la Cooperación y el Desarrollo Económicos (OCDE) contaban con un impuesto a la riqueza personal en 1990, actualmente solo son los 3 países mencionados —España, Suiza y Noruega— los que cuentan con este impuesto. En los países de la OECD con este impuesto, la recaudación promedio en 2018 representó solo un 1,8% de los ingresos totales del gobierno —o 0,56% del PIB.

En el caso de América Latina la riqueza apenas resulta gravada y en la actualidad, solo Argentina, Bolivia, Colombia y Uruguay poseen un gravamen universal sobre el patrimonio, mientras que Chile, México y Perú cuentan con impuestos específicos que gravan la tenencia de determinados bienes, especialmente los de naturaleza inmueble[38]. En América Latina la recaudación por este impuesto es baja representando una cifra de 0,25% de los ingresos totales del gobierno —o un 0,06% del PIB.

Como es conocido, la imposición sobre el patrimonio neto ha sufrido un cierto viraje hacia una imposición sobre las grandes fortunas o sobre los contribuyentes con mayor patrimonio ante la necesidad de evitar situaciones de elusión o evasión fiscal al alcance habitualmente de las personas más ricas. Así, el origen de esta tendencia que se ha visto reforzada con la crisis por la pandemia podríamos situarlo en Francia cuando en 1982 se aprobó el Impôt sur les grandes fortunes, suprimido en 1987. Este impuesto fue reinstaurado en 1989 bajo el nombre de Impôt de solidarité sur la fortune y posteriormente, el citado impuesto fue sustituido, con efectos a partir del 1 de enero de 2018, por el Impôt sur la fortune inmobilière.

A partir de ese momento se han sucedido diferentes iniciativas —algunas han cristalizado en leyes y otras simplemente han generado un sano debate— en torno al gravamen de las grandes fortunas

---

38 RIBES RIBES, A.: "La imposición de las grandes fortunas en Latinoamérica", ob. cit.

o los patrimonios más elevados de las personas más ricas. Así, en los Estados Unidos se llegó a debatir en 2021 por influjo de los Senadores Warren y Sanders una iniciativa legislativa para implantar un impuesto a los multimillonarios[39].

En España contamos con un impuesto temporal sobre las grandes fortunas. Este impuesto afecta a los patrimonios netos superiores a 3 millones de euros, y se devenga el 31 de diciembre de cada año siendo la presentación de la declaración entre el 1 y el 31 de julio. Se trata de un impuesto estatal de carácter temporal que se configura inicialmente para los años 2023 y 2024.

En efecto, la Ley 38/2022, de 27 de diciembre ha creado esta figura tributaria, que se configura como un impuesto complementario del IP, de carácter estatal, no susceptible de cesión a las comunidades autónomas, para gravar con una cuota adicional los patrimonios de las personas físicas de cuantía superior a tres millones de euros. Los sujetos pasivos del IP cuyo patrimonio neto supere esa cifra están obligados a presentar declaración por este nuevo impuesto, teniendo en cuenta la existencia de un mínimo exento de 700.000 euros. El impuesto aplica alícuotas progresivas, que oscilan entre el 1,7% y el 3,5% de la base liquidable. Para evitar una posible doble imposición, la cuota del Impuesto sobre el Patrimonio satisfecha a nivel autonómico se puede deducir de la cuota del Impuesto Temporal sobre las Grandes Fortunas. Ello supone, por lo tanto, que solo si la cuota de Patrimonio es cero o resulta inferior a la de este último, habrá que abonar la diferencia.

Al margen de su valoración y teniendo en cuenta y de las dudas constitucionales que plantea el impuesto lo cierto es que El Impuesto temporal de Solidaridad de las Grandes Fortunas ha recaudado 623 millones de euros en 2023. En concreto, 12.010 grandes pa-

---

39 Un análisis de las propuestas de estos senadores puede verse en https://taxfoundation.org/research/all/federal/wealth-tax/, destacando la propuesta de Warren aplicable a patrimonios superiores a 50 millones de dólares y la del senador Sanders aplicable a partir de 32 millones de dólares de patrimonio.

trimonios, que apenas representan el 0,1% de los contribuyentes en España, han abonado por este Impuesto, complementario del Impuesto sobre el Patrimonio, una cuota media de 52.000 euros.

Lo cierto es que el Real Decreto-Ley 8/2023 de 27 de diciembre, por el que se adoptan medidas para afrontar las consecuencias económicas y sociales derivadas de los conflictos en Ucrania y Oriente Próximo, así como para paliar los efectos de la sequía, en su disposición adicional quinta ha incluido una modificación que conlleva que el impuesto sobre grandes fortunas deje de facto de ser temporal y ello porque se establece que "Se prorroga la aplicación del Impuesto temporal de solidaridad de las grandes fortunas aprobado por la Ley 38/2022, de 27 de diciembre, en tanto no se produzca la revisión de la tributación patrimonial en el contexto de la reforma del sistema de financiación autonómica".

Varios países han iniciado esta dinámica de gravar los patrimonios más importantes. Centrándonos en América Latina y siguiendo a RIBES RIBES, Argentina cuenta con un impuesto sobre el patrimonio/riqueza de las personas físicas, denominado "Impuesto sobre los bienes personales" desde 1991. En diciembre de 2020 el Congreso argentino aprobó la Ley n.º 27.605, una norma considerada como "Aporte solidario y extraordinario para ayudar a morigerar los efectos de la pandemia". Según su artículo 1º, este gravamen se estableció "con carácter de emergencia y por única vez", motivo por el cual solamente estuvo en vigor y se exigió en 2021. En el caso de Bolivia, el 28 de diciembre de 2020 se promulgó en Bolivia la Ley 1357, en virtud de la cual se creó el Impuesto a las grandes fortunas, exigible a partir de entonces, con carácter anual, a quienes posean un patrimonio superior a 30 millones de bolivianos (4,3 millones de dólares). En el caso de Chile a pesar de haberse presentado diferentes iniciativas legislativas para gravar la extrema riqueza, no ha existido el consenso político necesario para implantar tales impuestos. En Colombia el 15 de abril de 2021, el Gobierno colombiano presentó ante la Cámara de Representantes y el Senado el Proyecto de ley 439-2021, entre cuyas propuestas se encontraba la creación de un Impuesto temporal a la riqueza aplicable en 2022 y 2023. El gravamen sujetaba a tributación los patrimonios a partir de 4.865 millones de pesos y contemplaba alícuotas progresivas del 1% y 2%. No obstante, el Proyecto fue infructuoso, siendo retirado el 5 de mayo de 2021. En Costa Rica se propuso establecer un impuesto solidario a la riqueza, que se proyectaría sobre las personas físicas titulares de patrimonios superiores a los 2,5 millones de dólares, así como sobre las empresas y fideicomisos que detentaran más de 5 millones de dólares en activos gravándose con tipo de gravamen era del 1% sobre el valor patrimonial declarado. En 2020 el Congreso de la República del Perú presentó cuatro proyectos de ley impulsados por distintas agrupaciones políticas, destinados a crear un Impuesto a las grandes fortunas o Impuesto solidario, todos los cuales, sin embargo, acabaron siendo archivados. Finalmente, en el caso de Uruguay, a raíz de la pandemia mundial, en 2021 se presentó por parte de la Cámara de Senadores un Proyecto de ley para establecer en Uruguay un Impuesto a los activos en el exterior, consistente en un gravamen sobre los depósitos de los uruguayos fuera del país, que se aplicaría por una sola vez[40].

En este sentido es importante recordar que el impuesto a la riqueza, a pesar de tener potencial para lograr sistemas tributarios más progresivos, no es la única solución para reducir el problema de la desigual de un país o para afrontar situaciones excepciones que requieren de mayor recaudación para atender necesidades públicas urgentes.

Debe recordarse en este punto que la progresividad del sistema tributario no depende únicamente de la política impositiva, sino también de los niveles de evasión. Dado que los ricos son los que más evaden, la forma más efectiva en el corto plazo de volver los sistemas tributarios más justos y equitativos es fortaleciendo las ad-

---

40 RIBES RIBES, A.: "La imposición de las grandes fortunas en Latinoamérica", ob. cit.

ministraciones tributarias, para que puedan reducir los altos niveles de evasión.

Por último, es importante recalcar que, desde una perspectiva de bienestar social, lo relevante en última instancia es la progresividad de la política fiscal en su totalidad, incluyendo no solo los impuestos, sino también el gasto social. De hecho, en los países donde la política fiscal es más redistributiva, la mayor parte de esta redistribución se da a través del gasto público y no a través de los impuestos. Por lo tanto y en la vía del ingreso resulta adecuado fortalecer la redistribución de la riqueza atendiendo al principio de capacidad contributiva sin perder de vista la visión integradora y patrimonial de la Hacienda Pública que obliga a considerar igualmente la justicia en el gasto.

3.3. La tributación sobre los Beneficios Caídos del Cielo

La crisis provocada por la pandemia ha tenido como efecto colateral el aumento significativo y de forma inesperada de los beneficios de determinados sectores empresariales, los llamados beneficios caídos del cielo. Se trata de beneficios que exceden los beneficios ordinarios, habituales o esperados y que son el resultado de circunstancias externas.

Un análisis elaborado por Oxfam Intermón y ActionAid a partir de la lista "Global 2000" de Forbes muestra que, en 2021 y 2022, estas empresas vieron aumentar sus beneficios un 89% respecto al periodo pre-pandemia, comprendido entre 2017 y 2020. Los beneficios caídos del cielo, es decir aquellos que superaron el 10 % de los beneficios promedio obtenidos durante el cuatrienio anterior, alcanzaron los 1,09 billones de dólares en 2021 y los 1,1 billones de dólares en 2022[41].

---

41 *Big business' windfall profits rocket to "obscene" $1 trillion a year amid cost-of-living crisis; Oxfam and ActionAid renew call for windfall taxes*, Action Aid International, 2023.

Esas circunstancias han motivado una corriente de opinión favorable a establecer gravámenes extraordinarios precisamente sobre estos beneficios inesperados o caídos del cielo. Ante situaciones extraordinarias se plantea introducir gravámenes extraordinarios.

Históricamente han existido ejemplos de gravámenes sobre estos beneficios extraordinarios generados en circunstancias extraordinarias. Uno de los primeros ejemplos lo encontramos durante la Primera Guerra Mundial. Woodrow Wilson, presidente de los Estados Unidos de 1913 a 1921, impuso un gravamen específico para aquellas empresas que durante los periodos de guerra o crisis ganaban mucho más dinero que en épocas anteriores o veían cómo la venta de sus productos y los precios se disparaban por las altas demandas. Formalmente este gravamen partía de la determinación por parte del Gobierno de unas medias de precios y ganancias por sus ventas que consideraban normales, basados en los datos de beneficios anteriores de la mismas empresas y precios de los productos antes de la crisis. A los beneficios obtenidos por dichas empresas que superaban dicho límite se les aplicaba un impuesto de sociedades mayor y progresivo. Así, en 1917, en los Estados Unidos se gravó con un impuesto del 65% a todas las ganancias que superaban en un 30% dicho umbral establecido como una ganancia normal.

Posteriormente Franklin Roosevelt implantó en 1940 un impuesto sobre las ganancias excesivas. En palabras del presidente de los EEUU: "Unos pocos no pueden ganar con el sacrificio de la mayoría". En 1942, tras el bombardeo japonés de Pearl Harbor, el impuesto llegó a alcanzar el 90% de las ganancias excesivas. Debemos recordar los impuestos que gravaron durante los años 80 el petróleo crudo tras la crisis del petróleo de los años 70.

En el ámbito europeo, en los años inmediatamente posteriores a la Segunda Guerra Mundial, el Reino Unido introdujo un impuesto del 100% de los beneficios excedentes de las empresas. Otros ejemplos son los impuestos sobre las ganancias extraordinarias introducidos en el sector bancario, por ejemplo, en 1982 en el Reino

Unido, o sobre las bonificaciones del sector bancario en 2009 en Francia[42].

En general, la introducción de impuestos sobre las ganancias extraordinarias tiene dos objetivos principales, por un lado, el objetivo de política fiscal de cubrir necesidades financieras públicas excepcionalmente altas, por ejemplo, para financiar la guerra o medidas de gasto para suavizar el impacto en los consumidores de los mayores costos de vida debido a la alta inflación o a una crisis extraordinaria y, por otro lado, desviar las ganancias extraordinarias e inesperadas de ciertas industrias que se generaron durante el evento inesperado, por ejemplo, las guerras y que, por lo tanto, se percibieron como injustas. Estas ganancias deberían luego redireccionarse hacia la sociedad en general.

Estos impuestos también funcionarían como herramienta para desincentivar la especulación en los precios de productos básicos o necesarios en tiempos de crisis sanitaria.

En nuestro caso, la Ley 38/2022, de 27 de diciembre, para el establecimiento de gravámenes temporales energético y de entidades de crédito y establecimientos financieros de crédito y por la que se crea el impuesto temporal de solidaridad de las grandes fortunas, y se modifican determinadas normas tributarias, incorpora al sistema tributario nuevos tributos que suponen el gravamen de estos beneficios inesperados.

Coincidimos en que no parece que medidas tributarias como la creación de nuevos gravámenes deban resolver un problema coyuntural y específico como es la necesidad de reforzar el pacto de rentas en un momento de repunte de la inflación, como parece despren-

---

42 NICOLAI/ SPIX/ STEINBRENNER/ WOELFING: *The effectiveness and distributional consequences of excess profit taxes or windfall taxes in light of the Commission's recommendation to Member States*, 2023, publication for the Subcommittee on tax matters, Policy Department for Economic, Scientific and Quality of Life Policies, European Parliament, Luxembourg.

derse de la Exposición de Motivos de la Ley 38/2022. Otra cosa es que el sistema tributario pueda contribuir a la reducción de los precios de los consumos energéticos actuando sobre los impuestos indirectos que influyen en su formación.

Sin embargo, ello no quiere decir que no quepa establecer un gravamen excepcional no tributario sobre los sectores cuyos márgenes de beneficios se puedan ver más favorecidos por la escalada de precios.

En este orden de cosas, en el ámbito energético, se configura una prestación patrimonial de carácter público no tributario con carácter temporal que deberán satisfacer determinadas personas y entidades consideradas como «operadores principales» de acuerdo con la normativa reguladora de los mercados y la competencia, así como las personas o entidades que desarrollen en España actividades de producción de crudo de petróleo o gas natural, minería de carbón o refino de petróleo y que generen, en el año anterior al del nacimiento de la obligación de pago de la prestación, al menos el 75 por ciento de su volumen de negocios a partir de actividades económicas en el ámbito de la extracción, la minería, el refinado de petróleo o la fabricación de productos de coquería. La prestación es temporal y nace el 1 de enero respectivo de los años 2023 y 2024[43].

Asimismo, en el ámbito financiero, se establece una prestación patrimonial de carácter público no tributario con carácter temporal que deberán satisfacer durante los años 2023 y 2024 las entidades y establecimientos financieros de crédito que tengan un importe de ingresos por intereses y comisiones correspondiente al año 2019 igual o superior a 800 millones de euros. En el caso de que los obligados formen parte de un grupo fiscal que tribute en régimen de consolidación, el importe se verá referido a las cuentas consolidadas del grupo fiscal[44].

---

43 Artículo 1 de la Ley 38/2022.

44 Artículo 2 de la Ley 38/2022.

En términos recaudatorios la Agencia Tributaria ha recaudado en 2023, 2.908 millones de euros a través del nuevo impuesto a la banca y las compañías energéticas, quedándose solo 100 millones de euros por debajo de la previsión de ingresar 3.000 millones anunciada con la creación de estos tributos.

Debe destacarse que el Grupo Mixto presentó una proposición de Ley para una correcta imposición de los beneficios caídos del cielo de la gran banca[45] que fue rechazado por el Parlamento en abril de 2024.

La OCDE ha publicado el informe 'Reformas de política fiscal 2023', donde se centra, sobre todo, en las medidas adoptadas por los 36 países sobre los que dispone datos tributarios correspondientes a 2021[46].

El estudio pone de manifiesto que, de todos ellos, un total de 20 países europeos y de Latinoamérica están aplicando algún tipo de tributo sobre los llamados 'beneficios caídos del cielo', que hacen referencia a las grandes ganancias que obtienen determinados sectores productivos por desajustes regulatorios o por circunstancias sobrevenidas (como fue la crisis energética desencadenada por la guerra en Ucrania), sin que las empresas hayan tenido que hacer nada excepcional para obtener esa mejora.

Uno de los objetivos de introducir un impuesto extraordinario sobre estas ganancias es obtener ingresos con los que financiar medidas para compensar el impacto de la inflación sobre familias y hogares.

Según el informe de la OCDE de todos los Estados que han implementado este tipo de medida fiscal existe un grupo de 13 territorios en los que el gravamen se aplica sobre el beneficio. Es el caso

---

45 Proposición de Ley 122/000055. Boletín Oficial del Congreso de los Diputados, nº 65-1 de 23 de marzo de 2024, pág. 1.

46 OECD: *Tax Policy Reforms 2023 OECD and selected Partner Economies*, 2023 OECD Publishing, Paris. https://doi.org/10.1787/d8bc45d9-en

de Austria, Bulgaria, Croacia, República Checa, Francia, Alemania, Italia, Lituania, Países Bajos, Rumanía, Eslovenia, Grecia y Reino Unido. Además, se ha identificado otro grupo de dos países —Argentina y Colombia- donde lo se grava son los ingresos o la renta que supera un determinado límite.

En una tercera categoría, a la que se refiere como "Otros", el informe de la OCDE sitúa a España, donde los impuestos extraordinarios sobre la energía y la banca gravan, respectivamente, ingresos e intereses netos. En este grupo se incluyen también las prácticas tributarias sobre los 'beneficios caídos del cielo' diseñadas en Bélgica, Brasil, Colombia, Hungría, Italia y Rumanía, que han optado por gravar conceptos relacionados con la exportación, los pagos brutos, el diferencial positivo entre el saldo de las transacciones de salida y las transacciones de entrada calculadas a efectos del IVA en varios períodos de tiempo u otras variables, fundamentalmente en el sector energético

Además de estos tributos extraordinarios, algunos países han adoptado medidas para poner un tope ('cap') a los precios energéticos como vía para poner coto a los 'beneficios caídos del cielo'. En este grupo, la OCDE señala las medidas adoptadas por Austria, República Checa, Alemania, Eslovenia, Suecia, Francia, Países Bajos y Eslovaquia[47].

En la mayoría de los casos analizados por la OCDE, los gravámenes sobre "beneficios caídos del cielo" afectan al sector energético en general, o a las compañías petroleras o eléctricas. En España, Colombia y República Checa, también se han diseñado gravámenes de este tipo sobre instituciones financieras. En Argentina y Croacia se han extendido a todos los sectores productivos y en Hungría se extiende a farmacéuticas, telecos, entidades financieras y comercio minorista.

---

47 OECD: *Tax Policy Reforms 2023 OECD and selected Partner Economies*, ob. cit. Pág. 40 y 41.

En la práctica totalidad de los casos, se trata de "impuestos solidarios" de carácter temporal que tiene fecha de caducidad en 2023. En algún caso esta se extiende a 2024 (caso de España), 2025 (República Checa), 2027 (Colombia), o 2028 (Reino Unido). En Colombia, alguna de las nuevas figuras se ha adoptado con carácter permanente.[48]

En definitiva, la necesidad de afrontar nuevas necesidades y de conseguir una mejor redistribución de la riqueza ha vuelto a poner el acento en el principio de capacidad contributiva. Es decir, gravar allí donde la riqueza se ha generado, y eso queda reforzado en los supuestos en los que se han generado beneficios de carácter inesperado.

4. CONCLUSIONES

En contextos excepcionales como el provocado por la pandemia Covid19 se redefinen los principios tradicionales del ordenamiento jurídico financiero, tanto en la esfera de los gastos como en la esfera de los ingresos.

Por un lado, hemos asistido a la suspensión de reglas de disciplina presupuestaria en favor de la justicia en el gasto. La rigidez derivada de la estabilidad presupuestaria y la sostenibilidad financiera, así como de la limitación de endeudamiento ha cedido de manera contundente en momentos excepcionales mediante la aplicación de la cláusula de salvaguarda prevista en el marco jurídico de referencia.

Y ello ha sido posible para atender necesidades púbicas perentorias, urgentes que han afectado esencialmente a las personas más desprotegidas económicamente. El principio de justicia en el gasto público se ha erigido como principio dominador del ordenamiento jurídico-presupuestario y ha relegado a un plano secundario las normas de disciplina presupuestaria.

---

48 OECD: *Tax Policy Reforms 2023 OECD and selected Partner Economies*, ob. cit. Pág. 40 y 41.

Del mismo modo, y en la esfera de los ingresos públicos hemos asistido a la aparición de nuevos impuestos temporales sobre la riqueza y gravámenes sobre beneficios inesperados para poner el foco en el principio de capacidad económica en materia tributaria para reducir el impacto sobre inflación y conseguir redistribución de renta.

La necesidad de obtener mayores recursos públicos por parte de los Estados ha hecho imprescindible colocar en el centro de toda actuación del legislador el principio de capacidad contributiva. El deber de contribuir al sostenimiento de los gastos aún en tiempos excepcionales debe atender a una finalidad fiscal y atender a las exigencias de la máxima según la cual debe gravarse allí donde se encuentre la riqueza. Las situaciones excepcionales requieren medidas excepcionales y en ese sentido no puede dejarse de lado el principio esencial que guía la imposición y que no es otro que el principio de capacidad económica.

En definitiva, el principio de justicia tanto en el ámbito del gasto como del ingreso se conforma como el eje esencial del ordenamiento jurídico financiero y tributario que informa las medidas que los Estados deben adoptar en situaciones excepciones de crisis como la vivida con la pandemia por Covid19.

5. BIBLIOGRAFÍA

ACTION AID INTERNATIONAL: *Big business' windfall profits rocket to "obscene" $1 trillion a year amid cost-of-living crisis; Oxfam and ActionAid renew call for windfall taxes*, Action Aid International, 2023.

AGULLÓ AGÜERO, A.: "Quo vadis? ¿Hacia dónde va el Derecho del gasto público?" en *Disciplina presupuestaria, colaboración público-privada y gasto público,* Tirant lo Blanch 2016

BANCO INTERAMERICANO DE DESARROLLO: *El estado actual del Impuesto al Patrimonio en América Latina,* Nota técnica Nº IDB-TN-2676, marzo 2023.

FRANÇOIS/ OLIVEIRA/ PLANTEROSS/ ZUCMAN: *A Modern Excess Profit Tax*. EU Tax Observatory. November 2022

LUCAS DURÁN, M.: "Efectos de la Pandemia por COVID-19 en la Fiscalidad", en *Derechos y Garantías: el COVID-19 en el ámbito jurídico"*, Centro de Estudios Andaluces, 2021

MARCO PEÑAS, E.: "Disciplina presupuestaria en la UE: la crisis de la COVID-19 como catalizador de reformas latentes", en *Retos actuales del Derecho Financiero y Tributario. Documentos de Trabajo del Instituto de Estudios Fiscales,* nº 8, 2022.

MARTÍNEZ GINER, L.A.: "El principio de justicia en materia de gasto público y la estabilidad presupuestaria", *Revista Española de Derecho Financiero y Tributario*, nº 115.

MARTÍNEZ SÁNCHEZ, C.: "Las reglas fiscales tras la COVID-19", en *Anuario de la Facultad de Derecho de la Universidad Autónoma de Madrid, extraordinario*, 2021.

NICOLAI/ SPIX/ STEINBRENNER/ WOELFING: *The effectiveness and distributional consequences of excess profit taxes or windfall taxes in light of the Commission's recommendation to Member States*, 2023, publication for the Subcommittee on tax matters, Policy Department for Economic, Scientific and Quality of Life Policies, European Parliament, Luxembourg.

NOGUEIRA DE ZAVALA/CAGIGA MATA: "Derecho Tributario en el Estado de alarma: plazos de cumplimiento de las obligaciones tributarias", *El Derecho. Lefebvre*, 2020.

OECD: *Emergency tax policy responses to the Covid-19 pandemic: Limiting damage to productive potential and protecting the vulnerable*, OECD, 2020.

OECD: *Tax and Fiscal Policy in Response to the Coronavirus Crisis: Strengthening Confidence and Resilience*, OECD, 2020.

OECD: *Tax Policy Reforms 2023 OECD and selected Partner Economies*, 2023 OECD Publishing, Paris. https://doi.org/10.1787/d8bc45d9-en

OXFAM: Informe *La Ley del más rico. Gravar la extrema riqueza para acabar con la desigualdad*. Enero 2023.

PETER-HANSEN, K.M.: *Informe sobre el papel de la política fiscal en tiempos de crisis* (2023/2058(INI)) Comisión de Asuntos Económicos y Monetarios, 7 de noviembre de 2023.

RIBES RIBES, A.: "Reflexiones sobre la seguridad económica y financiera en un contexto de crisis", en La seguridad de los Estados en el contexto de las incertidumbres: una visión poliédrica, Thomson-Aranzadi, 2021.

RIBES RIBES, A.: "La imposición sobre la riqueza en la era (post) Covid-19", en *Estudios en homenaje al profesor Luis María Cazorla Prieto*. Coord. por Pablo Chico de la Cámara, José Luis Peña Alonso, Alejandro Blázquez Lidoy, Alberto Palomar Olmeda; Luis Cazorla González-Serrano (dir.), Vol. 1, 2021.

RIBES RIBES, A.: "La imposición de las grandes fortunas en Latinoamérica", en *Revista de Fiscalidad internacional y de los negocios trasnacionales*, nº 26, 2024.

VALLES MÉNDEZ/ DE VICENTE BENITO: "Derecho tributario en Estado de alarma: efectos en el desarrollo y duración de los procedimientos tributarios y en los plazos de prescripción regulados en la Ley General Tributaria", en *El Derecho. Lefevbre,* 2020.

ZUCMAN, G./ SAEZ, E./ LANDAIS, C.:"*A progressive European wealth tax to fund the European COVID response*", VOX CEPR Palie-y Portal, 03 April 2020. Accesible en: https:/ /voxeu,org/article/ progressive-european-wealth-tax-fund-european-covid-response.

Capítulo 8
LA INEFICACIA DEL SISTEMA ESPAÑOL DE GESTIÓN DE EMERGENCIAS SANITARIAS DURANTE EL COVID19

Chapter 8. *The inefficiency of the Spanish emergency system in the face of the covid19 crisis*

Josep Ochoa Monzó
Catedrático de Derecho Administrativo
Universidad de Alicante
Josep.ochoa@ua.es

RESUMEN: El trabajo analiza la falta de eficacia del sistema español de gestión de emergencias sanitarias. Y la respuesta dada ante la crisis del COVID-19. Se demuestra la necesidad de tener un solo sistema de gestión de crisis sanitarias que debe ser el Sistema Nacional de Protección Civil, con las adaptaciones necesarias para este tipo de emergencias, pero sin romper la unidad
Palabras clave: protección civil – emergencias – Covid19 – crisis sanitaria

ABSTRACT: This work analyzes the lack of effectiveness of the Spanish health emergency management system. And the response given to the COVID-19 crisis. The need to have a single health crisis management system is demonstrated, which must be the National Civil Protection System, with the necessary adaptations for this type of emergency, but without breaking the unity.
Keywords: civil protection – emergencies – Covid19 – health crisis

1. INTRODUCCIÓN

La pandemia del Covid19 demostró la ineficacia del sistema español de gestión de emergencia sanitarias, ya de lo que podemos considerar la respuesta ordinaria en base a la legislación sectorial de sanidad, ya con arreglo al, no preparado a estos efectos, Sistema

Nacional de Protección Civil (SNPC). El derecho de excepción habilitado una vez declarado el estado de alarma por RD 463/2020, de 14 de marzo, también tuvo sus limitaciones[1], lo que confirmó la jurisprudencia de lo contencioso-administrativo o por el mismo Tribunal Constitucional, todo lo cual ha estado analizado por la mejor doctrina (ÁLVAREZ GARCÍA, 2023).

En cuanto a una de las vías posibles de respuesta a la pandemia, que solo tuvo relevancia en momentos iniciales de la crisis, la del servicio de protección civil este lo consagra la Ley 17/2015, de 9 de julio, del Sistema Nacional de Protección Civil (LSNPC en adelante). Esta consolida el modelo español de gestión emergencias y catástrofes que se diseñara con la Ley 2/1985, de 21 de enero, sobre Protección Civil. Como bien dice la LSNPC *"estableció un primer marco normativo de actuación para la protección civil, adaptado al entonces naciente Estado autonómico"*, en el que se entrecruzan competencias de diversas administraciones públicas, vertebradas desde el bloque de constitucionalidad, que la definen y enlazan con la seguridad pública[2]. Entre ellas, las que se derivan de la Ley Orgánica 2/1986, de 13 de marzo, de Fuerzas y Cuerpos de Seguridad (LOFCSE), y las normas de las Comunidades Autónomas a la hora de regular la gestión de emergencias o de protección civil, así como las leyes de

---

1 Me remito al análisis que hace en esta obra, por parte de GARCÍA ORTIZ, Adrián. Básicos son los aportes del número 86-87 (2020), del *Cronista del Estado Social y Democrático de Derecho*, en particular el trabajo ALVAREZ GARCÍA, Vicente y NOGUEIRA LÓPEZ, Alba. Sigue siendo básico, CRUZ VILLALÓN (1981).

2 Para las referencias hasta 1996 me remito a la bibliografía de mi libro *Riesgos mayores y protección civil*. Hay que sumar luego, entre otros y junto a los trabajos pioneros citados en aquella, OCHOA MONZÓ, Josep (2003), BARCELONA LLOP, Javier, (2007), IZU BELLOSO, Miguel José, (2009), AAVV, (2011), *Protección civil y emergencias: régimen jurídico*, MENÉNDEZ REXACH, Ángel y MARCOS FERNÁNDEZ, Ana, (Dir.), TALAVERA ESTESO, Fernando (2013), AAVV (2018), *Nuevas perspectivas del Derecho Ambiental en el siglo XXI*, GARCÍA URETA, Agustín, (Dir.) y BOLAÑO PIÑERO, María del Carmen, (coordinadora), Marcial Pons, Madrid.

coordinación de policías locales. Y la propia Ley Orgánica 4/2015, de 30 de marzo, de protección de la seguridad ciudadana (art. 21).

En este trabajo se parte de que el SNPC debe poder actuar en todo tipo de emergencias, incluidas las sanitarias (con las singularidades que procedan, en su caso) como sistema unitario de gestión frente a todo tipo de calamidades pública, ya que la evolución y configuración actual del mismo le permite dar respuesta a catástrofes dentro del marco que lo entronca con el art. 149.1.29. CE, de la seguridad pública[3]. Es más, la globalización de la respuesta pública a todos los riesgos se complementa con la Orden PCI/488/2019, de 26 de abril, por la que se publica la Estrategia Nacional de Protección Civil, aprobada por el Consejo de Seguridad Nacional pues no hay duda de que la protección civil es un elemento esencial del Sistema de Seguridad Nacional configurado por la Ley 36/2015, de 28 de septiembre[4]. Por ello esta acción pública se inserta en un marco más amplio, el de la Estrategia de Seguridad Nacional aprobada por Real Decreto 1150/2021, de 28 de diciembre, cuya renovación se adelanta, justamente, *"por la situación de la pandemia de la COVID-19"* como se lee en el Preámbulo del citado decreto, o ya en su texto que *"la Estrategia identifica la pandemia de la COVID-19 como un factor que ha producido una aceleración de las principales dinámicas globales que afectan a la seguridad que es el evento con mayor impacto global desde la Segunda Guerra Mundial"*. Aquí tenemos una primera conexión de la epidemia del Sars-Cov 2 con la seguridad pública, como actuación frente a riesgos (sanitarios) en cuanto se afirma en dicha reforma

---

3 OCHOA MONZÓ, Josep (2003: 232-238) deslindo lo que encaja dentro de la seguridad pública del art. 149.1.29 CE como "protección civil" tanto desde la perspectiva funcional u orgánica, como desde un punto de vista teleológico, causal, medial o competencia, con lo que es la seguridad pública u otras situaciones de emergencia no propiamente de protección civil.

4 Vid. la STC 184/2016, de 3 de noviembre. Con arreglo al art. 4.3 del RD 463/2020, de 14 de marzo, *"durante la vigencia del estado de alarma queda activado el Comité de Situación previsto en la disposición adicional primera de la Ley 36/2015, de 28 de septiembre, de Seguridad Nacional, como órgano de apoyo al Gobierno en su condición de autoridad competente"*.

que: *"la crisis desencadenada por la COVID-19, además de cobrarse la vida de millones de personas en el mundo, ha tenido importantes consecuencias sociales y económicas, con un impacto desigual que ha agudizado las brechas existentes entre países, sociedades y ciudadanos.Y que las dificultades experimentadas por los organismos internacionales para la toma de decisiones y las tensiones surgidas en relación con la producción y distribución de material sanitario, fármacos o vacunas dirigidos a combatir la enfermedad han contribuido a intensificar fricciones geopolíticas existentes"*.

En efecto, no hay que descartar que una (nueva) emergencia sanitaria, como se comprobó con la crisis del Covid19 tenga derivaciones con la seguridad pública, y afecte a derechos fundamentales de la ciudadanía. De ello es ejemplo la otra vía de acción en base a la legislación sanitaria, pues el art. 26.1 de la Ley 14/1986, de 14 de abril, General de Sanidad, permite que, en caso de riesgo inminente y extraordinario para la salud, las autoridades sanitarias adopten las medidas preventivas que estimen pertinentes, limitativas de derechos y cercanas a lo que es posible en el sistema de protección civil. En todo caso hay una directa conexión con la prevención de riesgos que señala el art. 12 o 27.2 de la Ley 33/2011, de 4 de octubre, General de Salud Pública, cuyo art. 54. 1 habilita, sin perjuicio de las medidas previstas en la Ley Orgánica 3/1986, de 14 de abril, de Medidas Especiales en Materia de Salud Pública, a actuar cuando así lo requieran motivos de extraordinaria gravedad o urgencia, para adoptar cuantas medidas sean necesarias para asegurar el cumplimiento de la ley. Lo que se enmarca en medidas claras de restricción de derechos fundamentales, y la atribución bastante para la limitación de los mismos con arreglo al derecho ordinario, antes de la activación del derecho de excepción, pues la cobertura de ley orgánica es suficiente, como han dicho la STS 788/2021, de 3 de junio o la STS 719/2021, de 24 de mayo, entre otras.

En este trabajo, sin pretender llevar a cabo un análisis de lo que significa el principio de eficacia administrativa hoy consagrado en el art. 103.1 CE y en el art. 3.1 de la Ley 40/2015, de octubre, de Régimen Jurídico del Sector Público (LRJSP) con la sustantividad con que se lo caracteriza[5], si se hará una traslación del mismo al sistema de gestión de emergencias sanitarias en España, y al sistema de protección civil o de gestión de crisis sanitarias, que lleva a concluir que el derecho español para hacer frente a la pandemia no estaba preparado ni pensado para prever, prevenir, planificar y actuar frente al riesgo sanitario derivado del Covid19 en el año 2020, en la medida en que no cabe adjudicarle un resultado enteramente positivo como debe ser lo suyo, si va ligado a la eficacia que se predique del servicio ligado y al contenido del derecho de prestación (ORTEGA, 1994: 11). Se ha dicho que el sistema de protección civil está poco adaptado para hacer frente a situaciones de crisis y sucesos sobrevenidos, sorpresivos y extraordinarios (RAMIÓ, 2024: 49), en la medida en que la base del mismo es la planificación de la respuesta, previa identificación de eventos catastróficos, y la previsión *in totum* de riesgos.

Una catástrofe tan intensa como la del Covid19, en duración y extensión, tuvo también una respuesta *ad hoc* con arreglo al derecho de excepción al declararse el estado de alarma por el RD de 14 de marzo de 2020, en base a la LO 4/1981, de los estados de alarma, excepción y sitio, hecho que tuvo su análisis por la jurisprudencia tanto ordinaria como constitucional.

Pues bien, asumo que no hay razones por las que el SNPC, como he mantenido en otras ocasiones, no deba ser único y ser la vis atractiva a la que se reconduzca cualquier respuesta frente a riesgos que puedan dar lugar a una situación de emergencia (sanitaria o no), antes de llegar al derecho de excepción. En la medida en que hay que conciliar una actuación sanitaria excepcional por su extensión y riesgo, con la menor lesión posible al ejercicio de derechos fundamentales, laborales o libertades (NOGUEIRA, 2020:22) si hay una

---

5 Ya desde los clásicos trabajos de PAREJO ALFONSO, Luciano (1989, 1995) y ORTEGA ALVAREZ, Luis (1994), hasta DESCALZO GONZÁLEZ, Antonio (2012). Y entre muchas las tempranas STC 22/1984, de 17 de febrero, STC 27/1987, de 27 de febrero y STC 178/1989, de 2 de noviembre.

fase de respuesta eficaz con arreglo a la legislación ordinaria. Otra cosa como se ha dicho es que la normas que regulan el SNPC o la seguridad nacional estén en una ley ordinaria que difícilmente soporta medidas fuertemente restrictivas de derechos fundamentales (ÁLVAREZ GARCÍA, 2023: 10) a pesar de que bajo la misma cabe adoptar algunas de ellas, como diremos.

2. EL SISTEMA NACIONAL DE PROTECCIÓN CIVIL

2.1. Un sistema evolucionado de gestión único de gestión de (casi todas) las emergencias

Antes de afirmar la ineficacia del sistema para hacer frente a crisis sanitarias hay que ver qué es el sistema de protección civil para marcar si existe diferencia entre el mecanismo habilitado para hacer frente a toda emergencia colectiva catastrófica y si deben preverse o exigirse respuestas para hace frente (de nuevo) a crisis sanitarias como la vivida durante Covid19. La LSNPC recoge la evolución legal del sistema español de protección civil que en estos tres decenios se ha consagrado, especialmente, a *fuer* de ser interpretado por el Tribunal Constitucional, dentro de un marco bien conocido. El punto directo de engarce fue el Decreto 398/1968, de 29 de febrero, que sentó "las bases doctrinales de la protección civil" como reconoció tanto el legislador de 1985 como el Tribunal Constitucional en la Sentencia 123/1984, de 18 de diciembre, que es la primera dictada por este órgano sobre esta materia. La otra destacable, "artífice" y verdadero *leading case* fue la STC 133/1990, de 19 de julio, que resolvió el recurso de inconstitucionalidad contra la Ley de Protección Civil de 1985. En esos treinta años, ha sido reputado constitucionalmente correcto el modelo que instauró la Ley de Protección Civil de 1985, en donde se reconoce al Estado su competencia, derivada del artículo 149.1. 29.ª de la Constitución y, por tanto, integrada en la seguridad pública, para de hecho asumir que estamos ante una legislación estatal de protección civil en una materia de competencia concurrente entre el Estado y las Comunidades Autónomas. Es un modelo, como se sabe, en donde la materia "protección civil" no se menciona en la Constitución Española más que indirectamente en el art. 30.4[6]. Como dirá la STC 155/2013, FJ 4, «*la competencia estatal en materia de protección civil (art. 149.1.29 CE), concurrente con la que ostenta la Generalitat de Cataluña, en los términos que ya hemos examinado y que declaró la STC 31/2010, permite que el titular de un órgano estatal asuma las cuestionadas funciones a fin de movilizar recursos en los casos de emergencia previstos que precisan una coordinación o dirección nacional de todas las Administraciones afectadas, por el alcance y dimensión de la emergencia*» *pues, como se concluye en la misma sentencia,* «*no pueden negarse al Estado las potestades necesarias para obtener y salvaguardar la coordinación de los distintos servicios y recursos pertenecientes a múltiples sujetos, así como, si fuera necesario, para garantizar una dirección y organización unitaria (SSTC 123/1984, de 18 de diciembre, FJ 4, y 133/1990, de 19 de julio, FJ 6)*». Esto lo recordará más tarde la STC 184/2016, de 3 de noviembre[7], en cuanto a la competencia autonómica sobre protección civil, que "*como afirma la STC 87/2016, en la STC 31/2010, de 28 de junio sobre este título competencial el Tribunal se ha pronunciado en la citada STC 87/2016 y en la STC 155/2013, FJ 3, a cuyo tenor* «*tanto de las previsiones constitucionales y estatutarias como de la doctrina constitucional se deriva el hecho de que en la materia protección civil, por su propia naturaleza, y dado que su finalidad estriba en la preservación de personas y bienes en situaciones de emergencia, se produce una situación de encuentro o concurrencia de las competencias de las diferentes instancias territoriales lo que obliga a cohonestar, en los términos que derivan de la doctrina constitucional, las competencias estatales en materia de seguridad pública con las autonómi-*

---

6 El mismo silencio expreso (lo que recuerdan muchas leyes de protección civil y de gestión de emergencias) se encuentra en prácticamente todos los Estatutos de Autonomía antes de la reforma que se hizo a partir del año 2006.

7 Que resuelve el recurso de inconstitucionalidad 7330-2015 interpuesto por el Gobierno de la Generalitat de Cataluña en relación con diversos preceptos de la Ley 36/2015, de 28 de septiembre, de Seguridad Nacional.

cas relacionadas con la protección civil». La relación entre competencias estatales y autonómicas en este ámbito quedó delimitada en la citada STC 133/1990, FJ 6, en la que se declara que «la competencia en materia de protección civil dependerá de la naturaleza de la situación de emergencia, y de los recursos y servicios a movilizar», de modo que «esta competencia autonómica se encuentra con determinados límites, que derivan de la existencia de un posible interés nacional o supraautonómico que pueda verse afectado por la situación de catástrofe o emergencia: bien por la necesidad de prever la coordinación de Administraciones diversas, bien por el alcance del evento (afectando a varias Comunidades Autónomas) o bien por sus dimensiones, que pueden requerir una dirección nacional de todas las Administraciones públicas afectadas, y una aportación de recursos de nivel supraautonómico», por lo que, en definitiva, «[l]as competencias asumidas por las Comunidades Autónomas encuentran pues, su límite, en la política de seguridad pública que la Constitución reserva a la competencia estatal en su art. 149.1.29, en cuanto tal seguridad pública presenta una dimensión nacional».

En este sistema la intervención de las distintas Administraciones Públicas, y dejando de lado otras competencias sectoriales, se reconduce a un marco bien conocido pues en la STC 184/2016, de 3 de noviembre FJ 4.° se dirá que "*la competencia en materia de protección civil dependerá de la naturaleza de la situación de emergencia, y de los recursos y servicios a movilizar*", con límites autonómicos en razón del "interés nacional o supra autonómico que pueda verse afectado por la situación de catástrofe o emergencia". En suma, es la declaración de la emergencia de interés nacional la que "tiñe" todo el sistema que surge tras la LPC de 1985, en donde fue el RD 407/1992, de 24 de abril, que aprobó la Norma Básica de Protección Civil (NBPC), el que perfiló el sistema reconociendo unas efectivas competencias autonómicas sobre emergencias en las que no estuviera presente, precisamente, el interés nacional, lo que permitió legislar a todas las CCAA[8], cuyo cierre, cada vez más globalizado e integrado para

---

8 Con un buen criterio técnico se puede ver el art. 132 de la Ley Orgánica 6/2006, de 19 de julio, de reforma del Estatuto de Autonomía de Cataluña, no afectado por la STC 31/2010 de 28 de junio, que dirá que "en la materia

hacer frente a todo tipo de emergencias se opera con la Norma Básica de Autoprotección aprobada por el Real Decreto 393/2007, de 23 de marzo, y con los sucesivos Planes de Emergencias, en algunos casos elaborados en base a las Directrices Básicas de planificación sobre riesgos específicos, como diremos.

En esa exégesis el Tribunal Constitucional despejó caso a caso el reparto de competencias al hilo del art. 149.1.29 CE. Lo que conectará con la LO 4/1981, de 1 de junio, pues la posible declaración del estado de alarma ante catástrofes, hoy (y ayer bajo la LPC) como la del Covid19 que conllevaron la declaración de la emergencia de interés nacional como señala el art. 28 de la LSNPC[9], y de suyo la aplicación del derecho de excepción. Desde ahí, procede decir

---

específica de protección civil se producen unas competencias concurrentes del Estado (en virtud de la reserva del art. 149.1.29) y de las Comunidades Autónomas que hayan asumido competencias en sus Estatutos en virtud de habilitaciones constitucionales», por lo que las Comunidades Autónomas pueden asumir competencias en esta materia, aunque estén subordinadas a «las superiores exigencias del interés nacional en los casos en que éste pueda entrar en juego» (STC 133/1990, FFJJ 5 y 6). El precepto estatutario impugnado es acorde con el orden constitucional de distribución de competencias, pues como evidencia su propio tenor, reconoce la indicada competencia estatal al proclamar que la competencia de la Generalitat debe respetar «lo establecido por el Estado en ejercicio de sus competencias en materia de seguridad pública» (FºJº 78).

9 El interés nacional está presente *per se*, pero se debe proceder a su declaración formal (art. 28 LSNPC) en las emergencias que: "1. R*equieren para la protección de personas y bienes la aplicación de la Ley Orgánica 4/1981, de 1 de junio, reguladora de los estados de alarma, excepción y sitio. 2. Aquellas en las que sea necesario prever la coordinación de Administraciones diversas porque afecten a varias Comunidades Autónomas y exijan una aportación de recursos a nivel supraautonómico. 3. Las que por sus dimensiones efectivas o previsibles requieran una dirección de carácter nacional*". A la postre, se insiste, es el "interés nacional" el que modula el reparto de competencias entre el Estado y las Comunidades Autónomas como se desprende de forma recurrente en la jurisprudencia del Tribunal Constitucional (entre ellas la STC 155/2013, que afirma la legitimidad constitucional de la competencia coordinadora del Estado en el ámbito de la protección civil por exigencia del interés nacional). Lo que analiza bien DUEÑAS MOLINA, Carlos, (2019). Siendo clave también despejar qué situaciones requieren para la protección de personas y bienes la aplicación de la Ley Orgánica 4/1981, de 1 de junio.

que la declaración del primer estado de alarma por Real Decreto 463/2020 de 14 de marzo de 2020 y la Orden INT/226/2020, de 15 de marzo, supuso la inmediata atracción hacia la Administración General del Estado de la dirección y gestión de la pandemia en lo que es un supuesto claro de uno de los casos de interés nacional al que se refiere el art. 28 de la LSNPC. Ello desplazó, si bien sí hubo una primera respuesta, el derecho ordinario de gestión de emergencias y catástrofes, y el ordinario de salud pública a la órbita y las derivaciones del derecho de excepción ligado a la declaración del propio estado de alarma[10], pues se entendió que había unas circunstancias extraordinarias que hicieron imposible el mantenimiento de la normalidad mediante los poderes ordinarios de las autoridades competentes», como exige el art. 1.1 LOAES. Que deben ser "las estrictamente indispensables para asegurar el restablecimiento de la normalidad" y que son aquellas que no se puedan adoptar para hacer frente a crisis sanitarias, con la legislación de protección civil, algunas de la cuales concreta la misma LOAES (art. 11 y 12) pero como diremos son similares a las que cabe adoptar con la legislación ordinaria de emergencias.

Coincido con que la previsión contenida en nuestro ordenamiento jurídico para gestionar crisis sanitarias cabe situarla también en la habilitación de la LO 4/1981 que prevé la declaración del estado de alarma. Si bien ello no debe hacer perder de vista que *prima facie* de-

10 No entramos en las derivaciones, entre otras, de la STC 148/2021, de 14 de julio. Baste destacar de la misma que "no cabrá acudir al estado de alarma si no constan, en palabras de la LOAES, unas «circunstancias extraordinarias que hiciesen imposible el mantenimiento de la normalidad mediante los poderes ordinarios de las autoridades competentes», como dice el art. 1.1 LOAES. Pero coincido en esencia con el voto particular del Magistrado Xiol Rius y otros magistrados en cuanto al sentido del estado de alarma que se deriva de los debates constituyentes y que abocan a que los supuestos que permiten declarar el estado de alarma son distintos a los que dan lugar al estado de excepción. En el caso de la pandemia los presupuestos fácticos permitían, pues, dicha declaración del estado de alarma si el sistema ordinario de emergencias no podía dar respuesta.

berían o podrían gestionarse las emergencias sanitarias sin llegar a un estado excepcional (no descartable, se asume), en donde la clave está justamente en el desarrollo normativo del SNPC (LARA ORTIZ, 2021: 168) cohonestándolo con la propia legislación sanitaria ordinaria y, en su caso, con la oportuna habilitación normativa mediante ley orgánica si se trata de afectación a derechos fundamentales. Dicho de otra forma, no veo razones, para, si se quiere con determinados ajustes normativos, incluyendo una ley orgánica *ad hoc* de gestión de pandemias o enfermedades contagiosas, como reclama la mejor doctrina (CIERCO, en AAVV, 2020), hacer del SNPC el único para proteger a las personas y bienes garantizando una respuesta adecuada ante los distintos tipos de emergencias y catástrofes originadas por causas naturales o derivadas de la acción humana, sea ésta accidental o intencionada, incluyendo las epidemias o crisis sanitarias.

Hay que retener que en el sistema de protección civil ante una emergencia de interés nacional la coordinación recaerá siempre en el Ministerio del Interior sin perjuicio del derecho de excepción (art. 30 LSNPC); al que corresponde asimismo la declaración de dicha "emergencia de interés nacional" (art. 29 LSNPC). Por ello, desde el primer momento, por la misma declaración del estado de alarma, decayeron las facultades de intervención territoriales ordinarias del SNPC o las medidas adoptables con la Ley 14/1986, de 25 de abril, General de Sanidad, cuyo art. 40.12 es claro al atribuir a la Administración del Estado, sin menoscabo de las competencias de las Comunidades Autónomas *"la coordinación de los servicios competentes de las distintas Administraciones Públicas Sanitarias, en los procesos o situaciones que supongan un riesgo para la salud de incidencia e interés nacional o internacional"*. O las posibles, pero limitadas, con la Ley Orgánica 3/1986, de 14 de abril, si bien antes de la declaración del estado de alarma ya vimos la activación o ejecución de planes de protección civil, pero con la declaración del estado de alarma se alteró jurídicamente la respuesta a la pandemia. Y es que, precisamente como se ha señalado, sí existe una normativa configuradora de los poderes del Derecho ordinario de situaciones excepcionales, que permite una dirección unitaria del Gobierno de la Nación sin necesidad de declarar estado excepcional alguno, como es la Ley 17/2015, de 9 de julio, del Sistema Nacional de Protección Civil así como la Ley 36/2015, de 28 de septiembre, de Seguridad Nacional (LSN), previa declaración de la «situación de interés para la Seguridad Nacional» por motivos de «crisis sanitarias» (art. 10 LSN).Y cabe recordar con la STC 33/1982, de 8 de junio que, su FJ 6, diferencia "*las competencias de sanidad —ex art. 149.1. 16.ª de la CE—, aplicables cuando se trata de la gestión de cuestiones de salud en una situación ordinaria, frente a las competencias en materia de salud pública, que, por su componente de seguridad pública, nos llevan a buscar su fundamento en el art. 149.1. 29.ª CE, y que se aplican a casos donde se compromete la salud de los ciudadanos de forma colectiva. Las pandemias y las epidemias tienen este componente de calamidad pública que desplaza la competencia para su gestión y nos lleva a buscar la competencia en el art. 149.1. 29.ª CE (como se deduce del FJ 2 de la STC 33/1982). En este sentido, la STC 33/1982 expresamente recoge que la competencia «corresponde al Estado en virtud del art. 149.1.29 de la Constitución, siempre que esa intervención esté justificada por razones de necesidad y urgencia y sea proporcionada en su forma y duración a esa situación de urgente necesidad» (FJ 7*). Ello es porque las epidemias son calamidades que afectan a la seguridad pública, como riesgo colectivo, y requieren cierta «reacción policial específica desencadenada para prevenirla, mantenerla o restablecerla[11].

En todo caso, cabe admitir una clara *vis atractiva* del SNPC cuando la emergencia afecta a la seguridad pública, y antes de que se vehiculen las previsiones del art. 28 LSNPC. En donde en su caso cabe insertar el papel de las Fuerzas Armadas al preverse la posibilidad de su utilización en el marco de la protección civil (art. 37 LSNPC) o de la Seguridad Nacional ante la gravedad de la emergencia, pues el artículo 28.2 dispone que son de interés nacional también aquellas emergencias que «por la gravedad de sus efectos y la dimensión, urgencia y transversalidad de las medidas para su resolución, requiere de la coordinación reforzada de las autoridades competentes

---

11 LARA ORTIZ (2021, 159).

en el desempeño de sus atribuciones ordinarias, bajo la dirección del Gobierno, en el marco del Sistema de Seguridad Nacional, garantizando el funcionamiento óptimo, integrado y flexible de todos los recursos disponibles, en los términos previstos en esta ley». La Ley Orgánica 5/2005, de 17 de noviembre, de la Defensa Nacional (LODN), es clara al efecto (SIERA, 2020: 290). Todo ello sumado a que en todo caso las leyes expuestas tienen o pueden contener *cláusulas generales* de actuación gubernativa, que permitan actuaciones muy diversas en función de cuál sea el riesgo o peligro emergente cada caso concreto. Con todo, y pese a las apariencias, estas autorizaciones generales, ante situaciones de riesgo o peligro indefinibles *ex ante*, no son ilimitadas[12].

2.2. La protección civil como servicio público

La protección civil es una política de seguridad que encuentra su fundamento jurídico, dentro de la Constitución en la obligación de los poderes públicos de garantizar el derecho a la vida y a la integridad física, como primero y más importante de todos los derechos fundamentales, en los principios de solidaridad interterritorial y en las exigencias de eficacia y coordinación administrativa. La acción administrativa en que esto se traduce hace que este servicio público sea calificado a veces como de esencial (art. 2.1 de la Ley 5/2007, de 7 de mayo, de emergencias de Galicia), y tenga como fin la protección de la vida e integridad de las personas y patrimonio ambiental, garantizando una respuesta adecuada ante situaciones de grave riesgo colectivo y catástrofe que requieran actuaciones de carácter multisectorial y la adopción de medidas de coordinación de los servicios operativos. Este ámbito engloba la previsión, prevención y planificación ante los riesgos, así como la fase de recuperación o vuelta a la normalidad tras la emergencia o catástrofe. Sin ambages,

12 https://franciscovelascocaballeroblog.wordpress.com/2020/05/30/libertad-covid-19-y-proporcionalidad-i-fundamentos-para-un-control-de-constitucionalidad/ (acceso 19 de julio de 2024)

la LSNPC señala que "*la protección civil, como instrumento de la política de seguridad pública, es el servicio público*[13] *que protege a las personas y bienes garantizando una respuesta adecuada ante los distintos tipos de emergencias y catástrofes originadas por causas naturales o derivadas de la acción humana, sea ésta accidental o intencionada*" (art. 1.1). Otra de las leyes autonómicas de gestión de emergencias la define como "*el servicio público destinado a proteger a las personas y bienes garantizando una respuesta adecuada ante los distintos tipos de emergencia y catástrofes originadas por causas naturales o derivadas de la acción humana, sea ésta accidental o intencionada*" (art. 2. n de la Ley 3/2019, de 8 de abril, del Sistema de Protección Civil y Gestión de Emergencias de Cantabria). Se reitera que es esa mención a la seguridad pública del art. 149.1.29 CE la que hace que la protección civil conecte precisamente con este título competencial de forma concurrente, según el TC, y de ahí que el legislador lo repute como "instrumento de la política de seguridad pública". Y no hay duda de que es en la seguridad pública donde tiene encaje también con arreglo art. 17 LSNPC, como parte integrantes del mismo, la acción de las Fuerzas y Cuerpos de Seguridad, y como se dijo de las Fuerzas Armadas a través también, en su caso, de la Unidad Militar de Emergencias (UME)[14,] que jugó un papel destacado en la pandemia del coronavirus.

Pues bien, si el objeto de la LSNPC es "*establecer el Sistema Nacional de Protección Civil como instrumento esencial para asegurar la coordi-*

---

13 Me remito al análisis sobre esta calificación de servicio público, al margen mis aportaciones a AGUDO GONZÁLEZ (2013).

14 Institucionalizadas por el art. 15.3 de la LO 5/2015, de 17 de noviembre, de la Defensa Nacional; y creadas por RD 399/2007, de 23 de marzo, anulado por STS de 4 de noviembre de 2008. La norma básica a nuestros efectos es el Real Decreto 1097/2011, de 22 de julio, por el que se aprueba el Protocolo de Intervención de la Unidad Militar de Emergencias. Y la Orden DEF/160/2019, de 21 de febrero, por la que se regula la organización y funcionamiento de la Unidad Militar de Emergencias. Esta orden expresamente afirma que "*el principal hito de todo este proceso ha sido la entrada en vigor de la Ley 17/2015, de 9 de julio, del Sistema Nacional de Protección Civil. Esta ley otorga a la UME la consideración de servicio público de intervención y asistencia en emergencias*". Al respecto, JAR COSCUELO, Gonzalo, (2001).

nación, la cohesión y la eficacia de las políticas públicas de protección civil, y regular las competencias de la Administración General del Estado en la materia" (art. 2), ello debe integrar la actividad de protección civil de todas las Administraciones Públicas (incluidas las sanitarias o de salud pública) en el ámbito de sus competencias, (que son distintas ex. art. 149.1.16 CE y ex art. 149.1.29 CE) con el fin de garantizar una respuesta coordinada y eficiente mediante las siguientes actuaciones: a) Prever los riesgos colectivos mediante acciones dirigidas a conocerlos anticipadamente y evitar que se produzcan o, en su caso, reducir los daños que de ellos puedan derivarse. b) Planificar los medios y medidas necesarias para afrontar las situaciones de riesgo. c) Llevar a cabo la intervención operativa de respuesta inmediata en caso de emergencia. d) Adoptar medidas de recuperación para restablecer las infraestructuras y los servicios esenciales y paliar los daños derivados de emergencias. e) Efectuar una coordinación, seguimiento y evaluación del Sistema para garantizar un funcionamiento eficaz y armónico del mismo (art. 3.1 LSNPC). A la postre esto mide la eficacia del sistema, vista como la adecuación del servicio al momento en que este se debe prestar haciendo o poniendo en práctica las funciones previstas normativamente, que son las de previsión del riesgo, prevención, planificación y sobre todo intervención en la emergencia y vuelta a la normalidad, con determinadas tareas de rehabilitación. No en vano, según el art. 23 LSNPC "la fase de recuperación está integrada por el conjunto de acciones y medidas de ayuda de las entidades públicas y privadas dirigidas al restablecimiento de la normalidad en la zona siniestrada, una vez finalizada la respuesta inmediata a la emergencia", lo que puede llevar que si ha habido una emergencia cuya magnitud ha requerido para su recuperación la intervención de la Administración General del Estado, se aplicarán las medidas recogidas en este capítulo, previa declaración de la misma de acuerdo con lo previsto en el artículo 23; que regula el procedimiento de declaración de zona afectada gravemente por una emergencia de protección civil que procede según el mismo precepto cuando "se hayan producido daños personales o materiales derivados de un siniestro que perturbe gravemente las condiciones de vida de la población en un área geográfica determinada o cuando se produzca la paralización, como consecuencia del mismo, de todos o algunos de los servicios públicos esenciales". Evidentemente tampoco se procedió a esta declaración de zona catastrófica durante la pandemia del Covid19, lo que no es baladí, pues como se sabe, ello conlleva toda una batería de medidas aplicables a las que se refiere el ar. 24 LSNPC. En todo caso, basta leer el precepto en relación con el art. 23., LSNPC para comprobar una vez más que el sistema demuestra y piensa en una catástrofe puntual y acotada, una "población en un área geográfica determinada", que entra dentro de la delimitación de "zona catastrófica"[15]

Y en este sentido, el SNPC, pues, debe permitir de forma natural una respuesta adecuada e inmediata a toda emergencia de protección civil, que legalmente es vista como *"la actuación de los servicios públicos o privados de intervención y de asistencia tras el acaecimiento de una emergencia o en una situación que pudiera derivar en emergencia, con la finalidad de evitar daños, rescatar y proteger a las personas y bienes, velar por la seguridad ciudadana y satisfacer las necesidades básicas de subsistencia de la población afectada. Incluye la atención sanitaria, psicológica y social de urgencia, el refugio y la reparación inicial de los daños para restablecer los servicios e infraestructuras esenciales, así como otras acciones y evaluaciones necesarias para iniciar la recuperación" (art. 16 LSNPC).* En lo que es una acción amplia de protección, prevención de riesgos y sus consecuencias a nivel global, si bien la protección civil no pierde su sustantividad como servicio público con sus propios recursos (art. 31 y 32 LSNPC). Y es que, y aquí tiene también encaje una crisis de salud pública como la del Covid19, la emergencia de protección civil es *"una situación de riesgo colectivo sobrevenida por un evento que pone en peligro inminente a personas o bienes y exige una gestión rápida por parte de los poderes públicos para atenderlas y mitigar los daños y tratar de evitar que se convierta en una catástrofe. Se corresponde con otras denomi-*

---

15 LUCAS TOBAJAS, Ana Belén, (2021), "La declaración de zona afectada gravemente por una emergencia de protección civil: un análisis de su regulación jurídica", en *Revista General de Derecho Administrativo*, nº. 58.

naciones como emergencia extraordinaria, por contraposición a emergencia ordinaria que no tiene afectación colectiva". ¿O es que la pandemia no puso "en peligro inminente a personas y bienes"y causó muertes? ¿O el SARS Cov-2 no era un riesgo que probablemente podría derivar (como ocurrió) en una catástrofe? vista como una "*situación o acontecimiento que altera o interrumpe sustancialmente el funcionamiento de una comunidad o sociedad por ocasionar gran cantidad de víctimas, daños e impactos materiales, cuya atención supera los medios disponibles de la propia comunidad",* encajando en todas y cada una de las definiciones del art. 2 LSNPC, lo que hace que un riesgo sanitario pueda ser una emergencia de protección civil a combatir con el mismo sistema que el resto de emergencias.

Por tanto, la cuestión es si pueden ser vistas las emergencias sanitarias o, en su caso, las futuras pandemias como un riego de protección civil aun asumiendo alguna singularidad de las mismas a la hora de hacerles frente. Y desde mi punto de vista, la respuesta es afirmativa, por más que las afecciones de la salud se atienden a través del Sistema Nacional de Sanidad, pues si hay situaciones que repercutiendo en un colectivo relevante de personas pueden llegar a considerarse una cuestión de salud pública, el aspecto sanitario para gestionar la situación es, en realidad, complementario a su carácter de emergencia (LARA GARCÍA, 2021, 157) y deriva en una cuestión de seguridad pública, por lo que debe ser único el mecanismo de actuación frente a riesgos, de todo tipo. Si la protección civil es un servicio público distinto (y podemos decir más amplio) que aquellos en los que se apoya, pero de los que depende en buena medida para su eficacia, no hay duda de que en el SNPC se deben poder encajar las singularidades sanitarias, si las hay, para tener una acción administrativa única, sin necesidad de buscar nuevas estructuras administrativas como diré, dirigida a la actuación frente a riesgos mayores, de todo tipo, incluidas las crisis sanitarias, como epidemias. Nótese que en los servicios de protección civil ya se engloban los servicios de salvamento, de extinción de incendios, sanitarios y, por supuesto, junto a la singularidad del mantenimiento de la seguridad pública, la de los Cuerpos y Fuerzas de Seguridad, de las propias

Fuerzas Armadas, de los Cuerpos propios autonómicos de policía y el de las policías locales desde el art. 9.2 del RD 1378/1985, de 1 de agosto. No hay razón para no integrar aún mejor los Servicios del Sistema Nacional de Salud Pública que, evidentemente, claro que se usan para hacer frente a los riesgos nominados de protección civil de contenido sanitario como el riesgo nuclear, el de accidentes de transporte de mercancías peligrosas o el riesgo de accidentes graves en los que intervengan sustancias peligrosas, en lo que debe ser una clara acción de anticipación, que tenga por objeto determinar los riesgos en un territorio basándose en las condiciones de vulnerabilidad y las posibles amenazas, y comprende los análisis y estudios que permitan obtener información y predicciones sobre situaciones peligrosas (art. 8 LSNPC), de todo tipo de riesgos.

2.3. El objeto de la protección civil

La LSNPC consagra el modelo que arrancó con la LPC de 1985, consolidado en las Comunidades Autónomas tras la nueva ola de reformas estatutaria desde 2006, que se ajustan a la interpretación del TC, por más que en algunos Estatutos de Autonomía se ponga énfasis en la exclusividad de las competencias en la materia. Si bien las nuevas formulaciones estatutarias no pueden introducir cambios en la situación anterior, en donde la jurisprudencia está plenamente consolidada, según la cual el Estado sigue siendo competente para diseñar ese «marco legislativo común» y ese «modelo nacional mínimo» a que apela a la STC de 2010 sobre el Estatuto de Cataluña. Lo que es compatible con el respeto del ejercicio de las competencias de las Comunidades Autónomas en relación con las situaciones de emergencia que no tengan carácter o interés nacional, dicho sea, sin perjuicio de las posibilidades de cooperación entre todas las Administraciones competentes en la materia[16].

---

16 TALAVERA ESTESO, Fernando, (2013, 45).

Desde ahí, la acción pública en que se traduce la actividad administrativa de protección civil parte de ciertos presupuestos fácticos, podemos decir nominados[17], como son el grave riesgo; la catástrofe o calamidad pública; las emergencias excepcionales, las emergencias colectivas; el grave riesgo colectivo[18], expresiones que dejando de lado su mayor o menor vaguedad o indeterminación permiten concluir definitivamente sobre el objeto de la protección civil en donde no se menciona como objeto de la protección civil la lucha frente a las epidemias o catástrofes sanitarias que en la LOAES es un presupuesto fáctico de la declaración del estado de alarma. Pero ¿ello supone necesariamente que no deba verse como un riesgo más de los que debe atender el sistema de protección civil de forma ordinaria? De nuevo creo que no, por lo que, como todo riesgo las pandemias o enfermedades contagiosas masivas pueden situarse dentro del plan territorial de protección civil o, mejor, ante la propia singularidad del riesgo sanitario tratarlo como un riesgo de los que exigen una planificación especial.

En efecto, el objeto de la protección civil se traduce en diseñar un conjunto de acciones para hace frente a riesgos mayores, emergencias de protección civil vistas como una situación de riesgo co-

---

17 Algunas leyes autonómicas, caso del art. 2 de la Ley 1/2011, de 7 de febrero, de protección civil y atención de emergencias de La Rioja definen conceptos como los de emergencia, catástrofe, calamidad pública, riesgo, urgencia, etc. El art. 2 de la Ley Foral 8/2005, de 1 de julio, de protección civil y atención de emergencias de Navarra, añade las de vulnerabilidad, amenaza, emergencia extraordinaria, riesgo, peligro, catástrofe. La variedad es tal en ocasiones que, sin poder precisarlas todas, no es óbice para asumir lo que es la protección civil o el sistema de gestión de emergencias: que es global, ya para las ordinarias, ya para las extraordinarias. Vid. MORENO GARCÍA, Javier, (2020).

18 Vid. hoy el art. 2 de la LSNPC en cuanto a las definiciones. Pudiendo señalarse otras expresiones que conectan con la protección civil tales como "emergencias no calamitosas", o "emergencias catastróficas" a las que se refería la Ley 1/1996, de 3 de abril, del País Vasco, de gestión de emergencias, si bien hoy la norma aplacable, que deroga la anterior, es el Decreto Legislativo 1/2017, de 27 de abril, por el que se aprueba el Texto Refundido de la Ley de Gestión de Emergencias (vid. art. 35 para las emergencias catastróficas).

lectivo sobrevenido por un evento que pone en peligro inminente a personas o bienes y exige una gestión rápida por parte de los poderes públicos para atenderlas y mitigar los daños y tratar de evitar que se convierta en una catástrofe. El Covid19 encaja en ello, dentro de esas emergencias extraordinarias, por contraposición a una emergencia ordinaria que no tiene afectación colectiva (art. 2 LSNPC). A ese fin, el SNPC consagra una serie de funciones básicas[19]: previsión, prevención, intervención y rehabilitación. De todas ellas es clave la que da sentido y abarca a todo el servicio: la planificación, que es el establecimiento de las líneas esenciales de actuación, para hacer frente a las situaciones de grave riesgo, catástrofe o calamidad que pudieran presentarse a fin de limitar o evitar las desfavorables consecuencias para las personas, bienes y el medio ambiente. Riesgos en algunos casos nominados como se ha dicho, en un esquema más complejo que es necesario, siquiera sea brevemente, describir para ver las funciones generales del servicio de protección civil y dónde exactamente cabe situar las crisis sanitarias.

El SNPC, en suma, tiene por objeto identificar los riesgos para evitar que devengan en una catástrofe, que es una *"situación o acontecimiento que altera o interrumpe sustancialmente el funcionamiento de una comunidad o sociedad por ocasionar gran cantidad de víctimas, daños e impactos materiales, cuya atención supera los medios disponibles de la propia comunidad"* (art. 2 LSNPC). Y en esa catalogación, que hacen los propios servicios de protección civil (o en los que se apoya) hay algunos con especialidad querida por el legislador (riesgos objeto de planificación especial) y otro como los ligados al transporte de hidrocarburos por el mar, que aun siendo una situación de riesgo catastrófico una situación que no se aleja de los postulados de la protección civil, perviven al margen del sistema estatal de protección

19 Hay normas autonómicas, dejando otras más antiguas, que concretan las funciones del sistema de protección civil y gestión de emergencia, caso de la reciente Ley 3/2019, de 8 de abril, del Sistema de Protección Civil y Gestión de Emergencias de Cantabria. O, la Ley 10/2019, de 11 de abril de protección civil y de gestión de emergencias de la Comunidad Autónoma de Extremadura.

civil de gestión de emergencias, lo que no comparto (OCHOA, 2006). Justamente parte de la ineficacia de la respuesta dada a la crisis del *Prestige*, se basó en las inercias legislativas o de organización, en cuanto a la respuesta excesivamente estanca a las emergencias marítimas, que pervive con una cierta autonomía, disfuncional, por cierto, ligada al ámbito de la marina mercante y del salvamento marítimo[20]; modificada en su día por la Ley 48/2003, de 26 de noviembre, de régimen económico y de prestación de servicios de los puertos de interés general, y que mantiene, entre otros, el art. 64 del Real Decreto Legislativo 2/2011, de 5 de septiembre, por el que se aprueba el Texto Refundido de la Ley de Puertos del Estado y de la Marina Mercante sigue manteniendo una planificación de las emergencias marítimas como una especie de "planificación aislada" del marco natural del sistema de gestión de emergencias que es el servicio público de protección civil. No se debe llegar al mismo extremo en la lucha contra las pandemias.

2.4. Las funciones de la protección civil

La previsión, prevención de riesgos y actuación frente a emergencias, catástrofes y calamidades son las funciones básicas de la protección civil; lo que hoy prácticamente recogen todas las Leyes autonómicas de forma más o menos coincidente, entre otras el art. 14 de la Ley 3/2006, de 30 de marzo, de Gestión de Emergencias de las Illes Balears. O ya antes el art. 7 de la Ley 2/2002, de 11 de noviembre, de Gestión de Emergencias en Andalucía, entre múltiples ejemplos. Los artículos 4 y 5 de la Ley 30/2002, de 17 de diciembre, de Protección Civil y Atención de Emergencias de Aragón, o las funciones que enumera el art. 32 de la Ley 9/2007, de 13 de abril, del Sistema Canario de Seguridad y Emergencias.

---

20 Vid. la STC 40/1998, de 13 de febrero que ha tenido ocasión de precisar y ajustar las competencias autonómicas en materia de salvamento marítimo. Me remito a mis críticas en OCHOA (2006).

2.4.1. Previsión y prevención de riesgos

La previsión y prevención de riesgos son dos funciones esenciales de la protección civil, sustancialmente complementarias. La previsión es la fase necesaria a todo el sistema dedicada a la delimitación espacial, temporal y territorial del riesgo. La LSNPC habla antes de que *"tiene por objeto determinar los riesgos en un territorio basándose en las condiciones de vulnerabilidad y las posibles amenazas, y comprende los análisis y estudios que permitan obtener información y predicciones sobre situaciones peligrosas"* (art. 8). Pero no dice qué tipo de riesgos o sobre cuáles de ellos se centra esa función, si bien parece tener presente aquellos ligados al análisis geográfico, cartográfico o de riesgos que identifiquen éstos para un territorio en concreto y, en su caso, elaboren mapas de riesgo, hay que decir que las tareas de previsión corren a cargo de las distintas administraciones territoriales, por cuanto si el inventario de riesgos debe figurar en todo plan protección civil el ente que sea competente para la elaboración y aprobación del mismo es el que deberá llevarlo a cabo.

Por ello remite esencialmente al conjunto de acciones esencialmente de obtención de información y recopilación de datos (art. 9 LSNPC con la Red Nacional de Información sobre Protección Civil) que permitan, por una parte, la identificación de riesgos en un determinado espacio, y por otra el análisis de estos, lo que puede hacerse, y se hace, en el ámbito de la salud pública. La previsión es una vertiente esencialmente estática, cambiante sólo en cuanto mejoren las informaciones científicas de dichos riesgos, sobre lo que inciden los propios planes de protección por imperativo normativo que los exigen, así como la NBPC. Aquí cabe, lo que exigen algunas leyes autonómicas, no ya solo la elaboración de mapas de riesgos, sino definir un catálogo de riesgos por situaciones o actividades, naturales o antrópicas susceptibles de generar graves riesgo para la integridad de las personas, los bienes, el patrimonio colectivo y ambiental. ¿Cabe en el SNPC una previsión de los riesgos sanitarios a fin de que se integren dentro del sistema ante la hipótesis de tener que aplicar algún plan de protección civil? De nuevo veremos como la respuesta puede ser afirmativa, siquiera sea integrando las estructuras específicas, algunas de ellas aún no natas, a las que luego nos referiremos. Es más, dentro del SNPC hay ya respuestas a riesgos que tienen una relevancia clara en lo sanitario caso del riesgo nuclear, o del riego de accidentes químicos. Una emergencia nuclear, por ejemplo, puede exigir medidas de restricción de derechos (limitación de acceso, confinamientos, etc.), que se vertebran desde la legislación ordinaria.

La prevención es una vertiente dinámica si bien engloba igualmente una fase teórica o de análisis de las medidas más adecuadas para limitar los futuros daños en caso de que ocurra una catástrofe, ya que el riesgo cero no existe. Así, dirá el art. 10 LSNPC que "*la prevención en protección civil consiste en el conjunto de medidas y acciones encaminadas a evitar o mitigar los posibles impactos adversos de los riesgos y amenazas de emergencia*", por lo que es la tarea destacada de la protección civil, ya que aspira a suprimir el riesgo en la medida de lo posible. Remite a la implementación de medidas concretas que pueden estar bastante diversificadas, caso de la planificación territorial u ordenación urbanística para prevenir riesgos[21], adopción de medidas estructurales, obras públicas de defensa, construcción sismorresistente, etc. Incluso algunas leyes autonómicas crean la propia inspección de protección civil, como especie propia de esta función pública[22]. De nuevo para el caso del Covid19, o futuras epidemias, hay que decir que no se aprecian exigencias distintas que no exijan

---

21 OCHOA MONZÓ (2000). Y dejando de lado las conexiones y referencias con la normativa urbanística y de ordenación del territorio que no podemos analizar. Vid. el art. 3.1. c) del Real Decreto Legislativo 7/2015, de 30 de octubre, por el que se aprueba el Texto Refundido de la Ley de Suelo y Rehabilitación Urbana.

22 Vid. el art. 25 de la Ley 4/1997, de 20 de mayo, de Protección Civil de Cataluña. O la Ley 3/2019, de 8 de abril, del Sistema de Protección Civil y Gestión de Emergencias de Cantabria (art. 49 y ss.), y la creación de los inspectores de protección civil. O previendo incluso planes de inspección (art. 38 de la Ley de protección civil de Extremadura). Cabe mencionar asimismo el art 26 LSNPC.

medidas similares de prevención ante futuras pandemias o *acciones encaminadas a evitar o mitigar los posibles impactos adversos de los riesgos y amenazas de emergencia*, ya sea tratamientos obligatorios, vacunaciones masivas, etc. como conoce bien la doctrina. Se insiste, pues, en que prevista una situación de riesgo (sanitario) se deriva la necesidad de su prevención y de su respuesta no azarosa o improvisada, mediante su planificación. Otra cosa es que se disponga o no de la habilitación legal necesaria o de la regulación que fuera exigible, lo que no es el caso aun en 2024.

2.4.2. La planificación: instrumento esencial del servicio de protección civil

Lo mismo cabe decir en el caso de la planificación a una emergencia, a toda. La improvisación en caso de catástrofe es inaceptable, como lo fue en algunos momentos durante el Covid19. La Exposición de Motivos de la Ley 3/2006, de 30 de marzo, de Gestión de Emergencias de las Illes Balears es clara al afirmar que *"esta ley pretende huir de la improvisación de la única forma posible, mediante la planificación"*. En efecto, unas mínimas garantías de operatividad eficaz requieren definir, para tener a su vez probabilidades de éxito, qué debe hacerse; por quienes; cómo, cuándo, es decir, planificar las respuestas ante las situaciones de emergencia, catástrofe o calamidad y prever la estructura para coordinación todas las actuaciones para hacerle frente. Esta es la tarea del plan de protección civil como previsión del conjunto ordenado de actividades para actuar en situaciones de emergencia, catástrofe o calamidad, en nuestro caso el territorial municipal, como más básico. Lo que forma parte de la respuesta del derecho ordinario de emergencias que preordena la respuesta de todas las Administraciones Públicas una vez declarada una emergencia de protección civil, lo que solo se altera por mor de la declaración de una emergencia como de interés nacional (y en su caso del estado de alarma). Nada de singular debe tener hacer frente a una catástrofe de salud pública.

Así, dice el art. 14 LSNPC que *"los Planes de Protección Civil son los instrumentos de previsión del marco orgánico-funcional y de los mecanismos que permiten la movilización de los recursos humanos y materiales necesarios para la protección de las personas y de los bienes en caso de emergencia, así como del esquema de coordinación de las distintas Administraciones Públicas llamadas a intervenir"*. Por lo que desde el punto de vista competencial y dependiendo de la emergencia y si es o no declarada de interés nacional, tenemos varios instrumentos en los que cabe encajar las funciones administrativas a la hora de la "ejecución de los previsto" en alguno de los siguientes planes (art. 15 LSNPC).

A) Plan Estatal General[23] (PLEGEM) que desarrolla la organización y los procedimientos de actuación de la Administración General del Estado para prestar apoyo y asistencia a las otras Administraciones Públicas, en casos de emergencia de protección civil, así como ejercer la dirección y coordinación del conjunto de las Administraciones Públicas en las emergencias declaradas de interés nacional. La Ley no lo dice, pero no hay duda de que es un Plan Territorial cuyo marco competencial es el territorio nacional como

---

23 Vid. la Resolución de 16 de diciembre de 2020, de la Subsecretaría, por la que se publica el Acuerdo del Consejo de Ministros de 15 de diciembre de 2020, por el que se aprueba el Plan Estatal General de Emergencias de Protección Civil (PLEGEM), https://www.boe.es/buscar/doc.php?id=-BOE-A-2020-16349. La STS 296/2022, de 9 de marzo (Sección Quinta) desestima el recurso interpuesto contra el PLAGEM por la Generalitat de Catalunya, y recuerda entre otras que "**todas aquellas actuaciones para proteger a personas y bienes que deban emprenderse para hacer frente o dar respuesta a una situación de emergencia tienen un encuadre natural dentro de la materia protección civil**. Tales actuaciones incluirían tanto las acciones preventivas, como las actuaciones tendentes a la inmediata protección y socorro de personas y bienes consecuencia de situaciones catastróficas, es decir la respuesta inmediata a las emergencias, pero incluirían también aquellas otras acciones dirigidas al restablecimiento de la normalidad en la zona siniestrada, esto es, las medidas de "reducción y reparación de daños y para volver a una situación de normalidad" (STC 87/2016, de 28 de abril, FJ 4). Reconoce esta sentencia la tesis que mantenemos de la vis atractiva del sistema de protección civil pues no distingue qué riesgo puede requerir esa acción de protección de personas y bienes.

dice el mismo Plan: "*el ámbito territorial del PLEGEM es el conjunto del territorio nacional*". Con arreglo al mismo, hay emergencias que requieren una dirección nacional y la movilización de medios y recursos extraordinarios de todas las Administraciones Públicas, incluidos los movilizables por la Administración del Estado mediante el Mecanismo Europeo de Protección Civil o de otros países en virtud de convenios, acuerdos o tratados internacionales. En donde se inserta la pandemia, evidentemente. La dirección del PLEGEM en esta fase corresponde a la persona titular del Ministerio del Interior.

Y el PLEGEM puede ser activado como consecuencia de la declaración de alguna de las situaciones previstas en la Ley Orgánica 4/1981, reguladora de los estados de alarma, excepción y sitio, pero con una clara subordinación a la autoridad competente en el estado excepcional pues "*en estas situaciones, la organización y los procedimientos de actuación previstos en el PLEGEM son puestos a disposición de la Autoridad competente para enfrentar la situación declarada*" de alarma, excepción o sitio. Previendo posibles confinamientos definidos como "la permanencia de la población en sus domicilios o en otros edificios que se determinen, así como en las medidas complementarias de seguridad que deban adoptarse en los mismos para su protección". *Mutatis mutandi* ocurre con el posible alejamiento que "*consiste en el traslado de la población desde lugares en los que las personas se encuentren expuestas a sufrir daños, a lugares seguros, generalmente poco distantes, utilizando sus propios medios*".

En el PLEGEM se integran aquellos Planes de competencia estatal que señala el Anexo I en donde se comprueba que al momento de su aprobación (16 de diciembre de 2020) no había ningún plan sanitario de alcance estatal en el marco de la protección civil.

B) Planes Territoriales, que son todos aquellos que se elaboran para hacer frente a los riesgos de emergencia que se puedan presentar en el territorio de una Comunidad Autónoma o de una Entidad Local.

Serán perfectamente instrumentos idóneos para todo riesgo en donde razonablemente se pueda dar respuesta a nivel autonómico a una crisis sanitaria, como así se hizo, por lo que no se descarta en una primera respuesta a una pandemia, por exigencias del mismo principio de proporcionalidad y subsidiariedad que impregna todo el SNPC, lo que es tanto como afirmar de la actuación administrativa del mismo. Estos planes se activaron en los primeros momentos de la pandemia antes de la declaración del estado de alarma, como señalaremos, si bien la magnitud de la crisis llevó al Gobierno a declarar prontamente el estado de alarma, y con ellos se está en una emergencia de interés nacional ex. art. 28 LSNPC.

C) Planes Especiales, que son aquellos previstos por sectores de actividad, tipos de emergencia o actividades concretas, y se elaboran para hacer frente a riesgos específicos cuya naturaleza requiera una metodología técnico-científica adecuada para cada uno de ellos. Tienen por finalidad, y evitamos poner todas su referencias legales, pues no alteran lo que en esencia es un plan de protección civil, para hacer frente a los riesgos de inundaciones; terremotos; maremotos; volcánicos; fenómenos meteorológicos adversos; incendios forestales; accidentes en instalaciones o procesos en los que se utilicen o almacenen sustancias químicas, biológicas, nucleares o radiactivas; accidentes de aviación civil y en el transporte de mercancías peligrosas, así como los relativos a la protección de la población en caso de conflicto bélico y aquellos otros que se determinen en la Norma Básica. Pueden ser estatales o autonómicos, en función de su ámbito territorial de aplicación. Los planes especiales relativos al riesgo nuclear y a la protección de la población en caso de conflicto bélico serán, en todo caso, de competencia estatal, sin perjuicio de la participación en los mismos de las administraciones de las Comunidades Autónomas y Entidades Locales, según se establezca en la Norma Básica.

Pero hay que destacar que como novedad importante la LSNPC (art. 15. 3) exige desde el 2015 Planes Especiales con un contenido sanitario evidente como son los ligados a *"accidentes en instalaciones o procesos en los que se utilicen o almacenen sustancias químicas, biológicas, nucleares o radiactivas"*, lo que demuestra, como se adelantó la *vis expansiva* del sistema y sus conexiones con lo sanitario. Por ello, si los Planes Especiales se exigen para "hacer frente a riesgos específicos cuya naturaleza requiera una metodología técnico-científica adecuada para cada uno de ellos", ahí podrían temer su encaje los riesgos sanitarios que pudieran derivar en una catástrofe (pandemia) si desde la ciencia médica se tiene que usar una metodología técnico-científica para hacerle frente, tanto a la hora de prever, prevenir y planificar la actuación frente al riesgo. No en vano el art. 10.4 LSNPC dispone que "los poderes públicos promoverán la investigación de las emergencias, para evitar que se reiteren, y el aseguramiento del riesgo de emergencias, para garantizar la eficiencia de la respuesta de la sociedad ante estos sucesos de manera compatible con la sostenibilidad social, económica y fiscal fin de cuentas".Y el riesgo biológico es ya un riesgo de protección civil en caso accidentes en instalaciones o procesos en los que se utilicen o almacenen sustancias químicas, biológicas, nucleares o radiactivas, con evidentes conexiones con la salud pública, lo que huelga comentario alguno.

D) El sistema se cierra con la exigencia de los llamados Planes de Autoprotección, que establecen el marco orgánico y funcional previsto para los centros, establecimientos, instalaciones o dependencias recogidas en la normativa aplicable, con el objeto de prevenir y controlar los riesgos de emergencia de protección civil sobre las personas y los bienes y dar respuesta adecuada en esas situaciones ligadas como consecuencia de su propia actividad y las medidas de respuesta (art. 15.4 LSNPC).

En suma, tanto la LSNPC (como la derogada LPC de 1985) diseñan el sistema de respuesta a emergencia públicas sobre dos clases originarias de planes: los territoriales que afectan como indica su nombre a un determinado espacio, de Comunidad Autónoma y de ámbito inferior, y los llamados planes especiales que se integran en ellos[24]. Los

---

24 La variedad terminológica y planificadora es entendible en la óptica del sistema, y en el bloque de las efectivas competencias autonómicas siempre que

primeros, planes territoriales, incluyendo al Estatal, el PLEGEM, con alcance para todo el territorio nacional caso de emergencias de interés nacional, se deben elaborar para hacer frente a las emergencias de todo tipo, lo que permite activarlo en casos de emergencias sanitarias como las del Covid19 que previamente se puedan presentar en un ámbito territorial inferior, de Comunidad Autónoma, Provincial, Supramunicipal, Insular y Municipal—. Y consecuentemente, pues, con su vocación de abarcar y prever en ellos la planificación de la totalidad de los riesgos (y acciones) que puedan presentarse, en la Ley están previstos la elaboración de distintos planes según el ámbito territorial afectado, en donde se integran en todo caso los Planes Especiales para riesgos concretos: ahí tendría su acomodo la respuesta frente a una crisis sanitaria, con las singularidades que precisase.

De lo que no se puede dudar es de la expansión del sistema de gestión de emergencia en estos más de treinta años, en donde hay normas que extienden la acción de protección civil a actuar frente al riesgo "social", como señala el art. 1.1 de Ley 4/2007, de 28 de marzo, de Protección Ciudadana de Castilla y León al decir que *"el objeto de esta Ley es la ordenación y regulación de las actuaciones y actividades dirigidas a la protección de las personas frente a los riesgos derivados de fenómenos naturales, tecnológicos o sociales"*. No veo razones, pues, para no asumir esa misma integración en la lucha contra las crisis

---

no esté presente el interés nacional, por lo que puede haber riesgos distintos en función de territorio. Así, el art. 13. 5. de la Ley Foral 8/2005, de 1 de julio, de protección civil y atención de emergencias de Navarra habla de "planes específicos", como el instrumento organizativo general de respuesta para hacer frente a riesgos de especial trascendencia en Navarra, que no dispongan de la correspondiente directriz básica de planificación para su elaboración. O se puede traer a colación los llamados "Planes de emergencia de eventos especiales", que se elaboran con el objeto de prevenir y coordinar las posibles emergencias que puedan darse en el transcurso de un evento en el que esté prevista una gran afluencia de personas y en el que sea necesario establecer, con carácter previo, un dispositivo preventivo, integrado por miembros de los servicios de urgencia, emergencias y seguridad" (art. 28.1 Ley 13/2010, de 23 de noviembre, de Protección Civil y Gestión de Emergencias de la Comunidad Valenciana).

sanitarias o epidemias desarrollando planes especiales de actuación ante crisis sanitarias en cada nivel territorial, cumpliendo las previsiones de la NBPC, a pesar de que la doctrina reconoce limitaciones y dificultades que no pueden ser suplidas acudiendo a otros marcos normativos afines como los de protección civil (CIERCO, en AAVV: 2020, 35). Pero creo que no es tanta la dificultad y, en todo caso, no es insalvable para contar con medios para gestionar crisis sanitarias con mayor seguridad jurídica y sin aplicar el derecho de excepción, posibilidad que puede mantenerse para los casos de extraordinaria gravedad, pero que no debería ser la fórmula ordinaria para gestionar crisis sanitarias (LARA ORTIZ, 2021: 176), podemos decir pasadas o las futuras, pues si el riesgo cero no existe, tampoco existe la no ocurrencia absoluta de otra pandemia. Veámoslo más directamente, para argumentar nuestra postura.

3. PROTECCIÓN CIVIL Y COVID19

3.1. ¿Puede haber un solo sistema de derecho ordinario para hacer frente a todo tipo de emergencias?

La respuesta ordinaria desde el sistema de protección civil se centra con sustantividad propia en episodios en donde la seguridad de las personas y los bienes se ve afectada por distintos tipos de emergencias y catástrofes originadas por causas naturales o derivadas de la acción humana accidental o intencionada, y que son previsibles, en el sentido de que tienen un margen de probabilidad de ocurrencia esperada (y calculada, en su caso). Ahí se ha identificado como principales riesgos las inundaciones, los incendios forestales, los terremotos y maremotos, los riesgos volcánicos, los fenómenos meteorológicos adversos, los accidentes en instalaciones o durante procesos en los que se utilicen o almacenen sustancias peligrosas, el transporte de mercancías peligrosas por carretera y ferrocarril, los accidentes catastróficos en el marco del transporte de viajeros y los riesgos nucleares, radiológicos y biológicos. Esto conforma lo que he llamado riesgos nominados, en donde no se mencionan las pandemias o las crisis de salud pública, pero cuya respuesta sí puede formar parte de manera natural del sistema, *mutatis mutandi* a la que existe en la actuación frente a riesgos no mencionados directamente en la LSNPC.

Configurar la protección civil como la acción administrativa única que vertebra un servicio público complejo articulado todo él para hacer frente a todo tipo de catástrofes o calamidades, es reconocer su fuerte *vis expansiva* que lo acerca claramente incluso a preocupaciones de índole ambiental, de prevención de riesgos o de catástrofes ambientales[25]. La pregunta es evidente: ¿cabe extenderlo también para hacer frente a las catástrofes sanitarias o epidemiológicas? Y una primera respuesta está en la Disposición adicional sexta de LSNPC que exige que *"los Departamentos ministeriales que a la entrada en vigor de esta Ley tengan asignada la planificación y los programas ante situaciones concretas de riesgo colectivo en los que la seguridad o la vida de las personas puedan peligrar, establecerán los mecanismos de colaboración con las Administraciones Públicas competentes en materia de protección civil para asegurar la coherencia del Sistema Nacional de Protección Civil"*. Esta amplificación de los servicios de emergencias, y su unificación, no es extraña en una sociedad o civilización del riego en donde lo propio debe ser incrementar la cultura de la prevención maximizando la respuesta en términos de eficacia y eficiencia ya que "*el peligro ha estado presente en todas las épocas y en todas las culturas, si bien su esencia y la percepción del mismo por los ciudadanos han variado*"

---

25 La ampliación del objeto de la actuación en materia de protección civil y gestión de emergencias al ámbito ambiental es clara y arranca con la "normativa Seveso", Directiva 82/501, de 24 de mayo, de prevención de accidentes graves en los que intervengan sustancias peligrosas. Luce esa relación igualmente, al menos, desde el art. 1.2 de la Ley 30/2002, de 17 de diciembre, de Protección Civil y Atención de Emergencias de Aragón. Más reciente se visualiza en el art. 1.2 de la Ley 10/2019, de 11 de abril, de protección civil y de gestión de emergencias de la Comunidad Autónoma de Extremadura, que define la protección civil como el *"servicio público que protege a las personas, medioambiente y bienes garantizando una respuesta adecuada ante los distintos tipos de emergencias y catástrofes originadas por causas naturales o derivadas de la acción humana, sea ésta accidental o intencionada"* (art. 4.1).

(Exposición de Motivos de la Ley 4/2007, de 28 de marzo, de Protección Ciudadana de Castilla y León) o cuando se asume que *"el riesgo que acompaña al ser humano a lo largo de su historia adopta nuevas formas hoy en día, debido al desarrollo industrial y tecnológico y a las diversas interacciones con el medioambiente, así como a la evolución poblacional y las modalidades de ocupación del territorio"* (Exposición de Motivos de la Ley 10/2019, de 11 de abril, de protección civil y de gestión de emergencias de la Comunidad Autónoma de Extremadura).

Desde aquí, y con las funciones que dan sentido al sistema (previsión y prevención) la piedra angular es la planificación de las emergencias (de todas). La respuesta preordenada, y no azarosa a las mismas, a los accidentes, catástrofes o calamidades públicas en el sentido ya expuesto de emergencias de protección civil, es incuestionable, en la medida en que el riesgo cero no existe. Lo que conecta con la importancia de contar con una estructura orgánica y funcional (el plan de protección civil) para la movilización de los recursos humanos y materiales necesarios para la protección de las personas, los bienes —y el medio ambiente—, presto a activarse, a la intervención o ejecución del mismo. Dejando otros extremos como la secuencia de la activación del plan y, en su caso, las distintas fases previas (alerta, alarma, preemergencia), activar el plan es ordenar su ejecución por la autoridad competente para llevar a cabo las labores de coordinación de los organismos y entidades involucradas en la protección civil, la gestión de los medios y recursos a intervenir, todo lo cual debe haber sido definido previamente en los propios planes y en virtud de los distintos niveles de emergencia que pueden presentarse. Y para todo tipo de riesgo

En primer lugar, hay que partir del hecho de que existe una situación de normalidad, es decir, no hay señales o indicios que puedan hacer pensar en el desencadenamiento de situaciones extraordinarias (preemergencias) ni ha tenido lugar ninguna situación de catástrofe (emergencia). En situación de normalidad, por ello, el Plan Territorial de Comunidad Autónoma no está activado, pero se encuentra siempre en estado latente, al igual que el resto de los planes sectoriales. La posibilidad inmediata que puede darse es la de notificación o comunicación de la previsión o la ocurrencia de una emergencia (caso del Covid19), que será necesariamente a nivel municipal. Para lo cual existen determinados protocolos, siendo aquí donde tiene sentido una fase de preemergencia, que implica determinadas actuaciones. En este estadio comienzan ya a movilizarse los servicios de protección civil, según las previsiones del plan territorial municipal o supramunicipal, y es el momento a partir del cual puede existir ya una activación de los planes de que se trate, incluso especiales.

Pues bien, si las emergencias sanitarias o pandemias no son un riesgo nominado de protección civil sí hay algunos de ellos como vimos, como el riesgo nuclear, el riesgo de accidentes graves, o el del transporte de mercancías peligrosas que pueden derivar en una emergencia sanitaria evidente, no pandémica, pero en donde no se descartan confinamientos o restricciones a la movilidad, afectaciones a los derechos fundamentales de los ciudadanos. Incluso la acción que conforma la Ley 36/2015, de 28 de septiembre, de Seguridad Nacional se reconocen por la doctrina como norma transversal que contiene poderes de necesidad activables frente a todo tipo de peligros y entre ellos las epidemias (ÁLVAREZ GARCÍA, 2020 b: 47), si bien el art. 2.2. de la misma remite a que los estados de alarma y excepción se rigen por su normativa específica.

En todo caso, para dotar de unidad al sistema, el art. 4 NBPC exigió a todo plan de protección civil (lo que sería aplicable en uno que hiciera frente a una emergencia de tipo sanitario) unos elementos mínimos[26]. La definición de las medidas de protección, socorro, e intervenciones para combatir el evento a efectos de proteger a la población y los bienes. Funciones de socorro que se cifran en las de búsqueda, rescate y salvamento de personas desaparecidas, sepul-

---

26 Esto lo regulan con mejor criterio y precisión las Comunidades Autónomas que, como la Comunidad Valenciana disponen de modelos de Planes Territoriales.

tadas, heridas o contaminadas, enfermas, etc.; primeros auxilios, albergue de emergencia, abastecimiento, junto a las de protección ligadas al control de accesos o avisos a la población para en su caso el refugio o confinamiento o aislamiento en el propio domicilio, así como la evacuación. Como agudamente ha destacado la doctrina, en muy buena medida las concretas restricciones de los derechos por causas excepcionales se pueden adoptar debido a la regulación ordinaria. E incluso se llega incluso a la paradoja de que el actual Derecho ordinario de situaciones de excepción habilita a establecer restricciones como el confinamiento o prohibición de reuniones que en principio no cabrían ni siquiera bajo el estado de alarma por cuanto implican una suspensión de derechos (COTINO, 2020: 89), a cuyas derivaciones me remito.

En la fase de intervención, activado el plan, es cuando se desarrollan las labores de coordinación de los organismos, entidades públicas involucradas en la protección civil, la gestión de los medios y recursos, todo lo cual debe haber sido definido previamente en los planes, ya territoriales, ya especiales. En el Sistema Nacional de Protección Civil en la fase de intervención y activación de los planes se produce un entramado competencial que implica una respuesta gradual de menor a mayor en función de la propia emergencia. En donde hay deberes para sujetos especialmente obligados (art. 7 y 7 bis LSNPC) pero en donde por su propia naturaleza se tratará de restricciones limitadas, art. 7 bis 5 LSNPC según el cual "las medidas restrictivas de derechos que sean adoptadas o las que impongan prestaciones personales o materiales tendrán una vigencia limitada al tiempo estrictamente necesario para hacer frente a las emergencias y deberán ser adecuadas a la entidad de la misma", es decir, una limitación tanto en el tiempo, como en cuanto al número de personas, y ámbito geográfico, que distan mucho de las limitaciones generales que se adoptaron con la declaración del estado de alarma y el confinamiento general decretado. Por ello se podría asumir precipitadamente que el sistema de protección civil, articulado a través de una ley ordinaria, pudiera no ser el más idóneo para hacer frente a la emergencia, sin duda de interés nacional ex. art. 28 LSNPC. Y que, en cambio, el carácter de la LO 3/1986, de abril confiere una cualidad y potencial restrictivo mayor de derechos, por más que su carácter genérico es adaptable a cualquier situación que se presente (COTINO, 2020: 98), lo que la jurisprudencia ha negado.

De lo que no hay duda es de que en la Administración General del Estado antes de la declaración del estado de alarma, que de suyo es una emergencia de interés nacional, no se había acudido o hecho uso del SNPC, ni de otras acciones ordinarias (ÁLVAREZ GARCÍA, 2020 b): 49) para hacer frente a la pandemia, cuando en las Comunidades Autónomas la primera respuesta fue la ordinaria del sistema de protección civil, activando los planes territoriales de emergencia. En la respuesta a la pandemia el sistema de protección civil no estuvo ausente del todo, no pudo estarlo, al menos a nivel local o autonómico[27], pues el art. 16 LSNPC impone una respuesta inmediata a todas las emergencias tal y como allí se define. Lo que es lógico si asumimos las palabras del legislador según el cual *"es evidente que el Estado, al igual que los demás poderes públicos, está llamado a ofrecer a cualquier persona previsión y amparo ante las catástrofes de todo tipo, ya que en ello está en juego la vida, la integridad física, el disfrute normal de bienes y derechos y la defensa de los recursos naturales y culturales, cuya protección es una, si no la más importante, de las razones de ser del Estado mismo"*.

3.2. La respuesta del sistema de protección civil en los primeros momentos de la pandemia

La crisis del Covid19 vio acciones en un primer momento en el marco de la protección civil[28] y ejemplo de esa acción temprana fue

---

27 https://www.famcp.es/wp-content/uploads/PROCEDIMIENTO-OPERATIVO-ANTE-LA-EMERGENCIA-POR-COVID-V.2-2-04-20.pdf.pdf-1.pdf El Gobierno de Aragón activó un "Procedimiento de actuación ante la emergencia por COVID-19" que de suyo era un Plan Territorial como se asume correctamente en el documento que sigo.

28 Vid. la enumeración en NOGUEIRA (2020, 24). Y el *iter* de toda la crisis en ÁLVAREZ GARCÍA (2023).

la Orden de 12 de marzo de 2020 de la Consejería de Salud por la que se insta la activación del Plan Territorial de Protección Civil de la Región de Murcia (PLATEMUR) para hacer frente a la pandemia global de Coronavirus (Covid19)[29]. Como señalara NOGUEIRA (2020: 23):

> *las primeras medidas excepcionales adoptadas, fundamentalmente por las Comunidades Autónomas en apenas una semana como responsables de los servicios de salud, usaron una batería de normas que podríamos calificar como pertenecientes al "viejo Derecho Administrativo sectorial". Regulaciones sanitarias o de emergencias que facultaban a las autoridades sanitarias para adoptar desde prestaciones personales, requisas de materiales, a imponer controles forzosos de los enfermos y la población en general. No obstante, el progresivo avance de la enfermedad, y la elevación del debate público, provocó la declaración por el gobierno central del estado de alarma como vía para poder impulsar medidas de muy parecida naturaleza.*

En efecto, en Cataluña el 12 de marzo se activaba la fase de emergencia 1 de su Plan de emergencias y por Acuerdo el Gobierno de la Generalitat se decide el confinamiento de los ayuntamientos de Igualada, Vilanova del Camí, Santa Margarida de Montbui i Òdena, dese el desde el punto de vista de una catástrofe sanitaria, caso del Plan de actuación del PROCICAT (Plan de Protección Civil de Cataluña) para gestionar las emergencias asociadas a enfermedades transmisibles emergentes con potencial alto riesgo para la salud pública que afecten a Cataluña, aprobado por Acuerdo del Gobierno catalán 30/2010, de 26 de febrero, pero que de suyo reforma o revisa el que ya existía dese 2009. Más recientemente se ha aprobado una revisión del Plan especial de emergencias por pandemias que ya desde el 2010 gestiona las emergencias asociadas a estas enfermedades para minimizar la propagación de la pandemia, diseña estrategias y sistemas de apoyo para el mantenimiento de los servicios imprescindibles para el funcionamiento de la sociedad y

---

29 Publicada en el Boletín Oficial de la Región de Murcia de 13 de marzo de 2020.

diseña estrategias para la gestión de las situaciones de riesgo que se deriven[30].

Tenemos también el Acuerdo del Consello de la Xunta de Galicia, de 13 de marzo de 2020, por el que se declara la situación de emergencia sanitaria en el territorio de la Comunidad Autónoma de Galicia y activa el Plan territorial de emergencias de Galicia (PLATERGA) en su nivel IG (emergencia de interés gallego), como consecuencia de la evolución de la epidemia del coronavirus Covid19 que incluía como medidas los avisos, confinamientos o controles de accesos.

La Orden de 14 de agosto de 2020, de la Consejera de Salud, por la que solicita de la Consejera de Seguridad la activación formal del Plan de Protección Civil de Euskadi, Larrialdiei Aurregiteko Bidea-Labi ante la situación generada por la alerta sanitaria derivada de la propagación del Covid19, es otro ejemplo. Junto al Decreto 17/2020, de 15 de agosto, del Lehendakari, por el que avoca para sí la dirección del Plan de Protección Civil de Euskadi, Larrialdiei Aurregiteko Bidea-Labi, ante la situación generada por la alerta sanitaria derivada de la propagación de la Covid19, lo que da cuenta de la necesidad de coordinación de la emergencia. Sólo un día después Euskadi declara la emergencia sanitaria y activa su plan de emergencias que, en concreto, en el artículo 8.2 a) del Decreto legislativo 1/2017, de 27 de abril, del Texto Refundido de la Ley Gestión Emergencias, prevé el confinamiento de personas.

En el País Vasco, con un esquema normativo mucho más amplio, además, con la Ley 2/2021, de 24 de junio, de medidas para la gestión de la pandemia de Covid19, el art. 4.2 dispuso que mientras durara la situación de emergencia sanitaria, el Lehendakari, sin perjuicio de las facultades que le correspondan como autoridad delegada en virtud, en su caso, de la declaración del estado de alarma,

---

30 https://interior.gencat.cat/web/.content/home/030_arees_dactuacio/proteccio_civil/plans_de_proteccio_civil/plans_de_proteccio_civil_a_catalunya/documents/Pla_especial_pandemies.pdf

asumirá también la dirección única y coordinación de las actividades de la emergencia contempladas en la presente ley y aquellas previstas ante la situación generada por la alerta sanitaria derivada de la propagación de la Covid19 en el Plan de Protección Civil de Euskadi-Labi. Y otra conexión clara está en el art. 8.2 en cuanto a la coordinación de las acciones, así como una estructura *ad hoc*, con arreglo a la Disposición Adicional Primera, en cuanto a la Adaptación de las previsiones del marco organizativo general previsto en el Plan de Protección Civil de Euskadi-Labi a la situación de emergencia sanitaria originada por la pandemia de Covid19. Cabe citar la Orden de 2 de diciembre de 2021, del Vicelehendakari Primero y Consejero de Seguridad, por la que se procede a la activación formal del Plan de Protección Civil de Euskadi, Larrialdiei Aurregiteko Bidea-Labi, para hacer frente a la nueva fase de la pandemia por Covid19. Además, por Decreto 5/2022, de 11 de febrero, del Lehendakari, por el que se declara la finalización en Euskadi de la situación de emergencia sanitaria derivada de la pandemia de Covid19 declarada por el Decreto 44/2021, de 2 de diciembre, del Lehendakari; desactivación que supone la desactivación del Plan de Protección Civil de Euskadi.

Asimismo, se procedió a la activación del Plan Territorial de Protección Civil del Principado de Asturias (PLATERPA) por emergencias asociadas a epidemias. Pero más calado tuvo, en un correcto ejercicio competencial, el Acuerdo de 14 de octubre de 2020, del Consejo de Gobierno, por el que se aprueba el Plan de Actuación de Protección Civil ante Pandemias en la Comunidad de Madrid[31] lo que confirma la hipótesis de la que se parte en este trabajo.

En el sistema expuesto, y para hacer frente al Covid19, el Plan Territorial más importante es (fue) el Plan de Comunidad Autónoma que desempeña el papel de Plan Director para establecer el marco organizativo general de toda la planificación en el espacio autonómico y que permita la integración tanto de los Planes Terri-

---

31 BOCAM de 16 de octubre de 2020.

toriales de ámbito inferior (Municipales), como de los especiales. Es en ese marco donde se deben integrar (previa elaboración por el Ayuntamiento) los Planes Municipales que deben aprobar las correspondientes Corporaciones Locales y que se insertan, en su caso, en los Planes superiores (supramunicipales, insulares o provinciales) en los que deben quedar reflejadas las funciones de los servicios de protección a los que se refiere el art. 17 LSNPC. Planes que prevén por regla general (si el riesgo lo permite) una respuesta escalonada que se concreta en la fijación de determinados niveles de emergencia, o incluso de una fase de preemergencia, si fuera posible. Por lo que las leyes autonómicas establecen niveles de activación de los planes de protección civil, según un criterio territorial de menor a mayor (municipal, comarcal, en su caso, y autonómico), y de gravedad de la emergencia, activando un plan superior después de otro inferior desde el punto de vista territorial hasta llegar a la posible emergencia de nivel estatal nacional que se declara con arreglo al art. 28 LSNPC con la consiguiente activación del Plan Estatal General a que se refiere el art. 15.1 LSNPC. Con todo, a nivel estatal, fue la declaración del estado de alarma la que puso todo el sistema de protección civil al servicio de la lucha contra la pandemia según la Orden INT/228/2020, de 15 de marzo, por la que se establecen criterios de aplicación del Real Decreto 463/2020, de 14 de marzo, por el que la gestión de la crisis sanitaria ocasionada por el Covid19, hubo de definir el andamiaje operativo puntual.

En efecto, y es necesario un análisis breve de la Orden INT/228/2020, de 15 de marzo en donde se dirá que declarado el estado de alarma se designa al Ministro del Interior autoridad delegada en su área de responsabilidad, y en concreto de los servicios de intervención y asistencia en emergencias de protección civil definidos en el artículo 17 de la Ley 17/2015, de 9 de julio, del Sistema Nacional de Protección Civil que actuarán bajo su dependencia funcional. Y a dicho fin es cuando ordena la constitución del "Comité Estatal de Coordinación", en el que se integrarán los Consejeros competentes en materia de protección civil y emergencias de las Comunidades y Ciudades Autónomas, o, por delegación de aquellos, los Directores

Generales de Protección Civil y Emergencias, así como los Delegados del Gobierno en las Comunidades y Ciudades con Estatuto de Autonomía. Sistemas reforzados de comunicación a través del Centro Nacional de Emergencias (CENEM), al que habrán de dirigirse todas las informaciones operativas relevantes y a través del cual se transmitirán las instrucciones generales o particulares que se acuerden al que hay que remitir por los órganos competentes de las Comunidades Autónomas informe de situación de las medidas adoptadas hasta la entrada en vigor del estado de alarma. Demostrando, evidentemente, la conexión entre el sistema ordinario de gestión de emergencia y el de excepción dirá esa norma que "*dichas medidas se consideran ratificadas y continuarán vigentes en tanto no resulten incompatibles con lo dispuesto en el* Real *Decreto 463/2020, de 14 de marzo*" (art. 3).

De forma coherente, "todos los Servicios de Protección Civil continuarán ejerciendo las competencias que les otorga la vigente legislación para la gestión ordinaria del servicio y adoptarán las medidas que estimen necesarias a tal fin, en el marco de las directrices e instrucciones que se emitan por el Ministerio del Interior" (art. 4) lo que confirma la pervivencia del sistema y la dirección única de un órgano estatal en estos casos. Dicho de otra forma, incluso en la vigencia del derecho de excepción, que solo es tal por la declaración del estado de alarma, el sistema de protección civil no se difumina, pues es el que existe para hacer frente a toda situación de riesgo colectivo, sea del origen el que sea. Si bien fue justamente la declaración del estado de alarma la que lleva de suyo a una "centralización" no operativa en algunos casos (ÁLVAREZ GARCÍA, 2023), declaración del estado de alarma que no deber ser un fin en sí mismo, sino que debe ser algo funcional, medial para una mejora en la lucha contra el coronavirus (NOGUEIRA, 2020, 29). Con todo, esta centralización o dirección unitaria que se produce en toda situación de protección civil que implique la declaración del interés nacional, si bien dentro del SNPC.

Ahora bien, con acierto se dijo que, como tampoco ocurre con la declaración del interés nacional en el sistema de protección civil, el estado de alarma no implica la centralización de todo el poder público en el propio Gobierno, ni tampoco supone la exclusión de las Comunidades Autónomas y las Entidades Locales en la lucha contra el peligro emergente (VELASCO CABALLERO, 2020: 81). Lo que asumió el art. 6 del Real Decreto 463/2020, según el cual *"cada Administración conservará las competencias que le otorga la legislación vigente"*, entre la que se encuentra la de protección civil, y dentro de ellas un aspecto en el que no podemos entrar *in totum*, con sustantividad propia como son las funciones de la policía local u otros Cuerpos o Fuerzas de Seguridad del Estado. Por más que esta legalidad excepcional desplaza la legalidad ordinaria en vigor, en la medida en que viene a excepcionar, modificar o condicionar durante ese período la aplicabilidad de determinadas normas, entre las que pueden resultar afectadas leyes, normas o disposiciones con rango de ley, cuya aplicación puede suspender o desplazar" (STC 83/2016, de 28 de abril, FJ 10.º) "

Entre otras derivaciones, la crisis del Covid19, con la declaración del estado de alarma, involucró a todos los Cuerpos y Fuerzas de Seguridad del Estado y, lo que es normal en otra emergencia de protección civil, a la Unidad Militar de Emergencia, y a las propias Fuerzas Armadas. Así, el art. 5.1 del RD 463/2020 se dijo que *"los integrantes de las Fuerzas y Cuerpos de Seguridad del Estado, los Cuerpos de Policía de las comunidades autónomas y de las corporaciones locales quedarán bajo las órdenes directas del Ministro del Interior, a los efectos de este real decreto, en cuanto sea necesario para la protección de personas, bienes y lugares, pudiendo imponerles servicios extraordinarios por su duración o por su naturaleza"*, lo que hace que se amplía enormemente los sujetos habilitados para garantizar coactivamente su cumplimiento (AMOEDO, 2020, 72): y sitúa a todas las Fuerzas y Cuerpos de Seguridad del Estado (CNP, Guardia Civil, cuerpos autonómicos y policías locales) en esa *vis atractiva* claramente referenciada también en el art. 5.4 RD 463/2020 según el cual *"los servicios de intervención y asistencia en emergencias de protección civil definidos en el artículo 17 de la Ley 17/2015, de 9 de julio, del Sistema Nacional de Protección Civil, actuarán bajo la dependencia funcional del Ministro del Interior"*.

En todo caso, la respuesta dada a la pandemia del coronavirus, hizo que las Fuerzas y Cuerpos de Seguridad del Estado tuvieren un papel destacado, distinto al que tienen en el derecho ordinario de gestión de emergencias (art. 37 y 38 LSNPC), el de protección civil, una vez formalmente declarado el estado de alarma.

3.3. La necesidad de ajustes normativos para hacer frente a futuras pandemias desde el SNPC

La primera declaración del estado de alarma, y sus prórrogas, condicionaron las acciones en materia de gestión de emergencias y el papel de las distintas Administraciones Públicas. En la Ley Orgánica 4/1981, de 1 de junio, hay una clara relación con algunos de los mismos presupuestos fácticos que conforma el servicio público de protección civil y que permite esa concentración de funciones en una autoridad única (art. 9), así como adoptar medidas de afectación de derechos fundamentales (art. 11), habilitación que existe también en caso de activación de los Planes de Protección Civil, por atribución de la misma Ley de protección Civil que es una ley ordinaria, no se olvide. Desde ahí se deben encajar las certeras opiniones de que, si fuese evidente que, con otros medios jurídicos ofrecidos por la legislación ordinaria, específicamente sanitaria o de otra índole, se pudiera hacer frente de manera efectiva a la situación de crisis, el juego del principio de proporcionalidad (en concreto, el subprincipio de intervención menos lesiva) impediría el recurso al estado de alarma (ALVAREZ GARCÍA, 2020 a): 11), lo que viene exigido por el art. 1 LO 4/1981 que exige permite la declaración del estado "cuando circunstancias extraordinarias hiciesen imposible el mantenimiento de la normalidad", se puede añadir, de mantener dicha normalidad con el SNPC. Y es que objetivamente la crisis sanitaria, y la del Covid19 *a priori* es un riesgo que conecta con la protección civil en la medida en que está (ha estado) en juego la vida y el disfrute normal de bienes y derechos por la ciudadanía.

En todo caso, como última ratio el recurso al derecho de excepción no es extraño, dejando de lado la adecuación de los posibles en base a la LO 4/1981 como ha dicho el Tribual Constitucional al analizar las normas aprobados con la Covid19, pues los poderes sanitarios de emergencia han tenido siempre en nuestro derecho un camino propio y separado de las situaciones excepcionales derivadas de las alteraciones del orden público. Lo que es extensible asimismo a los poderes de excepción bajo el estado de alarma que no se basa en la existencia de actos contrarios a la convivencia originados por conductas de personas o grupos sino en situaciones provocada por hechos extraordinarios que no dependen de la voluntad de las personas tales como catástrofes que es lo que la conecta con la legislación de protección civil, de protección civil; si bien la misma LO 4/1981 sí trata la lucha contra las epidemias y las crisis sanitarias como una cuestión de orden público pero como un complemento a las actuaciones de necesidad previstas en la legislación sanitaria (MUÑOZ MACHADO, 2022, 81 y 88-89). Es sabido, y como señaló la mejor doctrina, que no cabe la declaración del estado de alarma en un contexto de orden público pues así lo quiso el legislador[32]. Pero los presupuestos del art. 4 a) y b) de la Ley Orgánica 4/1981, de 1 de junio son supuestos acotados temporalmente y en general todos los demás del mismo artículo, pero que son no tanto cuantitativamente sino cualitativamente distintos (ÁLVAREZ GARCÍA, 2020 b): 56); y en todo caso coincidentes con los que hace frente el sistema ordinario de protección civil.

Por ello, si el estado de alarma es el orientado a luchar contra epidemias, como una emergencia o catástrofe (de salud pública) es así por qué el legislador ha previsto los supuestos fácticos que lo permiten, y que se deben diferenciar cualitativamente de lo que debe ser la respuesta ordinaria del SNPC. Así, ha podido decirse que los motivos (jurídicos) por los que se declara el estado de alarma no residen en cuestiones de corte competencial o de centralización de

---

32 PRESNO LINERA, M. A., en AAVV (2020 c).

poderes sino de escenificar un nuevo estadio, más intenso, de lucha contra la pandemia (NOGUEIRA, 2020, 29). Veo clarificadora las palabras del TC al decir que "(...) cuando una circunstancia natural, como es una epidemia, alcanza esas *«dimensiones desconocidas y, desde luego, imprevisibles» para el legislador a que aludíamos en nuestro reiterado ATC 40/2020, puede decirse que lo cuantitativo deviene cualitativo: lo relevante pasan a ser los efectos, y no su causa. Como apunta el Tribunal Europeo de Derechos Humanos en su mencionada decisión de 13 de abril de 2021, asunto Terheş c. Rumanía, «no cabe duda de que la pandemia de la COVID-19 puede tener efectos muy graves no solo para la salud, sino también para la sociedad, la economía, el funcionamiento del Estado y la vida en general» (§ 39). Cuando la gravedad y extensión de la epidemia"*. Es solo la dimensión de la misma catástrofe, natural, antrópica o sanitaria, si desborda la respuesta del sistema de respuesta escalonado y ordinario de protección civil, la que aboca a una de las situaciones del art. 28 LSNPC, pero teniendo en cuenta que si se admiten respuestas singulares en las crisis sanitarias el encaje del derecho de excepción, de la LO 4/1981 debe verse en una relación de complementariedad que no desactiva ni orilla la legislación ordinaria (CIERCO, en AAVV, 2020: 65). En la que el sistema de protección civil no pueda o deba verse como la estructura única de respuesta a todo tipo de emergencias, ajustándolo, si fuera el caso a las exigencias de orden sanitario para hace frente a las epidemias, pero no con carácter supletorio (CIERCO, 2005: 255). Ni por ello cabe ver el aparato normativo contenido en la legalidad ordinaria que no se termina en estas normas materialmente sanitarias (ni en sus equivalentes autonómicas), porque hay normas transversales que contienen poderes de necesidad activables ante epidemias y, muy significativamente, entre ellas la Ley 17/2015, de 9 de julio, del Sistema Nacional de Protección Civil (ÁLVAREZ GARCÍA, 2020: 9).

A la postre ello encaja con la configuración de la protección civil no como un servicio *ex novo*, sino como el "macro" servicio público que coordina e integra todos aquellos en los que se apoya, sin obviar la estructura *ad hoc* como el voluntariado de protección civil, o los recursos materiales o humanos de los propios servicios de protección civil. Lo que a la postre se traduce en lo que he definido en ocasiones como servicio de protección civil en sentido amplio o estricto (OCHOA, 1996). Ello es tanto como afirmar que, si bien con arreglo al sistema de protección civil caben algunas limitaciones de derechos fundamentales, en ocasiones iguales a las que cabrían bajo la declaración del estado de alarma, éste se entendió que era necesario *prima facie rationae materia para* hacer frente a la pandemia ante la magnitud de la misma y de la propia limitación de derechos. Sin entrar en las valoraciones y dudas que plantea y resuelve la STC 148/2021, de 14 de julio, así como la jurisprudencia del Tribunal Supremo, lo que es evidente es que las limitaciones, ya bajo el estado excepcional, ya bajo la legislación ordinaria de la LO 3/1986, de, 14 de abril de Medidas Especiales en Materia de Salud Pública, la Ley 14/1986, de 25 de abril, General de Sanidad y la Ley 33/2011, de 4 de octubre General de salud Pública eran posibles si se daban *"las condiciones allí previstas"* (STS 719/2021, de 24 de mayo). En el caso del sistema de protección civil, además, esta limitación es cierto solo tiene la cobertura de una ley ordinaria e *in extremis* reglamentaria, pues es solo activados los planes de protección civil (reglamento) cuando algunas de aquellas limitaciones pueden adoptarse, y que no prevén cuestiones como el control de las personas enfermas y sus contactos que son genuinamente sanitarios (CIERCO, en AAVV, 2020, c: 45).

Pero en el sistema de protección se pueden adoptar medidas de gran intensidad que afectan a los derechos de los ciudadanos como las que refiere el Decreto Legislativo 1/2017, de 27 de abril, por el que se aprueba el texto refundido de la Ley de Gestión de Emergencias del País Vasco, que en su art. 8 dispone que: *"1. La autoridad competente en materia de protección civil podrá dictar órdenes e instrucciones que afecten a derechos de la ciudadanía en los términos establecidos por las leyes, así como adoptar medidas de obligado cumplimiento para sus destinatarios y destinatarias, conforme a lo que disponga el plan aplicable o un plan de protección civil activado cuando se produzcan catástrofes, o cuando lo hagan preciso las necesidades de la emergencia y de los bienes a proteger. 2. Entre otras, podrá adoptar las siguientes medidas: a) Confina-*

miento de personas en sus domicilios o en lugares seguros. b) Evacuación o alejamiento de las personas de los lugares de peligro. c) Restricción de acceso a zonas de peligro o a zonas de operación. d) Limitación o condicionamiento del uso de servicios públicos y privados o el consumo de bienes. e) Limitación o prohibición de actividades en lugares determinados y obligación de adoptar precauciones, prevenciones o comportamientos concretos. 3. Las medidas a que se refiere este precepto tendrán una vigencia limitada estrictamente al tiempo necesario para afrontar la emergencia, deberán ser proporcionadas a la entidad del riesgo y no darán derecho a indemnización alguna". Con la cautela del propio legislador ligada al propio sentido de la emergencia y al principio de proporcionalidad de que *"tendrán una vigencia limitada estrictamente al tiempo necesario para afrontar la emergencia"*, lo que conecta con el citado art. 7 bis 5 LSNPC. Así, se parte de que la emergencia tiene por definición un *dies a quo* y un *dies a quem,* aunque este esté indeterminado o no sea previsible, como en el caso Covid19. En todo caso, sí es posible acordar en el marco de la legislación de protección civil, como se ve, "confinamientos" de la población, o "restricciones de acceso" si bien, se insiste, bajo los presupuestos fácticos anteriores y de forma proporcionada a la entidad del riesgo, lo que periclita de alguna forma otro de los debates jurídicos que vio la pandemia de sí esta medida era posible o no adoptarla sin la previa declaración del estado de alarma[33]. La respuesta es que sí.

4. CONCLUSIONES

El sistema de Protección Civil no estaba preparado ni pensado para prever, prevenir, planificar y actuar frente al riesgo sanitario derivado del Covid19. Podemos decir que, quizás siguiendo lo que se ha dicho para el resto del sistema administrativo, el sistema de protección civil está poco adaptado para hacer frente a situacio-

---

33 Vid. BOMBILLAR SÁNCHEZ (2020-70), en AAVV (2020 c), 97). En contra de esta posibilidad COTINO HUESO (2020, 97).

nes de crisis y sucesos sobrevenidos, sorpresivos y extraordinarios (RAMIÓ, 2024: 49), en la medida en que la base del mismo es la planificación, previa identificación de eventos catastróficos, y la *previsión in totum* de una catástrofe tan intensa y duración como la Covid19 no era uno de los supuestos fácticos del mismo. Con todo, la crisis del Covid19 demostró que el viejo arsenal de herramientas del Derecho Administrativo sectorial estatal y autonómico contenía un amplio surtido de previsiones que permitieron encajar sin mayor dificultad en un primer momento decisiones que claramente afectan o estaban conectadas con el ejercicio de derechos fundamentales (NOGUEIRA, 2020: 25). Esto no fue suficiente debido a la magnitud, intensidad y duración de la pandemia, que más tarde llevó incluso al Tribunal Constitucional a negar la validez jurídica de la declaración del estado de alarma como respuesta a la crisis pandémica.

Si bien se puede admitir la necesidad de una ley de emergencias de salud pública o de pandemias[34] si las dificultades que arrastra la normativa ordinaria no pueden ser suplidas acudiendo a otros marcos normativos afines como el de la protección civil, no hay duda de que la fricción frontal y directa con el sistema de derechos fundamentales precisaría aquí ineludiblemente de una reserva de ley orgánica en todo o en parte (CIERCO, en AAVV, 2020 c): 35,). Pero ello no debe llevar en mi opinión a crear un sistema propio de respuesta a las crisis sanitarias a modo de "compartimento estanco" al margen del sistema de protección civil. La inexistencia de una ley orgánica en los términos indicados si bien genera algunos problemas jurídicos, en el caso de contar con ella no descarta que pueda ser necesario acudir a la declaración del estado de alarma para

34 CIERCO SIERIRA, César y SALAMERO TEIXIDÓ. Laita (2023), Esbós d'una llei de pandèmies: algunes idees preliminars", en *Revista de Dret Públic de Catalunya*, pp. 107-132. Mantiene que en esta relación "la ley de pandemia sería una norma especial, mientras que la LSNPC ocuparía el lugar de una norma general. La relación entre ambas sería entonces la que describe bien el aforismo lativo *lex specialis derogat generali* " (pag. 130).

imponer restricciones mayores a la movilidad en los casos de más gravedad, que pueden ser de ámbito nacional o de ámbito regional, en el territorio de una Comunidad Autónoma o parte de esta como prevé el art. 5 de la LO 4/1981 (LARA ORTIZ, 2021, 174) pues la mera declaración del interés nacional del art. 28 LSNPC, sin llegar al estado de alarma puede no ser suficiente.

En todo caso, no creo tampoco que el sistema de lucha contra una pandemia precise una estructura organizada y especializada dentro de la AGE y de una Administración Independiente capaz de actuar al margen del juego político (ALVÁREZ GARCÍA, 2020, b), 2021 y 2022) pues durante todos estos años el SNPC ha demostrado ser eficaz y eficiente para hacer frente a todo tipo de emergencias, salvando la singularidad de que una crisis sanitaria no está contemplada como un riesgo nominado del SNPC. Con todo, teniendo en cuenta la propia seguridad pública afectada, sí era factible esperar, como así ocurrió que, para dar respuesta a un determinado nivel, se activasen Planes Territoriales de Emergencia a nivel autonómico o local antes de la declaración del estado de alarma el 14 de marzo de 2020, pero este fue inevitable a pesar de que la declaración del estado de alarma conlleve una situación de emergencia de interés nacional, que altera las competencias de gestión de dicha crisis. Y si la pandemia es una emergencia de protección civil de interés nacional la STC 184/2016 ya ha dicho que "*como se declara en la STC 133/1990, FJ 8, la concurrencia de un interés supracomunitario justificará la previsión de unas potestades estatales en un marco legislativo común: sin que ello excluya, claro está, la participación de las Administraciones Autonómicas que sean competentes, incluso en tales situaciones, pero en el marco de la normativa estatal».*

Por ello no tengo dudas de que si la declaración del estado de alarma fue la respuesta jurídica que se dio a la lucha contra la pandemia, solo se justifica si se entendió que el derecho ordinario[35] frente a emergencias o catástrofes no era suficiente para la lucha contra

35 O el viejo "Derecho Administrativo sectorial" (NOGUEIRA, 2020).

enfermedades infecciosas como el Covid19. Sea como fuere, es evidente que se tuvo que dar una respuesta o intervención inmediata (PALOMAR OLMEDA, 2020: 49), y coincido en que no es posible admitir interpretaciones del ordenamiento jurídico que la dificulten hasta el extremo si hay una situación que ponga gravemente en peligro la salud pública (MUÑOZ MACHADO, 2020: 157), como fue el Covid19.

La ley de protección civil, en su configuración actual con todo y sin olvidar que es una ley ordinaria, se centra prioritariamente en la catástrofe puntual, de duración determinada y más menos acotada, determinada, en el tiempo y geográficamente, de lo que es ejemplo el art. 23 y 24 LSNPC referidos a las medidas y el procedimiento de declaración de zona afectada gravemente por una emergencia de protección civil. Pero permite claramente que se adopten medidas de limitación de derechos como los de circulación o incluso el confinamiento que define como: *el refugio de la población en sus propios domicilios, recintos o habitáculos próximos en el momento de anunciarse la adopción de la medida*[36]. Pero como señala correctamente el Plan de la Comunidad de Madrid hay una diferencia entre esta situación de emergencia y las otras que regula el sistema de protección civil pues en el caso del Covid19 no se trató de una emergencia localizada, con solo uno o varios focos donde atacar, sino que afectó de forma generalizada a toda la población. En esencia una pandemia tiene una gravedad tal que trasciende de lo sanitario y afecta de forma transversal a todas las esferas de la vida diaria de las personas, lo que solo en los planes relativos al riesgo nuclear o riesgo químico y a la protección de la población en caso de conflicto bélico podemos ver como una emergencia tan global y generalizada como la del Covid19. Asumiendo que la inexistencia de una ley orgánica en los términos indicados pueda generar algunos problemas jurídicos lo que no debe llevar a desplazar el sistema de protección civil que

---

36 Pueden confrontarse con las que señala de forma general el art. 11 de la LO 4/1981. Sobre las especificas en materia sanitaria ALVAREZ GARCÍA (2022)

debe ser único para la gestión de todo tipo de emergencias colectivas extraordinarias

En fin, demostrando las conexiones de la lucha contra la pandemia con el SNPC, como no podía ser de otra manera, el Gobierno aprobó un Plan de respuesta temprana ante la crisis del COVID-19 el 13 de julio de 2020[37] que curiosamente no cita directamente en el marco legislativo la competencia estatal sobre protección civil, si bien indirectamente sí al decir que *"todas las actuaciones de intervención deben ser adoptadas respetando el marco constitucional de distribución de competencias entre las comunidades autónomas y la Administración General del Estado"*, y las funciones en el sistema de seguridad pública que deriva del art. 149.1.29. CE. Pero tampoco hay duda de que resulta más que difícil admitir la suficiencia de la regulación de protección civil para que se tomen decisiones de confinamiento de miles o cientos de miles de personas o la práctica prohibición de la circulación o de reuniones de personas, que para alguna doctrina casi puede considerarse una suspensión de estos derechos, reservada a los estados de excepción y de sitio (COTINO, 2020, 97-98).

En este sentido acabamos asumiendo que el derecho español aún puede contribuir a mejorar la capacidad de respuesta y preparación ante las epidemias (CIERCO, en AAVV 2020 c): 75) y ahí el sistema de protección civil, tal y como está configurado no es suficiente, pero si es imprescindible y no puede dejarse de lado ante la gestión de una (esperemos que no) nueva pandemia. El derecho de excepción se debe configurar como una respuesta provisional ante una situación anormal, con el objetivo explícito de restaurar la normalidad cuando la respuesta ordinaria no es suficiente (JARIA-MANZANO, en AAVV 2020 c): 33). Y el mismo sistema de protección civil ha tomado buena nota de la pandemia, lo que ha llevado a cambios incluso a nivel europeo, y cabe recordar que fue solo dentro del

---

37 https://www.sanidad.gob.es/gabinetePrensa/notaPrensa/pdf/13.07130720131534059.pdf
Aprobado el 16 de marzo en la Comisión Interterritorial de Salud Pública.

marco del sistema de protección civil en donde en Italia se actuó frente al COVID-19 (DE LA SIERRA, 2020: 38).

Lo que es evidente como afirma PRESNO[38] siguiendo a CRUZ VILLALÓN, es que el legislador ha efectuado una «despolitización» del estado de alarma, dejándolo al margen de las situaciones de desorden público o conflictividad social, para destinarlo a combatir las catástrofes naturales o tecnológicas (añadiríamos aquí sanitarias). Y si en la gestión de crisis sanitarias como las del Covid19 se ven implicadas las competencias del sistema sanitario y de salud pública, con una distribución competencial diferente a la existente en materia de protección civil, sea sume que las emergencias sanitarias pertenecen al género de las «emergencias», y a la especie «sanitarias», la regulación de su gestión primero debería atender a la distribución competencial de la gestión de emergencias de protección civil, y después, en la medida en que afecten a la gestión de los recursos específicos sanitarios, deberían entrar en juego las competencias y recursos relativos a la salud y la sanidad (LARA ORTIZ, 2021, 163).

A la postre, todo el andamiaje de respuesta que existe en materia de salud pública se asemeja mucho al que hemos visto existe en el sistema de protección civil. Partiendo de la Ley 33/2011, de 4 de octubre, General de Salud Pública, tenemos la Red de Vigilancia en Salud Pública, un Sistema de Alerta Precoz y Respuesta Rápida (SIAPR) cuyo objetivo principal de detectar rápidamente aquellas amenazas y situaciones que puedan tener un impacto grave en la salud de la población, entre cuyas funciones están las de Coordina la respuesta entre el sector sanitario y otros sistemas (Protección Civil y el Departamento de Seguridad Nacional).

El Centro de Coordinación de Alertas y Emergencias Sanitarias, creado en el año 2004 (Orden SCO/564/2004, 27 de febrero) es responsable de la elaboración y desarrollo de los planes de prepara-

---

38 https://theconversation.com/por-que-se-decreta-un-estado-de-alarma-y-no-de-excepcion-por-el-coronavirus-134806 (acceso 20 de julio de 2024).

ción y respuesta para hacer frente a las amenazas de salud pública, y permite afirmar que hay una respuesta dual al riesgo sanitario catastrófico al decir en su preámbulo que intervienen en situaciones corresponden a los supuestos extraordinarios de alertas y emergencia sanitaria que supongan una amenaza real o potencial para la salud de la población siempre que puedan tener repercusión nacional, así como las crisis producidas con ocasión de la difusión de noticias, de diferente naturaleza y gravedad, relacionadas con la salud y el consumo o con la prestación de servicios sanitarios, que provoquen inquietud o alarma social general. Recordando que, a nivel estatal, además de los órganos centrales de intervención previstos en los Planes Civiles de Emergencia, el Ministerio de Sanidad y Consumo cuenta con distintas unidades con competencias, responsabilidades y capacidades de intervención en situaciones de crisis y emergencias.

Pues bien, es esta respuesta singular la que no veo razonable que tenga tal sustantividad propia que eluda totalmente el SNPC. De hecho el art. 5 de la Ley 2/2021, de 29 de marzo, de medidas urgentes de prevención, contención y coordinación para hacer frente a la crisis sanitaria ocasionada por el COVID-19, remite al artículo 65 de la Ley 16/2003, de 28 de mayo, de cohesión y calidad del Sistema Nacional de Salud, para que se procede a la adopción de planes y estrategias de actuación para afrontar emergencias sanitarias, mediante actuaciones coordinadas en salud pública, todo ello en relación con los planes de contingencia que se debe elaborar con arreglo art. 29 de la Ley 2/2021, de 29 de marzo. Y es que ya antes, si se analiza la Estrategia Estatal contra la segunda ola del Covid19[39], se ve como la respuesta es la propia del SNPC, de todo plan de protección civil (alerta 1,2, 3 y 4).

Otra cuestión, en la que no podemos entrar, es la posible mejora del sistema teóricamente previsto desde hace años, como pide la Sociedad Española de Salud Pública y Administración Sanitaria

---

39 https://www.sanidad.gob.es/profesionales/saludPublica/ccayes/alertasActual/nCov/documentos/Estrategia_estatal_segunda_ola.pdf

(SESPAS)[40] con la creación de una futura Agencia Estatal de Salud Pública[41] o el desarrollo del art. 47 de Ley Salud Pública que prevé el Centro Estatal de Salud Pública, para lo que hay una consulta pública del anteproyecto de ley de creación[42], en donde se lee que: "*la pandemia de la COVID-19 ha puesto en evidencia la necesidad de contar con un centro estatal que coordine esfuerzos frente a futuras emergencias sanitarias*". Siendo el fin último de la norma crear un nuevo Centro de Salud Pública con autonomía funcional, que ejerza las competencias de análisis y estudio, evaluación de políticas e intervenciones públicas, asesoramiento técnico, propuesta de medidas a las autoridades sanitarias y preparación y coordinación de respuesta ante situaciones de emergencia sanitaria.

Ejemplo de todo lo expuesto, y de las posibles concomitancias con el SNPC, está en que la misma Orden SCO/564/2004, de 27 de febrero, por la que se establece el Centro de Coordinación de Alertas y Emergencias de Sanidad y Consumo establece estructuras similares al SNPC como el Sistema de Coordinación de Alertas y Emergencias de Sanidad y Consumo (SICAS), como estructura directiva y red operativa interna de coordinación de las intervenciones del Ministerio en los supuestos de alertas y emergencia sanitaria que supongan una amenaza real o potencial para la salud de la población, siempre que puedan tener repercusión nacional. O el Comité Director de Situaciones de Crisis y Emergencias (CODISCE) como órgano colegiado ministerial de dirección para la gestión de las situaciones de crisis y emergencias de salud y consumo. O el Grupo Operativo de Emergencias, por lo que se concluye con que no se está lejos del mismo esquema con que se articula el sistema de protección civil con la declaración formal de aplicación del Plan y de la autoridad encargada de la activación del mismo: preemergencia,

---

40 https://sespas.es/

41 https://sespas.es/2021/10/07/sespas-hace-publicas-sus-propuestas-para-el-diseno-y-funcionamiento-de-las-futura-agencia-estatal-de-salud-publica/

42 https://www.sanidad.gob.es/va/normativa/docs/Ficha_consulta_publica_CESP.pdf

emergencia —en distintos grados o niveles— y vuelta a la normalidad. En donde hay un órgano Director del Plan o el Mando Único, y otros órganos ejecutivos. Previendo el establecimiento de los Centros de Coordinación Operativa (CECOP), y del CECOPAL (Centro de Coordinación Municipal/es) desde donde se realiza la dirección y coordinación de todas las operaciones, así como previsión del Centro de Coordinación Operativa Integrado (CECOPI), en el que se integran los mandos de las diferentes Administraciones, tanto para la dirección y coordinación de la emergencia como para la transferencia de responsabilidades en los casos en que se declare el interés nacional al que se refiere el art. 28 LSNPC.

Si quizás no tiene ya mucho sentido plantearse si al margen de la declaración del estado de alarma había otras opciones jurídicamente más procedentes para hacer frente a la pandemia[43], si cabe señalar que de futuro, de llegar otra crisis sanitaria se debe asumir que deberá haber una respuesta (planificada) en función de la mayor o menor gravedad de la catástrofe cuya *vis atractiva* se debe centrar en el sistema global de respuesta del SNPC, aunque ello suponga algunos ajustes normativos, o una relación entre ley general y legislación especial de pandemias, que pasar por redefinir el papel de la Red de Vigilancia en Salud Pública y el Centro de Coordinación de Alertas y Emergencias Sanitarias. Por ello, como ya pasa en el riesgo nuclear que ya tiene una singularidad propia de respuesta y un órgano *ad hoc* con fuertes competencias como el Consejo de Seguridad Nuclear, cabría la integración de las emergencias sanitarias a través de la exigencia de una planificación especial para prever, prevenir, planificar y actuar frente a un riesgo colectivo sanitario y pandémico, sobrevenido por un evento que pone en peligro inminente a personas o bienes y exige una gestión rápida por parte de los poderes públicos para atender, mitigar los daños y tratar de evitar que se convierta en una catástrofe sanitaria. A fin de cuentas *"la protección civil no admite división en compartimentos estancos, en lo*

43 MUÑOZ MACHADO (2022, 154).

que a la organización del Sistema Nacional se refiere, que incumbe al Estado ex artículo 149.1.29 CE. La naturaleza misma de la materia, y la concurrencia competencial que hemos reconocido en este ámbito, imponen la integración en un sistema único de las distintas funciones atribuidas a las diferentes Administraciones competentes y su coordinación a nivel estatal" (STS 296/2022, de 9 de marzo).

De lo que no hay duda es de que ni antes de la pandemia, ni después de ella a fecha de 2024 se cuenta con una legislación específica y la única cobertura, antes del derecho de excepción, como ahora, sigue siendo el SNPC y la cláusula general del art. 3 LO 3/1986 "no fue pensado para una calamidad de tal magnitud como la del Covid-19" (STS 788/2021, de 3 de junio) lo que abunda en la ineficacia aun del sistema español en este tipo de emergencias; en la medida en que como dice la STS 62/2022, de 26 de enero, ese precepto no fue pensado para una pandemia, en lo que no hay más que coincidir. Evidentemente la LO 4/1981, con sus limitaciones sigue estando presente.

5. BIBLIOGRAFÍA

AAVV (2011), *Protección civil y emergencias: régimen jurídico*, MENÉNDEZ REXACH, Ángel, (Dir.) y DE MARCOS FERNÁNDEZ, Ana, (coordinadora), La Ley, El Consultor de los Ayuntamientos y Juzgados, Madrid.

AAVV (2018), *Nuevas perspectivas del Derecho Ambiental en el siglo XXI*, GARCÍA URETA, Agustín, (Dir.) y BOLAÑO PIÑERO, María del Carmen, (coordinadora), Marcial Pons, Madrid.

AAVV (2020), *Pandemia y Derecho. Una visión interdisciplinar*, LLORENTE SÁNCHEZ-ARJONA M. y MARTÍNEZ-GIJÓN MACHUECA, M.A., Laborum, Murcia.

AAVV (2020 a)), *El Derecho Constitucional ante el COVID-19. Las diferentes respuestas en el ámbito del derecho comparado*, ARNALDO ALCUBILLA, E. y CANOSA USERA, R., Wolters Kluwer, Madrid.

AAVV, (2020, b)), *El impacto social de la COVID-19. Una visión desde el derecho*, RAMÓN FUENTES GASÓ; Josep Ramón, JARIA-MANZANO, Jordi, MERINI-SANCHO, Víctor y VILLAVICIENCIO-CALZADILLA, Paola (Coord.), Tirant lo Blanch.

AAVV, (2020, c)), *Las respuestas del derecho a las crisis de salud pública,* ATIENZA MACÍAS, E., y RODRÍGUEZ AYUSO, J. F., (Dirs.), Dykinson, Madrid.

AGUDO GONZÁLEZ, Jorge, (2013), "Función pública y servicio público: análisis desde la perspectiva de la legislación en materia de protección civil", en *Revista Andaluza de Administración Pública*, 86, pp. 13-48.

ÁLVAREZ GARCÍA, Vicente, (2020 a)), "El coronavirus (COVID-19): respuestas jurídicas frente a una situación de emergencia sanitaria", en *El Cronista del Estado Social y Democrático de Derecho*, núm., 86-87, pp. 6-21.

ÁLVAREZ GARCÍA, Vicente, (2020, b)), ARIAS APARICIO, F. y HERNÁNDEZ DÍEZ, E., *Lecciones para la lucha contra una epidemia*, Iustel, Madrid.

— (2022 a), "Los medios jurídicos necesarios para la lucha frente a las futuras pandemias", en *Revista General de Derecho Administrativo*, núm. 59.

— (2022 b), "Propuestas para la reordenación del Derecho destinado a hacer frente a las grandes pandemias en nuestro país", en *Revista General de Derecho Administrativo*, núm. 61.

— (2023), "Una historia jurídica de la lucha frente a la pandemia de la COVID-19", en *Revista General de Derecho Administrativo*, núm. 63.

AMOEDO-SOUTO, Carlos Alberto, (2020), "Vigilar y castigar el confinamiento forzoso. Problemas de la potestad sancionadora al servicio del estado de alarma", en *El Cronista del Estado Social y Democrático de Derecho*, núm., 86-87, pp. 66-78.

ARRESE IRONDO, Nuria, (2018), "La respuesta del derecho ante las catástrofes", en AAVV, *Nuevas perspectivas del Derecho Ambiental en el siglo XXI*, GARCÍA URETA, Agustín, (Dir.) y BOLAÑO PIÑERO, María del Carmen, (coordinadora), Marcial Pons, Madrid, pp. 101-126.

BAÑO LEÓN, José María, (2020), "Confusión regulatoria en la crisis sanitaria», en *Revista Española de Derecho Administrativo*, núm. 209.

BARCELONA LLOP, Javier (2007), L*a protección civil municipal,* Iustel, Madrid,

BLANQUER, David. (Coord.), (2020), *COVID-19 y Derecho Público (durante el estado de alarma, y más allá),* Tirant lo Blanch.

CIERCO SEIRA, César y SALAMERO TEIXIDÓ, Laia (2023), Esbós d'una llei de pandèmies: algunes idees preliminars", en *Revista de Dret Públic de Catalunya*, pp. 107-132

CIERCO SEIRA, César, (2020), y ROPERO VILARÓ, Antonio, "La cohesión administrativa en la lucha contra las emergencias de salud pública y el papel de los entes locales", *en Anuario del Gobierno Local*, pp. 13-144.

CIERCO SEIRA, César, (2005), "Epidemias y Derecho Administrativo. Las posibles respuestas de la Administración en situaciones de grave riesgo sanitario para la población", en *Derecho y salud,* núm. 13, pp. 211-256.

COTINO HUESO, Lorenzo, (2020), "Los derechos fundamentales en tiempos del coronavirus. Régimen general y garantías y especial atención a las restricciones de excepcionalidad ordinaria", en *El Cronista del Estado Social y Democrático de Derecho*, núm. 86-87, pp. 88-101.

CRUZ VILLALÓN, Pedro (1981), "El nuevo derecho de excepción (Ley Orgánica 4/1981, de 1 de junio)", en *Revista Española de Derecho Constitucional*, pp. 93-13

DE LA SIERRA MORÓN, Susana, (2020), "Lectura de urgencia de las reacciones frente al COVID-19 desde una óptica jurídica internacional y comparada", en *El Cronista del Estado Social y Democrático de Derecho*, núm. 86-87, pp. 32-42.

DESCALZO GONZÁLEZ, Antonio (2012), "Eficacia administrativa, en *Revista en Cultura de la Legalidad,* pp. 145-151.

DUEÑAS MOLINA, Carlos, (2019), "El concepto de "interés nacional" y sus implicaciones en la planificación/gestión de emergencias de protección civil", en *Revista Digital del Ministerio del Interior*, núm. 11, 2019, disponible en http://www.proteccioncivil.es/revistadigital/revistaNoticia.php?n=78 (acceso 20 de julio de 2024)

— "El principio de territorialidad en la distribución de competencias em materia de protección civil", en *Revista Digital de Ministerio del Interior*, núm. 11, 2019, disponible en http://www.proteccioncivil.es/revistadigital/revistaNoticia.php?n=87 (acceso 20 de julio de 2024)

GUILLÉN y LA SIERRA, Francesc, (1993), "La competencia autonómica de coordinación de las policías locales a la luz de la reciente jurisprudencia constitucional", en *Autonomies,* núm. 16, 1993, pp. 177-196.

IZU BELLOSO, Miguel José, (2009), «De la Protección Civil a la gestión de emergencias. La evolución del marco normativo», en *Revista Aragonesa de Administración Pública*, 35, 2009, pp. 301-370.

JAR COSCUELO, Gonzalo. (2001), "Fuerzas y Cuerpos de Seguridad y Protección Civil", en *Revista de Documentación, Ministerio del Interior*, nº 5, pp. 18 y ss.

LARA ORTIZ, María Lidón, (2021), "Replanteando la gestión de emergencias sanitarias", *Revista Española de Derecho Constitucional*, 122, pp. 153-182.

LUCAS TOBAJAS, Ana Belén, (2021), "La declaración de zona afectada gravemente por una emergencia de protección civil: un análisis de su regulación jurídica", en Revista General de Derecho Administrativo, nº. 58.

MORENO GARCÍA, Javier, (2020), "El Derecho ante las emergencias ordinarias. El confuso marco jurídico actual y una propuesta para su ordenación", en *Revista Vasca de Administración Pública*, 117, pp. 195-245.

MUÑOZ MACHADO, Santiago, (2022), *El poder y la peste (2020-2022)*, Iustel, Madrid.

NOGUEIRA LÓPEZ, Alba, (2020), "Confinar el coronavirus. Entre el viejo Derecho sectorial y el Derecho de excepción", en *El Cronista del Estado Social y Democrático de Derecho*, núm., 86-87, pp. 22-31.

OCHOA MONZÓ, Josep, (1996), *Riesgos mayores y protección civil*, Mc Graw-Hill, Madrid, 1996.

— (2000) “Planificación territorial, protección civil y prevención de riesgos. La experiencia francesa”, en *Revista de Derecho Urbanístico*, núm. 179, pp. 91-118.

— (2003) “Un modelo de protección civil: la Ley 9/2002, de 12 de diciembre de protección civil y de gestión de emergencias de la Generalitat Valenciana y su encuadre en el sistema estatal de protección civil”, en *Revista de Documentación del Ministerio del Interior*, núm. 12, pp. 21-51.

— (2006), “La gestión de la seguridad extraordinaria por catástrofes marina marinas ligadas al tráfico de hidrocarburos en España”, AAVV, GARCÍA PÉREZ, M. y SANZ LARRUGA, J. (Dir), Netbiblo, La Coruña

ORTEGA ÁLVAREZ, Luis, (1994), “El reto dogmático del principio de eficacia”, en *Revista de Administración Pública.*

PAREJO ALFONSO, Luciano (1995), *Eficacia y Administración. Tres estudios*, INAP, Madrid.

(1989), “La eficacia como principio jurídico de la Administración Pública”, *Documentación Administrativa*, núm. 218, pp. 15 y ss.

RAMIÓ, Carles, (2024), *El colapso de la Administración*, Catarata, Madrid.

SIEIRA MUCIENTES, Sara, (2020). “Estado de alarma”, *Eunomía. Revista en Cultura de la Legalidad,* pp. 275-305.

TALAVERA ESTESO, Fernando, (2013), “El Sistema Nacional de Protección Civil”, *Cuadernos de Estrategia*”, nº165, pp. 19-28.

VELASCO CABALLERO, Francisco, (2020), “Estado de alarma y distribución territorial del poder”, *El Cronista del Estado Social y Democrático de Derecho*, núm., 86-87, pp. 78-88.

VILLAR CRESPO, Guillermo, (2020), “Repensando el derecho de excepción: la crisis del coronavirus y los tres aprendizajes sobre el derecho de necesidad en el ordenamiento jurídico español”, en *Revista General de Derecho Administrativo,* núm. 54, pp. 1-52.

Capítulo 9

LAS PERSONAS CON DISCAPACIDAD EN EL ÁMBITO SANITARIO: ESPECIAL REFERENCIA A LA VACUNACIÓN DURANTE LA PANDEMIA DE LA COVID19 Y A LA STC 38/2023, DE 20 DE ABRIL

Chapter 9. *People with disabilities in the health field: special reference to vaccination during the Covid-19 pandemic and to STC 38/2023, of 20 april*

Manuel Ortiz Fernández
Profesor Ayudante Doctor
Universidad Miguel Hernández
m.ortizf@umh.es

RESUMEN: La Ley 8/2021, de 2 de junio, de reforma de la legislación civil y procesal para apoyar a las personas con discapacidad en el ejercicio de su capacidad jurídica, introdujo un cambio de paradigma en el ordenamiento jurídico español. En este sentido, supuso la atribución de capacidad jurídica a todas las personas mayores de edad y la abolición de la incapacidad judicial. A partir de ese momento, España adaptó su legislación a la Convención sobre los Derechos de las Personas con Discapacidad, firmada en Nueva York el 13 de diciembre de 2006, y estableció un marco que respeta los derechos de las personas con discapacidad. Sin embargo, si nos fijamos en el ámbito sanitario, la conclusión no es similar. Muy al contrario, la citada Ley 8/2021, a diferencia de lo que hizo con otras normas, no reformó la Ley 41/2002, de 14 de noviembre, básica reguladora de la autonomía del paciente y de derechos y obligaciones en materia de información y documentación clínica.

Desde esta perspectiva, esta última norma contempla un régimen que, en general, se basa en lo que se ha dado a denominar "consentimiento por representación"; es decir, que corresponde decidir al representante (si las medidas no han sido revisadas) o, en su caso, al sujeto que está vinculado, por razones familiares o de hecho. Por lo tanto, dicho sistema dista mucho del modelo de apoyo proclamado por la Ley 8/2021 y es similar al anteriormente vigente. A partir de estas premisas, la vacunación, como intervención sanitaria, presenta una problemática parecida, y esto se evidenció en el tratamiento ofrecido por los juzgados y tribunales que enfrentaron la autorización de la vacuna contra la Covid-19 en hogares gerontológicos para personas mayores. En este contexto, la reciente STC 38/2023, de 20 de abril de 2023, avala la actuación judicial previa, entendiendo que esta opción beneficia los intereses de los pacientes con discapacidad. Asimismo, la posible aplicación de la vacunación obligatoria para la población también presenta algunos aspectos particulares que precisan de una atención diferenciada.

Palabras clave: Consentimiento – Covid19 – discapacidad — información — vacunación

ABSTRACT: Law 8/2021, of June 2, 2021, reforming civil and procedural legislation to support people with disabilities in exercising their legal capacity, introduced a paradigm shift in the Spanish legal system. In this respect, it entailed attributing legal capacity to all persons of legal age and abolishing judicial incapacitation. From that moment on, Spain adapted its legislation to the Convention on the Rights of Persons with Disabilities, signed in New York on December 13 2006, and established a framework that respects the rights of persons with disabilities. However, if we look at the healthcare field, the conclusion is not similar. On the contrary, the aforementioned Law 8/2021, unlike what it did with other regulations, did not reform Law 41/2002, of November 14, 2002, the basic regulation of patient autonomy and rights and obligations in terms of clinical information and documentation.

From this perspective, the latter contemplates a regime that, in general, is based on what has come to be known as "consent by proxy"; that is, it is up to the representative (if the measures have not been reviewed) or, as the case may be, to the subject who is bound, for family or de facto reasons. Therefore, such a system is far from the support model proclaimed by Law 8/2021 and is similar to the one previously in force. Based on these premises, vaccination, as a health intervention, presents a similar problem, and this was evident in the treatment offered by the courts and tribunals that faced the authorization of the COVID-19 vaccine in gerontocracy homes for older adults. In this context, the recent STC 38/2023, of April 20, 2023, endorses prior judicial action, understanding that this option benefits the interests of patients with disabilities. Likewise, the possible application of mandatory vaccination for the population also presents some particular aspects that deserve separate attention.

Keywords: consent — Covid19 — disability — information — vaccination

1. CONSIDERACIONES PRELIMINARES

En el presente estudio vamos a tratar de analizar la intervención de las personas con discapacidad en el ámbito sanitario. En este sentido, como es sabido, la Ley 8/2021, de 2 de junio, por la que se reforma la legislación civil y procesal para el apoyo a las personas con discapacidad en el ejercicio de su capacidad jurídica, que introdujo un cambio de paradigma en el ordenamiento jurídico español. A este respecto, supuso la atribución de capacidad jurídica a todas las personas mayores de edad y suprimió la incapacitación judicial.

A partir de dicho momento, España adaptó su legislación a la Convención sobre los derechos de las personas con discapacidad, hecha en Nueva York el 13 de diciembre de 2006 y estableció un marco respetuoso con los derechos de las personas con discapacidad. Sin embargo, si nos aproximamos al ámbito sanitario, no parece que la conclusión sea similar. Muy al contrario, la mencionada Ley 8/2021, a diferencia de lo que realizó con otras normas, no reformó la Ley 41/2002, de 14 de noviembre, básica reguladora de la autonomía del paciente y de derechos y obligaciones en materia de información y documentación clínica.

Desde esta perspectiva, esta última contempla un régimen que, con carácter general, parte de lo que se ha venido a denominar "consentimiento por representación", esto es, en el que corresponde decidir al representante (de no haberse procedido a la revisión de las medidas) o, en su caso, al sujeto vinculado, por razones familiares o de hecho. Tal sistema se aleja, pues, del modelo de apoyos que proclama la Ley 8/2021 y se asemeja al que estaba vigente anteriormente.

A partir de estas premisas, la vacunación, como intervención sanitaria, presenta una problemática similar y así quedó patente en el tratamiento ofrecido por los juzgados y tribunales que se enfrentaron a la autorización de la vacuna de la Covid19 en residencias gerontoasistenciales de mayores. En este marco, se pronuncia la reciente STC 38/2023, de 20 de abril de 2023[1] que avala la actuación judicial previa, entendiendo que esta opción es más beneficiosa para los intereses del paciente con discapacidad. Asimismo, también la posible aplicación de la vacunación de forma obligatoria para la población presenta unos aspectos particulares que merecen de una atención separada[2].

Así las cosas, desde nuestra perspectiva y como se intentará justificar en las líneas que se siguen, cabe aplicar una interpretación correctora de la Ley 41/2002 en determinados casos, con la finalidad de promover, cuando sea posible, la libre autonomía y autodeterminación de las personas con discapacidad. Sea como fuere, somos conscientes de que nos encontramos ante un tema transversal en el que es verdaderamente complejo extraer reglas generales o establecer reglas apriorísticas y consideramos que, quizás, lo más correcto es atender al caso concreto.

Profesor Ayudante Doctor del Área de Derecho Civil de la Universidad Miguel Hernández de Elche. Doctor en Derecho por la Universidad de Alicante. Correo electrónico: m.ortizf@umh.es

1 STC 38/2023, de 20 de abril de 2023 (*Tol 9500943*).

2 A este respecto, señala TORRES DÍAZ, MARÍA CONCEPCIÓN (2023). "El derecho a la integridad personal ante la vacunación no consentida: ¿qué ha dicho el Tribunal Constitucional? Comentarios a la Sentencia del Pleno 38/2023, de 20 de abril, de 2023, en el recurso de amparo promovido sobre la administración de la vacuna frente a la Covid-19 [BOE, núm. 121 de 22/05/2023]", *Diario La Ley*, núm. 10333, Sección Tribuna, p. 6 que se pueden encontrar tres sistemas: vacunación obligatoria, vacunación obligatoria y supuestos híbridos (o intermedios). En estos últimos, "la vacunación se articula como recomendable por parte de los poderes públicos, incorporándose en el calendario vacunal como una actividad prestacional a nivel estatal. Dentro de estos supuestos híbridos también cabría englobar los supuestos de «obligatoriedad indirecta» en donde la vacunación aparece vinculada con la obtención de alguna prestación o servicio, etc". En el caso de la pandemia, apunta la autora que "la vacunación adquiere un carácter bifronte", ya que, por un lado, "se articula para dar respuesta a un interés estrictamente individual", pero, por otro lado, también se configura para "responder a un interés público y/o de protección general".

Por último y a mayor abundamiento, interesa reseñar que, en esta misma línea, se ha manifestado la todavía más reciente STC de 7 de noviembre de 2023 que ha resuelto un supuesto en el que existía desacuerdo entre los progenitores acerca de la vacunación de la menor de once años y en el que los tribunales autorizaron la misma apoyándose en los informes y recomendaciones de organismos oficiales nacionales e internacionales acreditados en materia de salud pública. Como destaca la nota informativa núm. 91/2023, "atendida la evidente complejidad técnica de la decisión", se "considera que cabía inferir razonablemente que una menor de 11 años no habría de contar con la capacidad intelectiva ni los elementos de juicio precisos para emitir un consentimiento informado por sí misma". Y, además, entiende que las decisiones judiciales adoptadas en el caso concreto "justificaron de manera adecuada y suficiente la decisión de autorizar la vacunación de la menor como medio para tutelar efectivamente su interés superior, concretado en este caso en la preservación de su salud física y mental, que, conforme a los estudios, informes y recomendaciones de los organismos oficiales autorizados en materia de vigilancia de la salud, resultaba tutelado de un modo más eficaz mediante la inoculación de la vacuna frente al COVID-19".

2. LA INCORPORACIÓN DE LA LEY 8/2021, DE 2 DE JUNIO AL ORDENAMIENTO JURÍDICO ESPAÑOL Y LA SITUACIÓN DE LAS PERSONAS CON DISCAPACIDAD: EL "MODELO DE APOYOS"

Con la aprobación de la Constitución Española de 1978 se reconocieron de forma expresa una serie de derechos a las personas que, hasta dicho momento, no disponían en la práctica. En suma, supuso la consideración del ser humano como portador de derechos, esto es, como un sujeto relevante en sí mismo considerado. En gran medida, esta norma vino motivada por las exigencias internacionales[3] de respeto a unos valores y principios que se consideraron como una suerte de premisas indispensables a partir de las cuales formar una sociedad democrática y justa. En este marco, los denominados derechos fundamentales (arts. 15 a 29 CE[4]) adquieren una especial relevancia en tanto en cuanto apare-

---

3 En este sentido, como indica REYNAL REILLO, ESPERANZA (2017). *Consentimiento informado y Responsabilidad en el Ámbito Sanitario*, Aranzadi, Navarra, p. 32, "el origen de la protección internacional del hombre surge a partir de la segunda mitad del siglo XX mediante un conjunto de normas que se denominan genéricamente como Derecho Internacional de los Derechos Humanos". Este Derecho implica que los países firmantes reconocen los derechos del hombre como un bien jurídico protegible y "que corresponde a la comunidad internacional su defensa, traspasando fronteras y competencias nacionales". Así, se adoptaron una serie de normas —unas dispositivas o *ius dispositivum* y otras sustantivas o *ius cogens*— con tal de ir progresivamente estableciendo un marco común de protección de los derechos. En este marco, además de reconocerse una serie de derechos a los individuos, se les ofrece la posibilidad de defenderlos a través de unos sistemas internacionales que se desarrollaron tanto en el ámbito de Naciones Unidas como a nivel regional —Consejo de Europa, Organización de Estados Americanos y Unión Africana—. Destaca la Carta Internacional de Derechos Humanos y, dentro de la misma, la Declaración Universal de los Derechos Humanos adoptada por la Asamblea General de las Naciones Unidas en 1948 en París y que recoge los derechos humanos considerados básicos a partir de la carta de San Francisco (26 de junio de 1945). Sin ánimo de exhaustividad, se aprobaron también otros acuerdos como los Pactos de NuevaYork de 1966 y la Convención sobre los Derechos del Niño de 1989. Asimismo, en el ámbito europeo destaca el Convenio Europeo para la Protección de los Derechos Humanos y de las Libertados Fundamentales de Roma (4 de noviembre de 1950) —con sus posteriores modificaciones—, así como la creación del Tribunal Europeo de Derechos Humanos (TEDH) y de la Comisión Europea de Derechos Humanos —que fue posteriormente suprimida con la entrada en vigor del Protocolo 11—.

4 Asimismo, desde nuestra perspectiva cabe incluir entre los derechos fundamentales los arts. 10, 14 y 30.2 CE. Además, lo cierto es que la doctrina científica ha ido anudando nuevos derechos que, a pesar de no estar incluidos expresamente en la Constitución Española, han de ser tutelados con independencia de tal hecho. Se trata, por tanto, de una serie de derechos de nueva generación cuyo origen se encuentra en el desarrollo de las sociedades modernas. En este sentido, algunos autores ponen de relieve que algunos de los con-

cen como aquellas facultades de los particulares cuya vulneración repercute, inexorablemente, en su propia esencia.

En esta línea, el texto constitucional ofrece un tratamiento diferenciado y reforzado para dichos derechos, de tal forma que su desarrollo se ha de producir a través de ley orgánica (que para ser aprobada requiere de mayoría absoluta) y, además, tienen acceso al recurso de amparo frente al Tribunal Constitucional. Así, parte de la doctrina[5] destaca que "los derechos fundamentales operan, en el contexto de los Derechos de los Estados democráticos, como criterios para identificar el Derecho válido y son, en cierto modo, los criterios últimos de validez del Derecho".

Asimismo, la Constitución dispone de eficacia directa y sus mandatos son, por tanto, aplicables a todas las relaciones jurídicas que se produzcan. Por este motivo, se alude a la vertiente horizontal de los derechos contenidos en la citada norma, ya que pueden hacerse valer, no solamente frente a los poderes públicos, sino también en aquellos vínculos producidos entre los administrados. Desde esta perspectiva, la Carta Magna "irradia" tanto al ordenamiento jurídico como al resto de actos o negocios que se celebren que, en consecuencia, deben respetar los mandatos de la primera y ser interpretados *secundum constitutionem*.

Pues bien, todo este entramado provoca que podamos hablar de un derecho de autodeterminación, esto es, de una facultad de decidir libre y voluntariamente acerca de las opciones vitales que

---

tenidos e instituciones típicamente civiles han pasado a alcanzar rango constitucional. A modo de ejemplo, aparece la protección de los consumidores y usuarios o de los menores. *Vid.* GUTIÉRREZ SANTIAGO, PILAR (2011). "La constitucionalización del Derecho Civil", *Estudios de Derecho*, vol. 68, núm. 151, pp. 51-86. Por su parte, otros derechos se han formulado a partir del articulado constitucional, a pesar de que no se encuentren previstos de forma expresa. Es el caso de la protección de datos personales, cuyo fundamento se encuentra en el art. 18.4 CE.

5 ATIENZA RODRÍGUEZ, MANUEL (2001). *El sentido del Derecho*, Ariel, Barcelona.

se presentan. En el campo sanitario este último viene expresado en el consentimiento informado; en el derecho de todo paciente a decidir en lo referente a su salud. Este derecho conlleva, pues, una manifestación y una expresión de la autonomía de la voluntad en la medida que permite que las personas se autogobiernen. En este sentido, el art. 10 CE establece que el derecho a la dignidad y el libre desarrollo de la personalidad son el fundamento del orden político y de la paz social. Así, la dignidad aparece como la razón última, es decir, como el *substratum* de los derechos fundamentales, de tal forma que estos últimos han de ser entendidos como partes de un todo común.

Sin ánimo de determinar un orden jerárquico o de preferencia entre los derechos constitucionales (ya que, en ningún punto lo lleva a cabo la Constitución) ni reabrir debates tradicionales, es cierto que la mencionada dignidad y, en su seno, el libre desarrollo de la personalidad representa la esencia de la vida plena y verdadera. De algún modo, se encuentra "impreso" en la naturaleza misma del ser humano, en su orden natural, por lo que podemos afirmar que su ausencia o conculcación afecta a la existencia de las personas. Dicho en otras palabras, la vida sin dignidad no es una subsistencia completa, sino que, en realidad, es un ejercicio de "mal-vivir". Si recuperamos la idea inicial de la que partíamos, hemos de señalar que este derecho es un requisito indispensable para que se pueda formar una sociedad y que supone un criterio de justicia, una pauta para enjuiciar el Derecho positivo. Al margen de las normas jurídicas y del contenido de las mismas, la dignidad permite que valoremos, críticamente, el ordenamiento y que concluyamos si es justo o injusto[6].

---

6 Como se puede deducir de lo anterior, la plasmación en la Constitución de los referidos derechos, a pesar de ser muy relevante por atribuir seguridad jurídica, no es el origen de los mismos. Si se quiere, no representa la "fuente" de los derechos, sino que se limita a reconocer los derechos que ya se encuentran contemplados en la naturaleza del ser humano.

En contraposición, hemos de tener en cuenta que en el Derecho civil español es clásica la diferencia entre la adquisición de la capacidad jurídica (personalidad) y la capacidad de obrar[7]. Con ella, se quiere poner de manifiesto que, si bien se considera que todas las personas son potencialmente aptas para ser titulares de derechos y obligaciones, no puede concluirse en igual sentido con respecto a la posibilidad de celebrar actos jurídicos de forma válida. Muy al contrario, se suele excluir de esta última posibilidad a dos colectivos, a saber, los menores de edad y las personas con discapacidad[8] inte-

---

7 Se ha debatido acerca de la supresión o no de esta distinción en el ordenamiento jurídico español. Máxime, a la luz de las Observaciones Generales de 19 de mayo de 2014 del Comité sobre los Derechos de las Personas con Discapacidad. Sin embargo, como destaca DE VERDA Y BEAMONTE, JOSÉ RAMÓN (2022). "Primeras resoluciones judiciales aplicando la Ley 8/2021, de 2 de junio en materia de discapacidad", *Diario La Ley,* núm. 10168, p. 2, la Ley 8/2021 no rechaza esta clasificación y las citadas observaciones resultan, cuanto menos, "desmesuradas". No se puede obviar que, como indica el autor, la capacidad de obrar no solamente englobaba a las personas con discapacidad, sino también a menores de edad no emancipados y que las restricciones no han tenido otro fundamento que el de la protección de la persona. De esta forma, si se elimina la diferenciación entre ambas categorías, será necesario, en todo caso, distinguir entre la capacidad jurídica y su ejercicio, por lo que consideramos que esta pretensión del legislador y el debate que se ha suscitado es, en gran medida, estéril.

8 En este sentido, hay que tener en cuenta que el término personas con discapacidad engloba a un colectivo heterogéneo en el que se incluyen aquellos sujetos con deficiencias físicas, mentales, intelectuales o sensoriales a largo plazo que, al interactuar con diversas barreras, puedan impedir su participación plena y efectiva en la sociedad en igualdad de condiciones con las demás. Así, se trata de un concepto que alude a personas especialmente vulnerables y se refiere no solo a las que hayan sido declaradas como personas con la capacidad judicialmente modificada sino también a quienes ostenten la condición de "persona con discapacidad", según la definición contenida en la Convención Internacional de Naciones Unidas sobre Derechos de Personas con Discapacidad, que ha sido ratificada por España en fecha 23 de noviembre de 2007, y la Ley 51/2003, de 2 de diciembre, de igualdad de oportunidades, no discriminación y accesibilidad universal de las personas con discapacidad (que ha sido derogada al ser sustituida por el Real Decreto Legislativo 1/2013, de 29 de noviembre, por el que se aprueba el Texto Refundido de la Ley General de

lectual. En este sentido, el sistema del Código Civil, en consonancia con lo anterior, preveía una serie de instituciones (patria potestad, tutela y curatela) cuya finalidad era representar a estos sujetos lo que, en muchos casos, conllevaba sustituir su voluntad por aquella que se identificaba con su interés superior. Se trataba de buscar el mayor beneficio para este colectivo y evitar que pudieran aproximarse otras personas con intereses fraudulentos.

Sin embargo, se consideró que este régimen no era respetuoso con las exigencias internacionales de respeto a los derechos de las personas con discapacidad. Ciertamente, al margen de la necesaria revisión de la terminología empleada[9], se han aprobado distintas disposiciones cuya finalidad es ofrecer una tutela adecuada[10]. A este

---

derechos de las personas con discapacidad y de su inclusión social, en cumplimiento del art. 49 CE).

9 A este respecto, han de sustituirse las expresiones "minusválido, inválido o discapacitado" por la de "persona con discapacidad". En este sentido, como destaca
LÓPEZ SÁNCHEZ, CRISTINA (2019). "La nueva formulación del límite de accesibilidad para personas con discapacidad en la Ley de Propiedad Intelectual", *Pe. i. Revista de propiedad intelectual*, núm. 63, p. 16, a pesar de que se han venido empleando términos como "minusválido", "disminuido", "inválido", "deficiente", "impedido" o "discapacitado", se debería evitar emplear esas denominaciones y a la vez dotar de fuerza a la expresión "personas con discapacidad". Así, propone una interpretación extensiva de la disposición adicional octava de la Ley 39/2006, de Promoción de la Autonomía Personal y Atención a las Personas en Situación de Dependencia, de tal forma que se debe incluir en el texto, "además de las referencias a minusválidos y las personas con minusvalías, las referencias a disminuidos, inválidos y discapacitados que todavía hoy se encuentran en algunas normas".

10 En esta línea, se han aprobado distintas normas que tienen como finalidad última proteger a las personas con discapacidad. Además de las ya citadas, *vid.* la Ley 49/2007, de 26 de diciembre, de infracciones y sanciones en materia de igualdad de oportunidades, no discriminación, la Ley 26/2011, de 1 de agosto, de Adaptación normativa a la Convención Internacional sobre los Derechos de las Personas con Discapacidad y el Real Decreto 1276/2011, de 16 de septiembre, de Adaptación normativa a la Convención Internacional sobre los Derechos de las Personas con Discapacidad, entre otras. Asimismo, cabe destacar que el Consejo de Ministros el 21 de septiembre de 2018, aprobó el

respecto, no se puede obviar que España ratificó la Convención sobre los derechos de las personas con discapacidad, hecha en Nueva York el 13 de diciembre de 2006 y, por tanto, quedó integrada en nuestro ordenamiento jurídico. Esta norma tuvo como propósito, tal y como señala su art. 1, "promover, proteger y asegurar el goce pleno y en condiciones de igualdad de todos los derechos humanos y libertades fundamentales por todas las personas con discapacidad, y promover el respeto de su dignidad inherente".

Para adaptar la legislación a los principios y postulados recogidos en la Convención, se emitieron distintas normas como la Ley 26/2011, de 1 de agosto, de adaptación normativa a la Convención Internacional sobre los Derechos de las Personas con Discapacidad o el Real Decreto Legislativo 1/2013, de 29 de noviembre, por el que se aprueba el Texto Refundido de la Ley General de derechos de las personas con discapacidad y de su inclusión social. No obstante, no disponíamos de una regulación adecuada para las personas con discapacidad intelectual. A este respecto, hay que tener en cuenta que el tratamiento ofrecido a este colectivo no podía considerarse como adecuado a su dignidad y al libre desarrollo de su personalidad, por cuanto se reducía a la aplicación de un régimen restrictivo de sus posibilidades de actuación, sustituyendo su voluntad por la de un tercero.

Precisamente por este motivo, siguiendo las tendencias de otros países, se aprobó la Ley 8/2021[11] cuya finalidad es incorporar un

---

Anteproyecto de Ley por la que se reforma la legislación civil y procesal de en materia de discapacidad. A ello hay que añadir que el Consejo Económico y Social aprobó, en su sesión ordinaria de 24 de octubre de 2018, un dictamen sobre esta norma y que, además, el Pleno del Consejo General del Poder Judicial, en su reunión del día 29 de noviembre de 2018, adoptó un acuerdo para emitir el Informe sobre el anteproyecto de ley por la que se reforma la legislación civil y procesal en materia de discapacidad. Por último, hay que señalar que el Consejo de Ministros aprobó el 7 de diciembre de 2018 el Anteproyecto de ley para iniciar una reforma constitucional del art. 49 y modificar tanto el lenguaje que emplea como su estructura y contenido.

11 Algunos autores se pronunciaron sobre el Anteproyecto de Ley presentado y sobre las implicaciones del mismo. Por todos, *vid.* PAU PADRÓN, ANTONIO

marco respetuoso con las exigencias internacionales. Entre las modificaciones más relevantes, conviene destacar la separación entre mayores y menores de edad o el reforzamiento de la guarda de hecho como institución jurídica de apoyo. Desde la perspectiva del Derecho civil, estas cuestiones se traducen, entre otras medidas, en la supresión de la incapacitación y, en consecuencia, en la eliminación de figuras como la tutela, la patria potestad prorrogada y la patria potestad rehabilitada.

En consonancia con lo anterior, se otorga especial atención a otras como la guarda de hecho, el defensor judicial y la curatela, de tal forma que se permite realizar un "traje a medida" para cada persona con discapacidad. De hecho, esta última es la que recibe una regulación más detallada en la Ley 8/2021 y se erige como la principal institución de origen judicial para las personas con disca-

(2018). "De la incapacitación al apoyo: el nuevo régimen de la discapacidad intelectual en el Código Civil", *Revista de Derecho Civil*, vol. 5, núm. 3, pp. 5-28; GARCÍA RUBIO, MARÍA PAZ (2018). "Las medidas de apoyo de carácter voluntario, preventivo o anticipatorio", *Revista de Derecho Civil*, vol. 5, núm. 3, pp. 29-60; "Algunas propuestas de reforma del Código Civil como consecuencia del nuevo modelo de discapacidad. En especial en materia de sucesiones, contratos y responsabilidad civil", *Revista de Derecho Civil*, vol. 5, núm. 3, pp. 173-197; PEREÑA VICENTE, MONSERRAT (2018). "La transformación de la guarda de hecho en el Anteproyecto de Ley", *Revista de Derecho Civil*, vol. 5, núm. 3, pp. 61-83; ESCARTÍN IPIÉNS, JOSÉ ANTONIO (2018). "La autocuratela en el Anteproyecto de Ley sobre modificación del Código Civil y otras leyes complementarias en materia de discapacidad", *Revista de Derecho Civil*, vol. 5, núm. 3, pp. 85-119; "Disposiciones transitorias del Anteproyecto de Ley de reforma del Código Civil y otras leyes complementarias en materia de discapacidad", *Revista de Derecho Civil*, vol. 5, núm. 3, pp. 227-245; MUNAR BERNAT, PEDRO ANTONIO (2018). "La curatela: Principal medida de apoyo de origen judicial para las personas con discapacidad", *Revista de Derecho Civil*, vol. 5, núm. 3, pp. 121-152; PALLARÉS NEILA, JAVIER (2018). "La revisión de las sentencias dictadas en el nuevo procedimiento de provisión de apoyos", *Revista de Derecho Civil*, vol. 5, núm. 3, pp. 153-171; MAGARIÑOS BLANCO, VICTORIO (2018). "Comentarios A La Propuesta Para La Reforma Del Código Civil Sobre Discapacidad", *Revista De Derecho Civil*, vol. 5, núm. 3, pp. 199-225.

pacidad. La finalidad de la misma es, como hemos tenido ocasión de señalar, asistir, apoyar y ayudar en el ejercicio de la capacidad jurídica a este colectivo, siendo su naturaleza de carácter asistencial. Las funciones representativas, por tanto, únicamente tendrán vigencia de forma excepcional y cuando sean necesarias en atención al caso concreto.

Por todo lo anterior, debemos entender que las consecuencias de las medidas se imponen al organismo de apoyo y no a las personas con discapacidad, como ocurría hasta este momento. No puede perderse de vista que el objetivo es atender a la voluntad de estos sujetos[12], por lo que, llegado el caso, si no tuvieran formada dicha voluntad, se tendrá que contribuir a su formación. La discapacidad, por tanto, ya no aparecerá como un estado civil. Sin duda, la correcta integración de las personas con discapacidad requiere de un cambio en distintas dimensiones (política, cultural, ética, jurídica, etc.).

Y es que, como muy acertadamente pone de relieve la doctrina[13], "Este modelo entiende que la discapacidad está originada no tanto por las limitaciones personales ocasionadas por el padecimiento de una deficiencia —como sostiene el modelo médico— sino por las

---

12 A este respecto, al comentar el artículo 3.1 de la Ley Orgánica 1/1982, de 5 de mayo, de protección civil del derecho al honor, a la intimidad personal y familiar y a la propia imagen, destaca DE VERDA Y BEAMONTE, JOSÉ RAMÓN (2014). "El consentimiento de los menores e incapacitados a las intromisiones de los derechos de la personalidad", *AJI*, núm. 1, p. 38, que se trata de una norma impregnada por el principio constitucional de libre desarrollo de la personalidad, "que lleva a consideran que en los actos jurídicos que no afectan a intereses puramente patrimoniales, sino a la dimensión personal del ser humano, los menores e incapacitados deben poder ejercitarlos, si se hallan en condiciones de poder apreciar y querer sus consecuencias, lo que, inexorablemente, remite a la apreciación judicial".

13 CUENCA GÓMEZ, PATRICIA (2012). "El sistema de apoyo en la toma de decisiones desde la Convención Internacional sobre los Derechos de las Personas con Discapacidad: principios generales, aspectos centrales e implementación en la legislación española", *REDUR*, núm. 10, p. 71.

limitaciones de una sociedad que no tiene presente en su diseño la situación de las personas con discapacidad generando barreras que las excluyen y discriminan. De este modo, no son las personas con discapacidad las que tienen que adaptarse y rehabilitarse para poder participar plenamente en la vida social, sino que es la sociedad la que debe re-diseñarse para garantizar su inclusión en igualdad de condiciones".

Además, en la línea de lo señalado en la Convención, se persigue que las personas con discapacidad puedan decidir en todos los ámbitos de su vida, por lo que la representación se prevé como medida excepcional y subsidiaria. De esta forma, el tradicional "modelo de sustitución" ha sido superado y se ha establecido un "modelo de apoyo o asistencia[14]". Desde esta perspectiva, se entiende que las consecuencias de estas medidas se imponen a las personas capaces y no a las personas con discapacidad, que deberán respetar su voluntad y promover su formación cuando la misma no exista. De hecho, incluso en los casos de representación han de tenerse en cuenta las preferencias, la personalidad, las creencias y la voluntad de las personas con discapacidad[15].

A diferencia de lo que ocurre con los menores de edad, el "interés de la persona con discapacidad" queda relegado por la protección de su autonomía de la voluntad. Como se observa, de nuevo nos estamos refiriendo a la protección de la dignidad y a la necesaria adecuación de la legislación a sus postulados. Así, la Exposición de Motivos la precitada Ley 8/2021 destaca que estamos ante un nuevo enfoque de la realidad que incluye un aspecto que ha estado desapercibido, esto es,

---

14 A este respecto, algunos autores venían abogando por la toma de decisión apoyada como medio más respetuoso con las personas que presentan alguna limitación en sus capacidades, relegando la tutela a un espacio residual. En este sentido, *vid.* ROSENVALD, NELSON (2019). "A tomada de decisão apoiada", *Cadernos da Lex Medicinae (Saúde, novas tecnologías e responsabilidades)*, núm. 4, vol. II, pp. 381-394.

15 Para más información acerca de los derechos de las personas con discapacidad, *vid.* MARTÍNEZ-PUJALTE, ANTONIO LUIS (2015). *Derechos fundamentales y discapacidad*, Ediciones Cinca, Madrid.

"que las personas con discapacidad son titulares del derecho a la toma de sus propias decisiones, derecho que ha de ser respetado; se trata, por tanto, de una cuestión de derechos humanos".

Afirma DE VERDA Y BEAMONTE[16] que se puede observar "un claro cambio de paradigma en el tratamiento de la discapacidad, la cual ya no se contempla desde un punto de vista negativo o restrictivo de la tradicionalmente denominada capacidad de obrar: se contempla en positivo, es decir, propugnándose la creación de un sistema de apoyos y salvaguardas en favor de las personas con discapacidad, que les permita el ejercicio, por sí mismas, de los derechos de que son titulares en virtud de su capacidad jurídica".

A este respecto, por ejemplo, la STS 19 octubre 2021[17] establece la necesidad de respetar la voluntad de la persona con discapacidad en relación con su preferencia por la medida de curatela, al no concurrir las "causas legales previstas para prescindir del criterio preferente de la voluntad de la demandada", por no existir "circunstancias graves desconocidas por la misma, o variación de las contempladas al fijar la persona que le prestará apoyos".

En esta misma línea, en cuanto a la designación de la persona que debe desempeñar la medida de apoyo, se pronuncia la STS 23 diciembre 2021[18], en la que se prevé que no cabe "prescindir de la voluntad exteriorizada por el demandado, dada la trascendencia que se le otorga en la nueva ley", requiriéndose, en consecuencia, una especial motivación que explicite "las concretas razones por las que, en su caso, se prescinde de la voluntad y preferencia en tal aspecto exteriorizada por el demandado".

---

16 *Vid.* DE VERDA Y BEAMONTE, JOSÉ RAMÓN (2022). "Primeras resoluciones judiciales aplicando la Ley 8/2021, de 2 de junio en materia de discapacidad", *Diario La Ley,* núm. 10168, p. 2. Asimismo, *vid.* DE VERDA Y BEAMONTE, JOSÉ RAMÓN (2022). "La guarda de hecho de las personas con discapacidad a la luz de la reciente jurisprudencia sobre la materia", *Diario La Ley,* núm. 10168.

17 STS 19 octubre 2021 (*Tol 8628066*).

18 ECLI:ES:TS:2021:4879.

Sin embargo, esta nueva realidad no ha estado exenta de críticas en la doctrina. Por un lado, parece razonable cuestionar la supresión del interés superior de la persona con discapacidad; en suma, la protección de esta última, aún en contra de su voluntad. Por este motivo, apunta ARNAU MOYA[19] que la misión de la jurisprudencia pasa por "conciliar la voluntad a ultranza de la persona con discapacidad respecto a las medidas de apoyo que se le van a aplicar con el desaparecido principio del interés del discapaz". Así las cosas, citando las SSTS 8 septiembre 2021[20] y 19 octubre 2021[21] señala que, con buen criterio, este principio será "rescatado" por la jurisprudencia.

Por otro lado, íntimamente relacionado con lo anterior, aparece la cuestión relativa a la determinación y concreción de la voluntad, deseos y preferencias de las personas con discapacidad. Máxime, porque en muchos casos será la propia enfermedad la que provoque que el sujeto carezca de capacidad para discernir y formar la pretendida voluntad. Así lo pone de relieve DE VERDA Y BEAMONTE[22] al señalar que en algunas discapacidades como la sensorial o la provocada por el síndrome de Down, efectivamente, "la restricción de la tradicionalmente llamada capacidad de obrar carece de sentido o resulta desproporcionada, por lo que lo procedente es establecer un sistema de apoyos tendente a posibilitar el ejercicio de los derechos de las personas que las padecen, por ellas mismas, de acuerdo con las propias inclinaciones y preferencias (con derecho, pues, a equivocarse)".

No obstante, no ocurre lo mismo con aquellos escenarios, por lo demás, cada vez más frecuentes dado el avance de la esperanza media de vida, en los que será necesario el recurso "a un sistema

---

19 ARNAU MOYA, FEDERICO (2022). "Aspectos polémicos de La ley 8/2021 de medidas de apoyo a las personas con discapacidad", *Revista Boliviana de Derecho,* núm. 32, p. 537 y pp. 554-555.

20 SSTS 8 septiembre 2021 (*Tol 8585229*).

21 STS 19 octubre 2021 (*Tol 8628066*).

22 DE VERDA Y BEAMONTE, JOSÉ RAMÓN (2022). "Primeras resoluciones judiciales aplicando la Ley 8/2021, de 2 de junio en materia de discapacidad", *Diario La Ley,* núm. 10168, p. 2.

de adopción de medidas sustitutivas a través de la actuación de un representante legal que obre en nombre de la persona con discapacidad (curador con facultades de representación)".

Más tajante se muestra CARRASCO PERERA[23] al destacar que el legislador ha cometido "un desenfoque" (que no duda en catalogar de "parafernalia ideológica") al no regular civilmente la capacidad "como un régimen relativo a la restricción de la capacidad de obrar", toda vez que, como consecuencia, se producen "disparates" como el de Diógenes. Desde esta perspectiva, alaba la solución de la STS 8 septiembre 2021[24] al apuntar que se ha escogido "una vía peligrosísima para el funcionamiento del espurio sistema de apoyos diseñado por la ley 8/2021. No importa que Diógenes no quiera apoyos, porque su decisión procede precisamente de la deficiencia cognitiva que define su síndrome. Sígase por ahí y habremos dinamitado la parafernalia ideológica sobre la que se construye el nuevo sistema. De momento, no ha podido soportar el primer rejón que le mete el discreto Sr. Sancho Gargallo. Otros vendrán que le apuntillarán".

En este punto, estamos "obligados" a convivir con un régimen que, sin duda, presenta grandes incógnitas y ofrece un sistema que, en ciertos casos, desprotege a quien, no se olvide, necesita apoyos. Por supuesto, estos apoyos han de ser acordes a las necesidades de la persona con discapacidad y, en muchos supuestos, serán verdaderamente promotores de su voluntad. Pero querer extender esta premisa sin limitaciones aparentes y sin herramientas de seguridad, puede generar consecuencias muy negativas. Por este motivo, los tribunales se están viendo obligados a realizar un esfuerzo desmesurado con tal de, de forma sutil, evitar la aplicación de la Ley 8/2021 con todas sus implicaciones.

Ciertamente, han existido situaciones poco respetuosas con los derechos de las personas con discapacidad al restringir todas las esferas de su vida y sin discriminar en función de la enfermedad que padecían.

---

23 CARRASCO PERERA, ÁNGEL (2021). "Diógenes en el basurero (de la reforma civil de la discapacidad)", *Actualidad Jurídica Aranzadi,* núm. 978.

24 SSTS 8 septiembre 2021 (*Tol 8585229*).

No obstante, este inconveniente ya se había solventado de forma razonablemente adecuada y, en todo caso, disponíamos de toda una escala intermedia de posibilidades antes de situarnos en el otro extremo.

Y se plantea, pues, cuál es la función del jurista y de los aplicadores del Derecho. ¿Consiste en salvar los palmarios y evidentes errores del legislador? En cierta medida, este hecho puede alcanzarse aplicando una interpretación correctora de la norma jurídica. Sin embargo, a nuestro parecer, no se puede "retorcer" esta última y la realidad hasta límites insospechados en aras de una hipotética justicia material y convertirla, de facto, en una interpretación *contra legem*. La seguridad jurídica y el Estado de Derecho obligan a actuar en atención a la norma y no a espaldas de la misma. Si se detecta que la disposición no cumple su objetivo, lo procedente (y prudente) es reformarla y adaptarla, pero no olvidarla.

En todo caso, cabe cuestionar si las exigencias de la Convención sobre los derechos de las personas con discapacidad de Nueva York de 13 de diciembre de 2006 y la Ley 8/2021 se respetan en todos los ámbitos de actuación de las personas con discapacidad. Téngase en cuenta que, con independencia de su tenor literal, se debe llevar a cabo una exégesis de todas las normas en consonancia con los mandatos mencionados. En particular, nos preguntaremos acerca del campo sanitario y la prestación del consentimiento informado.

3. EL CONSENTIMIENTO INFORMADO DE LAS PERSONAS CON DISCAPACIDAD EN EL ÁMBITO SANITARIO: LAS DISFUNCIONALIDADES DEL SISTEMA

El reconocimiento del consentimiento informado en el sector sanitario en España se produjo de forma paulatina y progresiva a lo largo del tiempo[25]. En este sentido, inicialmente se encontraba

25 A este respecto, señala muy acertadamente BARCELÓ DOMÉNECH, JAVIER (2018). "Consentimiento informado y responsabilidad médica", *AJI*,

instaurado el denominado modelo paternalista clásico. Los presupuestos de este último se pueden resumir en la máxima "todo por el paciente, pero sin el paciente", esto es, que correspondía a los profesionales de decidir acerca de las cuestiones relativas a la salud de los usuarios. Además, se entendía que no cabía atribuir responsabilidad a los sanitarios por los posibles perjuicios que se produjeran en la práctica curativa por cuanto la medicina era una ciencia no exacta.

Sin embargo, por exigencias internacionales, se fue introduciendo la necesidad de respetar el derecho de autodeterminación de los pacientes, es decir, el derecho al consentimiento informado[26]. Así, "la propia consideración de la persona humana como portadora

---

núm. 8, p. 280 que "El derecho a ser informado que tiene el paciente, como paso previo a la emisión de su consentimiento al tratamiento médico, constituye uno de los grandes logros del Derecho médico de las últimas décadas". Como pone de relieve TORRES DÍAZ, MARÍA CONCEPCIÓN (2023). "El derecho a la integridad personal ante la vacunación no consentida: ¿qué ha dicho el Tribunal Constitucional? Comentarios a la Sentencia del Pleno 38/2023, de 20 de abril, de 2023, en el recurso de amparo promovido sobre la administración de la vacuna frente a la Covid-19 [BOE, núm. 121 de 22/05/2023]", *Diario La Ley*, núm. 10333, Sección Tribuna, p. 6, el Tribunal Constitucional ha reconocido dos dimensiones del derecho a la integridad física. De un lado, tiene una "una primera vertiente protectora que se podría sintetizar en el derecho de la persona a la «incolumidad corporal»", que "protege la inviolabilidad de la persona contra toda clase de intervenciones sin consentimiento de su titular". De otra parte, "en su dimensión positiva, se concretaría en el libre desarrollo de la personalidad que dispensa protección frente a los riesgos que puedan surgir en una sociedad tecnológicamente avanzada ( ) desde donde se refuerza el consentimiento que reconoce la autodeterminación de la persona sobre su propio cuerpo". Así las cosas, "como en el ámbito sanitario, a su vez, el derecho a la integridad personal conlleva una facultad negativa que se traduciría en la imposición de un deber de abstención de actuaciones médicas y una facultad de oposición a la asistencia médica como manifestaciones del derecho de autodeterminación", por lo que "cabría colegir como el consentimiento del paciente a cualquier intervención médica sobre su persona es inherente a su derecho fundamental a la integridad física".

26 Para más información, *vid.* PEREIRA, ANDRÉ GONÇALO DIAS (2015). *Direitos dos Pacientes e Responsabilidade Médica*, Coimbra Editora, Coimbra.

de derechos humanos inherentes provocó un cambio de paradigma. En este sentido, se fue forjando en el ámbito internacional —y europeo— el compromiso en la protección y tutela de los derechos humanos[27]".

Todo ello, provocó que se tutelara este derecho de forma expresa en el ordenamiento jurídico español a través de la aprobación de la Ley 41/2002. Esta norma representó una actualización de la legislación anterior (en concreto, la Ley 14/1986, de 25 de abril, General de Sanidad) con el objetivo, tal y como reconoce en su Exposición de Motivos, de "ofrecer en el terreno de la información y la documentación clínicas las mismas garantías a todos los ciudadanos del Estado, fortaleciendo con ello el derecho a la protección de la salud que reconoce la Constitución".

Desde esta perspectiva, la Ley 41/2002 configura el consentimiento informado como un derecho formado por dos facultades que, no obstante, se encuentran íntimamente ligadas, a saber, la información previa y el posterior consentimiento. A este respecto, el artículo 2.2 de la mencionada disposición recoge estas premisas, exigiendo que todas las actuaciones en el ámbito de la sanidad cuenten, con carácter general, con la autorización de los usuarios y que, además, dicha voluntad se manifieste después de haber recibido una adecuada información. No se puede obviar que, de otro modo, estaríamos ante una decisión que no puede reputarse como libre, válida y voluntaria; si se quiere, se trataría de un "consentimiento desinformado".

De este modo, el posterior articulado de la ley se encarga de establecer las condiciones en las que se ha de prestar el consentimiento informado, los sujetos obligados, así como determinadas

---

27 ORTIZ FERNÁNDEZ, MANUEL (2019). "La responsabilidad civil en el ámbito sanitario derivada del consentimiento informado", *AJI,* núm. 10 bis, pp. 548-565; ORTIZ FERNÁNDEZ, MANUEL (2021). *El consentimiento informado en el ámbito sanitario: responsabilidad civil y derechos constitucionales*, Dykinson, Madrid.

situaciones en las que nos podemos encontrar ante límites o excepciones al derecho. Entre estas últimas, de una forma resumida, podemos destacar que lleva a cabo una separación entre dos tipos de escenarios. De un lado, aquellos en los que un tercero (representante, familiar o allegado) tiene que sustituir la decisión del paciente (art. 9.3 Ley 41/2002), que podemos referir como supuestos de "consentimiento por representación". De otro lado, los casos en los que es el propio profesional quien, a la vista de las circunstancias, debe dirimir la intervención que se presenta como más favorable para el usuario (art. 9.2 Ley 41/2002).

En realidad, si se depara con detenimiento, en ambos se produce una suerte de "representación" y la única diferencia reside en el sujeto que, finalmente, es el encargado de determinar la actuación que ha de ejecutarse. Además, en los dos contextos el paciente se encuentra en una posición en la que no puede manifestar su voluntad o, si puede realizarlo, no será tenida en cuenta con todas las implicaciones que conlleva. Así, se trata de supuestos en los que el usuario no posee la plena capacidad de discernimiento, ya sea por tenerla limitada previamente (por edad), ya sea porque las condiciones concurrentes han provocado que se halle en tal situación.

Por lo que respecta a los límites a los que hacíamos referencia, es posible, a su vez, aludir a dos clases en función de la facultad a la que afecten. De un lado, en cuanto a la información, la Ley 41/2002 no recoge una verdadera excepción, sino que extiende el número de sujetos a los que comunicar los datos. Así, el art. 5 apartados 2 y 3 de la norma obliga a que se informe tanto al paciente como a su representante legal o a las personas vinculadas a él por razones familiares o de hecho (en caso de "incapacidad natural"). De otro lado y en consonancia con lo señalado, el art. 9.3 letras a) y b) recogen el "consentimiento por representación" en estos casos. Como se puede comprobar, la información previa a los terceros tiene sentido, pues serán los que, a la postre, decidan lo más adecuado para el usuario.

En cuanto a la naturaleza del consentimiento informado, siguiendo las líneas marcadas por la STC 37/2011, de 28 de marzo[28], consideramos que aparece como un derecho de configuración legal que, por su especial vinculación con el derecho fundamental a la integridad física y moral y al libre desarrollo de la personalidad (art. 15 CE), supone una garantía de este último. No obstante, entendemos que el consentimiento no puede confundirse con el mencionado derecho fundamental, sino que solamente en aquellos contextos más graves, la conculcación de primero puede comportar también la del segundo, pero no en todos los supuestos.

Sea como fuere, esta interpretación no se conjuga adecuadamente con la moderna tendencia acogida por el Tribunal Constitucional de reconocimiento de derechos fundamentales. Así ha ocurrido, por ejemplo, en relación con la eutanasia en la STC 19/2023, de 22 de marzo[29] y, más recientemente, en la STC 94/2023, de 12 de septiembre[30] o, en el ámbito de la interrupción voluntaria del embarazo, en la STC 44/2023, de 9 de mayo[31] y en la STC 78/2023, de 3 de julio[32].

De lo expuesto hasta el momento, pareciera que las personas con discapacidad gozan de un tratamiento acorde con su dignidad y que, en consecuencia, en ejercicio de su derecho de autodeterminación, pueden decidir en todos los ámbitos de su vida (incluido el campo sanitario). Sin embargo, debemos reflexionar sobre las implicaciones reales de la precitada Ley 8/2021, pues al margen de la supresión formal de la tutela, no es cierto que hayan desaparecido las facultades de representación de quienes desempeñan los cargos. A este respecto, se contempla la “curatela representativa” que, en principio, supone una medida casi equivalente a la anterior tutela.

---

28 STC 37/2011, de 28 de marzo (*Tol 2084764*).

29 STC 19/2023, de 22 de marzo (*Tol 9493276*).

30 STC 94/2023, de 12 de septiembre (*Tol 9714073*).

31 STC 44/2023, de 9 de mayo (*Tol 9582039*).

32 STC 78/2023, de 3 de julio (*Tol 9653326*).

En especial, en el campo sanitario, cabe destacar lo dispuesto en el artículo 287.1° CC (tras la modificación de la Ley 8/2021), que incluso parece excluir de la autorización judicial los actos que lleve a cabo el "curador que ejerza funciones de representación de la persona que precisa el apoyo ( ) en materia de internamiento, consentimiento informado en el ámbito de la salud o en otras leyes especiales".

La norma, por tanto, remite a la legislación especial que sea de aplicación para determinar estas disquisiciones. Así las cosas, la Ley 8/2021, a diferencia de lo que ha ocurrido con muchas otras leyes, no ha modificado ni la Ley 41/2002, lo cual no deja de ser llamativo. Por tanto, el régimen dispuesto en la Ley 41/2002 continúa teniendo plena vigencia en este sector. A este respecto, al margen de la desfasada terminología (que, por lo demás, hubiera sido motivo suficiente para proceder a su reforma), establece dos reglas generales.

En el caso de la información, el artículo 5.2 de la Ley 41/2002, referido a la información, amplía los sujetos a los que se deben comunicar los datos relativos a la salud del paciente. En este sentido, señala que el usuario será informado, "incluso en caso de incapacidad, de modo adecuado a sus posibilidades de comprensión, cumpliendo con el deber de informar también a su representante legal".

Por lo que respecta al consentimiento y en la línea de lo destacado anteriormente, el artículo 9.3 a) y b) establece la necesidad de acudir a la representación cuando "el paciente no sea capaz de tomar decisiones, a criterio del médico responsable de la asistencia, o su estado físico o psíquico no le permita hacerse cargo de su situación" y cuando "el paciente tenga la capacidad modificada judicialmente y así conste en la sentencia", respectivamente. Este inciso a la sentencia, que podía tener relevancia en relación con el régimen anterior a la Ley 8/2021 para evitar que se restringiera la voluntad de la persona con discapacidad en todos los sectores sin excepción, no parece tener encaje en el sistema de apoyos.

Estas previsiones se completan con los apartados 6 y 7 del mencionado artículo 9 de la Ley 41/2002. El primero de ellos prevé que el representante legal o las personas vinculadas por razones familiares o de hecho han de tomar la decisión atendiendo al mayor beneficio para la vida o salud del paciente. Si se detecta que este extremo no se cumple, se debe poner en conocimiento de la autoridad judicial para que "adopte la resolución correspondiente, salvo que, por razones de urgencia, no fuera posible recabar la autorización judicial, en cuyo caso los profesionales sanitarios adoptarán las medidas necesarias en salvaguarda de la vida o salud del paciente, amparados por las causas de justificación de cumplimiento de un deber y de estado de necesidad".

En todo caso, no se comprende adecuadamente el alcance de este precepto si, como se ha señalado anteriormente, el interés de la persona con discapacidad ha sido suprimido del ordenamiento jurídico, en la medida que ha sido sustituido por la promoción de su autonomía y libre autodeterminación.

Por su parte, el apartado 7 del mismo artículo[33] incorpora una regla para valorar y ponderar la situación y la participación de la persona con discapacidad. Dispone, en consecuencia, que el paciente participará, en la medida de lo posible, en la toma de decisiones en el proceso sanitario. Se acompaña, además, de la necesidad de que se ofrezcan las medidas de apoyo pertinentes para que la información sea comprensible para las personas con discapacidad, tratando de favorecer que consientan por sí mismos. De esta forma, el fin último ha de ser el respeto a la dignidad del paciente y se deberá buscar que intervenga en las decisiones.

---

33 Asimismo, la Disposición adicional cuarta de la norma indica que "El Estado y las Comunidades Autónomas, dentro del ámbito de sus respectivas competencias, dictarán las disposiciones precisas para garantizar a los pacientes o usuarios con necesidades especiales, asociadas a la discapacidad, los derechos en materia de autonomía, información y documentación clínica regulados en esta Ley".

Sea como fuere, este artículo no tiene el mismo alcance y contenido que la Ley 8/2021, pues se limita a "rebajar" el tenor literal del artículo 9.3 c) a través de una cláusula interpretativa y sin definir ni concretar, en suma, cómo se debe proceder por parte del profesional cuando se trate de un paciente con discapacidad.

En este punto, cabe pensar que el legislador, a pesar de la reforma producida por la Ley 8/2021, ha decidido restringir el consentimiento informado de las personas con discapacidad en el campo sanitario. De hecho, esto último se confirma en algunas disposiciones como la Ley Orgánica 3/2021, de 24 de marzo, de regulación de la eutanasia.

No obstante, esta conclusión se ve alterada si atendemos a otras normas aprobadas. Es el caso, por ejemplo, de la Ley Orgánica 1/2023, de 28 de febrero, por la que se modifica la Ley Orgánica 2/2010, de 3 de marzo, de salud sexual y reproductiva y de la interrupción voluntaria del embarazo que, de forma expresa, alude a la posibilidad de acudir a estas prácticas.

Este hecho se agrava más, si cabe, por la STC 44/2023, de 9 de mayo[34], que, al resolver el recurso de inconstitucionalidad planteado frente a la mencionada Ley Orgánica 2/2010, reconoce un derecho fundamental de la mujer a interrumpir voluntariamente su embarazo, afirmando que esta decisión se encuentra amparada en la dignidad de la persona y en el libre desarrollo de la personalidad (art. 10.1 CE), y en el derecho a la integridad física y moral (art. 15 CE).

Si se depara con detenimiento, existe una evidente disfuncionalidad en el ordenamiento jurídico español. No parece tener excesivo sentido que una persona con discapacidad no pueda prestar, con carácter general, su consentimiento informado en el ámbito sanitario y, sin embargo, pueda acceder a la interrupción voluntaria del embarazo. Esta última, además de ser una intervención médica,

---

34 STC 44/2023, de 9 de mayo (*Tol 9582039*).

conlleva la eliminación de un bien jurídicamente protegido como es la vida prenatal.

Al margen de lo anterior, consideramos que existen razones suficientes para aplicar una interpretación sistemática (correctora) de la Ley 41/2002 con base en la Convención sobre los derechos de las personas con discapacidad de Nueva York de 13 de diciembre de 2006 y en la propia Ley 8/2021. Máxime si tenemos en cuenta que el artículo 23.1 b) de la mencionada Convención establece "el derecho de las personas con discapacidad a decidir libremente y de manera responsable el número de hijos que quieren tener y el tiempo que debe transcurrir entre un nacimiento y otro, y a tener acceso a información, educación sobre reproducción y planificación familiar apropiados para su edad, y se ofrezcan los medios necesarios que les permitan ejercer esos derechos".

En esta línea, apunta TORRELLES TORREA[35] que "mientras las normas sanitarias no sean modificadas existe un problema", esto es, "una laguna axiológica sobrevenida, pues los nuevos principios no se corresponden con unas reglas preexistentes. Hay que decidir si la Ley 8/2021 deroga a las anteriores, o si éstas han de prevalecer por su carácter especial frente al Código civil. Creemos que mientras no se adapten dichas leyes al nuevo modelo, es necesario que estas normas se interpreten a la luz de la nueva regulación".

Desde esta perspectiva, los pacientes con discapacidad deberán disponer tanto del derecho a la información como del posterior consentimiento, salvo excepciones. Las referencias de los artículos 5.2 y 9.3 a) y b) de la Ley 41/2002 han de entenderse en el sentido

---

35 TORRELLES TORREA, ESTHER (2022). "La voluntad anticipada, la voluntad hipotética y el «mayor beneficio para la vida y salud del paciente» en el consentimiento informado de las personas con discapacidad en el ámbito sanitario", *InDret*, núm. 3, p. 81. En igual sentido, alude a esta problemática ELIZARI URTASUN, LEYRE (2022). "Reconsideración de la vacunación de adultos vulnerables: de la vacunación forzosa al consentimiento informado con apoyos", en AA.VV. *La protección de la salud frente al riesgo de contagio*, Bosch, Madrid, p. 350.

de contar con la intervención de la medida de apoyo establecida para ese usuario. En este sentido, la mayor o menor participación de los sujetos que apoyen a la persona con discapacidad dependerá del tipo discapacidad y de la medida adoptada (curatela, guardador de hecho, curatela representativa, etc.) y, en consecuencia, también este hecho modulará la toma de decisiones del paciente. En otras palabras, consiste en aplicar una lectura extensiva del artículo 9.7 de la ley 41/2002.

4. ESPECIAL REFERENCIA A LA VACUNACIÓN DE PERSONAS CON DISCAPACIDAD

En el ámbito concreto de la vacunación[36], la primera cuestión de la que hemos de partir es que estamos ante una intervención sani-

---

36 No nos vamos a referir, por razones de espacio y concreción en la disquisición relativa al consentimiento informado el ámbito de los ensayos clínicos, que están muy vinculados al análisis que estamos efectuando sobre la vacunación. Sobre el particular, baste con señalar que el artículo 60.4 del precitado Real Decreto Legislativo 1/2015 señala que, en los ensayos clínicos, el sujeto "prestará su consentimiento libremente, expresado por escrito, tras haber sido informado sobre la naturaleza, importancia, implicaciones y riesgos del ensayo clínico". No obstante, destaca que "Si el sujeto del ensayo no está en condiciones de escribir, podrá dar, en casos excepcionales, su consentimiento verbal en presencia de, al menos, un testigo mayor de edad y con capacidad de obrar". Además, el párrafo segundo del mismo precepto prevé que, en el caso de "personas que no puedan emitir libremente su consentimiento", será otorgado por su representante legal "previa instrucción y exposición ante el mismo del alcance y riesgos del ensayo". En todo caso, "Será necesario, además, la conformidad del representado si sus condiciones le permiten comprender la naturaleza, importancia, alcance y riesgos del ensayo". Igualmente, en consonancia con lo anterior, el art. 111 letra c) 7ª y 9ª califica de infracciones muy graves la realización de ensayos y de investigaciones sin contar con el consentimiento de la persona.
Surge la duda, sin embargo, acerca del colectivo al que se está refiriendo cuando alude a las "personas que no puedan emitir libremente su consentimiento". Desde nuestra perspectiva y aplicando una interpretación de conjunto (sistemática) del ordenamiento jurídico, entendemos que se trata de las personas

taria más. En este sentido, atendiendo a la legislación reguladora de la vacunación en España, debemos tratar de definir qué se entiende por vacuna. Así, el artículo 8.1.d) del Real Decreto Legislativo 1/2015, de 24 de julio, por el que se aprueba el texto refundido de la Ley de garantías y uso racional de los medicamentos y productos sanitarios refiere que tendrán la consideración de medicamentos especiales los previstos en esta norma y, posteriormente, incluye como tales las "Vacunas y demás medicamentos biológicos".

En palabras de la STC 38/2023, de 20 de abril de 2023[37] estamos ante "un acto sanitario que consiste en la inoculación de un «preparado», de contenido variable, en el cuerpo humano a efectos de provocar una respuesta inmunitaria, por lo que su administración entra, con claridad, dentro de las facultades de autodeterminación garantizadas por el derecho a la integridad personal del art. 15 CE".

Por su parte, el artículo 2.19 del Real Decreto 1345/2007, de 11 de octubre, por el que se regula el procedimiento de autorización, registro y condiciones de dispensación de los medicamentos de uso humano fabricados industrialmente señala que se considera medicamento inmunológico "todo medicamento consistente en vacunas, toxinas, sueros y alérgenos".

A este respecto, consideramos que la regla general, aplicando la interpretación propuesta anteriormente, es que deben consentir sobre su realización las personas con discapacidad, con la intervención de la medida de apoyo establecida. Sea como fuere, como quiera que la citada Ley 8/2021 no ha reformado ni la Ley 41/2002 ni la legislación especial existente en este sector, tenemos que exponer las dos vías existentes para limitar la actuación de estos pacientes.

---

con discapacidad. De esta suerte, como vimos, el razonamiento es muy similar al que lleva a cabo la Ley 41/2002. Además, al igual que el art. 9.7 Ley 41/2002, el art. 60.4 Real Decreto Legislativo 1/2015 promueve que sean, siempre que sea posible, estos sujetos quienes consientan por sí mismos.

37 STC 38/2023, de 20 de abril de 2023 (*Tol 9500943*).

Por un lado, encontramos los supuestos de vacunación forzosa que, en realidad, son aplicables a todas las personas (con independencia de la existencia o no de una discapacidad). En estos escenarios, se faculta al profesional para actuar, aún en contra de la voluntad del paciente. Por otro lado, disponemos de los casos de consentimiento por representación en los que, como vimos, en mayor o menor medida, la decisión debe contar con asistencia de la persona nombrada como medida de apoyo.

Ciertamente, ambas vertientes de la vacunación se ponen de relieve en la STC 38/2023, de 20 de abril de 2023[38]: la perspectiva de la protección de la salud pública o, en palabras de la Sentencia, en la vacunación practicada en virtud de una "cláusula de obligatoriedad"; y la tutela de la salud individual del paciente, esto es, su mayor beneficio. De hecho, este pronunciamiento rescata algunas de las reflexiones adoptadas por la STEDH 8 abril 2021, asunto Vavřička y otros c. La República Checa[39], que, acogiendo un criterio "mixto", avala la vacunación obligatoria de menores de edad en la República Checa, aplicando sanciones y restricciones en caso de incumplimiento.

En este sentido, en atención al artículo 8 CEDH y al denominado test de Estrasburgo, entiende que la medida está justificada y es necesaria. Por lo que se refiere al interés público, alude a la necesidad de que exista una solidaridad social para alcanzar la inmunidad comunitaria para proteger a las personas que, debido a su salud, no puedan vacunarse. Y, por su parte, en cuanto a la salud individual de los menores de edad, concluye señalando que su interés superior requiere que se tutele su integridad, por parte del Estado, frente a enfermedades graves (como ocurrió con la Covid19).

---

38 STC 38/2023, de 20 de abril de 2023 (*Tol 9500943*).

39 STEDH 8 abril 2021, asunto Vavřička y otros c. La República Checa (*Tol 8376829*).

Destaca CIERCO SIEIRA[40], sobre el particular, que esta Sentencia "transmite un mensaje firme: la vacunación persigue un objetivo que, sobre ser legítimo, está plenamente contrastado científicamente y tiene mucho peso específico a la hora de justificar una injerencia en el derecho a la vida privada y familiar".

Sea como fuere, ambas descansan en fundamentos diferentes y presentan problemáticas particulares, por lo que serán examinadas de forma separada.

4.1. La vacunación forzosa y la exención del consentimiento informado basada en la salud pública prevista en el artículo 9.2 a) de la Ley 41/2002, de 14 de noviembre

Una vez destacado lo anterior, conviene que nos centremos en la obligatoriedad de la vacunación en España. En este sentido, ante la situación de pandemia mundial generada por la Covid19, lo cierto es que se debatió acerca de la posibilidad de que la misma fuese impuesta con carácter forzoso a la población[41]. En algunos sectores, incluso se aplicó el pasaporte inmunológico, aunque con distintos efectos jurídicos y éticos en función del país. Al margen de la posible vulneración de otros derechos como la intimidad o la pro-

---

40 CIERCO SEIRA, CÉSAR (2022). "Un recorrido por la vacunación desde el Derecho Público: la vacunación obligatoria", en *La protección de la salud frente al riesgo de contagio*, Bosch, Madrid, p. 308.

41 Así lo afirma BARCELÓ DOMÉNECH, JAVIER (2023). "Vacunación de las personas mayores con discapacidad en el contexto de la pademia de la Covid-19: comentario a la STC 38/2023, de 20 de abril", en AA.VV. *Derecho y salud: retos jurídicos actuales* (Dirs. CRISTINA LÓPEZ SÁNCHEZ y MANUEL ORTIZ FERNÁNDEZ), Aranzadi, Navarra, 2023, pp. 213-214 cuando señala que "en los momentos de mayor incidencia del coronavirus, se llegó a instalar en el debate jurídico (y, por supuesto, en la sociedad en general) la conveniencia de hacer obligatoria la vacunación". En igual sentido, MARTÍNEZ QUEVEDO, LUIS FERNANDO (2022). "La vacunación obligatoria y forzosa a la luz del caso Vavřička y otros c. República Checa", *ReDCE*, núm. 38, p. 1.

tección de datos, debemos preguntarnos si existen mecanismos en nuestro ordenamiento para exigir, por parte de las autoridades, que la ciudadanía se someta a este procedimiento.

Pues bien, con carácter general, no existe un deber en este ámbito y, por tanto, es voluntaria. Así lo manifiesta el artículo 5.2 de la Ley 33/2011, de 4 de octubre, General de Salud Pública cuando destaca que, sin perjuicio del deber de colaboración, "la participación en las actuaciones de salud pública será voluntaria, salvo lo previsto en la Ley Orgánica 3/1986, de 14 de abril, de Medidas especiales en materia de salud pública".

No obstante, en ciertos casos es posible exigir este extremo, pues el artículo 54.1 de la Ley 33/2011 prevé que, sin perjuicio de las medidas previstas en la Ley Orgánica 3/1986, de 14 de abril, de Medidas Especiales en Materia de Salud Pública, se podrán adoptar cuantas medidas sean necesarias para asegurar el cumplimiento de la ley, con carácter excepcional y cuando lo requieran razones de extraordinaria gravedad y urgencia. A este respecto, el artículo 12 de la Ley Orgánica 4/1981, de 1 de junio, de estados de alarma, excepción y sitio habilita a las autoridades a adoptar las medidas necesarias para luchar contra las enfermedades infecciosas[42].

Igualmente, el artículo 1 de la Ley Orgánica 3/1986 indica que las administraciones públicas podrán adoptar las medidas de esta

---

42 Conviene hacer referencia a la Ley 22/1980, de 24 de abril, de modificación de la Base IV de la Ley de Bases de la Sanidad Nacional de 25 de noviembre de 1944 que prevé la posibilidad de que las vacunaciones contra la viruela y la difteria y contra las infecciones tíficas y paratíficas sean declaradas obligatorias por el Gobierno "cuando, por la existencia de casos repetidos de estas enfermedades o por el estado epidémico del momento o previsible, se juzgue conveniente". Además, señala que "en todas las demás infecciones en que existan medios de vacunación de reconocida eficacia total o parcial y en que ésta no constituya peligro alguno, podrán ser recomendadas y, en su caso, impuestos por las autoridades sanitarias". No obstante, a pesar de encontrarse en vigor, la aplicación de esta norma es dudosa y no vamos a entrar en mayores disquisiciones sobre la misma.

norma cuando "así lo exijan razones sanitarias de urgencia o necesidad". Asimismo, el artículo 2 de la citada ley añade que las autoridades sanitarias "podrán adoptar medidas de reconocimiento, tratamiento, hospitalización o control cuando se aprecien indicios racionales que permitan suponer la existencia de peligro para la salud de la población debido a la situación sanitaria concreta de una persona o grupo de personas o por las condiciones sanitarias en que se desarrolle una actividad". Por último, el artículo 3 de la misma norma dispone que para controlar las enfermedades transmisibles, se podrán ejecutar las acciones necesarias para controlar a los enfermos, de las personas que hayan estado en contacto con los mismos, así como las que se consideren necesarias. A ello, debemos anudar lo contemplado en el ya comentado artículo 9.2 a) LAP, que autoriza a llevar a cabo todas las medidas necesarias sin contar con la autorización de los pacientes.

Como se observa, es posible imponer la vacunación en España cuando exista una situación que afecte a la salud pública. Esta conclusión es admitida, por lo demás, en la doctrina científica[43]. En este sentido, únicamente existía tal riesgo y, por tanto, cabría haber recurrido a estas normas, en principio, en los acontecimientos producidos con posterioridad a la declaración de emergencia de salud pública de relevancia internacional[44]. No obstante, es un tema

43 Por todos, *vid.* BARCELÓ DOMÉNECH, JAVIER (2020). "Régimen jurídico de las vacunas en España: reflexiones ante la situación creada por el coronavirus", *AJI*, núm. 12 bis, p. 122; CERDEIRA BRAVO DE MANSILLA, GUILLERMO (2021). "La vacunación contra el Covid: ¿derecho u obligación?", *Diario La Ley*, núm. 9917, p. 4.

44 Además, en este ámbito se pueden plantear supuestos de responsabilidad por emplear mecanismos, medicamentos o vacunas —en ocasiones, previstos para otra enfermedad— para tratar de paliar los efectos del COVID-19 Así, OLIVERI, LUCA (2020). "Responsabilità medica e COVID-19: prime impressioni", *AJI*, núm. 12 bis, pp. 534-535, pone de relieve los problemas para determinar la responsabilidad sanitaria en este ámbito, ya que es posible que la administración de ciertos medicamentos pueda interferir negativamente en el paciente por los efectos secundarios de los mismos o por patologías previas del usuario. Así, nos encontraríamos ante una responsabilidad compartida, en

controvertido y no es sencillo concluir en un sentido u otro acerca de cuándo nos encontramos ante estos contextos.

En relación con las personas con discapacidad, destacan algunos autores[45] que, a pesar de que no se plantea en el caso resuelto por la STC 38/2023, de 20 de abril de 2023[46] una problemática referente a la vacunación obligatoria, "la forma en que el recurrente en amparo plantea sus argumentos sugieren la existencia en nuestro ordenamiento jurídico de un régimen específico de vacunación obligatoria para las personas con discapacidad, lo que da pie al TC, consciente de la importancia que va a tener esta sentencia, para adentrarse en esta cuestión y, aunque no la resuelva (al menos, así nos lo parece a nosotros), hace algunas referencias sobre una eventual vacunación obligatoria en un contexto epidémico y los posibles conflictos que pudieran surgir con el derecho fundamental a la integridad personal".

4.2. Los supuestos de consentimiento por representación contemplados en los artículos 9.3 a) y b) y 9.6 de la Ley 41/2002, de 14 de noviembre y la STC 38/2023, de 20 de abril de 2023

El segundo de los criterios al que puede recurrirse para limitar la intervención de las personas con discapacidad es el relativo a la apli-

---

su caso, entre la autoridad pública que prescribe esta medida y el sanitario que lo ejecuta.
Para más información, *vid.* NOGUEIRA, ROBERTO HENRIQUE PÔRTO (2020). "Responsabilidade civil do médico na prescrição off label de medicamentos para a COVID-19", en AA.VV. *Coronavírus e responsabilidade civil*: impactos contratuais e extracontratuais, Editora Foco, Brasil, pp. 283-292.

45 BARCELÓ DOMÉNECH, JAVIER (2023). "Vacunación de las personas mayores con discapacidad en el contexto de la pademia de la Covid-19: comentario a la STC 38/2023, de 20 de abril", en AA.VV. *Derecho y salud: retos jurídicos actuales* (Dirs. CRISTINA LÓPEZ SÁNCHEZ y MANUEL ORTIZ FERNÁNDEZ), Aranzadi, Navarra, 2023, p. 213.

46 STC 38/2023, de 20 de abril de 2023 (*Tol 9500943*).

cación del régimen del consentimiento por representación previsto en los artículos 9.3 a) y b) de la Ley 41/2002. Como vimos, consiste en que se presta la información, además, al sujeto vinculado por razones familiares o de hecho (o representante) quien, a la postre, prestará su consentimiento.

A ello, hay que anudar la intervención judicial en aquellos contextos en los que quede acreditado que la toma de decisiones no se lleva a cabo atendiendo al mayor beneficio para la vida o salud del paciente (art. 9.6 Ley 41/2002). En este sentido, afirma la doctrina científica[47] que, a pesar de que este precepto cambió su redacción originaria por los menores de edad, "ha resultado aplicado al colectivo de las personas mayores, dada su vulnerabilidad".

Pues bien, en el marco la pandemia de la Covid19 y debido a la estrategia seguida por las autoridades, se produjeron supuestos como el descrito anteriormente. En particular, ello es más patente en relación con las personas mayores ingresadas en residencias, ya que se plantearon escenarios en los que, o bien esta última o bien sus familiares, adoptaron una postura contraria a la vacunación.

Así las cosas, BARCELÓ DOMÉNECH[48] realiza un análisis exhaustivo de las resoluciones judiciales que se emitieron en el inicio de 2021 y que, a nuestro parecer, son muy ilustrativas del razonamiento que se siguió por los tribunales. Y es que, como destaca el autor citado, se autorizó la vacunación en atención a circunstancias tales como la edad, la falta de capacidad para decidir, la vida en una

---

47 A este respecto, *vid.* BARCELÓ DOMÉNECH, JAVIER (2023). "Vacunación de las personas mayores con discapacidad en el contexto de la pademia de la Covid-19: comentario a la STC 38/2023, de 20 de abril", en AA.VV. *Derecho y salud: retos jurídicos actuales* (Dirs. CRISTINA LÓPEZ SÁNCHEZ y MANUEL ORTIZ FERNÁNDEZ), Aranzadi, Navarra, 2023, p. 9.

48 BARCELÓ DOMÉNECH, JAVIER (2023). "Vacunación de las personas mayores con discapacidad en el contexto de la pademia de la Covid-19: comentario a la STC 38/2023, de 20 de abril", en AA.VV. *Derecho y salud: retos jurídicos actuales* (Dirs. CRISTINA LÓPEZ SÁNCHEZ y MANUEL ORTIZ FERNÁNDEZ), Aranzadi, Navarra, 2023, pp. 195-204.

residencia, las recomendaciones sanitarias, en contra de la postura del familiar.

La primera que encontramos es la SJPI núm. 2 de Santiago de Compostela, 9 enero 2021[49]. En este caso, se analizan las razones vertidas por la hija de una anciana que se encontraba en una residencia para mayores contrarias a la vacunación de su madre. En este sentido, el Juzgado, teniendo en cuenta que tanto la vacunación como la no vacunación conllevan riesgos, valora que los beneficios son mayores con la primera opción.

El mismo razonamiento se sigue en la SJPI núm. 17 de Sevilla, 15 enero 2021[50], de los AAJPI núm. 6 de Santiago de Compostela, 19 enero 2021 y 20 enero 2021[51] y del AAP de Lleida, 27 octubre 2022[52], en los que, a pesar de que considere comprensibles, legítimos y razonables los argumentos de los familiares, se autoriza la vacunación en atención a la seguridad de las vacunas y a "la dramática experiencia acreditada desde marzo de 2020 evidencia los inasumibles índices de contagio y mortalidad en el ámbito residencial de nuestros mayores".

Un escenario muy similar es el que se plantea en el AJPI núm. 2 de Telde, 26 noviembre 2021 y, una vez recurrido, en el AAP de Las

---

49 ECLI:ES:JI:2021:4A

50 ECLI:ES:JPI:2021:18A

51 ECLI:ES:JPI:2021:21A

52 ECLI:ES:APL:2022:415A. Sin embargo, en este caso, apunta BARCELÓ DOMÉNECH, JAVIER (2023). "Vacunación de las personas mayores con discapacidad en el contexto de la pademia de la Covid-19: comentario a la STC 38/2023, de 20 de abril", en AA.VV. *Derecho y salud: retos jurídicos actuales* (Dirs. CRISTINA LÓPEZ SÁNCHEZ y MANUEL ORTIZ FERNÁNDEZ), Aranzadi, Navarra, 2023, p. 203 (nota a pie de página número 21) que "la Audiencia no cita expresamente el art. 9.6 Ley 41/2022, ni lo transcribe. Ignoramos si el auto del Juzgado sí lo hace. En cualquier caso, llama la atención las dos referencias al contagio en el pasaje transcrito, que parecen apuntar a que la decisión trasciende la perspectiva individual del paciente, lo que marcaría una diferencia con las resoluciones de enero de 2021, a las que nos hemos referido anteriormente".

Palmas, 1 abril 2022[53]. En este supuesto, los servicios médicos de la residencia en la que se encontraba la anciana solicitaron la administración de la vacuna de la Covid19. Su hijo, tutor de su madre que padecía Alzheimer, mostró su negativa a dicha vacunación y la autoridad judicial, de nuevo, valorando las circunstancias concurrentes (los riesgos, las alternativas y la salud de la paciente), consideró adecuado que se inoculara la misma.

Estas decisiones fueron impugnadas ante el Tribunal Constitucional que, por un lado, denegó la medida cautelar de suspensión (mediante el ATC 139/2022, de 26 de octubre[54]) y, por otro lado, emitió la STC 38/2023, de 20 de abril de 2023[55]. En esta última, fijando doctrina al respecto, afirma que la ponderación judicial, atendiendo a la norma habilitante para la injerencia (art. 9.6 Ley 41/2002), fue adecuada.

Para llegar a tal conclusión, estudia el Tribunal la evolución del derecho de autodeterminación y su vinculación con el derecho fundamental a la integridad física y moral (art. 15 CE). A tal efecto, se sirve de la mencionada STC 37/2011, de 28 de marzo[56] y de la reciente STC 19/2023, de 22 de marzo[57] para recordar que el precepto constitucional "protege la esencia de la persona como sujeto con capacidad de decisión libre y voluntaria, resultando vulnerado cuando se mediatiza o instrumenta al individuo, olvidando que toda persona es un fin en sí mismo".

Además, centra el objeto de debate en el marco de la protección de la salud individual del paciente y no en la vertiente pública de la salud. Desde esta perspectiva, afirma el Tribunal que el artículo 9.6 de la Ley 41/2002 "legitima la injerencia en la integridad personal del paciente" y exige, "en definitiva, una intervención judicial pre-

---

53 ECLI:ES:APGC:2022:10A

54 ATC 139/2022, de 26 de octubre (*Tol 9295530*).

55 STC 38/2023, de 20 de abril de 2023 (*Tol 9500943*).

56 STC 37/2011, de 28 de marzo (*Tol 2084764*).

57 STC 19/2023, de 22 de marzo (*Tol 9493276*).

sidida por fines estrictamente tuitivos de los intereses de la persona afectada, sin que puedan prevalecer sobre estos, por estar fuera del ámbito de cobertura ofrecido por el precepto legal indicado, los intereses de terceros o los públicos, en particular el riesgo para la salud pública derivado de la propagación de una enfermedad infecto-contagiosa".

Si no fuera así, indica que se estaría recurriendo a un precepto que no ofrece cobertura para ello y se estaría instrumentalizando a la persona afectada convirtiéndola, "sin habilitación legal para ello, en medio de la consecución del interés general, y, en definitiva, ante una restricción ilegítima del derecho fundamental a la integridad persona".

Con respecto al juicio de ponderación, para el Tribunal Constitucional es correcto y no se produjo una conculcación del derecho a la integridad personal de la paciente, ya que hay que tener en cuenta los siguientes criterios:

— La fiabilidad de la vacuna atendiendo a su aprobación por la Agencia Europea del Medicamento y la Agencia Española del Medicamento y Productos Sanitarios y su sometimiento a seguimiento permanente.
— La asimilación general de los márgenes de riesgo asociados a dicha vacuna a los habituales en cualquier otra vacuna recomendada por las autoridades sanitarias.
— La existencia acreditada de un contexto de riesgo cualificado, debido a la salud de la anciana y a su mayor vulnerabilidad frente al virus (por su avanzada edad y por vivir en una residencia de mayores, ámbito donde se habían producido los índices más altos de contagio y mortalidad durante la pandemia).
— La acreditación, mediante informes periciales, de la inexistencia de contraindicaciones específicas para la paciente.
— La evidencia, desde un punto de vista estadístico (por los datos oficiales), acerca de que, al no existir contraindicación

específica, es "mayor y más grave el riesgo de contraer la infección por coronavirus que la de padecer algún efecto secundario grave" como consecuencia de la vacuna.

— Las posibles consecuencias negativas que para la salud de la afectada tendría la falta de vacunación en todo lo relativo al desenvolvimiento de su vida diaria, pues limitaba su capacidad de relación con terceros en la residencia.

En palabras de la doctrina[58], la cuestión litigiosa planteada "se ciñe en determinar (como se ha apuntado anteriormente) si la administración no consentida de un tratamiento médico afecta y vulnera el derecho fundamental a la integridad personal", toda vez que esta precisión "obliga al Tribunal Constitucional a revisar su propia doctrina en lo que atañe al «consentimiento sanitario» en aras de determinar cuál sería la afectación cuando el acto médico no consentido sea la administración de una vacuna".

4.3. Algunas reflexiones a propósito de las cuestiones controvertidas planteadas

En este momento, tras la exposición efectuada, corresponde que reflexionemos, siquiera brevemente, acerca de algunas cuestiones controvertidas. En primer lugar, con respecto a la incidencia de la salud pública en los derechos subjetivos de los particulares, conviene tener en cuenta que es preciso llevar a cabo una ponderación adecuada entre los intereses en juego para ofrecer la respuesta jurídica óptima.

---

58 *Vid.* TORRES DÍAZ, MARÍA CONCEPCIÓN (2023). "El derecho a la integridad personal ante la vacunación no consentida: ¿qué ha dicho el Tribunal Constitucional? Comentarios a la Sentencia del Pleno 38/2023, de 20 de abril, de 2023, en el recurso de amparo promovido sobre la administración de la vacuna frente a la Covid-19 [BOE, núm. 121 de 22/05/2023]", *Diario La Ley*, núm. 10333, Sección Tribuna, p. 3.

Sea como fuere, en supuestos de graves y extraordinarias circunstancias, se contempla en el ordenamiento jurídico español la posibilidad de recurrir a la vacunación obligatoria. Esta previsión está pensada para situaciones de pandemia o epidemia de la población mundial, continental, estatal o regional y justifica, por lo demás, la aplicación de medidas restrictivas de derechos (tales como propiedad, la libertad deambulatoria o la integridad personal).

Así, pone de relieve la doctrina[59] que, si bien "la vacunación no consentida sería una medida restrictiva del derecho fundamental a la integridad personal", es posible plantear "la administración o actuación médica no consentida siempre y cuando dicha actuación, en caso de conflicto, se enmarque en la doctrina constitucional que rige la restricción de derechos fundamentales sustantivos. A saber: que se cuente con una habilitación legal precisa y clara en consonancia con el principio de proporcionalidad, y orientada a una finalidad legítima".

Sin duda, se trata de una injerencia en la autonomía de la voluntad, en el derecho de autodeterminación y en el libre desarrollo de la personalidad que exige extremar las cautelas y aplicar una interpretación restrictiva de las limitaciones. La mayor o menor justificación de su adopción vendrá determinada por la peligrosidad de la enfermedad de que se trate y como resultado del principio de proporcionalidad (en sentido amplio y estricto). Entre otras, resulta relevante que se trate de las acciones idóneas y efectivas para combatir el hecho concreto y han de ser las menos lesivas para las facultades de las personas.

---

59 En este sentido, *vid.* TORRES DÍAZ, MARÍA CONCEPCIÓN (2023). "El derecho a la integridad personal ante la vacunación no consentida: ¿qué ha dicho el Tribunal Constitucional? Comentarios a la Sentencia del Pleno 38/2023, de 20 de abril, de 2023, en el recurso de amparo promovido sobre la administración de la vacuna frente a la Covid-19 [BOE, núm. 121 de 22/05/2023]", *Diario La Ley*, núm. 10333, Sección Tribuna, p. 7.

A tal efecto, la propia Constitución Española arbitra los estados de alarma, de excepción y de sitio (art. 116 CE, desarrollado por la Ley Orgánica 4/1981) cuya aprobación, efectos e implicaciones, dependen de la propia gravedad del contexto. Desde esta perspectiva, al menos en abstracto, hemos de afirmar la viabilidad para aprobar la vacunación con "cláusula de obligatoriedad", sin que la convierta en inconstitucional. Otra cuestión diferente es si, durante la pandemia de la Covid19, existían motivos suficientes para su aplicación y la procedencia y necesidad, en tal escenario, de otro estado diferente al de alarma.

También presenta una problemática particular la alusión a la constatación, en el ordenamiento jurídico español, de un régimen específico de vacunación obligatoria para personas con discapacidad. Sin entrar en mayores disquisiciones por exceder del objeto de análisis, a priori, no encontramos motivos para que ello sea así. Al margen de que, lógicamente y como consecuencia de las reglas de la Ley 41/2002 y la legislación especial, pueda concluirse que el sujeto precisa de la intervención representativa de su medida de apoyo o, en caso de no velar por sus intereses, de la autoridad judicial.

En segundo lugar, por cuanto al consentimiento por representación se refiere y en aras de tutelar la salud del paciente, nos gustaría señalar que la STC 38/2023, de 20 de abril de 2023[60], desmarcándose de las últimas tendencias, ha abogado por una visión diferente de la autonomía de la voluntad. Así las cosas, lejos de reconocer un derecho fundamental de las personas con discapacidad en el ámbito de la vacunación (como, por otro lado, podía ser de esperar), ha declarado constitucional la valoración judicial de la protección de los intereses de este colectivo.

Para ello, se sirve de las previsiones de los artículos 9.3 a) y b) y 9.6 de la Ley 41/2002 a fin de, desoyendo la decisión de los familiares o representantes, justificar la aprobación de la vacunación de

---

60 STC 38/2023, de 20 de abril de 2023 (*Tol 9500943*).

las personas mayores en residencias. Ciertamente, en el momento de emitir las sentencias recurridas ante el Tribunal Constitucional no estaba vigente la citada Ley 8/2021, pero la Convención sobre los derechos de las personas con discapacidad de Nueva York de 13 de diciembre de 2006 sí formaba parte del ordenamiento. De hecho, tampoco la entrada en vigor de la Ley 8/2021, como se tuvo ocasión de señalar, ha modificado la Ley 41/2002.

La sentencia alude, mínimamente, a la Ley 8/2021 para afirmar que, a pesar de su entrada en vigor, en atención a su Disposición transitoria segunda, el tutor debía continuar ejerciendo su cargo conforme a las normas previstas para los curadores representativos. A este respecto, como no consta la revisión judicial de la medida (recogida en la Disposición transitoria quinta de la Ley 8/2021), se refiere al demandante de amparo como "tutor" de la anciana con discapacidad.

Se plantea, pues, la necesidad de diferenciar entre dos cuestiones. De un lado, si se concluye de forma favorable a la aplicación del consentimiento por representación, encontramos la disquisición referida a la adecuación o no de la decisión acerca de la vacunación. De otro lado, debemos preguntarnos si el recurso a la mencionada representación y la autorización judicial es adecuada y proporcionada.

Sobre el primer aspecto, la propia STC 38/2023, de 20 de abril de 2023[61] reconoce que estamos ante una "actuación que puede producir efectos secundarios adversos (no deseados), aunque sean estadísticamente minoritarios, lo que determina, asimismo, un riesgo potencial para la salud, circunstancia que conduce, igualmente, al ámbito de protección que otorga este derecho fundamental".

Parece evidente que solamente surgen las dudas sobre las decisiones judiciales cuando estamos ante situaciones complejas y en las que no existe una solución única, clara y evidente. No obstante,

---

61 STC 38/2023, de 20 de abril de 2023 (*Tol 9500943*).

sin tratar de ofrecer una respuesta inequívoca, consideramos importante tener en cuenta el estado de la ciencia en el momento de las resoluciones del Juzgado y de la Audiencia Provincial. En este sentido, no cabe duda de que los conocimientos y las certezas actuales no se corresponden con las que existían en dicho momento, de tal forma que no es correcto evaluar la situación con arreglo a una perspectiva *ex post*.

Así, a pesar de que pueda debatirse desde un planteamiento científico-médico sobre las consecuencias, contraindicaciones y riesgos de la vacuna, así como de su procedencia, desde el punto de vista jurídico no cabe reproche alguno al argumento del Tribunal Constitucional a la hora de pronunciarse aplicando una norma que habilita la intervención judicial y que, a pesar de la aprobación de la Ley 8/2021, sigue vigente en los mismos términos.

De otro lado, más enjundia plantea la adecuación de la restricción de la voluntad de la persona con discapacidad. Y es que, en todas las resoluciones judiciales analizadas, parece que se parte de la presunción, *iure et de iure,* de que las personas mayores no disponen de capacidad de discernimiento suficiente para decidir acerca de su salud. Sin entrar a evaluar los casos concretos planteados en estos supuestos, sí nos gustaría dejar constancia de la necesidad de evaluar, *ad casum,* para determinar si procede o no un consentimiento por representación o si, por el contrario, puede decidir el paciente.

De una forma gráfica, entendemos que no cabe subsumir a las personas mayores, como se ha venido haciendo en ocasiones, como sujetos sin capacidad para entender y decidir (en el sentido del artículo 9.3 a) Ley 41/2002) cuando, en aplicación del régimen anterior, no habían sido sometidas a un proceso judicial de modificación de capacidad; o, en caso afirmativo, como personas incapacitadas (*ex* art. 9.3 b) Ley 41/2002).

Muy al contrario, como destacamos, los pacientes con discapacidad deberán disponer de los derechos a ser informados y a emitir el posterior consentimiento, salvo que exista alguna excepción justificada. A este respecto, la participación de los sujetos que apoyen a la persona con discapacidad dependerá y variará en función tanto del tipo discapacidad como de la medida existente. Como no puede ser de otro modo, esta dicotomía modulará, en consecuencia, la toma de decisiones del paciente.

De esta suerte, consideramos que algunas decisiones judiciales adoptadas en el marco de la pandemia (no en el caso de la STC 38/2023, de 20 de abril de 2023[62] por no plantearse esta cuestión) podrían haber variado de estar aprobada la Ley 8/2021 y que, en todo caso, los tribunales disponían de mecanismos y herramientas suficientes para valorar y ponderar la intervención de la persona con discapacidad aplicando los principios de la Convención sobre los derechos de las personas con discapacidad de Nueva York de 13 de diciembre de 2006.

Sobre el particular, afirma la doctrina[63] que llama la atención "que ninguna de las resoluciones judiciales de enero de 2021 mencione la Convención de Naciones Unidas sobre los Derechos de las Personas con Discapacidad", teniendo en cuenta que la misma "supone la introducción de un cambio de paradigma en el tratamiento de la discapacidad, que se traduce en la supresión del sistema sustitutivo de incapacitación y tutela y su reemplazo por un nuevo sistema asistencial basado en la provisión de apoyos para el ejercicio de la capacidad jurídica, término en el que se incluyen tanto la titularidad de derechos como la capacidad para su ejercicio". Y es que, "queda la duda de si, en todos los casos, no podría haberse hecho un esfuerzo por averiguar o reinterpretar la voluntad real de la persona mayor".

---

62 STC 38/2023, de 20 de abril de 2023 (*Tol 9500943*).

63 BARCELÓ DOMÉNECH, JAVIER (2023). "Vacunación de las personas mayores con discapacidad en el contexto de la pademia de la Covid-19: comentario a la STC 38/2023, de 20 de abril", en AA.VV. *Derecho y salud: retos jurídicos actuales* (Dirs. CRISTINA LÓPEZ SÁNCHEZ y MANUEL ORTIZ FERNÁNDEZ), Aranzadi, Navarra, 2023, pp. 195-196.

En esta línea, TORRES COSTAS[64] observa que las personas que viven de forma habitual en los centros gerontológicos, que pertenecen al conjunto más envejecido de la población, presentan con frecuencia niveles de deterioro cognitivo moderado o grave. De esta forma, la afectación del estado cognitivo y volitivo produce que se vea mermada su capacidad para tomar de un modo libre. Sin embargo, al comentar las resoluciones judiciales, apunta, en términos críticos, que en "ninguno de los casos se ha intentado reconstruir o reinterpretar la voluntad de los residentes a fin de ser tenida en cuenta a la hora de admitir o denegar el consentimiento por representación, primero, y dictar resolución judicial, después —y ello, aunque una de las familiares del residente de Alicante, hacía alusión a la trayectoria vital del residente respecto al tema de la vacunación".

Asimismo, GIL MEMBRADO[65] señala, muy acertadamente, que, en estos casos, la vacunación adquiere "tintes de obligatoriedad" al no haber valorado los juzgados "la posibilidad de participar del paciente en la toma de decisión", ni "queda constancia de la existencia o no de instrucciones previas, ni se ha considerado relevante la que hubiera podido ser la voluntad expresada con anterioridad a la pérdida de capacidad de uno de los internos".

A mayor abundamiento, la propia STC 38/2023, de 20 de abril de 2023[66], al interpretar el artículo 9.6 de la Ley 41/2002 destaca que el criterio de ponderación a tener en cuenta es "el contenido de la voluntad de la persona con discapacidad en la medida en que dicha voluntad haya podido manifestarse, pues resulta obvio que una decisión judicial que impone forzosamente la vacunación sin

---

64 *Vid.* TORRES COSTAS, MARÍA EUGENIA (2021). "La vacunación contra el Covid-19 de personas mayores residentes en centros de mayores: ¿Derecho o imposición? El consentimiento informado por representación. Primeras resoluciones judiciales", *Diario La Ley*, núm. 9797, p. 10.

65 En este sentido, *vid.* GIL MEMBRADO, CRISTINA (2021). "Autonomía, capacidad y jueces que vacunan en tiempo de pandemia", *REDS*, núm. 18-19, p. 48.

66 STC 38/2023, de 20 de abril de 2023 (*Tol 9500943*).

tomar en consideración el criterio expresado por el propio paciente (aun cuando, por razón de esa discapacidad, esa manifestación pueda tener valor limitado o resultar incompleta) niega a esta persona autonomía decisoria y, con ello, su condición de fin en sí mismo".

5. BIBLIOGRAFÍA

ARNAU MOYA, FEDERICO (2022). "Aspectos polémicos de La ley 8/2021 de medidas de apoyo a las personas con discapacidad", *Revista Boliviana de Derecho,* núm. 32, pp. 534-573.

ATIENZA RODRÍGUEZ, MANUEL (2001). *El sentido del Derecho*, Ariel, Barcelona.

BARCELÓ DOMÉNECH, JAVIER (2018). "Consentimiento informado y responsabilidad médica", *AJI*, núm. 8, pp. 279-296.

BARCELÓ DOMÉNECH, JAVIER (2020). "Régimen jurídico de las vacunas en España: reflexiones ante la situación creada por el coronavirus", *AJI*, núm. 12 bis, pp. 118-125.

BARCELÓ DOMÉNECH, JAVIER (2023). "Vacunación de las personas mayores con discapacidad en el contexto de la pademia de la Covid-19: comentario a la STC 38/2023, de 20 de abril", en AA.VV. *Derecho y salud: retos jurídicos actuales* (Dirs. CRISTINA LÓPEZ SÁNCHEZ y MANUEL ORTIZ FERNÁNDEZ), Aranzadi, Navarra, 2023, pp. 193-220.

CARRASCO PERERA, ÁNGEL (2021). "Diógenes en el basurero (de la reforma civil de la discapacidad)", *Actualidad Jurídica Aranzadi,* núm. 978.

CERDEIRA BRAVO DE MANSILLA, GUILLERMO (2021). "La vacunación contra el Covid: ¿derecho u obligación?", *Diario La Ley*, núm. 9917.

CIERCO SEIRA, CÉSAR (2022). "Un recorrido por la vacunación desde el Derecho Público: la vacunación obligatoria", en *La protección de la salud frente al riesgo de contagio*, Bosch, Madrid, pp. 293-321.

CUENCA GÓMEZ, PATRICIA (2012). "El sistema de apoyo en la toma de decisiones desde la Convención Internacional sobre los Derechos de las Personas con Discapacidad: principios generales, aspectos centrales e implementación en la legislación española", *REDUR*, núm. 10, pp. 61-94.

De Domingo Pérez, T., "La teoría de la justicia del neoconstitucionalismo: los derechos fundamentales como núcleo del bien común" en *Los derechos fundamentales en el sistema constitucional: Teoría general e implicaciones prácticas*, Comares, Granada, 2011, pp. 5-30.

DE VERDA Y BEAMONTE, JOSÉ RAMÓN (2014). "El consentimiento de los menores e incapacitados a las intromisiones de los derechos de la personalidad", *AJI*, núm. 1, pp. 35-42.

DE VERDA Y BEAMONTE, JOSÉ RAMÓN (2022). "La guarda de hecho de las personas con discapacidad a la luz de la reciente jurisprudencia sobre la materia", *Diario La Ley,* núm. 10168.

DE VERDA Y BEAMONTE, JOSÉ RAMÓN (2022). "Primeras resoluciones judiciales aplicando la Ley 8/2021, de 2 de junio en materia de discapacidad", *Diario La Ley,* núm. 10168.

ELIZARI URTASUN, LEYRE (2022). "Reconsideración de la vacunación de adultos vulnerables: de la vacunación forzosa al consentimiento informado con apoyos", en AA.VV. *La protección de la salud frente al riesgo de contagio*, Bosch, Madrid.

ESCARTÍN IPIÉNS, JOSÉ ANTONIO (2018). "La autocuratela en el Anteproyecto de Ley sobre modificación del Código Civil y otras leyes complementarias en materia de discapacidad", *Revista de Derecho Civil*, vol. 5, núm. 3, pp. 85-119.

— "Disposiciones transitorias del Anteproyecto de Ley de reforma del Código Civil y otras leyes complementarias en materia de discapacidad", *Revista de Derecho Civil*, vol. 5, núm. 3, pp. 227-245.

GARCÍA RUBIO, MARÍA PAZ (2018). "Las medidas de apoyo de carácter voluntario, preventivo o anticipatorio", *Revista de Derecho Civil*, vol. 5, núm. 3, pp. 29-60.

— "Algunas propuestas de reforma del Código Civil como consecuencia del nuevo modelo de discapacidad. En especial en materia de sucesiones, contratos y responsabilidad civil", *Revista de Derecho Civil*, vol. 5, núm. 3, pp. 173-197.

GIL MEMBRADO, CRISTINA (2021). "Autonomía, capacidad y jueces que vacunan en tiempo de pandemia", *REDS*, núm. 18-19, pp. 37-56.

GUTIÉRREZ SANTIAGO, PILAR (2011). "La constitucionalización del Derecho Civil", *Estudios de Derecho*, vol. 68, núm. 151, pp. 51-86.

LÓPEZ SÁNCHEZ, CRISTINA (2019). "La nueva formulación del límite de accesibilidad para personas con discapacidad en la Ley de Propiedad Intelectual", *Pe. i. Revista de propiedad intelectual*, núm. 63, pp. 13-64.

MAGARIÑOS BLANCO, VICTORIO (2018). "Comentarios A La Propuesta Para La Reforma Del Código Civil Sobre Discapacidad", *Revista De Derecho Civil*, vol. 5, núm. 3, pp. 199-225.

MARTÍNEZ-PUJALTE, ANTONIO LUIS (2015). *Derechos fundamentales y discapacidad*, Ediciones Cinca, Madrid.

MARTÍNEZ QUEVEDO, LUIS FERNANDO (2022). "La vacunación obligatoria y forzosa a la luz del caso Vavřička y otros c. República Checa", *ReDCE*, núm. 38, pp. 1-28.

MUNAR BERNAT, PEDRO ANTONIO (2018). "La curatela: Principal medida de apoyo de origen judicial para las personas con discapacidad", *Revista de Derecho Civil*, vol. 5, núm. 3, pp. 121-152.

NOGUEIRA, ROBERTO HENRIQUE PÔRTO (2020). "Responsabilidade civil do médico na prescrição off label de medicamentos para a COVID-19", en AA.VV. *Coronavírus e responsabilidade civil*: impactos contratuais e extracontratuais, Editora Foco, Brasil, pp. 283-292.

OLIVERI, LUCA (2020). "Responsabilità medica e COVID-19: prime impressioni", *AJI*, núm. 12 bis, pp. 524-535.

ORTIZ FERNÁNDEZ, MANUEL (2019). "La responsabilidad civil en el ámbito sanitario derivada del consentimiento informado", *AJI,* núm. 10 bis, pp. 548-565.

ORTIZ FERNÁNDEZ, MANUEL (2021). *El consentimiento informado en el ámbito sanitario: responsabilidad civil y derechos constitucionales*, Dykinson, Madrid.

PALLARÉS NEILA, JAVIER (2018). "La revisión de las sentencias dictadas en el nuevo procedimiento de provisión de apoyos", *Revista de Derecho Civil*, vol. 5, núm. 3, pp. 153-171.

PAU PADRÓN, ANTONIO (2018). "De la incapacitación al apoyo: el nuevo régimen de la discapacidad intelectual en el Código Civil", *Revista de Derecho Civil*, vol. 5, núm. 3, pp. 5-28.

PEREIRA, ANDRÉ GONÇALO DIAS (2015). *Direitos dos Pacientes e Responsabilidade Médica*, Coimbra Editora, Coimbra.

PEREÑA VICENTE, MONSERRAT (2018). "La transformación de la guarda de hecho en el Anteproyecto de Ley", *Revista de Derecho Civil*, vol. 5, núm. 3, pp. 61-83.

REYNAL REILLO, ESPERANZA (2017). *Consentimiento informado y Responsabilidad en el Ámbito Sanitario*, Aranzadi, Navarra.

ROSENVALD, NELSON (2019). "A tomada de decisão apoiada", *Cadernos da Lex Medicinae (Saúde, novas tecnologías e responsabilidades)*, núm. 4, vol. II, pp. 381-394.

Tolosa Tribiño, C., "Problemas legales de la vacunación en España", *Diario La Ley*, núm. 9784, 2021.

TORRELLES TORREA, ESTHER (2022). "La voluntad anticipada, la voluntad hipotética y el «mayor beneficio para la vida y salud del paciente» en el consentimiento informado de las personas con discapacidad en el ámbito sanitario", *InDret*, núm. 3, pp. 76-113.

TORRES COSTAS, MARÍA EUGENIA (2021). "La vacunación contra el Covid-19 de personas mayores residentes en centros de mayores: ¿Derecho o imposición? El consentimiento informado por representación. Primeras resoluciones judiciales", *Diario La Ley*, núm. 9797, pp. 1-37.

TORRES DÍAZ, MARÍA CONCEPCIÓN (2023). "El derecho a la integridad personal ante la vacunación no consentida: ¿qué ha dicho el Tribunal Constitucional? Comentarios a la Sentencia del Pleno 38/2023, de 20 de abril, de 2023, en el recurso de amparo promovido sobre la administración de la vacuna frente a la Covid-19 [BOE, núm. 121 de 22/05/2023]", *Diario La Ley*, núm. 10333, Sección Tribuna, pp. 1-8.